中国医药企业
知识产权管理

中国企业知识产权研究院　组织编写

刘建　黄璐◎主编

知识产权出版社

全国百佳图书出版单位

—北京—

图书在版编目（CIP）数据

中国医药企业知识产权管理/刘建，黄璐主编. —北京：知识产权出版社，2021.3
ISBN 978 - 7 - 5130 - 7430 - 8

Ⅰ. ①中… Ⅱ. ①刘… ②黄… Ⅲ. ①制药工业—工业企业—知识产权—管理—研究—中国
Ⅳ. ①D923.4

中国版本图书馆 CIP 数据核字（2021）第 030589 号

内容提要

当前，我国生物医药行业正处于由仿制药生产为主逐渐向"仿创结合"甚至向全球新的创新药研发转变的新时期，提高生物医药行业技术创新能力，将有助于调整医药行业结构，增强我国生物医药行业的国际竞争力和可持续发展能力。本书根据我国生物医药行业特色，从总论、医药企业知识产权特点、专利权利管理、专利挖掘与专利布局、其他知识产权管理（商业秘密、商标、著作权、域名）、专利申请与审查、合规管理、诉讼管理、IPO 上市过程中的知识产权、综合管理（人力资源、财务）10 个方面，全面系统地总结和介绍了我国生物医药企业知识产权管理的实践经验，以为生物医药企业管理人员、研发人员和知识产权相关从业人员提供具有参考价值的实务指导和借鉴。

策划编辑：卢海鹰

责任编辑：卢海鹰　王玉茂　　　　　　　责任校对：王　岩

封面设计：博华创意·张冀　　　　　　　责任印制：刘译文

中国医药企业知识产权管理

中国企业知识产权研究院　组织编写

刘建　黄璐　主编

出版发行：知识产权出版社 有限责任公司	网　　址：http：//www.ipph.cn
社　　址：北京市海淀区气象路 50 号院	邮　　编：100081
责编电话：010 - 82000860 转 8541	责编邮箱：wangyumao@ cnipr.com
发行电话：010 - 82000860 转 8101/8102	发行传真：010 - 82000893/82005070/82000270
印　　刷：三河市国英印务有限公司	经　　销：各大网上书店、新华书店及相关专业书店
开　　本：787mm×1092mm　1/16	印　　张：24.25
版　　次：2021 年 3 月第 1 版	印　　次：2021 年 3 月第 1 次印刷
字　　数：510 千字	定　　价：128.00 元

ISBN 978 - 7 - 5130 - 7430 - 8

本书编委会

（排名不分先后）

刘　建　黄　璐　林淘曦　范立君
窦夏睿　胡雪娇　周大成　冯清伟
钱丽娜　张晓瑜

序 一

进入 21 世纪以来，在科学成果的指引下，以技术创新为基本特征的经济发展和社会变革，不仅在深度和广度上呈现出加速发展的态势，而且人类技术进步呈现出两个突出的特点，第一，世界观的转变。人类克服了地球引力形成的束缚，不仅把自己的技术和产品投向外太空，而且开始显示出可以把外太空的资源带回地球的技术发展潜力。这对传统观念无疑是一个质的变革，使人类摆脱对地球资源的依赖，把生存发展前途置于无限广阔的宇宙空间，这对于人类生存条件的"零和"游戏理论是一个革命性的突破。这预示着，人类仰仗科学技术，可以为未来开辟无限的物质发展空间。第二，技术观的转变。技术进步发生了从"人工体能"向"人工智能"的根本转变。富兰克林指出，人是制造工具的动物。制作工具是人类诞生的标志。但从古到今，一切工具都是对人体体能的延长与替代，其本质是物质上的。人工智能技术的出现，是技术进步在质上的飞跃。技术已经突破对人的体能，也就是物质与能量的替代，开始进入人类的精神世界，开始替代人的思考，即智能。这一革命性变革，具有和外太空技术同样的意义，也使人类进步获得了无限的创造空间。上述两大特点，向我们展示了人类发展的无限可能。借助于互联网、大数据技术，科学发现和科学理论让人类更便于实施"顶层设计"，使技术进步和经济发展变得更具有可预见性。人类更倾向于规划未来，借助于大数据，可以规划在未来五年、十年，乃至更远的任务。我们开始预测十年后的人口和环境以及各方面的状况，乃至于开始乐观地设计未来。这些，无疑都具有划时代的意义。同时，我们还应当理性地看到，相对于对外部探索日新月异的进步，人类对自身的了解和发展仍然进步甚微，对于人类和自然界的物质变换，对于人类和微观物质世界的关系还知之甚少。最突出的是，2020 年一场突如其来的瘟疫，席卷全球，一年就感染了上亿人，夺走了 200 多万人鲜活的生命，一时间弄得本来豪情万丈的人类束手无策，瞬间肃然。剩下的是对未知世界的惊惶赞叹。理性说明，在大自然面前，人类永远是卑微的。

医药企业肩负着神圣的职责。它们以人的健康和生命质量为宗旨，通过技术研发不断提高人类的生命质量和生活品质，与每一个人的生老病死息息相关，是国计民生的支柱。中国医药产业近年来快速发展，从过往数十年来的仿制药、低效药起步，沉心积累，逐步缩小与国际医药巨头的差距，而今已经在越来越多的领域中，崭露头角，为人民的健康和生命质量谋求更多的福祉。

　　技术创新需要巨大的投入，尤其是医药产业，更是如此。而保护和激励医药企业不断投入创新的基础，就是以知识产权为核心的财产制度。实践证明，没有知识产权制度，难以持久、有效地维护技术创新，难以保障生产力的不断进步。这一崭新财产制度无论是在发达国家，还是发展中国家，都行之有效。随着中国技术实力的不断增强，充分利用知识产权制度体系，推动中国医药产业发展、实现其可持续的研发投入能力，也成为其必要选择。在这样的时代背景下，加强知识产权保护，构筑完备的、行之有效的知识产权体系，对于促进具有国际竞争力的医药企业建设，也是必然的选项。今天，我高兴地看到中国医药企业知识产权工作者为此做出的不懈努力，他们突出的贡献之一，就是这本《中国医药企业知识产权管理》。

　　翻阅本书，会发现，以本书为样本，我们看到一个趋势，中国关于企业知识产权管理理论的论著，必然由泛知识产权管理向深度知识产权管理转型。此前所见的企业知识产权管理论著，多见于高校专家学者编著，其间也有少量企业知识产权经理人的著作，但基本上偏重于通用性、宏观和一般性的叙述。而本书则深耕医药产业，结合产业基本特征，深入细节，抓住产业基本需求，注重理论与实践的结合，注重解释力，从而更具生命力和指导意义；本书通过十个章节的组织结构，即全面又深入，从医药产业特点出发，由表及里，分别从产业特点、法律体系、知识产权权利、知识产权管理和知识产权纠纷系统阐述，紧紧围绕企业经营的主线条，充分体现和发挥知识产权的商业价值，这是非常突出的特点，也堪称是中国医药产业知识产权管理的基础教科书。

　　本书的付梓，还让我看到了中国企业界的知识产权情怀。本书是由中国企业知识产权研究院自筹费用，汇聚 9 位中国最优秀的医药企业知识产权经理人，将各自职业生涯中的知识、经验以及教训，系统性总结提炼，无私地贡献出来，以完全公益的方式通力合作完成，我为他们的这种奉献精神感到欣喜。

　　本书的面世，必将会助力中国医药企业的知识产权管理水平提升，也将帮助中国医药产业向更高水平的跨越。同时，也展示了不断进取的中国知识产权水平。我相信，在未来世界的创新舞台上，中国创造和中国 IP 必会熠熠生辉。

中国人民大学教授
中国知识产权法学研究会会长

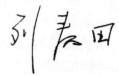

序 二

众所周知，药品是一种特殊的商品。首先，新药的研究开发具有投资大、难度高、风险大和周期长等特点，因此，医药行业对于专利保护的依赖程度明显高于其他行业。有专家经过研究分析后曾经得出结论，如果没有专利保护，60%的药品发明不能研究出来，65%不会被利用。因此，没有较强的知识产权保护，医药行业就难以得到长足的发展。

其次，医药行业还是高投入、大市场、高产出和高风险的行业，在知识产权强保护的环境下，一旦出现侵权行为，往往会出现非常高的侵权赔偿金额，例如美国历史上判罚10亿美元以上的几个案例都发生在医药领域。如果没有药品专利纠纷的早期解决机制，无论对创新药、仿制药厂家还是用药的患者，都会带来巨大的隐患。

再次，为了保证药品的疗效和最大程度地减少药品上市后可能对患者造成的负面效应，各国政府都会要求制药企业在上市前提供足够数量的临床实验数据，以证明其安全有效和质量可控，而这种临床试验和行政审批不仅需要巨大的投资，还需要较长的时间成本。况且，这些工作基本上是在创新药品申请专利后进行的，需要占用大量的专利有效期，如果没有专利期补偿制度，不少创新药品在市场独占期间就收不回开发成本，从而严重挫伤其药物创新的积极性。

最后，药品是社会公共健康的必需品，没有知识产权保护就没有新药被研究开发出来用于疑难病症的治疗，而没有仿制就难以把药品价格降下来，从而实现普通患者对药品的可及性。因此，制定医药领域的知识产权政策，还需要密切结合本国的实际国情，在鼓励创新和仿制之间取得合理的平衡。

当然，就目前而言，我国的医药行业虽然取得了突飞猛进的发展，但药物基础创新及高水平仿制还与世界先进水平具有较大的差距，低水平重复现象还相当严重，因此，不少人担心此时引入高水平的医药专利保护特殊政策，有可能不利于国内医药企业的发展。然而，医药行业的发展与知识产权保护之间似乎有一个"鸡生蛋"还是"蛋生鸡"的哲学辩证关系，是先有知识产权保护才促进了医药技术的进步，还是医药技术进步了才因此给予知识产权保护呢？我觉得，这两者之间是一种互为因果、相互促进的关系。只依靠国家有限的资金去支持"新药创制"重大科技专项，不充分调动市场的能力和积极性，我国的医药行业就会长期落后于世界发达国家，缺乏新药的创制能力和人才及资金的支持，从而很难形成良性循环，赶上世界先进水平并实现"弯道超车"。从这种意义上讲，如果想要在未来的医药技术领域也有所作为和搭上世界经济发展的快车，这些特殊政策无疑也是一种能够有效促进创新驱动发展的动力。"罗马不是一天建成的"。必须消除只顾眼前利益的心理障碍，坚持不懈地鼓励和促进真正的创新，以此推动整个医药行业的发展，我国的医药和健康产业才有可能在不远的将来赶上和超过世界先进水平。

2015 年以来，我国医药行业进行了一系列重大的政策改革，中共中央和国务院多次颁布重要文件，督促大力加强医药领域的知识产权保护，促进医药行业的结构调整及改革。在"新药创制"等国家重大专项的引领下，我国医药行业的创新能力和创新成果也有了突飞猛进的发展。

进入 2020 年以来，人类遭遇了突如其来的新冠疫情的袭击，世界形势也发生了"百年未遇之大变局"。在这种全新的背景下，我国的医药行业和公共健康事业也面临着全新的挑战和机遇。

习近平总书记曾经指出，没有全民健康，就没有全面小康。由于疫情的影响，我国的经济发展必须遵循"双循环"模式，医药行业和公共健康事业也不例外，必须遵循"创新、协调、绿色、开放、共享"的发展理念，以前所未有的姿态和力度加速推动医药及健康领域的技术创新和推广。创新是仿制和推广的基础，没有创新就没有仿制和推广；而仿制又是创新的继续，没有仿制创新药就难以大幅度推广。创新仿制两手抓，由此驱动"内循环"的良性快速发展。

在党中央"创新驱动发展"方针路线的引领和指导下，我国专利法于 2020 年 10 月 17 日进行了第四次修改，一举引进了"药品专利期补偿制度"和"药品专利纠纷的早期解决机制"，自 2021 年 6 月 1 日起施行。以此为标志，我国对医药行业的知识产权保护水平即将进入一个强保护的历史阶段。

2020 年 11 月 30 日，中央政治局就加强我国知识产权保护工作举行集体学习，习近平总书记主持并发表重要讲话，强调"知识产权保护工作关系国家治理体系和治理能力现代化，关系高质量发展，关系人民生活幸福，关系国家对外开放大局，关系国家安全"，明确指出"创新是引领发展的第一动力，保护知识产权就是保护创新"，为新时代全面加强我国知识产权保护工作提供了根本遵循和行动指南。

中国企业知识产权研究院恰逢其时地组织国内医药企业若干经验丰富的知识产权高级管理人员编写了这本《中国医药企业知识产权管理》，从不同企业知识产权特点、医药企业权利管理、专利申请与审查、合规管理、诉讼管理、IPO 上市中的知识产权以及综合管理等方面，系统介绍了我国医药企业的知识管理方面的知识和经验，对于我国医药企业相关从业人员学习和借鉴，迎接新形势下的机遇和挑战，进一步提升我国医药企业市场主体的知识产权战略意识和技巧，大力促进医药行业的创新驱动发展战略，具有极大的参考价值。相信我国医药行业的技术人员和知识产权工作者，一定能够乘此东风和良好机遇，埋头苦干，奋发有为，努力把我国的医药产业和公共健康事业推向一个崭新的阶段，为我国的全面小康作出更大的贡献！

张清奎

2021 年 1 月

前　言

这本书起源于一篇论文。2018 年初，东阳光集团知识产权总监林淘曦想写一篇《医药企业的知识产权管理》的论文，让我给些意见。我最早在通信企业从事知识产权工作，这些年来陆续也了解了机械、互联网等领域不同类型企业的知识产权管理的内容，但是囿于专业的跨度，我没能真正了解过医药类企业的知识产权管理的内容。随着讨论的深入，我发现医药类企业知识产权管理的实际内容，与通信、机械和互联网领域的企业有着很大的不同，这也是他写这篇论文的初衷。讨论完这篇论文的内容，我忽然有了一个想法，能不能把医药企业的知识产权管理作一个全面、系统的整理？业界对于这方面了解得太少了。于是，由中国企业知识产权研究院牵头，邀请了黄璐、范立君、窦夏睿、李彩辉、胡雪娇成立了一个项目组，我们用了 4 个月左右的时间完成了 2.8 万字的《中国医药企业知识产权管理架构建设》的报告，并在 2018 年底的中国企业知识产权研究院年会上进行了展示。这个报告对医药企业知识产权管理进行了全面、系统的梳理，但是仅限于架构性内容，具体细节并未展开叙述。

在这之后，我们陆续收到了不少医药企业知识产权同行的咨询信息，他们表示对这个报告的内容很感兴趣，这促使我们对这件事情有了进一步的信心和热情，因此，决定把这个架构报告扩展成为业界第一本系统、全面论述医药企业知识产权管理的著作！于是，我们再邀请了周大成、钱丽娜、张晓瑜和冯清伟加入项目组，这样从人员类型上，可以全面涵盖化学药、中药、生物制品 3 种类型的医药企业。项目组用了整整两年的时间，对上述架构中的所有内容进行了更加全面、深入、细致的论述，团队成员历经 5 次书稿版本的修改，以及后续由出版社编辑进行三审三校，终于在 2021 年 1 月促成这本 51 万字的《中国医药企业知识产权管理》定稿。

这本书从一开始就没有被定位成一本理论著作，它是面向医药企业进行知识产权管理的全面实务操作指南！我们希望为中国医药行业的知识产权管理人员和相关从业者、研发技术人员以及第三方知识产权服务机构等，提供一本全面、系统的类似工具书的操作指引，用实际行动推动中国医药企业知识产权管理工作的发展。

完成这本书是需要一点情怀的。这个项目始终是中国企业知识产权研究院牵头的一个公益项目，所有的作者从头至尾没有获得过任何报酬。但项目的执行却是按照教科书的严谨和细致来要求的，每位作者不仅是利用业余时间完成书稿的撰写，而且对各自负责部分的内容，没有任何的藏私或保留，我们把自己当成"前浪"。一次次在夜晚电话会议中研讨、争论，计划时限临近时频频催稿，对每一稿细致推敲、反复修订，还有全体成员集中两整天的时间在会议室里面对面、一页一页地把关书稿的酸爽，都历历在目。

希望作者们为本书付诸的热情、经验、教训、情怀，能够为中国医药行业的知识产权管理，留下一串扎实的脚印。

刘 建

于 2021 年 2 月

目　录

第 1 章

总　　论

1.1　目的与愿景

1.1.1　目的

根据中国生物医药行业的特点，结合医药企业知识产权特点，总结医药企业知识产权管理的实践经验，为医药企业从事技术开发、知识产权等从业人员提供具有参考价值的实务指导。

1.1.2　愿景

开拓中国医药企业知识产权从业人员思路，提高企业知识产权管理能力，实现企业知识产权价值最大化。

1.2　管理总则

1.2.1　知识产权理念

知识产权制度作为科技、经济和法律相结合的产物，是一种激励和调节的利益机制。[1]随着现代科技日新月异的发展，创新已成为知识经济时代的主要特征，企业要想在以高新技术为依托的竞争中立于不败之地，要善于运用各国的知识产权制度和规则，激励和保护企业的发明创造和技术创新。作为国家创新驱动发展战略的重要保障，知识产权制度旨在利用科技、经济和法律手段，来激励创新、鼓励创造，保护和管理发明创造成果或创新活动。[2]

知识产权作为无形资产，是现代企业资产的重要组成部分，也是企业的核心竞争力体现。企业知识产权战略与管理是与企业总体战略发展紧密衔接、不能脱离的。对企业知识产权的创造、保护、运用和管理，最终都落实到为企业创造经济效益和社会效益，提升企业核心竞争力，增加企业发展资本和/或核心价值，规避企业知识产权风险。没有知识产权战略的企业战略不是完整的战略。

医药企业的知识产权理念，与其他类型企业并无不同，应遵循企业总体战略规划，以知识产权为手段，维护企业利益、增强企业防御能力、控制企业风险，使企业战略在知识产权方面得以实施和落地。

1.2.2　创造

医药企业的知识产权创造，涉及专利、商标、著作权、商业秘密、域名等多种权利形式。对生物医药技术的开发与持续创新，是生物医药类知识产权的创造源头。对于创新型医药产品来说，医药企业对其产品、工艺/方法、医药用途等的专利申请、保护及布局尤为重要。

医药行业属于受到政府严格监管的行业，其研发、生产及销售环节均需要遵守相应的法律法规。医药企业通过知识产权创造与保护，将专利与相关产品进行匹配，进而为药品寻求市场独占期，同时将药品核心技术及其诀窍作为商业秘密保护进而为医药企业寻求竞争优势。

1.2.3　保护

医药企业的知识产权，可从专利、商标、著作权、反不正当竞争、展会知识产权、知识产权海关保护、植物新品种保护、中药品种保护等方面进行全方位、立体式的保护。例如企业通过发明创造与技术创新，以化合物专利和适应证专利为核心，对后续如晶型、制剂、工艺、组合物、新适应证、装置等外围专利进行层层保护，同时从技术、地域、时间上，实现对该产品的专利保护和布局。

目前，中国既鼓励创新药，又促进仿制药发展，建立专利链接制度、专利期限补偿制度、完善和落实药品试验数据保护制度，既有利于保护原研药企业的合法权益，提高其专利的质量，也有利于降低仿制药企业挑战专利的市场风险。例如，对于创新药品种，医药企业可以通过商业秘密保护其技术诀窍及专利申请前的技术信息，可以通过专利保护其活性成分、制剂处方、医药用途、工艺/方法、生产装置等，通过试验数据保护获得上市后一定的市场独占期，通过商标保护其品牌以区别同类仿制品种，进而在市场上从技术、时间及品牌维度增强产品的竞争力。

1.2.4　运用

知识产权运用的形式主要包括知识产权自主实施、知识产权实施许可、知识产权转让、知识产权运营、知识产权出资、知识产权信托、知识产权拍卖、知识产权质押、知识产权保险、知识产权证券化等。医药企业一直都是知识产权运用的主要推动者，也是医药专利诉讼的"主力军"。医药企业通过上述形式获得知识产权，直接或间接实施知识产权、禁止他人使用、保持企业知识产权的合法垄断地位，以获得一定的经济效益和社会效应，从而打造企业产品的自主核心竞争力。

1.2.5 管理

医药企业通过建立知识产权部门架构、完善企业知识产权管理制度，从而制定并实施其医药知识产权战略。在研发、生产、销售各个环节，知识产权管理包括：加强知识产权职能的事前管理、事中参与、事后追踪，并提前识别风险和管控风险；积极参与研发项目的立项、项目组会和项目节点的决策；积极强化与重视企业在研发、生产、销售全过程的专利申请与专利挖掘，并进行积极的专利布局，积极保护自身知识产权；积极应对专利侵权与纠纷；构建形成有效的知识产权激励机制及人员管理制度。知识产权管理部门还应联合研发、生产、销售、项目管理、信息管理等业务部门，积极响应国家政策，提升企业专利质量，增加企业专利价值。除了专利外，企业知识产权管理还应该充分考虑商标、著作权、域名的管理，强化企业商业秘密管理。

1.3 组织结构

1.3.1 行政结构

1.3.1.1 隶属企业高层管理者

知识产权部隶属企业高层管理者的行政组织结构，其有利于最高管理者及时了解公司知识产权全局并根据公司发展总战略对知识产权战略提出建设性意见。这种设置将知识产权管理部门放到公司较高的位置，知识产权部可以直接参与公司高层决策，从而使知识产权部在重大项目并购、推进等阶段有一票否决权，对高层发挥较大作用，适用于规模较大、知识产权管理复杂的集团公司。此类组织结构简单，层级少，有利于知识产权部门管理人员同企业高层管理者沟通，以便根据公司战略来制定和实施知识产权战略。

该类组织结构如图 1 - 3 - 1 所示。

图 1 - 3 - 1 隶属企业高层管理者的组织结构

但是此种组织结构设置，知识产权管理部门可能不能及时掌握研发部门的信息，与其他部门尤其是研发部门保持良好沟通的成本较高，建议这种模式的知识产权部应建立一套完整的知识产权管理体系并参与研发的立项会、汇报会等会议，以及时了解研发进展并对知识产权进行布局。

1.3.1.2 隶属企业研发部门

知识产权部隶属于企业研发部门的行政组织结构，知识产权部门不直接受企业高层管理者的领导，但知识产权部门与研发部门联系紧密，容易与研发部门及时沟通并获取研发部门的相关信息，有利于将知识产权工作与研发工作紧密结合，为企业的研发活动提供全方面的指导，从而使技术研发成果能够快速、有效地获得知识产权保护；同时将知识产权工作嵌入研发中，也能及时预警研发过程中的风险。该组织模式能够准确制定与技术和产品开发相适应的知识产权战略。

该类组织结构如图1-3-2所示。

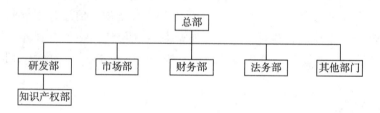

图1-3-2　隶属研发部的组织架构

该类组织的缺点是：由于知识产权部门在研发部门之下，位阶较低，具有无法直接与高层沟通，无法参与企业决策，无法了解企业整体战略目标，难以与其他部门沟通协调管理企业的整体知识产权，处理问题效率差等缺点。

特殊情形下，知识产权部虽然隶属研发部门，但由主管研发部门的企业高管如研发副总裁领导，此种情形属于上一节所述的隶属企业高层管理者。

1.3.1.3 隶属企业法律部门

知识产权部隶属于企业法律部门的行政组织结构，其知识产权部具体隶属于集团或总公司直接管理的一级职能部门的法务中心或法律事业部，作为法务中心统一管理下的子部门和/或岗位。各分公司或子公司不设专职知识产权管理人员或者部门，但可设立一到两名业务对接人。分公司或子公司的所有知识产权业务均收归集团知识产权管理部门统一管理。

知识产权部门隶属于法务中心的优势在于：①部门层级较高，更容易直接和公司高层沟通，领会和分解公司整体的发展战略，并将其落实到整个知识产权体系的构建中去。②知识产权部归属于法务中心，有利于专利、商标、著作权等知识产权的申请或登记、知识产权贸易中合同的订立以及贸易纠纷的处理等活动。在许多合同业务和知识产权维权业务中，便于知识产权管理者和法务管理人员进行有效的沟通。例如与技术开发、转移、投融资相关的合同，常常会涉及知识产权条款，法务人员需要知识产权专业人员的建议；而对于知识产权的许可、转让又常常会涉及很多的法律条款，也需要法务人员的配合与支持。再如，发生与专利、商标、著作权相关的诉讼时，在这种组织构架之下，整个法务中心的知识结构完全可以有效地把控诉讼走向，反应更加迅速，处理过程也会更加专业。

该类组织结构如图 1 - 3 - 3 所示。

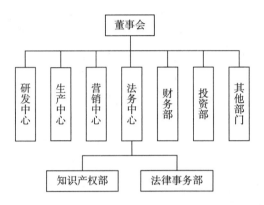

图 1 - 3 - 3 隶属企业法律部门的组织架构

当然，这种组织构架也有其不足之处，最主要的问题是有可能"脱离基层"，不容易及时发现问题。比如知识产权部门，从专利挖掘的角度来说，应该和研发部门联合办公比较容易发掘研发中的技术空白点。但这种组织构架之下，专利专员或顾问往往与研究者的"距离"比较远，需要特别注意建立有效的沟通机制。而一些知识产权侵权的案件或各种交易中潜在的知识产权风险，往往是基层的一线员工发现的，这种构架之下，如果员工没有风险识别的能力和意识，往往不容易及时发现隐患。因此知识产权管理者应当注意定期地、深入一线去开展形式多样的培训和交流活动，拉进与"基层"之间的距离，提高一线员工的风险识别能力。

1.3.2 职能构架

1.3.2.1 流程

企业知识产权流程岗位具体负责处理公司所有知识产权相关业务的国内外流程，主要包括期限监控与管理、文档管理、费用管理及业务支持。更具体的职责包括但不限于：知识产权合同登记、权属登记、国内外商标流程及登记、著作权申报及登记管理、知识产权文档接收/发送/整理/分析/归档的流程管理、专利流程的处理、缴费和续费管理、知识产权档案管理、知识产权审批管理、知识产权政府项目申请及补助申请以及相关电子流程的设计、优化、实施以及归口输出等，并为其他部门提供工作支持。

期限监控与管理需要企业的流程管理人员自行组织案件立案后的全周期维护，建立与维护国内外知识产权案件的监控、记录案件数与期限。这项工作在实际操作中，很多企业是交由专业的第三方代理服务机构来完成的，由服务机构进行具体案件的期限监控，并实时地提醒及通知企业的流程管理人员。

文档管理需要企业的流程管理人员不定时收取国内外专利、商标、著作权以及法律等各类电子和/或纸质官文的文件，并将相关文件逐一进行登记和存档。其中涉及纸质官文的文件，需扫描官文并修改扫描件名称和存档，并与专业的第三方代理服务机构保持紧密的沟通。文档管理涉及集团与子公司时，可统一管理；当文档管理只涉及某一独立法人单位时，则可直接按具体产品或项目来分类归档。

费用管理需要企业流程管理人员完成对各类业务相关费用（如年度知识产权费用预算、专利年费、官费、代理费等）及开票信息的确认、核对及监管；协助财务部门完成相关费用支付。

1.3.2.2 保护

医药企业应由知识产权部门管理人员牵头建立一套适合企业自身发展的知识产权保护体系。企业知识产权保护岗位负责处理企业知识产权保护以及相关的所有业务，包括专利申请、专利挖掘与专利布局、专利信息分析与利用、专利咨询与培训等工作。该岗位知识产权人员需要直接对接研发与技术、生产与质量等部门，负责挖掘企业创新技术成果，协助技术研发人员进行新化合物、新工艺、新用途、药物组合物等相关的专利申请、专利挖掘、专利布局、专利检索、专利分析、专利技术转让等；指导研发技术人员完成技术交底书的撰写、答复研发人员提出的专利问题等；进行专利申请文件的撰写与审核、审查意见的答复、公众意见和无效宣告的提出和审核；负责企业研发、生产、销售产品或项目的专利风险识别与专利预警工作，以及企业专利数据库构建等。此外，与流程岗位的人员合作，与外部知识产权服务机构保持良好沟通，对内对接公司销售部/市场部等部门的商标申请、著作权登记等。

另外，在制度建设上，该岗位的知识产权管理人员需建立健全并积极落实企业的各项知识产权管理和保护制度，提高企业知识产权保护意识，依法维护企业的知识产权合法权益；建立商业秘密保护制度，强化企业商业秘密保护措施，签订保密协议，依法保护企业的商业秘密。在开展医药相关产品或技术进出口业务和对外投资、参加生物医药博览会或展会时，应当及时知悉、检索或查询该产品在有关国家或地区的知识产权状况，深入了解其知识产权保护情况，做到自身知识产权不被侵犯，也不侵犯他人知识产权。

1.3.2.3 风险管控

由于医药领域对知识产权具有非常强的依赖性，高风险、高投入的行业特色更加强化了医药知识产权风险管控对医药企业发展的重要性，因此，知识产权风险管控往往是医药企业知识产权管理部门的重要职能之一。对于医药企业来说，知识产权风险可能出现在企业经营的各个环节，如立项、研发、生产、销售和售后、技术交易、投融资、企业重组等。

在立项环节，企业知识产权部门一般需要参与项目的可行性评估，检索并识别项目研发的现有知识产权风险，以及未来产品研发和上市可能面临的知识产权风险，从而为项目是否启动提供决策依据。立项环节往往是医药企业知识产权风险防控的最早环节，也是最重要的环节，该环节风险防控的好坏往往决定了企业的研发方向与未来产品上市的命运。

在研发环节，企业确定产品立项进入研发阶段之后，研发部门会进一步结合立项目标和技术现状，对相应产品进行技术攻坚，其中涉及原料与制剂工艺的研究，在立项调研的基础上，研发人员往往需要进行更深入、更广泛的文献与专利检索，从而确定具体实施的技术路径，此时需要知识产权部门在其中起到协助与风险把控作用，避免研发方向发生偏移，同时避免在研发过程中出现侵权风险。此外，当研发中涉及产品原辅料的购买与使用时，同样需要对供应商的侵权风险进行防控，避免己方的研发或未来产品上市陷入被动局面。

生产环节主要涉及医药产品的生产工艺、中间体、生产设备等方面风险的管控。一般生产部门是对研发工艺的放大生产，关于产品生产工艺及中间体方面的风险在研发阶段基本得到了防控。但是很可能在立项或研发阶段都没有考虑产品生产线中的生产设备，在车间建设或者购买设备时，知识产权部门需要对相应设备的知识产权风险进行防控，避免因为相应设备的知识产权问题被诉侵权。

在销售和售后环节上，一般在完成产品研发与申报后，进入销售准备阶段，知识产权部门需要重新检索和梳理产品上市的法律风险，从而为市场部门的推广行为提供决策依据。由于医药产品审批与知识产权诉讼并没有建立直接的关联，所以医药行业在产品获批后仍存在知识产权障碍的现象比较普遍，国家药品监督管理局（NMPA）的审批过程并不包含对医药产品知识产权问题的审理，产品上市的知识产权风险由企业自行解决。因此，医药企业在产品获批后，仍然需要再次进行自由实施（FTO）风险评估，从而合理管控产品上市的知识产权风险。

在商务发展（BD）环节，随着全球医药研发技术的发展，无论是大型跨国医药公司，还是处于成长中的中小型公司，都在积极拓展相互之间的商务发展合作。而商务发展合作涉及产品的引进、相互之间的投融资等活动，作为投资方、技术或产品的引入方，对相应合作标的进行知识产权的尽职调查将显得尤为重要，通过尽职调查防控合作风险，为交易金额的确定、产品未来自由实施的风险、权属纠纷风险等提供参考依据。

知识产权风险防控和管理主要涉及目的地相关知识产权法律、政策和实际执行情况的调查，相关产品或项目知识产权检索和尽职调查，定期风险监控报告，风险监控数据库的建立，各类合同中知识产权条款的审核，意外知识产权风险的应急方案以及知识产权风险准备金等。另外，还需定期监控产品可能侵犯他人知识产权的状况，分析可能发生的纠纷及其对企业的损害程度，提出防范预案；采取措施，避免或降低生产、办公设备及软件侵犯他人知识产权的风险；有条件的企业可将知识产权纳入企业风险管理体系，对知识产权风险进行识别和评测，并采取相应风险控制措施。

知识产权风险管控工作需要与企业内部多个部门协作沟通，包括法务部、研发部、财务部、商务发展部等。最终风险应对策略的制定及执行需要平行部门的支持与配合，依据风险的类别主导部门会相应调整。技术交易及收、并购通常由商务发展部及财务部门主导，知识产权部门辅助支持。但在与产品或项目相关风险的解决中，多数工作由知识产权部门主导，相关技术部门支持，如专利无效宣告及技术自由实施。

1.3.2.4 法务

企业知识产权法务岗位负责处理企业所有知识产权法务方面的业务。企业法务的职能分为非诉与诉讼业务两个层面。企业法务大部分工作时间都在处理非诉业务，主要包括合同审核、合同管理、合同履行监督、履行纠纷调解与谈判、为业务部门提供法律建议和支持、公司法业务、法务培训、制定和审核企业制度等。当纠纷无法通过协商解决，发现侵权行为需要维权或者不幸成为被告时，企业法务还需要参与诉讼活动，负责搜集整理证据，制定、推动诉讼策略和把控诉讼进程，必要时聘请外部律师并配合与监督外部律师的工作等。

医药企业的知识产权诉讼业务包括跟踪项目相关的诉讼案件（包括侵权案件和无效案件）、梳理项目的专利障碍、发起和（或）应对知识产权诉讼以及相关咨询等。

根据知识产权类型的不同，知识产权诉讼可以分为专利诉讼、商标诉讼、著作权诉讼以及不正当竞争诉讼。对于制药企业而言，专利诉讼最为重要，商标诉讼次之。医药企业应针对可能出现的知识产权诉讼准备应对的手段，在得到管理层的授意和支持下，以知识产权部为主体，邀请法务部、研发部、生产部、销售部等部门的主要负责人，形成企业知识产权诉讼委员会，并利用该委员会主导知识产权诉讼工作。例如药品出口美国遇到的简化新药申请（ANDA）专利诉讼，以及其他在风险管理阶段预警的高风险专利诉讼，均需要知识产权部在委员会的框架下提早做好准备，以应对随时可能出现的专利诉讼。

知识产权诉讼中，知识产权部需要在诉讼策略、律师选择、内部协调等方面，处理好与法务部的关系。如果知识产权部本身没有足够的能力处理，应充分利用法务部的能力，共同制定最优的方案。

1.4　制度建设

1.4.1　原则与方法

为维护中国医药企业无形资产的合法权益，坚决制止、杜绝企业知识产权流失，同时充分利用法律规定并结合医药企业自身特点，发挥知识产权在企业药品竞争格局中的作用，对于专利、商标、著作权、商业秘密以及其他知识产权等，遵循统一管理、分工协作、规范有序的制度建设原则，实行分类、动态、日常跟踪管理。

1.4.2　制度类型

医药企业的知识产权管理制度（或办法）有很多方面，具体包括专利管理办法、商标管理办法、域名管理办法、商业秘密管理办法、著作权管理办法、知识产权激励制度、展会知识产权管理办法等。

与医药企业知识产权制度关联的管理制度（或办法）有很多方面，具体包括论文发表管理办法、发明人管理办法、发明人奖励制度、研发项目中的知识产权管理办法、市场项目中的知识产权管理办法、上市公司信息披露管理办法、合同管理制度、人力资源管理制度、风险管控管理办法、采购管理办法、合规管理办法等。

第 2 章 ‹‹‹‹‹‹‹‹

医药企业知识产权特点

当前，我国医药行业正处于由仿制药生产为主向"仿创结合"转变的新时期，提高医药行业技术创新能力，将有助于调整医药行业结构，增强我国医药行业的国际竞争力和可持续发展能力。医药知识产权因其种类丰富、覆盖面广，在医药企业鼓励技术创新、鼓励大品种仿制药上市等活动中发挥着重要的作用。作为一种创造性的智力成果，随着医药企业研发经费的不断投入，医药企业将会有新的技术创新成果不断涌现，而这些成果的主要表现形式就是知识产权。根据我国的法律实践，医药企业涉及的知识产权包括产品、工艺、方法、用途、设备装置等不同方面。

实践中，化学药的结构明确，容易获得明确的产品专利保护，因此化学药的专利侵权判断相对容易；中医药突出在传统中医理论的指定下进行临床应用，中药组合物的专利保护对于中医药企业具有一定的价值；生物药的成分复杂，产品往往受到生产过程的影响，实践中其与化学药和中药的专利保护和运用是完全不同的。

除了知识产权保护，行业的市场准入和行政监管对于医药企业同样非常重要。如果企业的研发成果不能获得行政准入，那么将意味着该项技术无法转化成产品或者服务，最终不能实现其市场价值。由于化学药、生物药和中药的技术特点不同，市场准入标准不同，这将意味着医药企业对于知识产权的保护方式和运用特点也不完全是一样的。本章从我国医药市场审批制度的发展出发，探讨化学药企业、生物药企业和中药企业各自的知识产权特点。

2.1 我国药品审批制度的发展

新中国成立后的较长一段时间里，卫生行政部门行使药品的管理职责。卫生部于

1950 年设立药政处，后于 1953 年改为卫生部药政司，1957 年改为卫生部药政局，并在各省、自治区、直辖市卫生厅相应地设立了药政管理处，形成了中央与地方的多级药品行政管理体系。

据考证，新中国成立后的 20 年间，化学药的行业管理职能先后由轻工业部医药工业管理局、化学工业部医药司、化学工业部中国医药工业公司、燃料化学工业部 8 人医药小组、燃料化学工业部医药局和石油工业部医药局承担。中药行业的管理职能先后由土产供销总社、中药管理委员会（卫生部）中国药材公司、全国供销合作总社中药材管理局、商业部中国药材公司、卫生部药政管理局、商业部中国药材公司、商业部医药组和商业部医药局承担。在这样的体制变革过程中，医药行业的决策权管理分散的弊病日渐凸显[3]。

1963 年，由卫生部、化学工业部和商业部联合下达的《关于加强药政管理的若干规定》，对新药（时称"新产品"）的定义、新药报批程序、新药临床试验、新药的生产审批、设定药品审定委员会以及哪些药品属于卫生部审定均予明确的规定。

1979 年，卫生部颁布了《新药管理办法（试行）》，该办法规定了在我国除创新的重大品种以及国内未生产的放射性药品、麻醉药品、中药人工合成品、避孕药品由卫生部审批外，其他新药均由省级卫生行政部门审批。

1984 年，第五届全国人民代表大会常务委员会第七次会议通过了《药品管理法》，其规定新药由国务院卫生行政部门审批，生产地方标准药品、仿制药由省级卫生行政管理部门审批。

2007 年国家食品药品监督管理局正式出台《药品注册管理办法》（局令第 28 号）。

2015 年 8 月，国务院印发《国务院关于改革药品医疗器械审评审批制度的意见》（国发〔2015〕44 号），明确了提高药品审批标准，推进仿制药质量一致性评价，加快创新药的审评审批，开展药品上市许可持有人制度试点，改进药品临床试验审批等 12 项改革任务。

2016 年 3 月 4 日，国家食品药品监督管理总局发布《关于发布化学药品注册分类改革工作方案的公告（2016 年第 51 号）》，其相较于现行的《药品注册管理办法》，第 51 号公告中对按新注册分类申报的化学药品注册申请实行新的审评技术标准。

2016 年 3 月 5 日，国务院办公厅发布《关于开展仿制药质量和疗效一致性评价的意见》（国办发〔2016〕8 号），意见中鼓励企业开展一致性评价工作。通过一致性评价的药品品种，由国家食品药品监督管理总局向社会公布。药品生产企业可在药品说明书、标签中予以标注。同品种药品通过一致性评价的生产企业达到 3 家以上的，在药品集中采购等方面不再选用未通过一致性评价的品种。

2016 年 6 月，《药品上市许可持有人制度试点方案》（Marketing Authorization Holder，MAH）正式出台，标志着该方案的正式落地。

2017 年 10 月，中共中央办公厅、国务院办公厅印发了《关于深化审评审批制度改革鼓励药品医疗器械创新的意见》（厅字〔2017〕42 号），提出了改革临床试验管理、加快上市审评审批、促进药品创新和仿制药发展等意见[4]。其中在医药知识产权方面，提出了建立专利强制许可药品优先审评审批制度、建立上市药品目录集、探索建立药品专利链接制度、开展药品专利期限补偿制度试点、完善和落实药品试验数据保护制度等政策。

2018 年 11 月 14 日，中央全面深化改革委员会第五次会议审议通过了《国家组织药品集中采购试点方案》，这次组织的集中采购主要是以完善带量采购方法换取更优惠的价格，对于消除医院"二次议价"空间、规范评标专家行为、促进评标过程规范化等具有重大作用。该方案公布后，引起国内医药行业、医药股资本市场一片哗然，此次共有 31 个药品在 11 个城市开始试行带量采购，仿制药市场迎来一次大洗牌。

2019 年 1 月 1 日，国务院办公厅发布《国务院办公厅关于印发国家组织药品集中采购和使用试点方案的通知》（以下简称《集采方案》）。《集采方案》的主要内容是以"北京、天津、上海、重庆、沈阳、大连、厦门、广州、深圳、成都、西安 11 个城市（4 +7）"为试点，从通过"质量和疗效一致性评价"的仿制药中遴选合适品种，并由国家组织药品集中采购和使用，实现药价明显降低，减轻患者药费负担，降低企业交易成本，净化流通环境，改善行业生态的目的。此外，该方案也有助于引导医疗机构规范用药，支持公立医院改革，探索完善药品集中采购机制和以市场为主导的药品价格形成机制。试点药品从通过一致性评价的仿制药对应的通用药中选取。药品入围标准包括质量标准和供应标准。质量标准主要涉及药品临床疗效、不良反应、批次稳定性等，原则上以通过一致性评价为依据。仿制药通过带量采购，量价挂钩、以量换价，形成药品集中采购价格。

2019 年 6 月 20 日，国家卫生健康委员会药物政策与基本药物制度司发布《第一批鼓励仿制药品目录建议清单》，总计 34 个药品，包含多个抗癌药和罕见病药物品种。

2019 年 6 月 29 日，第十三届全国人民代表大会常务委员会第十一次会议通过了《中华人民共和国疫苗管理法》（以下简称《疫苗管理法》），在 2019 年 12 月 1 日正式施行。《疫苗管理法》作为我国首部有关疫苗管理的专门法，从疫苗的研制和注册、生产和批签发、流通、预防接种、异常反应监测和处理、上市后管理、保障措施、监督管理、法律责任等方面，全过程为疫苗立法，其有效地加强疫苗管理，保证疫苗质量和供应，规范预防接种，促进疫苗行业发展和改善目前国内的疫苗状况。

2019 年 8 月 26 日，第十三届全国人大常委会第十二次会议表决通过新修订的《中华人民共和国药品管理法》（2019 年国家主席令第 31 号），已在 2019 年 12 月 1 日起正式施行[5]。新修订后的《药品管理法》共计 12 章 155 条，不但明确了药品安全工作应当遵循"风险管理、全程管控、社会共治"的基本原则，还以实施药品上市许可持有人制度为主线，进一步明确药品全生命周期质量安全责任，坚决守住公共安全底线。该法也充分反映了人民对药品需求的变化，以及对药品质量要求的提升。在药品研发和生产方面，国家鼓励对创新药的研制和开发，加大对药品违法的处罚力度，重新定义了"假药、劣药"的范畴；发展现代药和传统药，充分发挥其在预防、医疗和保健中的作用，保护野生药材资源和中药品种，鼓励培育道地中药材；药品上市许可持有人依法对药品研制、生产、经营、使用全过程中药品的安全性、有效性和质量可控性负责等内容。

2020 年 3 月 30 日，国家市场监督管理总局令第 27 号公布《药品注册管理办法》，自 2020 年 7 月 1 日起正式施行[6]。新版《药品注册管理办法》重新定义了药品注册分类。药品注册按照中药、化学药和生物制品等进行分类注册管理。中药注册按照中药创新药、中药改良型新药、古代经典名方中药复方制剂、同名同方药等进行分类。化学药注册按照化学药创新药、化学药改良型新药、仿制药等进行分类。生物制品注册按照生物制品创新药、生物制品改良型新药、已上市生物制品（含生物类似药）等进行分类。另外，将药品上市许可人制度、临床默认制度、药品辅料和包装材料关联审评审批等改革措施明确纳入新版《药品注册管理办法》中。同日，国家市场监督管理总局第 28 号令公布《药品生产监督管理办法》，自 2020 年 7 月 1 日起正式施行[7]。

随后，为贯彻新实施的《药品管理法》有关规定，进一步规范药品上市后变更，强化药品上市许可持有人药品上市后变更管理责任，加强药品监管部门药品注册和生产监督管理工作的衔接，根据《药品管理法》《疫苗管理法》《药品注册管理办法》《药品生产监督管理办法》，2021 年 1 月 12 日，国家药品监督管理局发布了《药品上市后变更管理办法（试行）》（2021 年第 8 号）的公告。该办法落实了《药品管理法》对药品生产过程中的变更按照风险实行分类管理的要求，进一步明确了药品上市后变更的原则和常见情形，规定了持有人义务和监管部门职责，为药品上市后变更管理提供了依据[8]。该办法自发布之日起施行。

通过上述法律、规章或制度，梳理药品监管的历史沿革可以看出，我国药品审评审批工作进一步改善，药品监管更加科学，这将有利于促进技术创新和药品产品质量进一步提升。

2.2　化学药企业

与近些年快速发展的生物药相比，化学药的研发历史较为长久，而且作用机制研究、创新研发技术、审评和质量控制标准都已较为明确。与生物药相比，化学药分子结构相对简单，生产工艺相对稳定，质量控制难度较低，因此化学药研发的技术门槛相对较低。化学药在确定满足成药性的化合物结构后，往往还会进行盐型、晶体的研究。由于化学药较长的研发历史以及成熟的研发手段，大量突破性药物在不同治疗领域得以发现并应用到临床治疗。目前，发现化学药新分子的难度越来越大，化学药的发展到达了一个瓶颈期，发展速度已经固定在一个区间难以突破。世界各大制药公司和药物研究机构都在积极发展高新技术，希望能够寻找新的药物分子，但是与生物药相比，化学药创新产出的步伐明显偏慢。

与化学药漫长的发展历史相匹配，化学药企业对知识产权的需求也相对较大。化学药知识产权布局模式、审查标准和司法保护审判标准也相对成熟，各项法律法规及意见逐步健全，如《关于深化审评审批制度改革鼓励药品医疗器械创新的意见》中提出了探索建立药品专利链接制度，新修改《专利法》中明确了药品专利权期限补偿制度等。另外，原研药核心专利面临的专利悬崖以及专利无效宣告挑战，这些都是化学药企业的知识产权特点。

2.2.1　对知识产权的需求相对较大

化学药企业包括化学药品原料药和制剂制造两类企业。我国化学制药业起步较晚，除少数原研药外，目前国内化学医药企业生产的绝大多数药品为仿制药，我国95%的化学药品都是仿制药。化学药企业相对于中药和生物制品企业来说，其相关的药品法律法规与监管政策更加完善，国家市场监督管理总局颁布《药品注册管理办法》（总局令第27号）对于化学药的注册分类作了颠覆性的调整。而且化学药企业对知识产权的需求相对较大，其专利权更加清晰。

2.2.2　药品专利链接制度

药品专利链接通过将批准仿制药上市的环节与新药专利期进行链接，强调在仿制药注册申报阶段即关注已上市的原研药品专利状况，并建立专利侵权评估与早期解决纠纷的机制。药品专利链接制度有两层含义：一是仿制药的上市申请审批与相应的药品专利有效性审查的程序链接；二是药品监督管理部门与专利行政管理部门的职能链接。药品专利链接制度的基础是1984年美国颁布的《药品价格竞争与专利期恢复法案》（又称 Hatch - Waxman 法案），其主要内容如表 2 - 2 - 1 所示。美国食品药品监督管理局（FDA）以橘皮书（Orange book，OB）的形式负责公开与其所审批的药品相关联的专利信息，该信息同时也是简化新药申请（ANDA）时进行声明的基础，并可作为诉讼争议的起点。同时，为鼓励仿制药企业申报仿制药，挑战专利，通过规避或无效这些专利，从而顺利上市仿制药，FDA 为仿制药企业提供一定的行政优惠条件，如首仿独占期等。药品监督管理部门赋予首仿企业及专利挑战者的市场独占期，可帮助首仿企业快速收回所消耗的诉讼成本，同时快速在市场建立品牌[2,9]。

表 2 - 2 - 1　药品专利链接的主要内容

类别	核心内容	对象	关键时间	具体内容
新药	专利信息登记	与药品有关联，权利在其中实际使用；有效且能控诉侵权者的专利	提交 NDA 时；提交 NDA 后获批准前；获批后新增项目重大变更时；上市后专利授权 30 天内	登记：化合物（含异构体、盐、酯等）、晶型、制剂、组合物、用途/治疗方法；不登记：活性代谢产物及其用途、产品制备方法、中间体、包装
	市场独占期	新化学实体（NCE），原研	5 年市场独占期	不批准仿制药企业上市相应仿制产品
		孤儿药（ODE），原研	7 年市场独占期	—
		儿科用药（PED），原研	+6 个月	增加所有独占权和专利 6 个月
		新剂型、新用途	3 年市场独占期	—
		合格的传染病产品（GAIN）	5 年市场独占期	鼓励开发抗生素
仿制药	专利声明和通知	第Ⅰ段声明（PⅠ）	—	药品无专利
		第Ⅱ段声明（PⅡ）	—	药品有专利，但专利已失效
		第Ⅲ段声明（PⅢ）	—	在相关专利失效前，不要求 FDA 批准该仿制药
		第Ⅳ段声明（PⅣ）	—	与申请的仿制药相关的专利是无效的或仿制药不侵权
	首仿日	NCE - 1 日	新药上市后满 4 年后的首日	仿制药企业最早可在该日申报，一旦受理，首仿资格获确认
	专利挑战	含第Ⅳ段声明的 ANDA 申请人	20 天声明日	通知 NDA 持有人和专利权人
			45 天诉讼期	可提起专利侵权诉讼，并启动遏止期
		ANDA 申请人	30 个月遏止期	FDA 继续审查材料，合格者给予临时批准；但不批准上市
				专利无效或产品不侵权时，临时批准转为正式批准
			180 天独占期	不再批准其他 ANDA 持有人上市；获得独占期的仿制药企业可以原研药 60% ~90% 价格销售

2017 年 5 月 12 日，中国国家食品药品监督管理总局（CFDA）发布了《关于鼓励药品医疗器械创新保护创新者权益的相关政策（征求意见稿）》，首次提出了建立药品专利链接制度。药品注册申请人在提交注册申请时，应提交其知道和应当知道的涉及相关权利的声明。挑战相关药品专利的，申请人需声明不构成对相关药品专利侵权，并在提出注册申请后 20 天内告知相关药品专利权人；相关药品专利权人认为侵犯其专利权的，应在接到申请人告知后 20 天内向司法机关提起专利侵权诉讼，并告知药品审评机构。药品审评机构收到司法机关专利侵权立案相关证明文件后，可设置最长不超过 24 个月的批准等待期；在此期间，不停止已受理药品的技术审评工作。在批准等待期内，如双方达成和解或司法机关作出侵权或不侵权生效判决的，药品审评机构应当根据双方和解或司法机构相关的生效判决不批准或批准药品上市；超过批准等待期，司法机关未作出侵权判决的，药品审评机构可以批准药品上市。受理的药品申请，申请人未声明涉及相关专利，而专利权人提出侵权诉讼的，药品审评机构根据司法机关受理情况将该申请列入批准等待期。药品上市销售引发知识产权诉讼的，以司法机关判决为准。

《关于深化审评审批制度改革鼓励药品医疗器械创新的意见》中，在促进药品创新和仿制药发展方面，提出探索建立药品专利链接制度[4]。为保护专利权人合法权益，降低仿制药专利侵权风险，鼓励仿制药发展，探索建立药品审评审批与药品专利链接制度。药品注册申请人提交注册申请时，应说明涉及的相关专利及其权属状态，并在规定期限内告知相关药品专利权人。专利权存在纠纷的，当事人可以向法院起诉，期间不停止药品技术审评。对通过技术审评的药品，药品监管部门根据法院生效判决、裁定或调解书作出是否批准上市的决定；超过一定期限未取得生效判决、裁定或调解书的，药品监管部门可批准上市。

为贯彻《关于深化审评审批制度改革鼓励药品医疗器械创新的意见》《关于强化知识产权保护的意见》探索建立药品专利链接制度的要求，国家药品监督管理局、国家知识产权局组织起草了《药品专利纠纷早期解决机制实施办法（试行）（征求意见稿）》并于 2020 年 9 月 11 日公开向社会征求意见[10]。在该征求意见稿中，明确药品专利纠纷早期解决机制所涵盖的药品专利范围，是建立药品专利纠纷早期解决机制的基础。该办法适用于药品上市许可持有人登记在中国境内注册上市的药品相关专利信息。申请人在申报药品上市时，自行登记药品名称、相关专利号、专利种类、专利状态、专利权人、上市许可持有人、专利保护期限届满日、通信地址、联系人、联系方式等内容。对已上市药品相关专利，持有人可补充提交有关专利信息。药品审评期间，申请人取得专利权的，可在公告授予专利权之日起 30 日内在中国上市药品专利信息登记平台登记专利信息，并向国家药品审评机构补充提交专利信息。已登记的药品专利信息发生变更时，申请人或者药品上市许可持有人应当在变更生效后 30 日内在中国上市药品专利信息登记平台进行变更登记。在中国上市药品专利信息登记平台中登记的具体药品专利范围可以包括化学药品的药物活性成分化合物专利、含活性成分的药物组合物专利、医药用途专利；生物制品的序列结构专利；中药的中药组合物专利、中药提取物专利、医药用途专利。

2.2.3 药品专利期限补偿制度

为了补偿药品注册行政审批、临床试验等所损失的时间，不少国家和地区制定了较为完善的药品专利期限补偿制度（也称为药品专利期延长制度）。专利期延长制度即是对药品和医疗器械因临床试验和行政审批所丧失的专利期予以补充的一种制度。在美国，只有药物的核心专利（如化合物专利）可申请延长，该申请需在 FDA 批准药品上市后的 60 天内递交。获批延长的时间不超过 5 年且延长后自药品上市起算的整个专利保护期不超过 14 年。晶型、制剂、工艺等专利均不能申请延长。从专利的利益体系而言，药品专利保护期延长可有效保障市场独占性，从而与经济利益挂钩。

《关于深化审评审批制度改革鼓励药品医疗器械创新的意见》中给出了探索建立药品审评审批与药品专利链接制度、专利期限补偿制度、临床试验数据保护制度一系列改革"组合拳"[4]。选择部分新药开展试点，对因临床试验和审评审批延误上市的时间，给予适当专利期限补偿。2018 年年底，中国《专利法》第四次修改草案（人大征求意见稿）针对创新药增设了发明专利保护期延长的例外性规定。

2020 年 1 月 15 日，《中美经济贸易协议》第一章第四节第 1.12 条第 2 款第（2）项规定，对于在中国获批上市的新药产品及其制造和使用方法的专利，应专利权人的请求，中国应对新药产品专利、其获批使用方法或制造方法的专利有效期或专利权有效期提供调整，以补偿由该产品首次在中国商用的上市审批程序给专利权人造成的专利有效期的不合理缩减。任何此种调整都应在同等的限制和例外条件下，授予原专利中适用于获批产品及使用方法的对产品、其使用方法或制造方法的专利主张的全部专有权。中国可限制这种调整至最多不超过 5 年，且自在中国上市批准日起专利总有效期不超过 14 年。

2020 年 10 月 17 日，中国《专利法》通过第四次修改，其在第 42 条第 2 款中规定：自发明专利申请日起满 4 年，且自实质审查请求之日起满 3 年后授予发明专利权的，国务院专利行政部门应专利权人的请求，就发明专利在授权过程中的不合理延迟给予专利权期限补偿，但由申请人引起的不合理延迟除外。第 42 条第 3 款中规定：为补偿新药上市审评审批占用的时间，对在中国获得上市许可的新药相关发明专利，国务院专利行政部门应专利权人的请求给予专利权期限补偿。补偿期限不超过 5 年，新药批准上市后总有效专利权期限不超过 14 年。新修改《专利法》的决定于 2021 年 6 月 1 日起开始实施[11]。

2.2.4 核心专利保护面临的挑战

2.2.4.1 专利悬崖

专利悬崖是指一项专利保护到期后，企业依靠专利保护获得的销售额和利润就会一落千丈，在医药领域中，专利悬崖用来描述药品专利保护到期后销售收入一落千丈的现象。

原研药的化合物核心专利在保护期内，可以给企业带来丰厚的利润和回报。但是专利保护期满后，仿制药的出现，使原研公司的核心专利垄断所带来的利润也会随之一落千丈。对于市场价值较高的药物，仿制药会在原研药专利到期后第一时间投放市场，例如美国辉瑞的重磅降脂药立普妥（通用名为"阿托伐他汀钙"）的专利悬崖出现在 2011～2012 年。立普妥于 2011 年 11 月在美国的专利到期，其仿制药迅速以低价抢占美国市场，次年，立普妥全球年度销售收入从 2011 年的 50.90 亿美元暴跌至 2012 年的 29.43 亿美元，如图 2 - 2 - 1 所示。

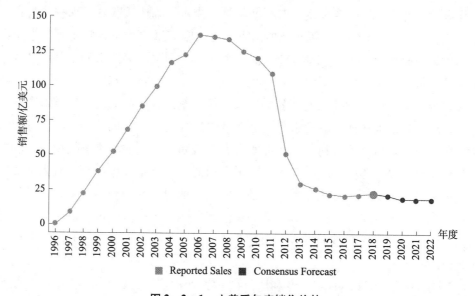

图 2 - 2 - 1 立普妥年度销售趋势

注：来源于 Cortellis。

随着越来越多重磅产品即将面临专利悬崖，全球制药巨头们无疑将迎来严峻的挑战。在 2019 年有多款重磅专利药遭遇"专利悬崖"，其中有来自辉瑞的普瑞巴林（商品名为乐瑞卡，Lyrica）、葛兰素史克的氟替卡松沙美特罗（商品名为舒利迭，Advair）、罗氏的利妥昔单抗（商品名为美罗华，Rituxan）、吉利德的雷迪帕韦/索磷布韦复方（商品名为夏帆宁，Harvoni）等，随着仿制药的涌入，毫无悬念，这些原研企业的专利药将失去市场独占权，并且其市场价格将大幅下降。

2015 年 8 月，《国务院关于改革药品医疗器械审评审批制度的意见》提出两点要求：一是提高药品审批标准。仿制药审评审批要以原研药品作为参比制剂，确保新批准的仿制药质量和疗效与原研药品一致；二是推进仿制药质量一致性评价。对已经批准上市的仿制药，按与原研药品质量和疗效一致的原则，分期分批进行质量一致性评价。一致性评价的实施和稳步开展，从根本上扭转了我国仿制药水平长期低下的现状，只有在质量和疗效上媲美原研药的仿制药才有可能在同一起跑线上跟原研药进行竞争。"4+7"城市药品集中采购帷幕的拉开，迫使价格居高不下的原研药妥协降价。"专利悬崖"对我国制药企业是挑战与机遇并存的。中国制药企业目前的研发策略是仿创结合，以仿为主，因此"专利悬崖"的到来，对于以仿制药见长的国内制药企业更是难得的发展机遇[12]。

2.1.4.2　化合物专利被无效

2018 年 3 月，第十三届全国人大一次会议第五次全体会议正式通过了国务院机构改革方案，中共中央办公厅、国务院办公厅印发《国家知识产权局职能配置、内设机构和人员编制规定》，明确重新组建国家知识产权局，其承担了专利、商标、地理标志、集成电路的注册登记和行政裁决。

越有价值的专利，其背后必然是巨大的药品市场，其被无效宣告的动力也就越大。随着中国药品专利链接制度的推出，首家挑战专利成功的企业还能够获得一定期限的市场独占期，高价值的专利被挑战的可能性就更高，中国将成为知识产权诉讼的下一个战场。

2019 年年初，最高人民法院设立知识产权法庭，主要审理专利等专业技术性较强的知识产权上诉案件。《全国人民代表大会常委会关于专利等知识产权案件诉讼程序若干问题的决定》提出，当事人对发明专利、实用新型专利、植物新品种、集成电路布图设计、技术秘密、计算机软件、垄断等专业技术性较强的知识产权民事案件第一审判决、裁定不服，提起上诉的，由最高人民法院审理。由此可以促进有关知识产权案件审理专门化、管辖集中化、程序集约化和人员专业化。这也是中国知识产权诉讼法律制度的历史性突破。2019 年 3 月 27 日，由最高人民法院副院长、知识产权庭庭长、二级大法官罗东川担任审判长，敲响了最高人民法院知识产权法庭成立以来的"第一槌"。当庭宣判：驳回上诉，维持原判，判决为终审判决。《最高人民法院关于审查知识产权纠纷行为保全案件适用法律若干问题的规定》也于 2019 年 1 月 1 日起施行[13]。

近年来，专利链接制度、专利期限补偿、数据保护制度开始为中国医药企业从业人员所熟知。无论是仿制药还是创新药企业，都开始在专利上积极布局，一定程度上也导致医药专利的无效宣告案件有所增加。通过对国家知识产权局公布的 2016 年 4 月 22 日至 2020 年 1 月 21 日的无效决定进行数据统计分析发现，在 11555 件决定中，生物医药相关决定仅 249 件，占比约 2.15%，相较于电子等行业要低很多，由此也从另一侧面反映出生物医药作为科学型技术不同于积累型技术的特点，每种药物的专利数量，与高昂的研发经费相比，显得要少很多，所以这些专利中涉及无效宣告的案件并不是很多。这些无效宣告案件中，发明专利共 167 件，占比 67%，其中以 PCT 进入中国国家阶段的案件为 68 件，在发明专利总数中占比 41%，如图 2 - 2 - 2 所示。

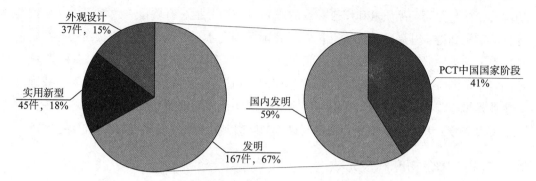

图 2 - 2 - 2　与生物医药相关的无效宣告决定数量分布

注：统计自 2016 年 4 月 22 日至 2020 年 1 月 21 日的数据。

从上述时间段发生的年度无效宣告案件数量的维度进行观察，发现年案件量不断增加，且无效宣告专利类型的构成及侧重点有所转变，发明专利无效宣告案件数量正逐步增加（见图 2 - 2 - 3 和表 2 - 2 - 2）。2016 年第三季度针对实用新型专利的无效宣告案件较多，自 2017 年开始，专利无效宣告案总数量相较于 2016 年有极大增长且外观设计专利在第二、第三季度有较多无效宣告案件之外，主要是在发明专利无效宣告数量上发生了较大增长。从图 2 - 2 - 3 中能观察到自 2017 年第一季度至第四季度数据一直呈增加状态，2017 年的总发明专利无效宣告数量达 41 件。进一步，2018 年保持了这种增长趋势，该年发明专利无效宣告数量为 58 件，同比增长 41.5%，并且 2018 年相较于 2017 年每一季度的同比发明专利无效案件数量更是呈现稳步增长局面。结合目前最新的数据，2019 年第一季度相较于 2018 年第一季度的数据亦呈现增长态势，2019 年的总专利无效宣告数量达 68 件，其中，发明专利无效宣告数量达 54 件。

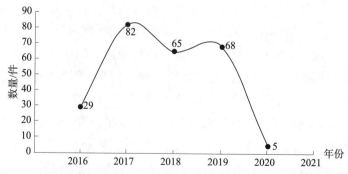

图 2 - 2 - 3　与生物医药相关的无效决定年度变化趋势

注：统计自 2016 年 4 月 22 日至 2020 年 1 月 21 日的数据。

表 2-2-2 与生物医药相关的无效决定年度和季度的具体数量统计 单位：件

年度	类型	一季度	二季度	三季度	四季度
2016	发明	0	3	4	2
	实用新型	0	1	16	2
	外观设计	0	0	0	1
2017	发明	6	8	11	16
	实用新型	0	4	5	8
	外观设计	0	15	7	2
2018	发明	15	12	13	18
	实用新型	2	2	0	1
	外观设计	1	0	0	1
2019	发明	21	7	19	7
	实用新型	1	2	0	1
	外观设计	6	1	3	0
2020	发明	5	0	0	0
	实用新型	0	0	0	0
	外观设计	0	0	0	0

注：统计自 2016 年 4 月 22 日至 2020 年 1 月 21 日的数据。

不完全统计，2016 年 4 月之前及 2020 年 1 月之后的数据暂以 0 代替。

选择 167 件发明专利无效案件从三个维度进行进一步分析，结果发现，国内诉国外案件 89 件（占比 53.3%），国内诉国内案件 77 件（占比 46.1%），国外诉国外案件 1 件（占比 0.6%，涉及辅料）；这些案件中维持专利权有效 53 件（31.7%），宣告专利权部分无效 47 件，宣告专利权全部无效 67 件。通过对技术主题及关联药物品种进行进一步梳理，结果如表 2-2-3 所示。

表 2-2-3 不同技术主题及关联药物品种的无效案件占比统计

技术主题	案件数/件	占比	主要品种
化合物	30	18%	索磷布韦、维帕他韦、富马酸丙酚替诺福韦、替诺福韦二吡呋酯、托法替尼、依布替尼、左乙拉西坦、维格列汀（3 次）、恩杂鲁胺（3 次）、恩格列净（3 件）、替格瑞洛（2 件）、氢溴酸沃替西汀、鲁比前列酮

技术主题	案件数/件	占比	主要品种
晶型/盐	19	11.4%	阿帕替尼、索拉非尼、伊马替尼、替格瑞洛、头孢他啶、伊伐布雷定、替格列汀、沃替西汀、西格列汀、托吡司特、缬更昔洛韦、右旋雷贝拉唑钠、盐酸沙格雷酯
制剂	33	19.8%	维格列汀、利格列汀、阿格列汀、他达拉非、索利那新、氯维地平、多西他赛、塞来昔布、奥洛他定、阿莫西林、艾普拉唑肠溶片、硝苯地平缓释片、替吉奥口崩片、银杏内酯注射剂、心脑联通胶囊、蒲苓盆炎康颗粒、复方血栓通制剂、妇炎灵胶囊
用途	20	12%	阿格列汀、左旋奥硝唑、雷米马唑仑、Rituximab（利妥昔）、Abraxane、恩曲他滨替诺福韦
剂量	3	1.8%	曲格列汀、阿格列汀
制备方法	40	24%	马来酸桂哌齐特、艾普拉唑粉针、尼美舒利片剂、硼替佐米、奥美普拉唑、阿洛西林钠、瑞舒伐他汀钙、鼠神经生长因子、体外培育牛黄、三九蛋白肽口服液、依非韦伦、注射用三磷酸腺苷二钠氯化镁
分析方法	5	3%	益血生胶囊、降钙素原抗体等
组合物	6	3.6%	LCZ696（诺欣妥）、奥美沙坦（酯）＋阿洛地平、甲福明＋维达列汀
其他	11	6.6%	菌株、内切葡聚糖酶等

有数据提出，在专利复审阶段，几乎超过 75% 的原研药专利被无效宣告，其中，化合物专利被无效宣告的可能性大于 50%。很多人对这两个数字并不觉得惊奇。因为化合物专利、用途专利等一旦缺乏足够的实验数据，其专利的状态就会变得非常不稳定。原研药专利中实验数据的缺失背后的原因可能是：①原研药企业早期必要的验证实验并未完成，但为了抢占专利申请日，无法在申请提交的同时提供相关的实验数据，仅仅提供了一般的实验方法。②原研药企业有意不提供实验数据，从而使竞争对手，特别是那些希望研发 Me－too 或 Me－better 产品的企业，无法及时准确地跟踪原研药相关专利信息，这样原研药专利达到既保护了在研产品，又"合法"隐藏了目标药物的目的[14]。

较之欧美国家，中国国家知识产权局对上述类型专利的审查更为严苛，这已是国内生物医药企业的共识。国外申请人，特别是欧美等国家和地区的申请人进入中国之后水土不服（由于活性数据问题）。按照 2013 年以前的审查方式，专利审查员可以直接认定为公开不充分将其专利驳回，或者被中国本土企业提出无效宣告请求；目前的情况是不用公开不充分了，而是利用创造性，找一个接近的化合物作为现有技术，要求申请人或专利权人证明它的化合物具有预料不到的技术效果，但是这种效果必须是说明书中在申请日前已经记载的或者可以直接得到的，申请日后补交不被认可。目前越来越多的中国企业主动加入到挑战原研药的专利中来。

　　从表 2-2-3 中可以看到不少重磅品种的身影。其中，吉利德抗丙肝重磅新药索非布韦，其年度销售额在百亿美元左右，这个无效案主要针对它的代谢产物。维帕他韦是第三代丙肝药丙通沙的复方制剂索非布韦/维帕他韦（SOF/VEL）的组分之一。替诺福韦艾拉酚胺，是替诺福韦二代，有史以来抗病毒效果最强的乙肝药物，被正大天晴提起无效宣告。正大天晴还挑战了另一个疗效比肩"药王"修美乐的 JAK 抑制剂托法替尼，将它的化合物专利无效。据米内网数据，托法替尼药品占 80 亿美元市场，对标 115 亿美元类风湿市场规模。从目前注册报批进度来看，正大天晴很大可能拿下首仿，提前上市。

　　原研公司诺华的沙库巴曲缬沙坦钠片（LCZ696），一种治疗心衰药物，结合了诺华的代文（Diovan，通用名为缬沙坦）和实验性药物 sacubitril（AHU-377），两者以摩尔比 1∶1 组成的钠盐水合物共晶。2014 年，基于令人信服的中期疗效数据并且已达到主要终点，数据监测委员会（DMC）一致建议提前终止 LCZ696 的Ⅲ期 PARADIGM-HF 研究。2015 年 2 月，LCZ696 获优先审查资格，同年 7 月，原研产品诺欣妥（Entresto）获 FDA 批准上市，相比现有心衰药物依那普利具有明显治疗优势。2016 年 5 月，美国和欧洲心力衰竭指南均将血管紧张素受体脑啡肽酶抑制剂类药物作为射血分数降低心衰的Ⅰ类推荐。2018 年初，一篇关于 LCZ696 组合物专利 ZL201110029600.7 被宣告全部无效的报道引起轰动，该案件也被国家知识产权局专利局评为 2017 年度专利复审无效十大案件之一。但值得一提的是，上市产品实际上是两种活性成分的络合物，而该专利第一组的组合物专利可以被理解为仅覆盖包括两种活性成分的混合物。Entresto 依然有 2026 年才到期的专利保护，除非这一专利壁垒被突破，否则，中国企业的 Entresto 仿制药估计还要再等 6 年才能上市。但是，根据复审无效口审公告信息，2019 年以来，尤其是在 2019 年 6~8 月，华润三九医药股份有限公司、山东新时代药业有限公司、深圳信立泰药业股份有限公司（以下简称"信立泰公司"）、江苏豪森药业集团有限公司（以下简称"江苏豪森"）、正大天晴药业集团股份有限公司（以下简称"正大天晴"）、北京四环制药有限公司、齐鲁制药有限公司、石药集团欧意药业有限公司（以下简称"石药集团"）等分别针对复合物的原案专利 ZL200680001733.0 及分案专利 ZL201210191052.2 提出专利无效挑战。国内企业对于诺欣妥的专利，似有不达"全部无效"誓不罢休之势。多家国内企业对诺欣妥提出专利无效宣告请求，这与这些企业已经正在开发该产品的仿制药有关。据悉，2018~2019 年，包括石药集团、正大天晴、信立泰、上海宣泰海门药业/南京一心和医药等公司已经提出了沙库巴曲缬沙坦钠片上市申请，而吉林四环制药和华北制药已经开始进行生物等效性试验（BE）。根据诺华公司发布的财报显示，2018 年诺欣妥全球销售金额达到了 10.28 亿美元，比前一年增长 103%。市场调研机构 Evaluate Pharma 曾经发布报告预测，到 2024 年，诺欣妥全球销售金额将达到 44.3 亿美元。如果其仿制药获得批准上市，从目前国内企业仿制研发情况来看，国内企业的竞争将会异常激烈。专利无效挑战将为仿制药企业进入该产品市场提供有效保障，特别是首仿企业，不排除可能享受到未来专利链接制度的红利。

2.3 中药企业

党的十八大以来，党和国家领导人多次作出重要指示批示，要求改革完善中药审评审批机制，为新时代中药传承创新发展指明了方向。2020 年 12 月 21 日，国家药品监督管理局发布《国家药品监督管理局关于促进中药传承创新发展的实施意见》，针对中药的创新和保护提出了具体的实施意见。例如在促进中药守正创新上，坚持以临床价值为导向、推动古代经典名方中药复方制剂研制、促进中药创新发展、鼓励二次开发、加强中药安全性研究。在健全符合中药特点的审评审批体系上，改革中药注册分类、构建"三结合"审评证据体系、改革完善中药审评审批制度。在强化中药质量安全监管上，加强中药质量源头管理、加强生产全过程的质量控制、加强上市后监管、加大保护中药品种力度。

中药是在中医理论指导下的药物。中医理论承载着中国古代人民治疗疾病的经验和理论知识，是在朴素的唯物主义和自发的辩证思想指导下，通过长期医疗实践逐步形成的医学理论体系，是具有中国哲学特色的理论体系。中医理论偏向于宏观分析，通过调节宏观环境平衡来影响和治疗微观病症，西医理论偏向于微观作用，通过探究微观作用原理进行有针对性的干预治疗。中西医学理论出发点及诊疗方式的巨大差异，致使中药与化学药以及生物制品药物在医院临床应用、国家行政管理、企业经营管理上具有较大差别。

2.3.1 专利侵权纠纷较少

相比于化学药和生物制品，中药在临床应用时通常以复方形式入药，而且其化学成分复杂，对单一成分保护的必要性小。由于中医理论赋予中药的临床应用特点以及中药、天然药物的注册分类限定中药的申报审批要求，必然导致中药领域关于单一化合物的专利数量整体占比较低，所以中药复方配方专利、制剂方法专利和新用途专利数量占比较高，这些专利均具有侵权难以举证的特点，导致中药领域的专利侵权纠纷较少。

2.3.2　与法务关联性不大

我国法律法规对中药药品的保护方式更加全面，除专利保护、产品商标保护、包装设计著作权保护等知识产权保护形式以外，至少还包括以下五种保护形式：

（1）国家保密技术，是指国家科技部和国家保密局根据《中华人民共和国保守国家秘密法》《科学技术保密规定》等规定，对"关系国家安全和利益"的科学技术给予的国家保密技术保护。例如，云南白药属于国家保密方，点舌丸属于国家秘密技术。

（2）中药品种保护，是指国家药品监督管理局（NMPA）根据《中药品种保护条例》对列入国家药品标准或地方药品标准的中药品种给予保护。例如，片仔癀属于一级中药保护品种，柴胡滴丸属于二级中药保护品种。

（3）地理标志保护，是指国家知识产权局商标局（以下简称"商标局"）根据《集体商标、证明商标注册和管理办法》对地理标志给予集体商标或证明商标保护。例如，宁夏中宁枸杞及其制品，磐安浙贝母。

（4）植物新品种保护，是指国家农业或林业部门根据《中华人民共和国植物新品种保护条例》对国家植物品种保护名录中列举的草本药材的属或种给予新品种保护。例如，中国医学科学院药用植物研究所从野生柴胡种质中选育的"中柴1号"及配套技术。

（5）商业秘密保护，是指企业自行采取保密措施对具有商业价值的信息进行保密（详见本书第5章）。例如，祖传秘方。

上述五种保护形式，除地理标志与商标法律相关，其他保护形式与企业常规法务工作关联性不大，这可能是中药药品对知识产权保护的依赖性较小、部分中药企业知识产权管理部门非隶属法务部门的原因之一。

2.3.3　知识产权保护客体广泛

中药、化学药和生物制品领域虽然具有类似的产业结构，都可以统称为前端原料技术、中端制造技术和后端制剂技术。中药包括动物药、植物药和矿物药，技术跨度较大，并且通常在临床应用之前需要经过加工处理（称为炮制），而植物药是应用于临床医疗目的的植物，属于相对独立且全面的技术领域，因此，中药领域的药材种养殖技术、炮制技术，属于特色突出的技术领域。另外，中药领域除了具有与化学药和生物制品对应的中成药产品，还包括可以直接作为产品应用于临床的中药饮片，这使中药与化学药和生物制品在产品种类上构成明显区别，其前端和中端技术领域更加全面和深入，所以，中药领域的知识产权保护客体更广泛。例如，种子纯化与优质培育、播种机械设备、田间管理、植株筛选、质量控制以及中药饮片的加工、炮制、筛选、用途、质量控制等。

2.3.4 知识产权支撑多元化业务经营

由于中药领域的前端和中端技术领域比化学药和生物制品更广泛、更丰富，各种知识产权保护形式可以更广泛地保护中药领域前端、中端及成品的技术方案，因此，中药领域知识产权参与企业经营的可能性更大、支撑多元化商业模式的空间更大。例如，通过植物新品种保护和地理标志保护支撑中药饮片高价销售；通过将高于行业的质量标准专利技术纳入标准来保持产品竞争优势；通过中药材田间管理方法以及严苛的种苗选种方法支撑更多可能的商业模式；在对中药材种植公司进行投资时将种植类专利作价入股等等。

2.3.5 独具特色的《中药品种保护条例》

1992 年 10 月 14 日，为了提高中药质量，保护中药生产企业的合法权益，促进中药事业发展，国务院第 106 号令颁布实施了《中药品种保护条例》。2018 年 9 月 18 日，国务院发布了《国务院关于修改部分行政法规的决定》，其中《中药品种保护条例》第 15 条被修改。中药品种保护的客体是：中国境内生产制造的并且列入国家药品标准的中药品种，包括中成药、天然药物的提取物及其制剂和中药人工制成品；经国务院药品监督管理部门认定，列为省、自治区、直辖市药品标准的品种，也可以申请保护。保护效力为：被批准保护的中药品种，在保护期内限于由获得《中药保护品种证书》的企业生产，但对临床用药紧缺的中药保护品种，经有关部门批准后可进行仿制，仿制企业应付给持有《中药保护品种证书》并转让该中药品种处方组成、工艺制法的企业合理的使用费，擅自仿制中药保护品种以生产假药依法论处。中药品种保护等级分为一级、二级，根据《中药品种保护条例》规定：

第六条　符合下列条件之一的中药品种，可以申请一级保护：

（一）对特定疾病有特殊疗效的；

（二）相当于国家一级保护野生药材物种的人工制成品；

（三）用于预防和治疗特殊疾病的。

第七条　符合下列条件之一的中药品种，可以申请二级保护：

（一）符合本条例第六条规定的品种或者已经解除一级保护的品种；

（二）对特定疾病有显著疗效的；

（三）从天然药物中提取的有效物质及特殊制剂。

中药一级保护品种的处方组成、工艺制法，在保护期限内由获得《中药保护品种证书》的生产企业和有关的药品监督管理部门及有关单位和个人负责保密，不得公开。一级保护品种的保护期限为 30 年、20 年、10 年，每次延长的保护期限不得超过第一次批准的保护期限。中药二级保护品种为 7 年，保护期满后可以延长 7 年。

2.3.6　可联合使用多种保护方式

如前文所述，中药领域知识产权保护客体广泛，植物药从种植到成品的各个环节都存在专利保护的客体，而对于不同技术领域，除专利保护外，还可以联合其他方式予以保护。例如，中药材，可采用地理标志保护和专利保护；植物药，可采用植物新品种保护和专利保护；制备方法，可采用国家秘密保护和专利保护；药品包装、装潢，以及企业视觉识别系统，可联合利用著作权、商标或外观设计专利进行保护。

2.3.7　侵权举证较难，反向工程较难

反向工程是指通过技术手段对从公开渠道取得的产品进行拆卸、检测和分析进而获得该产品的技术信息，例如，机械领域，技术人员通过拆解和拼装机械部件，基本可以了解该机械装置的技术机构和原理，甚至能够对照样品重复制造出相同的机械装置。类比化学药和生物制品，由于它们具有明确的化学结构且含量较高，在化学成分未知的情况下，通常也可以通过药物分析手段获知其主要化学成分，但是在中药领域，药品标准中检测的代表性化学成分，通常不只存在于同一味药材，甚至不只存在于同一科植物中，因此在配方未知的情况下，几乎不可能通过药物分析方法来确定中药药品中含有哪些药材。侵权举证与反向工程类似，通常难以举证证明非法销售的中药或合法销售的处方保密的中药的处方构成。

2.4　生物制品企业

随着新的生物医药和诊疗技术不断涌现，生物药越来越显示出临床应用优势。然而原创性生物药研发难度大、周期长、成本高，使得其价格居高不下。并且生物药难以像小分子化学仿制药一样易于仿制并得到结构完全相同和均一的活性物质，因此，加快生物药上市，满足临床用药的可及性是行业十分关注的问题。原研生物药需要从体外研究（表征分析）、非临床研究、临床药理学研究和临床研究（安全性、有效性和免疫原性），以充分的证据证明产品的安全性和有效性。对于生物类似药而言，其主要通过与原研药从临床前、非临床和临床研究递进式的相似性比较，在对照药获批的一个或多个适应证中证明其安全性和有效性。

由于生物药本身存在复杂结构、大分子和非均一性等特点，生物类似药与原研药在物质结构和功能等方面不可能达到完全的精确复制，并且制备方法十分影响产品疗效，例如生物药生产工艺复杂，易于污染外源生物因子且难以检测和清除，通常不能采用终端灭菌处理；产品质量对生产过程的细微变化敏感，不能通过理化分析表征其全部质量属性；产品质量依赖于生产工艺的耐受性和稳定性及全过程控制，难以通过放行检验进行控制。选择不同的对照药以及上市后原研药与生物类似药各自的工艺优

化，都可能导致优化前后的原研药之间或生物类似药之间、生物类似药与原研药之间，不同生物类似药之间相似性的逐渐漂移，因而针对研发技术本身需要予以关注。生物制品企业可以利用靶点筛选、工艺技术平台和生物标志物等进一步提高成功率、加快生物药研发进程，并降低成本。在此过程中，涉及遗传资源的知识产权、涉及新的生物材料的保藏以及生物类似药申请中的"专利舞蹈"，成为生物制品企业区别于化学药企业以及中药企业的知识产权特点。

2.4.1 涉及遗传资源的知识产权

遗传资源来源需要在专利申请文件中披露，申请人应当说明遗传资源的直接来源，提供获取该遗传资源的时间、地点、方式、提供者等信息。

涉及遗传资源的知识产权在中国《专利法》第5条、第26条，以及《专利法实施细则》第26条均有明确的规定。在《专利审查指南2010》第二部分第十章第9.5节对遗传资源应披露内容的具体要求及遗传资源来源披露的审查进行了详细的说明。这些条款成为我国生物遗传资源保护的重要法律保障。

2019年7月1日，《中华人民共和国人类遗传资源管理条例》正式施行，条例第24条规定，利用我国人类遗传资源开展国际合作科学研究，应当保证中方单位及其研究人员在合作期间全过程、实质性地参与研究，研究过程中的所有记录以及数据信息等完全向中方单位开放并向中方单位提供备份。利用我国人类遗传资源开展国际合作科学研究，产生的成果申请专利的，应当由合作双方共同提出申请，专利权归合作双方共有[15]。

2.4.2 涉及新的生物材料的保藏

如果专利申请涉及的完成发明必须使用的生物材料是公众不能得到的，需要按《专利法实施细则》第24条的规定进行保藏，在申请日或者最迟自申请日起4个月内递交保藏单位出局的保藏证明和存活证明。具体为：对于涉及公众不能得到的生物材料的专利申请，应当在请求书和说明书中均写明生物材料的分类命名、拉丁文学名、保藏该生物材料样品的单位名称、地址、保藏日期和保藏编号。在说明书中第一次提及该生物材料时，除描述该生物材料的分类命名、拉丁文学名以外，还应当写明保藏日期、保藏该生物材料样品的保藏单位全称和简称及保藏编号；此外，还应当作为说明书的一个部分集中写在相当于附图说明的位置。

2.4.3 生物类似药申请中的"专利舞蹈"

生物制品的性质和复杂的制造工艺、较大的开发难度导致生物制品药品价格畸高。为了解决生物制品药品价格过高的问题，有的国家引入生物类似药进行竞争，例如美国国会于2009年通过了生物类似药价格竞争和创新法案（BPCIA）。生物类似药申请的

"专利舞蹈"程序，即 BPCIA 中规定的专利纠纷解决的程序。

生物药的原研药获准上市销售的 4 年内，生物类似药申请人不得向 FDA 提交申请，4 年后才可以提出申请。即使在接受申请后，FDA 也不可以在生物药的原研药获准上市的 12 年内批准生物类似药申请，从而保证生物药的原研药市场独占期最少为 12 年，生物类似药申请人向 FDA 提交生物类似药申请，FDA 受理后的 20 天内，申请人应当向生物药原研企业提供一份申请的副本，并披露生物类似药的生产流程，收到副本后的 60 天内，生物药原研企业应当向申请人提供一份其认为被侵权的专利清单，并指出可以许可给生物类似药申请人的专利。生物类似药申请人在收到专利清单的 60 天内提供一份声明，详细说明为何专利清单中所列专利无效、不可执行或不会被侵权，或者申请人声明在专利保护期届满前不会销售该产品。收到声明后，生物药原研企业应当在 60 天内详细说明所列专利为何有效、可执行且被侵权。

按照 BPCIA 的规定，生物类似药的专利诉讼分为两个阶段，在第一个阶段中，双方达成一份共同确认的专利清单，双方接着根据他们双方同意的专利清单进行专利侵权诉讼，如果他们没有办法达成一致，那么在他们交换的专利清单中共同的部分，就构成了共同确认的专利清单。第二个阶段的专利诉讼是生物类似药申请人通知即将进行商业上市的时候启动，这时双方均可以提出专利诉讼，包括那些包含在双方在第一个阶段中列出在所有专利清单中，但是在第一个阶段中没有提起诉讼的专利，或者生物药原研企业后来取得的专利。

通过以上的解释可知，"专利舞蹈"程序给了生物类似药申请人实质上的控制权，可以控制第一阶段的专利诉讼的范围和第二阶段专利诉讼的时间，并可以自行提出专利诉讼。但是如果生物类似药申请人选择不遵守"专利舞蹈"程序的话，生物药原研企业，可以立即提出专利诉讼，而生物类似药申请人则不能提出专利诉讼。则生物类似药申请人既不能控制专利诉讼的范围，也不能控制专利诉讼的时间，从而失去了提起专利诉讼的主动权。

"专利舞蹈"程序是一种选择性的行为，而不是强制性的。生物类似药上市的通知也不需要等到 FDA 批准之后才能进行。是否进行"专利舞蹈"，生物类似药申请人应结合自己的生物类似药和其生产工艺与生物药原研企业专利的相关程度，作出综合的考虑[16]。

医药企业专利权利管理

3.1 专利获取

3.1.1 内源性获取

医药企业通过自主研发或者与合同研究组织（CRO）进行合作研发，以获得相关专利。

为了推动企业技术进步，获得持续的市场优势地位，医药企业会持续增加研发资源投入，包括增加研发费用和研发人员进而获取新的药物。这种由企业自主立项研发取得的专利，我们称为专利的"内源性获取"。

关于权属，根据《专利法》第 6 条的规定，执行本单位的任务或者主要利用本单位的物质技术条件完成的发明创造为职务发明创造。职务发明的权利属于单位。通常，根据医药行业的特点，企业内源性获取的发明创造属于职务发明。对于合作完成或者委托完成的发明创造，根据《专利法》第 8 条的规定，除另有协议的以外，申请专利的权利属于完成或者共同完成的单位或者个人，例如属于委托完成单位。为此，委托方应该特别注意，医药企业可以通过合同约定专利（申请）权的归属，避免由于未约定而产生的纠纷。

关于发明人，根据《专利法实施细则》第 76 ~ 78 条规定，被授予专利权的单位应该给予发明人奖励、报酬。同时，单位及时鼓励发明人对于专利的持续产出具有很好的正向激励作用。

关于申请时机，医药企业自行研发取得阶段性成果应及时申请专利保护。鉴于我国《专利法》采取的是先申请制，尽早申请专利保护可以更好地获得专利授权。由于药品市场准入周期长，专利申请得越早，其后续上市后的实际保护期就越短。因此，作为申请人的医药企业，对于自行研发获得的成果，要综合考量对外合作、申请资料的完整性以及行政审批时限等多方面因素，确定专利申请的最佳时机。

3.1.2　外源性获取

与专利的"内源性获取"相对应的是专利的"外源性获取"。具体地，医药企业为了获得持续的优势地位，会通过投资、并购等手段获取技术研发的最新成果。与之相应地，被收购企业或团队的技术成果、专利等也将被纳入医药企业自身的管理体系中，用以巩固自有的体系。针对"外源性获取"的知识产权，医药企业要做好后续的管理工作，包括及时处理专利申请中间文件、缴纳年费，以及专利侵权和专利无效诉讼等。如医药企业通过与目标专利的专利权人订立专利权转让合同，并且向对方支付了专利转让费，以此来直接购买目标专利的，双方在订立专利权转让合同后，医药企业需及时向国家知识产权局办理著录项目变更手续。

医药企业在与高校或者研究机构合作的过程中，应按照相关规定做好知识产权和技术的价值评估工作。关于合作方式，可以通过课题研究的形式进行，确保科研机构、委托人和科研人员多方的利益。

科技成果转化是医药科技开发的重要环节，一直备受各国政府、产业界和学界的重视。一直以来，医药企业在与高校合作开发的过程中遇到一些问题，尤其是在产权形式和原创性探索方面。为了扭转这种局面，2015 年 8 月 29 日，第十二届全国人民代表大会常务委员会第十六次会议通过了对《中华人民共和国促进科技成果转化法》的进行修改的决定。2016 年 4 月 21 日，国务院办公厅印发《促进科技成果转移转化行动方案》。2020 年 2 月 3 日教育部、国家知识产权局等部委联合发布了《关于提升高等学校专利质量促进转化运用的若干意见》，明确改革高校教师评聘以及高校评比的条件，杜绝简单地以专利申请或授权数量作为考核指标，加大知识产权转化的权重[17]。我国高校科技成果转移转化在立法层面已无阻碍，但是在实际操作中长期以来政策导向的偏差、体制机制不顺等导致的负面影响在短期内难以消除，高校科技成果转移转化仍存在障碍。

首先，在专利申请权和专利权分配方面，我国专利法中规定的各方利益关系复杂，加之我国"职务发明条例"迟迟没有出台，这些不利于成果转化。其次，在转化流程方面，高校隶属于教育主管部门，尚未建立标准的转化流程，导致高校科研成果转化无章可循。高校科研工作者不愿意与企业完成科研成果的转化。最后，以专利权为纽带的科技成果转化，以契约机制如何在教师、高校、企业间合理分配转化收益，以及如何合理分配成果转化中隐性知识和显性知识的收益等均存在较大不确定性。例如，几年前，某家企业在与国内某高校教授合作过程中，遇到专利价值无法评估等问题，导致无法进行专利权转让。为了实现专利项目的顺利合作，该企业与高校签订了专利权独占许可合同，由企业向高校支付专利许可费。由于不同高校对于科研经费的分配政策不同，因此在后期药物开发过程中，主要研发者没有积极地帮助企业完成药物上市，药物开发最终可能失败。

3.2 专利管理

本书所称专利管理是指推进专利授权、高效管理专利、维持或处置专利权的动态持续过程。专利管理贯穿于专利申请后的各个阶段。

在医药产品的研究开发过程中，企业应当根据其产品规划或定位的重要性程度，有侧重、有先后地布局专利。对于重点产品，在基础研究阶段或临床前研究阶段就可以申请专利；从市场竞争出发，还可以在专利分析之后结合自身专利情况和竞争对手专利情况申请其他目的的专利。

在申请专利之前，通常应当进行专利检索，了解现有技术尤其是拟申请专利的技术方案相关专利的申请情况，进而明确专利将要保护的发明点。专利申请提交后可以不请求提前公开，以便在后续补充或修改技术方案重新申请专利（补充技术方案可要求部分优先权）时能够撤回在先申请而不被公开，进而避免在先申请影响在后申请的专利性。

在专利申请提交后，应当根据专利申请的审查程序，按时缴费和办理有关手续及事务。在答复审查意见通知书时，注意在争取较大保护范围的同时有针对性地答复审查员所指出的问题，利用第6章介绍的步骤和方法妥善地答复审查意见通知书，推进专利申请早日授权。

当授权专利达到一定数量后，为了提高专利管理效率，适时决策处置专利权等相关管理事务，建议按照本节介绍的几种分类方法对专利权进行分类管理，并根据产品及市场形势的变化及时更新专利分类，同时作出专利权处置建议。

3.2.1 专利分类管理

3.2.1.1 专利分类管理的目的

我国《专利法》依据专利保护主题的不同，将专利分为发明、实用新型和外观设计三种类型，《专利审查指南2010》第一部分第四章介绍了有利于专利局检索、审查和公告的分类方法。本书探讨的专利分类与《专利法》和专利审查指南中的分类不同，但目的都是高效管理和利用。本小节从商业利用的角度出发，列举了根据"专利申请的目的、药品的研发阶段、专利所属产品的价值"探讨有利于企业专利管理的分类方法，供企业专利工作者参考。

对专利进行分类管理有利于企业内部提高专利管理的效率和能力。实际上，在企业专利管理过程中已经将专利分类潜移默化地融入专利管理过程中。例如，企业一般会存有专利申请列表、已授权专利列表、转让或受让的专利列表等。这就是根据专利所处不同的法律状态和专利来源进行了分类，因此在专利信息统计时，企业专利管理人员就能高效地将所需信息提供给需求方。

3.2.1.2　按专利申请的商业目的分类

本书其他章节提供了围绕医药产品进行专利布局和挖掘的角度和方法。在企业专利申请实践中，可以参照这些技巧在合适的时机布局适当的专利，赋予每件专利以不同的目的，以便其产生预期的作用。本部分列举了专利申请的四个目的，包括已有成果的有效保护、技术趋势的合理预测、有针对性的防御公开、对抗竞争的权利平衡，分别简称为保护类、预测类、防御类、对抗类[18]。企业专利管理人员可以根据这四个目的对专利进行分类。

（1）已有成果的有效保护

保护类专利主要有两方面的含义：一是已有初步技术成果且满足申请专利的条件而申请的专利；二是与产品直接相关，专利保护的技术方案是产品本身或产品的一个组成部分，即专利保护的是已有初步成果且该初步成果与产品直接相关。

在实践中，虽然企业在布局专利时为了及时保护研发过程中拟产生的技术成果，通常在技术成果尚未明确或者实验数据尚未完全获得但满足专利申请条件时就申请专利，但是，在知识产权实际工作中，根据专利布局需求，仍然有部分专利需要在获得技术成果或实验数据结果之后再进行申请，甚至在获得技术成果一段时间后再进行申请。此时申请的与产品直接相关的专利也可以被识别为保护类专利。

（2）技术趋势的合理预测

申请预测类专利的基础是企业具有明确的市场战略，并且当前已经拥有或未来即将拥有可依赖的技术或产品。如果这类技术或产品在企业营收中占据相对优势或者具有一定的市场竞争优势（可以概括为"优势成果"），那么申请预测类专利的必要性较大。

预测类专利在申请时有两个出发点：一是基于优势成果本身的深入研究，以期获得更多更广的新成果；二是基于优势成果相关技术或产品的结合研究，围绕优势成果的匹配技术、组合产品或新应用领域，以维持企业竞争优势。例如，企业通过投入大量的时间和经费研发获得新化合物、新组合物、新用途或者新给药途径，通常希望在这些创新成果的基础上继续深入研究，以期获得更多的研发成果；为了抢占先研优势，企业通常会结合行业发展趋势和企业发展战略在已有优势成果的基础上申请预测类专利。这类专利以及专利技术形成的产品可能成为企业的下一个竞争优势。因此，预测类专利的识别条件是：从已有优势成果出发，对提升企业未来竞争优势有帮助作用。

（3）有针对性的防御公开

企业专利管理人员在进行专利布局时，在与技术人员就拟申请专利的技术方案进行沟通的过程中，通常会产生替代或改进技术方案。这类技术方案可能具有技术上的可行性和一定的商业价值，但其相对容易想到，甚至无法满足专利授权要求。以这类专利性较低的技术方案申请的专利被称为防御类专利。防御类专利在申请时主要有两个目的：一是将技术方案公开，成为竞争对手在后申请类似专利的现有技术，降低竞争对手专利的创造性，从而降低其授权可能性；二是避免被竞争对手抢先申请并且万一获得授权后可能给企业产品规划或销售带来影响。因此，防御类专利的特点是：距离产品及其市场规划较远，专利授权可能性较小或者专利授权后保护范围小，或者专利保护范围大但实际应用可能性不大。

（4）对抗竞争的权利平衡

前述三类专利都是从企业自身出发，围绕已有产品、未来产品和专利性较低的技术方案申请的专利，而对抗类专利是从竞争对手的产品出发，申请竞争对手未来可能侵权的专利，目的是储备攻击竞争对手的武器，尤其是当竞争对手起诉后用于反诉。当然，这类专利跟企业自身的产品规划越近越好。如果对抗类专利同时也是预测性专利，则说明企业跟竞争对手未来可能发生激烈的竞争。

申请对抗类专利的前提是对竞品系列以及竞争对手的产品规划具有非常充分的了解，而且需要对竞争对手的专利情况进行全面的分析。对抗类专利的特点是距离企业自己的产品及市场规划更远，但比较符合竞争对手的产品发展规划。如果在完成自由实施调查之后，根据预测的诉讼风险发生概率及应对成本而有针对性地申请对抗类专利，将会更有意义。

3.2.1.3 按医药产品的研发阶段分类

医药产品的研发过程基本类似，通常需要经过基础研究、临床前研究、临床试验研究和形成产品之后等阶段。各个阶段均有可能产生专利，主要产生专利的阶段在基础研究和临床前研究中。在不同研究阶段的药物专利种类及涉及的技术主题如表3-2-1所示。

表3-2-1 在不同研究阶段的药物专利种类及涉及的技术主题

研究阶段	专利种类	主题方向示例
基础研究	化合物/组合物	化合物、组合物、衍生物、晶型
	活性成分的制备方法	化合物的制备方法或纯化方法、中药炮制方法
	新用途（药理）	基于新药理作用原理的用途、药理材料的制备
临床前研究	新用途（适应证）	新化合物用途、老药物的新用途
	制剂及方法	对应于给药途径的剂型及其制备方法
	相关设备/仪器改进	制剂过程使用或改善中间体特性的设备或方法
	质量控制方法	主要成分/有关物质的检测方法
	联合用药	发挥协同作用或降低副作用的联合用药方法

研究阶段	专利种类	主题方向示例
临床试验研究	新用途（新适应证）	新用途专利的完善或改进
	联合用药	联合用药方法的完善或改进
形成产品之后	产品本身	药物的特殊结构、医疗器械及部件
	产品相关	药品/医疗器械专用生产设备/部件
	二次开发	产品二次开发进行的改进

注：如能从专利名称识别确认专利种类，则可删掉专利种类分类。

这种专利分类的好处是容易发现企业的研发优势，也能够通过数量对比发现专利布局的疏漏。例如，基础研究阶段产生的专利数量较多可以反映出企业研发投入较大，产生创新药的可能性较大，产品上市前再次考虑专利布局时发现剂型类专利没有申请，应尽快补充申请剂型专利。

3.2.1.4　按专利可能产生的作用分类

在上述根据专利申请的商业目的进行的分类中，除防御类专利不必然要求授权之外，其他类别的专利均需授权后才有发挥相应作用的资格。而在专利申请的审查过程中，通常需要对权利要求保护范围进行修改。如果在专利申请时没有充分检索现有技术并且有预见性地布局权利要求，则在答复审查意见时往往需要对权利要求作出较大幅度的修改，容易导致专利授权后能够产生的作用与申请时预期的目的具有一定的差距。所以，企业专利管理人员应当考虑在专利授权之后根据专利可能产生的作用对专利进行再次分类。当然，在申请专利时如果没有考虑专利目的，则可以在授权之后对专利进行分类。

（1）可起诉类专利

专利应当服务于企业经营，在商业竞争中体现市场限制作用，正因如此，专利权才具有商业价值。市场限制作用最直接的体现就是可以对涉嫌侵权方提起诉讼，请求法院责令侵权方停止侵权。

如果将起诉行为进行分类，则可以分为两类：一是发现有人侵权之后起诉（主动维权）；二是遭到别人起诉之后，利用已有的专利权有针对性地反诉别人（被动对抗）。无论哪种起诉行为，发生诉讼的前提都是该专利所属的产品涉及比较激烈的市场竞争，并且用于起诉的专利权具有容易判定侵权和权利稳定性好的特点；而判断"容易判定侵权"通常需要两个要件：一是保护范围大，二是调查取证容易。所以，企业专利管理人员可以用上述条件作为分类标准，识别可起诉类专利。

（2）可标准类专利

化学成分的检验测定方法可以作为技术方案申请专利，也可以作为质量控制方法列入质量标准中。因此，符合药品质量标准内容要求的专利技术方案具有纳入标准的可能性，从专利授权后可能产生的作用进行分类，除了可起诉类专利，还可以分为可标准类专利。

可标准类专利比较容易识别。首先，方法类技术方案只能通过发明专利进行保护，所以只能从发明专利中挑选识别。其次，专利名称中通常带有"×××的质量控制方法""检测方法"或"测定方法"及类似字样。再次，进一步查阅权利要求内容中的用途权利要求，除具体方法外，还应注意识别"用作标准品或对照品的应用"类似保护主题或范围的权利要求。最后，在申请提升质量标准的专利时，应当与专利所属产品的现有质量标准进行对比；如果专利保护的方法能够弥补现有标准中必要质量控制项的缺失，或者高于现有质量标准，那么该专利具备列入标准的资格。在实践中，可标准类专利的分类还应考虑专利所属的产品，通常应排除预测类、防御类和对抗类专利，只应在保护类专利中选取。因为企业通常不会考虑将脱离产品的专利纳入标准。如果可标准类专利涉及的是独家药品，则可以提高质量可控性为由按照规定的途径向有关部门申请提高标准，同时将专利技术纳入标准中，进而在质量标准上提高仿制门槛。对于专利被纳入标准的过程及要求、专利被纳入标准之后的侵权问题本章暂不讨论。

（3）其他说明

关于新适应证专利，由于药品上市需要经过比较严格的行政审批过程，无论是新化合物还是已知化合物，新适应证都意味着新药的诞生，均须按照《药品注册管理办法》及有关法律法规的要求开展各种试验研究，申报获得审批后才可能上市销售。因此，新适应证专利除了具有方法类专利不易调查取证的特点以外，还具有不易转化成产品的弊端。即使有的药品在个别临床案例中通过新给药途径产生了新用途，但未经药品监管部门行政审批，在临床使用时也不可能得到医院的广泛推广，所以新适应证专利授权后发挥作用的可能性较小。综上，尽管新适应证专利在专利布局时可以作为布局方向予以考虑，但在实践中建议企业专利管理人员结合企业市场规划和发展战略，谨慎申请此类专利。在原适应证范围内申请更细化的专利进而提升产品优势是值得尝试的做法。例如，银杏叶制剂的已知作用是改善血液流变学指标，对心脑血管疾病有效，在考虑新适应证专利布局时可以在"心脑血管疾病"范围内申请"缩小脑梗患者的梗死体积"专利。在专利分类上，从前文所述的几种分类方法来看，新适应证专利属于预测类或者防御类专利。

关于可用于实施许可、质押融资等专利，一是此类经营活动能否发生主要依靠专利所属产品的市场价值，以及被许可方或出资方的需求（我国正在探索实施的专利链接制度如果落地后，这一特点将更加明显）；二是此类专利的分类识别方法与可诉讼类专利类似，而且专利实施许可通常也与侵权诉讼密切相关；因此本部分也未对此类专利进行单独划分。

关于其他分类，虽然在实践中专利授权后能起到很多作用，例如获得政府资金资助、申报高新技术企业、学生升学加分和刑犯减刑以及职称评定等，但是这类用途只要求专利获得授权，对专利授权文本中权利要求内容、保护范围和稳定性等实质内容要求较低，本部分未对此类专利进行单独划分。

3.2.1.5　按产品或产品系列分类

通常在转让产品/技术时，以及应对或准备发起专利诉讼时，需要快速识别得到相应产品的全部专利。此时，把专利按照所属产品进行分类就显得比较必要。对于产品数量较少的企业，可以按照产品进行分类；对于产品数量较多的企业，可以先按照产品应用领域（产品系列）分类，再按照单一产品进行分类。这种分类的好处有两点：第一，将同一个产品在不同阶段、不同国家布局的不同类型的专利归集在一起，便于统计和利用；第二，可以直观地看出某一产品拥有的专利数量，便于多个产品之间横向对比，也便于发现专利布局疏漏。

3.2.1.6　多种分类方式结合

对于产品/专利数量较多的企业，首先按产品或产品系列进行一级分类；在各产品的多件专利中，其次按研发阶段所产生的专利类型进行二级分类；在各研发阶段的专利中，再次按申请的商业目的进行三级分类；专利授权后，最后按可能产生的作用进行四级分类。同时，采用这四种分类方式进行多级分类是比较实用的办法，如表 3 - 2 - 2 所示。

表 3 - 2 - 2　采用四种分类方式进行专利的多级分类

适用领域	所属产品	专利类型（二级）	商业目的（三级）	预期作用（四级）	专利信息			
					专利名称	申请号	申请日	……

3.2.1.7　更新专利分类并作出处置建议

专利具有技术、经济、法律三方面的属性，业内众多专业人员从这三个方面制定了深入、广泛的专利价值评估指标体系，通过三方面指标的评分及权重对专利价值进行评估和分级分类[19]。在实践中，专利的价值通常取决于三个因素：第一，专利所属产品/技术的价值；第二，商业活动对产品的需求程度；第三，专利本身的质量（保护范围及权利稳定性）；前两个因素均与产品及其市场竞争态势有关。随着市场形势的变化，专利可能起到的作用也将随之变化。所以，企业专利管理人员有必要根据产品的市场销售变化对专利分类进行更新。为了满足随时可能发生的涉及知识产权的商业活动的需求，还可以根据变化后的分类作出专利权在当前情况下的处置建议。

需要提出的是，在建议作出专利出售、转让、许可等处置时，企业专利管理部门应当与技术委员会、专利评审委员会或企业决策层领导评估商定，避免仅依据专利分类的动态变化单方面作出处置决定。下面给出几种专利分类动态变化的情形：

（1）A药品的新适应证专利，在申请时属于预测类专利。但随着企业对该化合物基础研究的突破以及产品规划的调整，该专利所属产品已启动临床试验，有希望获得药品批准文号。此时，该专利已经成为保护类专利。

（2）企业在进行专利分析时发现，B药品侵犯竞争对手X专利的可能性较大，在对竞争对手进行产品及专利分析后决定对其产品Y进行改进研究，进而申请了专利C。这样布局的目的是，如果竞争对手以X专利发起B药品的侵权诉讼，企业就用专利C起诉竞争对手Y产品侵权。此时专利C属于对抗类专利。随着企业产品规划的不断变化，企业决定对竞争对手的Y产品立项进行改进研究，并在若干年后获得了批准文号。这时，专利C不仅属于对抗类专利，而且属于保护类专利。

（3）D药品的化合物专利是保护D药品主要成分的专利，在申请时属于保护类专利，授权后属于可起诉类专利。但随着产品副作用在临床应用中越来越突出，企业和竞争对手都在考虑逐渐停止生产该药品。此时，该专利分类虽然仍属于保护类、可起诉类专利，但企业专利管理人员应该备注，该专利已不具有可起诉的市场条件，因为市场上已经逐渐没有产品或竞品销售，可以建议放弃该专利。

（4）E药品的新剂型专利，是E药品化合物专利保护以外的补充保护专利，但专利撰写质量稍差，在申请时属于保护类、新剂型类专利。但随着越来越多的竞品依次上市或其他因素导致该产品利润率持续降低，企业准备研发该药品的其他新剂型以维持产品利润，同时逐渐停止生产原剂型品种。此时，该专利第二、第三级分类虽然仍属于保护类、新剂型类专利，但企业专利管理人员应该备注，由于原品种的重要性降低，且已逐步停止生产，建议出售或转让该专利。

3.2.2　专利档案及费用管理

3.2.2.1　专利档案的重要作用

专利权从产生到形成，以及在后续可能涉及的维权、诉讼、交易等过程中，必将形成属于该专利的各种文件，通常包括具有保密性的技术文件、具有证明力的财务文件、具有时效性的过程文件、具有独占性的法律文件和其他外围信息。从这些文件的记载中，我们可以获知企业专利管理部门在挖掘专利时对该专利赋予的使命、该专利在布局保护中所处的重要性等级、该专利申请之后与审查员博弈而产生保护范围差异的原因、该专利所保护的技术方案与产品的一致性程度、该专利在市场竞争中是否发挥作用及作用等级、该专利可否用于维权以及维权诉讼。这些文件对企业经营、技术交易以及商业合作非常重要，因此，企业有必要将这些文件作为企业经营管理的重要档案进行管理。

3.2.2.2　专利档案分类管理

　　根据文件形式，可将专利档案分为原件类档案和非原件类档案，或者电子类档案和纸件类档案。根据所记载的内容，可将专利档案分为技术类档案、获权过程档案、证明类档案、政策类档案、运用类档案和费用类档案。从专利的目的和可能产生的作用考虑，比较常用且实用的分类办法是按内容进行分类。需要说明的是，实践中由于每件专利的产生、获权及运用均为独立的过程，因此建议"一案一档"以单件专利为基本单元，对每件专利的档案进行独立管理。关于专利档案的分类及典型文件如表3-2-3所示。

表 3-2-3　专利档案分类及典型文件

序号	专利档案分类	典型文件
1	技术类档案	专利技术交底书、专利布局方案、专利申请文件递交前的修改稿、专利申请文件递交时的定稿
2	获权过程档案	专利受理通知书、审查意见通知书及答复文件、驳回通知书及复审文件
3	证明类档案	专利授权通知书、授权决定书、专利证书、专利登记簿副本、专利权评价报告、无效宣告请求审查决定书
4	政策类档案	用于高新技术企业认定及申报国家级或省级奖项的过程文件及结果文件
5	运用类档案	被无效宣告及提起诉讼的过程文件及结果文件
6	费用类档案	费用减免相关文件，发明人奖励和报酬发放文件，专利资助申请及批示文件，代理费、律师费、官费及年费缴费凭证，计入资本化的专利费用，质押融资相关文件

3.2.2.3　专利费用管理

　　专利在产生、获取以及运用、维权过程的各个环节均涉及费用的支出和收入，其中，支出类费用包括官费、代理费、律师费、年费等，收入类费用包括专利资助获得费用、申报国家级或省级专利奖项后的奖励金额、质押融资获得费用等。如前所述，笔者建议将专利费用管理作为档案管理的组成部分，以便需要时能够及时查找和调取专利费用档案。需要说明的是，不是所有专利都涉及诉讼类档案和质押融资费用，专利所处不同阶段所涉及的费用类型也不同，建议"一案一档"，即以单件专利为基本单元，对每件专利的费用进行独立管理。

3.2.3　其他事务处理

3.2.3.1　著录事项变更及其注意事项

　　专利权作为一种财产权，可以买卖、转让、赠与、继承、抵押、质押等，专利作为一种商业工具，也可以发生无效宣告、权属纠纷、行政纠纷、侵权赔偿等。根据《专利法》及其实施细则的规定，这些事项发生后，通常需要向国家知识产权局请求办理著录事项变更或者登记/备案手续，以保障权利人的合法权益。

根据《专利法实施细则》（2010 年修订）第 14 条的规定[20]，专利（申请）权发生转移、实施许可、质押的，应当凭有关证明文件向国家知识产权局办理相应手续。专利权或专利申请权发生转移的，当事人（转让人或受让人均可）应当凭有关证明文件或者法律文书向国家知识产权局办理权利转移手续。需要注意的是，虽然权利转让合同自签订之日起生效，但是权利转让行为自国家知识产权局登记之日起生效。

专利权人许可他人实施专利的，当事人签订专利实施许可合同后，应当自合同生效之日起 3 个月内向国家知识产权局备案。与权利转移登记不同的是，专利实施许可行为自合同签订之日起生效，合同是否备案不影响合同的效力。需要说明的是，合同备案是对被许可方的保护，尤其对于独占许可和排他许可，如果不备案，则不能对抗善意第三人。

以专利权出质的，出质人和质权人应当共同向国家知识产权局办理出质登记，质权自登记之日起生效。需要提醒的是，专利权质押期间，涉及专利权的转让登记、实施许可备案、放弃等处置权利的，未经质权人同意，国家知识产权局将不予办理出质人单独提出的请求[21]。

另外，国家知识产权局在授予专利权的同时建立专利登记簿，记载专利权的授予，专利申请权、专利权的转移，专利权的无效宣告，专利权的终止，专利权的恢复，专利权的质押、保全及解除，专利实施许可合同备案，专利实施强制许可及专利权人姓名或者名称、国籍、地址的变更。需要提醒的是，授予专利权时，专利登记簿与专利证书上记载的内容是一致的，在法律上具有同等效力；专利权授予之后，专利法律状态的变更仅在专利登记簿上记载，因此专利登记簿与专利证书上记载的内容不一致的，以专利登记簿上记载的法律状态为准。与商标档案查询只能是权利人或其委托人（国家机关查询除外）申请办理不同的是，专利授权公告之后，任何人都可以向国家知识产权局请求出具专利登记簿副本。

3.2.3.2 与专利服务公司合作

专利服务类公司作为服务于企业专利需求的专业机构，能够在专利申请、专利获权、专利日常事务、权利管理、许可/合作、专利诉讼及其他事务处理方面提供专业的服务。当企业专利增量及总数较少时，企业通常能够比较轻松地独立处理这些事务；当专利年增量达到一定数量时，由于企业内部人数限制及专业要求，常规的专利申请、无效宣告及诉讼事务，建议请专利代理公司提供服务，企业专利管理人员转为审核者的角色，以减少在处理这些日常事务上花费的时间和精力。而其他专项事务例如专利挖掘和布局、系列专利的全球维权与合作、特定技术的专利交叉许可策划、专利族/专利组合的全球年费管理等，尤其当企业专利总数、专利技术较多时，需要大量的时间和精力学习和处理，建议由具有专业侧重的专利服务公司提供服务，以提高企业在这些专项事务上的处理效率。例如，某企业拥有众多产品，在百余个国家拥有千余件专利，每年仅在各国缴纳年费一项事务，可能需要专利管理人员耗费大量的时间去了解各国的缴费周期、缴费途径、缴费金额并组织缴费，此时可聘请专业的专利年金管理机构提供服务。

3.2.3.3　知识产权管理软件及特点

企业初创期知识产权数量不多，可以使用电子表格类工具记录和更新知识产权信息。对于知识产权数量较多但信息变化不频繁的企业，电子表格通常也能满足管理需求。而对于知识产权数量较多、信息变化频繁、交易较多的企业，建议企业知识产权负责人对设置专门人员管理和更新信息所需的成本与购买知识产权管理软件所需的成本进行对比衡量，选择成本更低的管理方式，以免耗费较多人力资源进行信息管理，导致成本增加。

常见的知识产权管理软件通常具有以下特点：

（1）企业知识产权部门与代理机构在软件系统上进行线上协同工作，软件系统监控 CPC 客户端，代理机构把收到的官方文书上传到系统中进行更新，企业知识产权部门可同步查看。

（2）自动更新法律状态变化、著录项目信息，信息录入准确、及时，避免各种期限和缴费发生延误。

（3）软件系统根据记载和更新的信息，计算任务期限，自动触发相应任务，并通过设定以邮件、系统提示等方式提醒设定的工作人员。

（4）软件系统可以配置或定制不同的统计模板，并可随时导出统计数据。

（5）部分管理软件可以按需定制管理系统，实现企业内部技术交底书提出、发明人奖励报酬、年费提醒、档案管理等。

（6）商标管理系统可实现商标使用证据跟进及档案管理等功能。

3.3　生物医药领域的专利信息分析与利用

3.3.1　专利信息分析与利用

3.3.1.1　专利信息

专利文献是各国专利局及国际专利组织在审批专利过程中产生的官方文件及其出版物的总称，包括专利说明书、专利公报、专利索引等[22]。专利信息是指根据专利文献或者通过对专利文献的主要内容进行分解、信息加工、人工标引，以及数据统计、分析、整合和转化等信息化手段处理，并以各种信息化方式传播形成与专利有关的各种信息[22]。专利信息可提供法律信息、技术信息、经济信息、战略信息，可以给从事信息情报、科学研究、项目管理、市场营销、战略决策等方面的人员提供信息参考。下面对专利涵盖的各类信息一一说明。

①专利的法律信息可反映出专利的法律状态，如专利公开、实质审查、专利授权、避免重复授权放弃专利权、未缴年费专利权终止、无效宣告请求驳回、无效宣告请求视撤、无效宣告请求届满等，以及专利申请人或专利权人权利转移（变更）、发明人变更等著录信息。

②专利的技术信息可反映出专利申请人或专利权人申请专利的类型（发明、实用新型、外观设计），以及在某一领域的专利申请趋势、专利技术构成、产业动向以及未来的研究热点或方向。

③专利的经济信息可反映出专利申请人或专利权人的经济利益发展趋势以及专利在不同国家的市场占有情况[22]，如专利的申请国别范围和PCT专利申请的指定国范围的信息，与专利实施许可、专利权转让等技术贸易信息，与专利权质押、知识产权价值评估、知识产权金融服务、知识产权托管、知识产权运营联盟等经营活动有关的信息。

④专利的战略信息是指经过对上述三种专利信息进行检索、统计、分析、研究而产生的具有战略性特征或能起到战略决策作用的专利信息，如专利技术评估、竞争对手动向、专利布局、专利地图等。

3.3.1.2　专利信息分析

专利信息分析是指在对相关领域的专利文献信息进行检索、分类、筛选、统计、分析的基础上，对专利的特征如专利申请或授权数量分布、法律状态、竞争对手分布、专利技术价值判断、技术发展趋势等进行研究，通过挖掘、整理和分析，将专利信息转化为具有较高技术与商业价值信息的过程[23,24]。我们通过专利信息分析，将相关专利信息进行信息归类、人工标引、数据统计与分析，使每一项单独的专利信息由普通独立的信息转化为互相关联的信息，甚至为有价值的专利信息，对行业领域内的产品、方法、结构、用途等专利发展趋势和竞争对手等有更深入的了解，为高层战略决策的制定提供合理科学的参考依据。

3.3.1.3　专利信息利用

专利信息利用是对专利信息分析工作的具体延伸，因为专利信息分析的最终目的是将经过检索、归类、人工标引、数据统计、分析的专利信息情报贯穿和应用于实际工作中。科学合理地应用专利信息，可以很好地指导企业的经营活动，为国家和企业在激烈的市场竞争中赢得先机，占据有利的市场地位[25]。

对专利信息的有效利用具体体现在如下 10 个方面：

（1）专利性评价分析：主要体现在专利授权前景分析、专利稳定性分析、公众意见、无效宣告请求等方面。

（2）专题（跟踪）检索分析：主要体现在特定领域或技术（技术领域）、特定企业（竞争对手）、特定申请人（专利监控）、特定发明人、特定区域、特定国家或专利地图等。

（3）专利侵权分析：主要体现在专利侵权检索分析、专利侵权分析、专利侵权现有技术抗辩、专利规避设计分析。

（4）知识产权尽职调查：主要针对指定的尽职调查的企业进行检索，列出企业的专利清单，明确各专利的法律状态并分析其技术含量，作出详细的分析，以帮助客户客观评估企业的专利价值。

（5）专利法律状态（跟踪）检索分析：对指定的一项专利申请或专利当前所处的法律状态（定期）进行检索，并（定期）作出详细的分析，以充分了解其法律状态。检索信息包括专利申请是否授权、专利申请是否撤回、专利申请是否被驳回、专利权是否有效、专利权有效期是否届满、专利权是否终止、专利权是否转移、专利权是否被宣告无效等。

（6）同族专利检索分析：对指定的属于同一专利族的专利或专利申请进行检索，检索同一主题的技术在哪些国家或地区申请专利，以确定这一技术的区域保护范围，并作出详细的分析，以了解专利权人的技术或市场动向，例如避开语言障碍选择合适语言阅读专利，或者得到这一技术的区域分布空白点，为企业的产品出口等决策提供参考信息。

（7）域外专利检索分析：对在外国申请并授权但未在中国提出专利申请的专利技术进行检索，分析其技术含量以及可实施性，并作出详细的分析，以从中挖掘有价值且可以无偿使用的专利技术。

（8）失效专利检索分析：对于因为专利权到期、专利权终止、放弃专利权或专利权被宣告无效而导致失效的专利进行检索，分析其技术含量以及可实施性，并作出详细的分析，以从中挖掘有价值且可以无偿使用的专利技术。

（9）专利价值评估分析：针对指定的专利技术进行检索，分析其法律状态以及技术含量，并作出详细的分析，以准确评估其专利价值。

（10）技术自由实施分析：针对指定的技术进行相关领域和指定国家专利的检索，对其是否侵犯专利作出详细的分析，以准确评估技术实施的风险。

3.3.1.4　专利信息分析与利用的流程

专利信息分析与利用的流程一般包括前期准备、数据采集、数据分析、完成报告和成果利用5 个阶段[26]。每个阶段又可能有多个环节，具体分析如下：

（1）前期准备阶段主要针对专利信息分析课题组人员组成、确立专利分析的目标、进行项目分解以及选择专利数据库等内容展开。

（2）数据采集阶段主要包括制定专利信息检索策略、进行专利检索、数据加工等。

（3）数据分析阶段的工作主要是，依据分析目标的要求，对所采集专利数据进行深入的专利分析。

（4）完成报告阶段主要是对前述的实体工作进行归纳和整理，形成规范的书面研究报告。

（5）成果利用阶段主要是科学合理地应用专利信息的研究成果，指导国家、行业或企业的经营战略与经营活动，占据市场的有利地位。

同样地，也可通过图3-3-1 所示的流程来描述专利信息分析的各个环节。

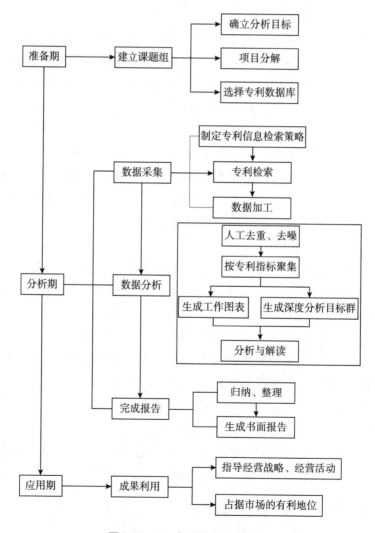

图3-3-1 专利信息分析流程

3.3.1.5　专利信息分析与利用的重要性

一种新药的成功研制往往会给企业带来相当可观的收益，但新药的研发也会耗费大量的人力、物力。新药研发前，对医药专利信息的检索、获取与分析应用，可以帮助医药企业选择正确的创新方法和途径，避免低水平重复研究。医药领域专利信息分析和利用的重要性主要表现在以下几个方面。

（1）在研发立项时，充分的专利信息检索和分析，可以避免或降低研发风险，有效提升企业研发效率和市场竞争能力。例如，可以追踪当前药物研发的重点领域、热点靶点、技术发展态势，并分析药物研发过程中有关产品、工艺、剂型、复方等方面的重点技术和新兴热点以及未来可能的技术发展趋势。具体表现在：

①准确地了解整体研究现状，做到知己知彼。专利的本质是以公开换取保护。发明人对于重要的研究成果，一般会首先考虑申请专利，通过在专利申请中公开自己的研究成果获得专利保护独占期，并依赖该市场独占期获得经济收益用于弥补前期研发投入。据统计，95%的发明创造可以在专利信息中查到，80%的发明创造仅在专利文献中记载，可见专利文献信息承载了绝大部分的最新研究成果。根据创新药研究的特点，在创新药立项中进行充分的专利信息检索分析和利用，可以更好地做到知己知彼，规避风险。例如，针对某适应证新靶点进行药物开发立项中，通过充分的专利信息分析，可以了解针对该新靶点是否已有或有哪些化合物结构模块在开发，企业拟立项的化合物结构模块是否还有知识产权布局空间；通过统计专利申请日/优先权日，可以大体预估不同模块化合物研究开发的起始时间和进展；通过统计分析专利申请人分布，可以了解将来产品上市后可能面临的竞争对手；通过统计发明人信息，可以了解该领域的主要研究者信息等。

②及早发现知识产权风险，并寻求合适的解决方案。对于热门的研究领域，往往会有多个竞争对手同时开发，开发相同化合物结构模块的情况也经常发生。充分利用专利信息，及早发现并评估风险，协助立项决策。如果有在先专利申请，则可对其进行授权前景分析，评估可能的授权范围是否会涵盖企业拟开发的化合物，适时提交针对性的公众意见，降低在先申请的授权概率或使其缩小保护范围，降低或规避自研化合物侵权风险。如果难以规避，适时开展专利许可谈判，根据谈判结果决定项目进一步开发计划。一旦分析结果显示所关注的领域出现专利壁垒很多、技术进展困难等情况，则需要更换项目方向。

（2）可以为医药企业的药物开发及医药专利保护策略提供技术支持。具体地，通过专利信息分析，可研究原研药企业专利保护的策略和范畴，分析其在各国的独占权期限和类型，预估仿制药的上市时间。依据药品专利进行技术提取，挖掘并发现、立项、研发对医药企业有战略意义的药物新品种，为企业战略开发、立项和研发全过程提供技术保障。同时，巧妙寻找药物专利中的空白技术信息，实现新专利挖掘、新专利申请与合理的专利布局。

（3）可以合理有效地运用知识产权规则，充分使用在国内失效或国外失效的不再受法律保护的专利技术及专利信息，可大大节省开发时间和经费、降低开发风险。

（4）可以为企业引进国内外技术和进行技术许可、产品贸易、市场分析等保驾护航，推动企业间合作，进一步推动医药行业发展[27,28]。

3.3.2 专利信息的检索及常用数据库资源

3.3.2.1 专利信息的检索策略

专利信息检索的根本目标是获得全面准确的数据集合，为进一步深入分析专利技术提供可靠的数据作基础，使其能够真实、完整地反映出分析对象的发展历程。专利信息的检索策略是建立在充分分析课题信息需求基础之上的一系列科学措施，从明确检索目的、确定检索的技术主题入手，进而确定检索要素及其相互间的逻辑关系，选择信息检索系统，科学运用检索技术，构建合理的检索式，最终给出检索的最佳实施方案。

专利信息检索具体可分为以下四步：

（1）明确检索目的，确定检索的技术主题。明确检索目的后，需要确定检索的技术主题，包括课题的技术主题内容、应用的范围并进行包括专利的地域性和时间性在内的边界定义（国家范围和时间范围）。

（2）从专利技术角度确定检索要素，选择专利信息检索系统。根据技术主题，确定检索要素，制作检索要素表，其内容项包含检索项目名称、检索种类（主题检索）、信息检索系统、检索要素（如检索要素1、检索要素2、检索要素3）、各检索要素的名称、供检索的中文主题词或关键词、供检索的英文主题词或关键词、供检索的缩略语、IPC分类号、对供检索的中文主题词和关键词的扩展等。

（3）构建检索式。根据所确定的检索要素以及逻辑运算符，正确构建相应的检索策略。

（4）统计检索结果，进行数据加工，形成专利分析用的数据集合。将各检索式检索得到的公开或授权的专利申请数进行统计，从专利信息检索的数据库下载得到文件后，通过人工标引，去重去噪（即合并重复计算的专利数据、剔除跟主题不相干的专利数据），形成分析用的数据集，以备进行专利信息分析。

3.3.2.2 主要国家或地区的专利数据库资源

（1）中国国家知识产权局（CNIPA）

中国专利检索与查询系统的数据由中国国家知识产权局提供，CNIPA官方数据完整、可靠。该系统收录包含自1985年以来公布的全部中国专利文献信息。注册登录该专利检索与查询系统可实现常规检索、表格检索、任意检索等，可浏览著录项目、发明名称、摘要、说明书全文及外观设计图形等内容，并实现批量下载功能。该数据库向公众提供免费的检索服务，还可对命中目标的文献数据，选择加入分析文献库，实现基本的专利分析功能（如从 IPC 分类号分析技术领域的构成，分析申请人、发明人等信息）。从 2017 年 6 月 6 日开始，中国发明公开、中国发明授权、中国外观设计和中国实用新型 4 种公报的更新时间，从之前的每周三公开一次，更改为每周二、周五更新 2 次。CNIPA 的中国专利查询系统（http：//cpquery. cnipa. gov. cn/）包括 2 个查询系统：电子申请注册用户查询、公众查询系统。点击进入公众查询，可通过申请号、发明名称或申请人，随时跟踪 2010 年及以后提交的专利或竞争对手的专利审查意见及审查进展情况。

（2）美国专利商标局（USPTO）

美国专利商标局专利数据库（http：//www. uspto. gov）每周更新一次，提供美国自 1790 年 7 月 31 日颁布的第一件专利以来所有美国专利的全文信息。目前，该数据库可实现专利全文和图形数据库（PatFT）、专利申请全文和图形数据库（AppFT）、全球专利搜索网络（GPSN）、专利申请信息检索（PAIR）、专利公报、基因序列、专利转让数据库等相关的专利检索。USPTO 专利数据库是检索美国专利信息最重要和全面的网站，提供了美国专利的审查信息，便于公众及时了解专利的法律状态。

（3）欧洲专利局（EPO）

欧洲专利局（http：//www. epo. org/）提供的 Espacenet 专利检索系统数据库（http：//worldwide. espacenet. com/）可通过快速检索、高级检索等途径查询欧洲专利、PCT 专利及世界各国公开专利文献，每周更新一次。该数据库可通过优先权号检索同族专利，可使用英、德、法、日 4 种语言检索，也可提供全文下载。

（4）日本特许厅（JPO）

日本特许厅官方网站（网址 http：//www. jpo. go. jp/）有日文版和英文版。进入 JPO 官网的英文版主页后，页面右上方显示专利的类型：patents（专利）、utility models（实用新型）和 designs（外观设计）以及 trademarks（商标）；选择相应的专利类型并进入其数据库检索。进入日文版主页后，可进行"特许·实用新案检索"（检索对象主要是发明、实用新型专利）、"意匠检索"（检索对象为日本外观设计专利）、"经过情报检索"（检索对象主要为日本专利的法律状态）和"审判检索"。

3.3.2.3　医药领域特色的专利数据库资源

（1）美国 FDA 橙皮书（Orange Book）

橙皮书[①]即《经治疗等同性评价标准的药品》（*Approved Drug Products with Therapeu-*

---

① 橙皮书网址 https：//www. accessdata. fda. gov/scripts/cder/ob/.

tic Equivalence Evaluation），由美国 FDA 出版，于 1980 年 10 月发布第一版，因其封面颜色为橙色，故称其为橙皮书。其详细完整地列出了在《食品、药品和化妆品法》指导下，基于安全性和有效性数据获得批准的药品，以及该药品涉及的专利和独占期信息。橙皮书发布的初衷是节省医疗开支，但伴随医药行业的不断发展和演变，包含的内容日渐丰富，不断被赋予新的功能和作用。到目前为止，橙皮书已在美国药品监管中发挥重要作用，主要包括两个方面：一是橙皮书是 FDA 已批准药品信息的权威来源，二是橙皮书在平衡仿制和创新之间的作用。根据 Hatch – Waxman 法案规定，原研药企业在向 FDA 递交新药上市许可申请（New Drug Application，NDA）时，必须同时提供专利信息。当新药获批后，对应的专利就会登记在橙皮书中，为日后仿制药企业开发仿制药、进行简化新药申请（ANDA）或专利诉讼提供参考资料。可以被橙皮书收录的专利包括直接指向药品的专利，如化合物、产品、晶型等，也可以包括治疗方法。一般情况下，代谢物和包装专利是不予收录的[9]。在橙皮书上进行信息检索是完全免费的。

另外，国内有中文版的 Drugfuture 药物在线网站（http：//www.drugfuture.com/Index.html）。该数据库包含了 FDA 批准的已上市或曾经上市的全部药品，可以帮助我们快速查询 FDA 批准的药品审批注册信息及相关文件、专利数据、市场保护等，该药品在 FDA 橙皮书中记载的美国专利，专利过期时间、专利类别（物质专利、产品专利、用途专利），并可一次性完整下载专利全文，格式为 PDF。Drugfuture 数据库与橙皮书仅仅是记录当前有效专利不同，其可以追溯检索到曾经记载于橙皮书上但已过有效期的专利信息。

（2）科睿唯安专利数据库

科睿唯安（Clarivate Analytics）的 Cortellis 商业数据库，将生物医药领域的具体药物专利信息按照申请人、技术构成等进行了人工标引和深度分类，如将技术构成进一步细分为产品、衍生物、工艺、中间体、晶型、制剂、药物组合物、新用途、制药装置等。可以根据不同的检索主题和检索目的，快速实现检索定位，并得到自己想要的专利信息。

（3）SciFinder Scholar 数据库

SciFinder 数据库由美国化学会（American Chemical Society，ACS）旗下的美国化学文摘（Chemical Abstracts Service，CAS）出品，也是一个研发应用平台，提供全球最大、最权威的化学及相关学科文献、物质和反应信息。SciFinder 数据库涵盖了化学及相关领域，如化学、生物、医药、工程、农学、物理等多学科、跨学科的科技信息。SciFinder 数据库收录的文献类型包括期刊、专利、会议论文、学位论文、图书、技术报告、评论和网络资源等。我们可以通过 SciFinder 数据库访问全球最大并每日更新的化学物质、反应、专利和期刊数据库。通过 SciFinder 数据库可以获得、检索以下数据库信息：CAplus（文献数据库）、CAS REGISTRY（物质信息数据库）、CASREACT（化学反应数据库）、MARPAT（马库什结构专利信息数据库）、CHEMLIST（管控化学品信息数据库）、CHEMCATS（化学品商业信息数据库）、MEDLINE（美国国家医学图书馆数据库）。

以阿托伐他汀钙为例，通过阿托伐他汀钙的 CAS 号（134523 - 03 - 8）在 SciFinder 数据库①进行检索，得到涉及阿托伐他汀钙的文献共 2133 篇（截至 2020 年 1 月 2 日）；继续利用网页左上角的"Analyze"，在"Analyze"中选择"Document Type"，得到涉及阿托伐他汀钙的专利文献共 919 篇。

（4）Derwent Innovation 数据库

Derwent Innovation 数据库②基于德温特世界专利索引（Derwent World Patents Index，DWPI）打造而成，数据涵盖来自 50 多个专利授权机构提供覆盖全球范围专利的英文专利信息。DWPI 还采用独特的分类代码和索引系统，技术专家采用该方法对全球各大专利授权机构和所有技术领域的专利进行人工分类标引，遵循一致的分类原则，以实现准确、具有相关性的信息检索。Derwent Innovation 数据库的检索界面有智能检索（直接输入关键字或技术描述开始检索）、表格检索、专家检索等功能。Derwent Innovation 数据库还提供全球领先的、ThemeScape 专利地图、专利分析表单、专利引证对文本聚类等分析工具。其中，ThemeScape 以地形图方式显示数据并可识别常见主题，分析海量专利数据，智能获取技术主题、技术趋势、公司研发重点和市场布局等。专利分析表单将成千上万件专利数据快速转换成清晰可读的图表，轻松洞察主要竞争对手、技术热点和市场趋势等；专利引证权可以可视化的方式揭示专利之间的引用关系，通过专利权人、专利号、技术分类、引用发生的时间等展现方式，直观洞悉技术发展路线、专利许可机会、核心技术发展动向、技术攻关合作对象等。通过分析工具，我们可从纷繁的信息中挖掘出最有价值的科技情报，如技术总体分布、竞争态势、技术发展趋势等，帮助医药企业或科研机构快速通过数据分析得出结论。

3.3.2.4　其他专利检索数据库

其他专利检索数据库还有如国外的 Reaxys 数据库，国内的智慧芽数据库、IncoPat 科技创新情报平台数据库、SooPat 专利搜索引擎等。在此不再赘述。

3.3.3　专利分析方法

通过系统深入地掌握专利分析方法，可以对各种专利信息实现多维度、多层次加工，借助信息挖掘与解读，获取在数据背后的情报。在大数据环境下，专利情报分析将面临前所未有的机遇与挑战。

专利信息分析主要包括定量分析、定性分析和拟定量分析[29]。定量分析是利用数

---

① SciFinder 数据库 https：//scifinder. cas. org/scifinder/view/scifinder/scifinderExplore. jsf.
② 科睿唯安官网 https：//clarivate. com. cn/products/derwent - innovation/.

学、统计学、文献计量学和计算机技术等对专利文献及其相关信息，例如著录项目信息（申请量、申请人、专利引文）等，进行加工整理和统计分析，从技术、经济和管理的角度对相关统计数据进行解释，从而取得某项技术发展现状及动态发展趋势等方面的情报。定性分析在某种程度上属于经验分析方法，侧重关注专利内部特征，主要针对权利要求书、说明书等内容运用数据挖掘的手段进行归纳整理，并依托专业技术进行解读、分析，由此获取企业竞争格局和技术发展动向等情报。专利定性分析和定量分析既相互联系又存在一定的区别，前者所具有的专业性和技术性均较强。实务中，专利分析人员可以结合不同的分析目的，采取拟定量分析，由数量统计入手，进行全面、系统的技术分类和比较研究，再有针对性地量化分析。在实际进行专利信息分析时，需要考虑专利的地域性、实践性特点，对检索的每件专利文献中的有效信息逐一进行解读和分析，并结合定量、定性、图表分析的结果，对技术领域分布、竞争对手状况等进行预测，并分析未来该技术领域的技术动向和发展趋势[30]。

3.3.3.1 定量分析

定量分析是对专利的外部特征如专利种类、申请数量、同族专利数等进行统计，对有关数据进行整理分析和解释[30,31]。定量分析的维度包括时间序列分析、地域分析、专利权人和发明人分析、技术构成分析、技术生命周期分析、分类号或关键词等聚类分析、技术实施情况统计分析等。具体地，可按照专利申请人或发明人、申请国、申请日或授权日、国际专利分类号、同族专利等分类项目分别进行统计分析；分析目标专利的诸如实质审查生效、授权、驳回等在不同国家或地区的法律状态，以指导产品或技术的引进、开发和出口等；动态跟踪目标专利在不同时间段内法律状态的变化，判断其是否失效，或者根据各国专利法预估授权专利有效期届满日，并据此拟定引进、开发和出口计划[32]。在专利的定量分析实践中，可以根据项目需要，对结果进行归类、整理、比较，运用地序和时序分析方法等，勾勒所关注领域的技术发展路线，展示技术的发展更替，预测未来发展趋势，并挖掘得出该领域技术领先者以及研究热点等信息。例如吴志军等通过对β-内酰胺类抗生素专利技术的生命周期进行定量分析，发现该抗生素的专利技术在1974~1977年迅速发展，目前其研究高峰期已过[33]。

（1）专利总申请趋势图

专利申请趋势图按优先权年份、申请日或公开日进行统计，可以反映目标领域专利的总体发展动态。需要注意的是，由于专利公开时间及国际专利进入国家阶段的时间滞后，截至检索日期之前最近2年的数据并不完整，可不作为分析对象。在趋势中观察到的位于高位区间的专利申请，可以在一定程度上反映研发/关注热度。徐迪帆等[34]采用定量分析发现克唑替尼的专利申请自2011年开始显著增加，2014年出现高峰，2015年数据有所下降，主要由于专利从申请至公开通常有18个月，具体如图3-3-2所示。

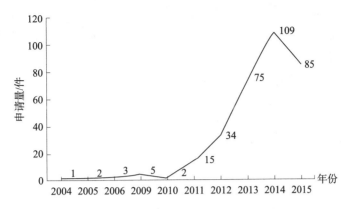

图 3 - 3 - 2 克唑替尼全球专利申请趋势

（2）专利布局区域图

利用专利布局区域图可以了解不同国家或地区的专利拥有状况，主要依据优先权地域（优先权号中的地域代码）、公开地域（公开号中的地域代码）、申请人地址等进行统计。基于此，其一，可以分析主要国家或地区的技术优势和侧重情况，明晰目标市场的专利布局情况；其二，可以分析主要国家或地区的专利布局及专利输入输出情况，查找技术起源国、辨别目标市场等；其三，可以对主要国家或地区的技术实力进行对比。此外，对于技术来源区域，也可以同步结合发明人的国别进行分析。刘小平等[30]根据申请人所在国家或地区对青蒿素相关专利进行统计分析并得到该类药物的区域分布图，结果发现相关专利主要集中于中国、日本、韩国、澳大利亚等，其中，中国以 1774 件专利（占总量 65.8%）占据主要青蒿素类药物市场。并且，根据专利发明人的国别反映出青蒿素类药物专利技术的来源地可知，中国发明人在研发领域占绝对主导地位，共拥有相关专利 1668 件（占总量 62.9%），其次为美国（311 件）、德国（123 件）、英国（94 件）等。

（3）申请人专利申请趋势分析图

申请人专利申请趋势分析图可以采用的形式之一为：以横坐标为年份，纵坐标为申请量、授权量、公开量、发明人数或相应的增长率。需要关注对不同译本的申请人，进行人工标引后的数据处理。可以根据申请人的性质将其分为：高等院校、企业、研究机构、个人等。通过对不同对象的申请进行排序，可筛选出主要申请人，并可在此基础上进一步进行数据趋势

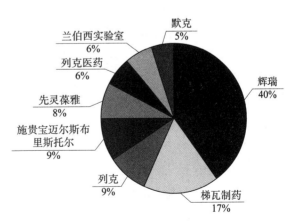

**图 3 - 3 - 3 立普妥全球专利申请排名
前八位企业的专利申请量对比**

和数据构成分析。通过对专利权人进行对比分析，将有助于了解目标领域的竞争态势。也可以采用其他类型图对申请人进行分析，例如，对 1994 年 9 月 14 日至 2015 年 2 月 26 日的立普妥专利申请排名前八位的企业专利申请量进行统计，发现辉瑞公司在市场中占据一定主导优势，具体如图 3 - 3 - 3 所示[35]。

（4）发明人排序分析图

发明人排序分析图可以对发明人，结合授权量、公开量、引证次数等进行分析。一方面，可以找到发明创新最多的技术人才，作为企业人才加以引进；另一方面，可以通过关注重点发明人的技术研发动态，及时了解前沿技术的演进趋势，洞察产业机遇。中国药科大学科学技术处孙传良等对 2006 年 1 月 1 日至 2017 年 12 月 31 日中国药科大学申请的专利进行分析。以第一发明人计算，前十位最活跃的发明人专利申请总量达 509 件，占据全部专利的 23.86%，具体如图 3 - 3 - 4 所示[36]。

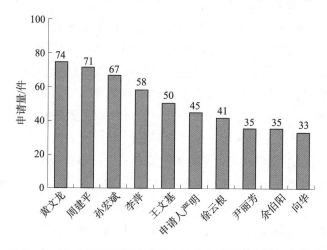

图 3 - 3 - 4　中国药科大学专利申请前十位发明人申请量对比

（5）法律状态构成分析图

法律状态可按照专利存活情况分为"有效"和"失效"两类，但实务中使用更多的是按专利审查情况分为"公开""实质审查""有效"和"失效"4 类。法律状态构成分析图中的数据除了可以是专利数量和占比之外，还可以是加工之后的数据，例如专利授权率（授权量/申请量）、专利存活率（存活量/申请量）等。由此可以衡量竞争对手的技术研发实力、专利技术含量高低和技术领域的专利活跃程度，评估专利威胁度和专利风险总体水平。例如，在对吉利德公司抗病毒药物进行专利信息分析时，经统计 156 件专利分析样本后发现，已授权且维持有效的专利仅占 31.4%，而处于实质审查状态中的专利占比达 41.7%[31]。对 156 件专利进行技术主题划分，结合法律状态，进行专利申请量、授权量、有效专利量的对比，可直观地看出在该分析项目检索截止日（2015 年 2 月 26 日），吉利德公司主要聚焦于布局处于上游的化合物及衍生物专利技术，并且以制剂专利的授权率较高，具体如图 3 - 3 - 5 所示。

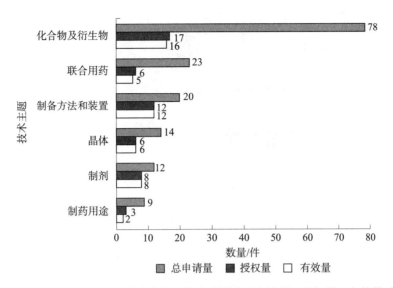

图 3 - 3 - 5　吉利德公司抗病毒药物各技术主题专利申请量、授权量、有效量对比

3.3.3.2　定性分析

定性分析维度有技术功效矩阵分析、技术发展路线分析、核心专利分析、权利要求分析等，具体描述如下。

（1）气泡图分析

借助软件平台可出具反映全球竞争态势的气泡图，直观地体现专利权人的技术水平，分析专利权人之间的差距。横坐标采用技术综合指标，纵坐标为综合实力指标，气泡大小表示专利数量的多少，并可用不同颜色气泡标识不同的专利权人。横坐标与专利类别、专利占比及专利被引情况等相关，纵坐标与专利的国家分布、专利权人的收入、专利涉案情况等相关。横坐标越大，表明专利权人技术实力越强；纵坐标越大，表明专利权人的综合实力越强。刘小平等[30]进一步将气泡图分为 A、B、C、D 4 个象限，由图 3 - 3 - 6 可看出，A 象限中，赛诺菲位置最靠右且气泡最大，表明其掌握大量青蒿素类药物专利，技术实力和综合实力均较强；联合利华综合实力较强，但技术创新实力略弱于赛诺菲。B 象限中，诺华与拜耳的气泡在整个气泡图中位置较高，说明拥有较大技术创新实力，但其气泡相对较小，说明这两家公司对青蒿素类药物的关注较少。C 象限中印度科学与工业研究理事会及 Paratek 制药公司的技术创新实力相仿，但前者由于气泡远大于后者，说明其综合实力及专利拥有量均大于后者。D 象限中聚集了较多专利权人，但综合实力及技术创新能力均较弱。这也从另一个维度表示当前青蒿素的研发技术尚不完全成熟。

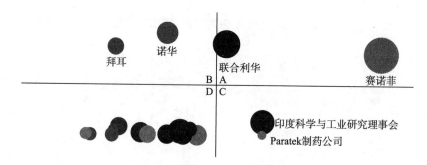

图 3 - 3 - 6　全球青蒿素类药物专利主要申请人竞争态势气泡图

对于 ACC 抑制剂靶点药物，横坐标采用年份，纵坐标为 ACC 抑制剂药物适用的治疗领域，以气泡大小表示专利数量，采用 Excel 软件制作气泡图，如图 3 - 3 - 7 所示[37]。经研究发现 ACC 抑制剂在 2 型糖尿病及糖尿病相关病症领域布局的专利数量最大（共 293 件），特别是 2011 年达到高峰值 67 件；其次为肥胖症及代谢综合征领域，在肥胖症领域布局专利共 213 件（其中 2011 年达高峰值 62 件），代谢综合征领域布局专利共 196 件（其中 2007 年达高峰值 35 件）；再次为非酒精性脂肪性肝病或肝脏胰岛素抗性（共 164 件）及血脂异常或高脂血症（共 130 件）。

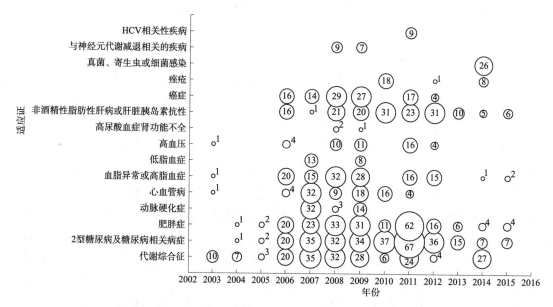

图 3 - 3 - 7　ACC 抑制剂全球专利技术领域年代分布气泡图

注：图中数字表示申请量，单件为件。

（2）技术/功效矩阵分析

技术/功效矩阵分析将各专利文献中所要达到的功效作为横向栏目，将专利文献中采用的技术手段作为纵向栏目，在一张表中列出各专利编号。将某一技术领域的专利分别按照"技术""功效"分类，并一一填入适当空格内，计算每个空格内的专利数量，即制成专利空白、疏松、密集区的矩阵分布表。由矩阵分布表中各区域的密度分布，可看出技术密集区、地雷禁区和技术空白区。在实务工作中，可以根据药物专利分析需要，进行数据处理及技术/功效分类，形成技术、功效分解表，对所归集的待分析专利数据集逐一进行文献解读和标引，利用图表工具或专利数据库功能构建技术功效矩阵图，利用技术功效矩阵发现技术热点、技术空白点。彭翠莲等对抗精神病药利培酮的专利布局情况进行分析，以剂型的技术方案为横坐标，以功效为纵坐标制作技术功效图，图中气泡大小代表实现该功效的专利数[38]。由图 3 - 3 - 8 可知，利培酮剂型专利技术主要集中于口腔崩解片、口腔速溶膜剂、缓释微球、植入物制剂、可注射储库，并且着力解决快速崩解、掩味、减少突释、初期释放停滞、长效释放、缓释等功效问题。分析后得到利用口腔崩解片解决掩味和快速崩解问题、利用口腔速溶膜剂解决快速崩解问题、利用缓释微球解决减小突释和初期释放停滞问题、利用植入物制剂解决长效释放、利用可注射储库解决缓释问题等技术热点，并且提示出技术空白点，由此可供相关企业研发人员进行参考。

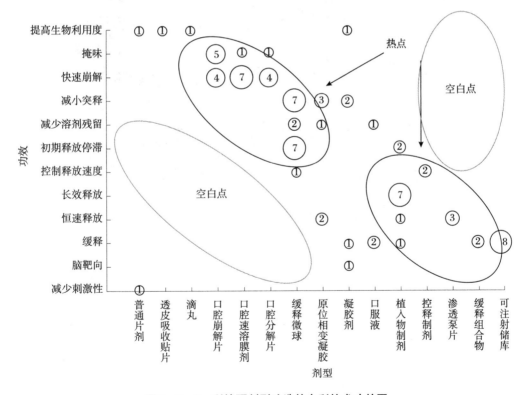

图 3 - 3 - 8　利培酮剂型改造的专利技术功效图

注：图中数字表示专利数，单位为件。

（3）专利聚类分析

文本聚类是根据著名的聚类假设——同类的文档相似度较大，不同类的文档相似度较小，从而在给定的某种相似性度量下，基于文档间的相关性或某种联系对文档集进行有效组织、摘要和导航，使彼此相近的对象尽可能分到同一组别的方法。一些商业专利数据库具有聚类分析工具。运用聚类算法对关键词共现网络进行聚类，通过不同颜色相互独立的几何图形表示不同的类团，能够直观地展现各研究热点之间的关系[38]。聚类分析后的效果相当于将整个研究领域划分为若干个子领域，通过解读每个类团中研究热点之间关系，可以大体推测出该子领域的主要研究内容。沈正泽等采用Cytocape插件结合MCODE算法实现聚类分析，识别出配伍关系网络中存在的"社团结构"或"功能模块"，例如聚类（2）由白及、桂枝、枳壳组成，具有消肿生肌，行滞消积的作用；聚类（3）由黄连、干姜、黄芩、大枣、人参、半夏、甘草组成，具有调和肝脾，消痞散结的作用[39]，具体如图3-3-9～图3-3-11所示。

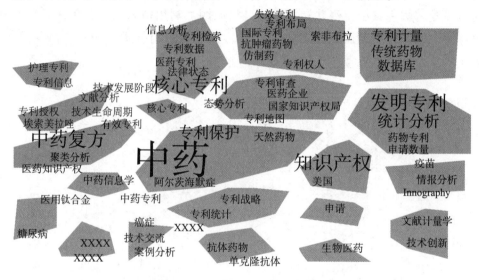

图3-3-9　研究热点聚类分析（1）

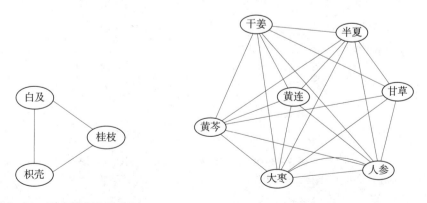

图3-3-10　研究热点聚类分析（2）　　**图3-3-11　研究热点聚类分析（3）**

（4）专利权利要求分析

专利权利要求分析主要体现在专利侵权判断上，可以通过分析专利信息，判断企业新产品有没有侵犯现有其他企业专利权利。当其他企业新产品上市后，组织专家团队，借助专利权利要求分析，以专利权保护范围为专利侵权判定的依据，对竞争对手专利和自有专利权利要求等进行比对，分辨是否侵权[35,40]。

（5）技术生命周期分析

一项技术从进入市场到退出市场的生命周期一般划分为 4 个阶段，即萌芽期、成长期、成熟期和衰退期（饱和期），如图 3 - 3 - 12 所示。萌芽期的专利数量和企业数均较少，且大多是原理性的基础专利；成长期表现为专利量激增，原因在于技术不断发展、市场扩大、介入企业增多、技术分布变广；成熟期由于市场有限，进入的企业开始趋缓，专利增长的速度变慢；衰退期表现为当技术老化后，企业因收益递减而纷纷退出市场，此时有关领域的专利技术几乎不再增加，每年申请的专利数和企业数呈负增长[41]。

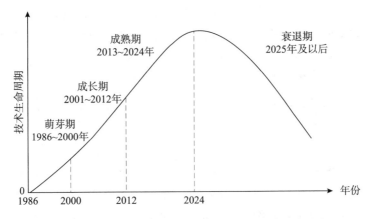

图 3 - 3 - 12　国内某降血脂药物专利技术生命周期阶段

专利技术生命周期具体分析方法有专利指标法、相对增长率法、技术生命周期图法、TCT 计算法和 S 型曲线数学模型法等[42]，涉及专利技术生命周期中的生长率 $v = a/A$（a 为该技术领域当年发明专利申请或授权量，A 为追溯到过去 5 年内该领域发明专利申请累积量或授权累积量；若 v 值连续几年持续增大，说明技术处于生长阶段）；技术成熟系数 $\alpha = a/(a+b)$（a 为该技术领域当年发明专利申请或授权量，b 为该领域当年实用新型申请或授权量；若 α 值逐年变小，说明技术处于成熟期）；技术衰老系数 $\beta = (a+b)/(a+b+c)$（c 为该领域当年外观设计专利申请或授权量；若 β 值逐年变小，说明技术处于衰老期）；新技术特征系数 $N = sqrt(v^2 + \alpha^2)$（N 值越大，新技术特征越强，预示越具有发展潜力）。

结合立普妥的研发阶段专利倾向（见图 3 - 3 - 13）研究发现[41]，在临床前活性筛选中获得活性化合物后，在药效学研究中申请人倾向于申请化合物专利；在Ⅲ期临床

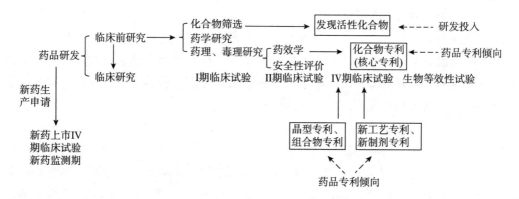

图3-3-13 立普妥研发阶段专利分布

试验中申请人倾向于申请晶型、组合物、新工艺及新制剂专利。

（6）专利地图分析

专利地图分析是指将一次、二次等专利文献的统计结果整理成各种图表，将专利信息进行图表化归纳，使其具有类似地图指向功能。通常从专利管理层面、专利技术层面和专利权利层面分析，分别形成专利管理图、专利技术图、专利权利图。①专利管理图主要包括历年专利动向图、各国专利占有比例图、专利排行榜、主要竞争公司分析图、公司专利平均年龄图、公司发明阵容比较图、公司定位综合分析表、公司专利件数分布图、公司专利件数增长图、发明人专利件数分布图等，其主要显示了技术的发展趋势，进行竞争企业的实力剖析和动向预测。②专利技术图主要包括IPC分析图、专利技术/功效矩阵图、专利技术分布图、专利技术领域累计图、专利多种观点解析图、挖洞技术显微图等。专利技术图锁定某项技术或某家公司进行地毯式搜索，主要显示技术演变、扩散状况、研发策略、回避设计、挖洞技术的可行性。③专利权利图主要包括专利范围构成要件图、专利范围要点图、专利家族图、重要专利引用族谱图，主要剖析研发空间和市场空间[43]。

黄璐等通过对原研公司Celgene的来那度胺进行专利分析[44]，发现其在中国除了布局化合物专利之外，还着力布局了多件衍生物、给药系统、晶型、用途、制备方法、组合物、下游产品等不同类型的专利，构建了较为完善的专利网。这样既有效地延长了产品在中国的专利保护期，又围绕不同类型的用途构建了强有力的保护壁垒。来那度胺已批准上市的适应证如套细胞淋巴瘤、多发性骨髓瘤、骨髓增生异常综合征，均有授权专利保护，从而为其作为Celgene公司拳头产品，成为超级重磅炸弹药物保驾护航。

3.3.3.3 拟定量分析

拟定量分析维度有申请人扩展分析、专利引文分析、专利价值评估分析等。

（1）申请人扩展分析

申请人扩展分析是指将申请人结合技术领域、地域、专利类型等进行组合分析，由此可以获取某申请人在不同技术领域的专利数据及分析结论，例如比较主要申请人的技术广度、技术构成、研发团队规模等，获得主要申请人实力信息，为市场竞争和合作提供决策依据。

（2）专利引文分析

专利引文分析是指以被观察和分析的专利为基点，将其引用和被引用的专利作为分析对象，通过归纳、总结和比较，对专利之间的引用现象进行分析，以反映技术和企业之间的潜在关联和规律特征。梳理引证与被引证频次、专利同族等信息，揭示核心技术点和专利风险，例如，累计引文次数等筛选高被引频次专利，使该领域关键的核心技术得以突显。专利引文分析还以高被引频次专利为视角，分析某领域的技术源头，可以继续追踪前向引文，特别是它们引用的科技文献，追溯基础研究的源头；或者由高被引频次专利得出主要技术来源国、主要申请人和核心发明人（团队）。卞志家等对 2000～2010 年的立普妥联合用药方面的专利进行了详细研究，根据联合用药方面专利文献被引用关系，并结合图 3 - 3 - 14 中引用次数和申请内容重要性确定重点专利 WO9911260 和 WO9930704[45]。

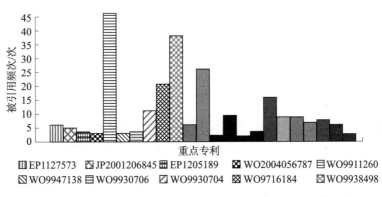

图 3 - 3 - 14　立普妥联合用药方面专利文献被引用关系的分布

（3）专利价值评估分析

专利价值评估分析是根据项目需要建立专利价值评估体系。对所关注领域及对应的专利布局情况进行分析，挖掘重点专利信息，解读重点专利的权利要求技术特征与发明点，并分析技术方案的可替代性和规避路径。必要时，进行专利提示信息与其他信息的关联挖掘与解读，适时挖掘新专利申请。

3.3.4　专利信息分析实例

全世界 90% 以上的发明成果会先以专利文献的形式公开，再以科技论文的形式发表。有针对性地检索并分析利用好现有专利文献，可节约 40% 研发费用，缩短 60% 的研发时间。在开发药物新产品前，企业应重视对医药类专利信息的检索、获取、专利分析与利用[27]。专利信息对医药企业的新产品研发立项、技术创新、技术引进、专利申请、侵权分析等有重要的参考价值。生物医药产业与其他产业比较，专利信息分析相关性较强，研究更具代表性、更有价值。可以说，生物医药技术创新过程是一个专利信息利用的过程[46]。因此，在专利信息利用方面，需充分利用各种数据库信息，跟踪国内外同行业专利技术发展趋势，研究竞争对手的发展动态，开展专利战略研究，为企业的研发、生产、营销等提供决策依据。

【案例 3 - 1】PARP 抑制剂——奥拉帕尼

奥拉帕尼（也称奥拉帕利，Olaparib）是一种聚 ADP 核糖聚合酶［Poly（ADP - Ribose）Polymerase，PARP］抑制剂，为全球首个上市的 PARP 抑制剂药物。奥拉帕尼最先由英国库多斯（KuDOS）公司开发，2005 年 12 月，阿斯利康收购 KuDOS 后获得奥拉帕尼开发权。阿斯利康的奥拉帕尼胶囊（商品名为 Lynparza，规格 50mg）于 2014 年 12 月 16 日在欧盟获准上市，同年 12 月 19 日在美国 FDA 获准上市，用于治疗带有 BRCA 基因突变的晚期卵巢癌，疗效显著，不良反应少，患者短期耐受性良好。阿斯利康对奥拉帕尼寄予了厚望，不断进行新制剂和新适应证的开发。2017 年 8 月 17 日，美国 FDA 又批准了规格为 100mg 和 150mg 的奥拉帕尼片剂上市，用于复发性上皮性卵巢癌、输卵管癌或原发性腹膜癌的治疗；2018 年 1 月 12 日，FDA 批准奥拉帕尼片用于 gBRCA 突变的乳腺癌患者。目前该药物已在美国、欧洲、日本、中国等 10 多个国家和地区上市，其中，2018 年 8 月，阿斯利康的奥拉帕利片被中国批准上市，商品名为利普卓。

陆毅等[47]采取定性分析和定量分析相结合的方法对奥拉帕尼已公开的专利进行分析，并着重分析和解读了原研公司 KuDOS 及开发公司阿斯利康在中国的专利布局情况。其中，在检索用数据库及检索策略上，运用了 3 种不同的中外专利数据库（Clarivate Analytics Cortellis 数据库、Scifinder 数据库、智慧芽专利数据库），利用不同的检索词和检索策略进行检索，将上述 3 个数据库检索得到的专利同族进行合并去重，并对每件发明专利进行人工标引，经人工去噪，得到与奥拉帕尼最相关的全球专利申请 362 件（截至 2018 年 6 月 11 日）。进一步从已公开的 362 件奥拉帕尼全球专利中筛选出中国专利，并排除明显不符合研究主题的专利，最终得到 136 件中国专利。

笔者先是针对奥拉帕尼最相关的 362 件全球专利申请，进行了涉及全球专利申请量、全球专利申请人两方面的定量分析。具体情况分别如图 3 - 3 - 15 和图 3 - 3 - 16 所示。

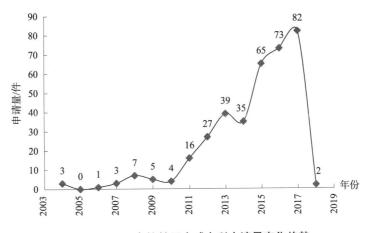

图 3 - 3 - 15　奥拉帕尼全球专利申请量变化趋势

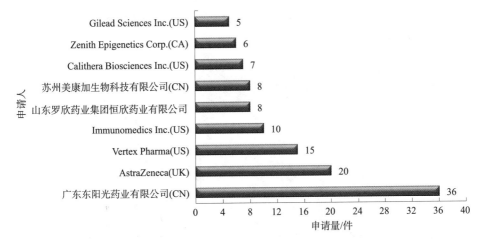

图 3 - 3 - 16　奥拉帕尼全球专利排名前九位申请人申请量分布

继续对 136 件奥拉帕尼中国专利进行定量和定性分析，如中国专利申请量分析、各技术主题分析、各技术主题的法律状态分析。具体如图 3 - 3 - 17 ~ 图 3 - 3 - 19 所示。

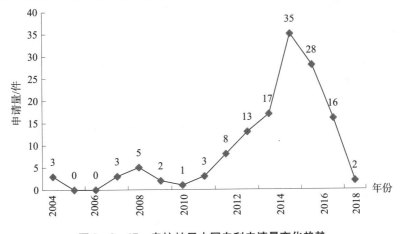

图 3 - 3 - 17　奥拉帕尼中国专利申请量变化趋势

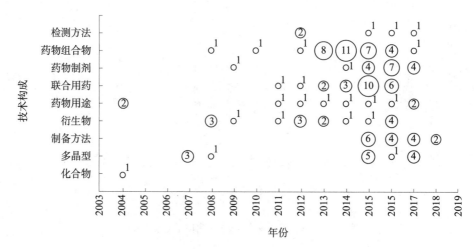

图 3 - 3 - 18 奥拉帕尼中国专利各技术主题申请年度分布

注：图中数字表示申请量，单位为件。

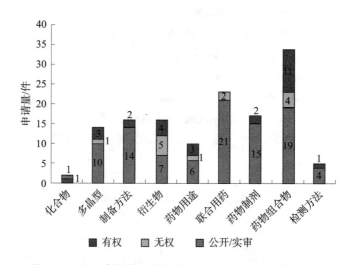

图 3 - 3 - 19 奥拉帕尼各技术主题中国专利法律状态分布

笔者进一步对原研公司进入中国的不同技术主题的专利申请及专利布局策略进行了详细的分析和解读。在阿斯利康申请的 20 件奥拉帕尼全球专利中，14 件重要专利通过 PCT 途径进入中国。在各技术主题涉及的中国专利中，以化合物专利为核心，涉及多晶型、新用途等技术主题的后续专利，对奥拉帕尼产品进行了全方位的、严密的专利保护与布局，以达到最大限度地延缓仿制药上市，保护原研公司的经济利益。由此可见，原研公司非常重视中国市场。

奥拉帕尼在中国布局的核心及重要专利如下：

（1）化合物专利：KuDOS 公司于 2004 年 3 月 12 日申请了奥拉帕尼的化合物专利 WO2004080976，对 PARP 具有抑制作用的化合物奥拉帕尼进行了保护。其中国同族专利"酞嗪酮衍生物"（CN200480012878.1），于 2010 年 7 月 28 日获得授权。该专利将于 2024 年 3 月 11 日届满。

（2）用途专利：KuDOS 公司于 2004 年 11 月 30 日申请了药物用途专利 WO2005053662，用于制备治疗由同源重组（HR）依赖的 DNA 双链断裂（DSB）癌症的损伤修复途径缺陷导致癌症的药物。该专利的中国同族专利"用于治疗癌症的 DNA 损伤修复抑制剂"（CN200480040831.6）于 2011 年 4 月 6 日获得授权，CN200480040831.6 的分案申请 CN201110032395.X 于 2013 年 4 月 3 日获得授权。

（3）多晶型专利：KuDOS 公司于 2007 年 10 月 15 日申请了第 1 件晶型专利 WO2008047082。该专利保护奥拉帕尼 A 晶型及其制备方法，以及在抗肿瘤、抗病毒感染、出血性休克等药物中的用途。其中国同族专利有母案申请 CN200780038855.1 及分案申请 CN201210060660.X、CN201510002348.9，其中，CN200780038855.1 和 CN201510002348.9 获得授权，但 CN201210060660.X 被驳回。KuDOS 公司紧接着于 2008 年 10 月 17 日申请了第 2 件晶型专利 WO2009050469。该专利保护奥拉帕尼 L 晶型，L 晶型由 A 晶型制备得到。其中国同族专利 CN200880111430.3 于 2013 年 7 月 24 日获得授权。

（4）制剂专利：阿斯利康于 2009 年 10 月 5 日申请了制剂专利 WO2010041051。其中国同族专利为 CN200980150172.4，于 2014 年 10 月 29 日获得授权。该专利保护含奥拉帕尼的一种固体分散体配方及其制备方法，奥拉帕尼固体分散体制备的关键药用辅料为 1 - 乙烯基 - 2 - 吡咯烷酮和乙酸乙烯酯组成的共聚维酮，所制得的固体分散体与合适的药用辅料再制备成胶囊剂、片剂。在该发明的制剂中，至少一部分奥拉帕尼可能以非晶形式存在于含基质聚合物的固体分散体中。以非晶形式提供奥拉帕尼是有利的，可进一步提高奥拉帕尼的溶解度和溶出率，由此增强用该发明提高治疗潜力。可以通过常规热分析或 X 射线衍射测定药物是否以非晶形式存在，关键专利如表 3 - 3 - 1 所示。

表 3 - 3 - 1　奥拉帕尼关键中国专利汇总

名称	申请号	申请日	申请人	法律状态	备注
酞嗪酮衍生物	CN200480012878.1	2004 - 03 - 12	库多斯药物有限公司、梅布瑞有限公司	授权	化合物
用于治疗癌症的 DNA 损伤修复抑制剂	CN200480040831.6	2004 - 11 - 30	库多斯药物有限公司、癌症研究所	授权	用途

名称	申请号	申请日	申请人	法律状态	备注
用于治疗癌症的DNA损伤修复抑制剂	CN201110032395. X	2004－11－30	库多斯药物有限公司、癌症研究所	授权	专利CN200480040831.6的分案申请
4－[3－(4－环丙烷羰基－哌嗪－1－羰基)－4－氟－苄基]－2H－酞嗪－1－酮的多晶型物	CN200780038855. 1	2007－10－15	库多斯药物有限公司	授权	晶型A及其制备方法
4－[3－(4－环丙烷羰基－哌嗪－1－羰基)－4－氟－苄基]－2H－酞嗪－1－酮	CN200880111430. 3	2008－10－17	库多斯药物有限公司	授权	晶型L
药物制剂514	CN200980150172. 4	2009－10－05	阿斯利康(英国)有限公司	授权	药物制剂,涉及固体分散体

奥拉帕尼的化合物中国专利期限届满日为2024年3月11日,新用途专利期限届满日为2024年11月29日。各仿制药企业或研发机构的奥拉帕尼专利技术主要集中在制备方法、新晶型等。这也符合仿制药企业专利布局的策略和现状。笔者也在讨论部分中提出了进行该药物仿制时,可能需重点关注及规避的现有专利,以及围绕检测方法、杂质及制备等方面的技术空白点,进行此技术主题的专利新申请及布局。

【案例3－2】钆对比剂——钆喷酸葡胺

钆喷酸葡胺注射液是全球第一个上市的钆对比剂,2016年其国内销售额达到了4.9977亿元,并名列销售额首位,同时在国内各钆对比剂中销售占比为65.66%。郭文娟等[48]选择钆喷酸葡胺进行专利分析,考察其技术演进过程和未来发展方向,分析了钆喷酸葡胺各技术主题的专利申请和专利布局情况,以及目前专利申请中针对减少钆对比剂毒性的相关研究。

笔者分析采用的数据库为Scifinder数据库和国内智慧芽数据库,进行组合检索、人工标引并去重去噪,筛选得到目标专利文献共172件,作为此次钆喷酸葡胺专利信息分析用的文献数据集(截至2018年7月16日)。进一步地,对钆喷酸葡胺的专利申请技术进行定量和定性分析,如专利申请量的发展趋势分析、专利申请人排名、发明技术主题分析、专利技术构成年度申请趋势、原研专利申请技术脉络等。具体如图

3 - 3 - 20 ~ 图 3 - 3 - 23 所示。

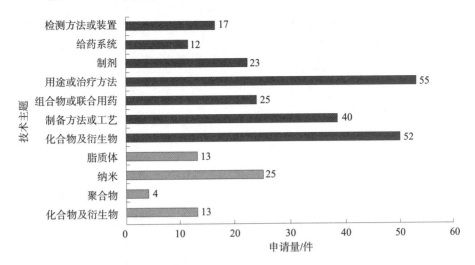

图 3 - 3 - 20　钆喷酸葡胺的发明技术主题分类专利申请统计

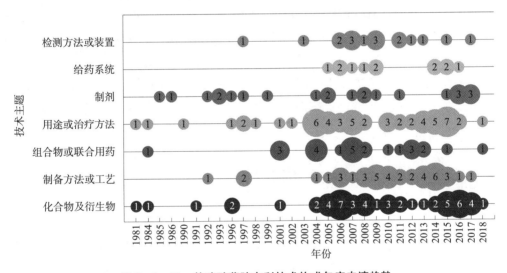

图 3 - 3 - 21　钆喷酸葡胺专利技术构成年度申请趋势

注：图中数字表示申请量，单位为件。

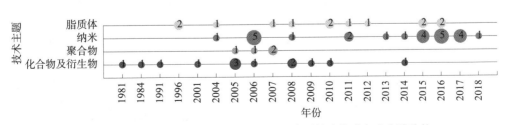

图 3 - 3 - 22　钆喷酸葡胺化合物及衍生物专利技术构成年度申请趋势

注：图中数字表示申请量，单位为件。

图 3-3-23　钆喷酸葡胺原研专利技术发展脉络

根据对 MRI 造影用钆对比剂的分析得知，国内钆对比剂产品仿制药企业的总体专利申请及授权量比较少。如何在已上市钆对比剂品种上寻找突破点，如何提高钆对比剂在体内的安全性、减少相关毒性，以及开发相应的化合物衍生物成为重点以及需要着重考虑的方向。

对现有品种进行技术演进是规避研发风险很好的途径。通过专利信息分析，可以看到当前钆对比剂主要集中在纳米、脂质体和聚合物的研究方向，纳米类衍生物产品是当前国内科研院所的研究热点。关于钆喷酸葡胺化合物及衍生物的全球开发，自 2005 年之前没有申请人申请聚合物衍生物产品的专利申请；脂质体类衍生物产品专利申请时间的分布比较分散，总体申请量不大；而纳米类衍生物产品是当前国内科研院所的研究热点，近 5 年间有集中申请的趋势。分析 2015~2019 年的钆喷酸葡胺纳米衍生物方面的专利申请，涉及肿瘤靶向造影及治疗用纳米衍生物的结构设计、制备工艺等方面。

3.4　创新药研发立项中的知识产权

创新药研发立项是新药开发的第一步，其间进行充分的知识产权检索分析，是规避创新药研发风险的重要一环。在创新药研发立项中进行充分的专利信息检索分析，不仅可以避免重复研究和专利侵权，同时可以有效预先评估企业创新成果的知识产权布局空间。很多医药企业在完成研发立项后，会继续针对该特定细分领域的新公开专利情况进行技术跟踪，或针对已公开的竞争专利动态进行更新或预警。另外，对化合物以及制备工艺/方法的 FTO 检索分析①及风险应对尤其重要，本节着重叙述化合物以及制备工艺/方法的 FTO 检索分析。

3.4.1　化合物 FTO 检索分析

我国的创新药研究近些年刚刚起步，受到基础研究水平积累的限制，以及企业创

---

① FTO 检索的英文全称为 Freedom - to - Operate Search，也称为"防侵权检索"。

新风险抵御能力的限制。我国的创新药企业更多的是处在"me‐too"和"me‐better"类药物开发阶段，完全新靶点、新机理药物的开发并不多见。在该阶段的研究中，FTO检索分析尤为重要。部分医药企业也会选择在药品注册报批前委托第三方代理机构再一次进行 FTO 分析。

由于专利公开及授权的滞后性，FTO 检索分析的结果也需要持续更新。由葛兰素史克（中国）投资有限公司（以下简称"葛兰素史克"）生产的罗格列酮于 2001 年 2 月在我国上市，主要成分是马来酸罗格列酮。在进入中国以前，其已在中国申请了马来酸罗格列酮的化合物专利，2000 年 4 月 12 日得到批准。但由于葛兰素史克申请的是马来酸罗格列酮，对罗格列酮的其他盐类并没有申请专利保护，所以国内一些企业开始对其他盐类进行研发。但就在国内十多家企业为开发罗格列酮投入上亿元资金，并已取得国家药品监督管理机构发布的新药证书时，2003 年 7 月 2 日，葛兰素史克取得了罗格列酮的第二件专利，该专利几乎将所有含罗格列酮及药学上可接受形式的化合物都囊括了进去。这样一来，国内企业所进行的相关开发都不得不暂时停止，上亿元的研发资金全部打了水漂。

如果研发立项中发现选中的化合物落入已有有效专利的保护范围或专利申请请求保护的范围，一般会考虑如下选择：

① 化合物落入有效专利的保护范围。首先，核对该有效专利的保护期限，结合立项开发计划评估其是否对将来拟开发产品的上市造成限制。如果拟开发产品几年后上市时该专利已经过期，则不再计为风险。必要时对风险专利的专利权稳定性进行评估，评估其是否属于强的专利保护。相对于整个创新药研发周期和资金投入而言，确定候选化合物仅仅是最初始的一步，如果属于高风险，则可考虑及时放弃研究，避免后续开发的高投入，转而选择其他有价值的化合物。

② 化合物落入专利申请请求保护范围。应对该申请的授权前景进行评估，确认申请的授权前景，以及对在具有授权前景的情况下，其获得专利保护的范围是否会涵盖候选化合物进行评估。很多专利申请虽然圈定了很大的保护范围，但没有提供足够的证据证明整个请求保护的范围均属于申请人对现有技术的贡献，往往最终授权的范围与请求保护的范围差别较大。

③ 专利权转让/许可。如果候选化合物存在侵权风险，但具有非常好的开发前景，则可与专利权人协商专利权的转让和许可。

④ 联合开发。例如，候选化合物落入一家美国公司专利的保护范围内，而美国公司并没有相同类型的药物开发，可以考虑通过转让在美国的联合开发权，获取国内的自由实施。

3.4.2 制备工艺/方法 FTO 检索分析

化合物的制备必然涉及原料及中间体化合物的使用，对其进行充分的检索是必要的。如果化合物在制备过程中产生的中间体或其工艺存在侵权风险，则应及时寻找替代方案或其他风险化解思路。

3.5 仿制药立项中的知识产权

做好仿制药立项，需要考虑的因素众多。除了要结合公司自身因素外，还需要综合考虑市场、临床试验、知识产权、注册策略等因素。与创新药不同，仿制药更像一个跟随者。在2020年化学药品注册分类及申报资料要求中，其中第3类是指境内申请人仿制境外上市但境内未上市原研药品的药品，第4类是指境内申请人仿制已在境内上市原研药品的药品。第3类和第4类药品均应与参比制剂的质量和疗效一致。可见，仿制药的仿制目标是已上市（至少境外上市）的原研药品。因此仿制药产品上市必然面对如何突破或规避原研药企业的知识产权壁垒这一难题。这也决定了在仿制药立项中对拟仿制产品知识产权进行全面的信息调研、排查和规避风险的重要性和必要性。

3.5.1 目标产品知识产权信息调研

1. 目标产品的获得

基于市场方面的考虑，目前仿制药企业立项选定的品种更多会考虑国外（大多数是欧美国家）最新上市且市场表现良好或市场潜力大的新药。具体品种的确定，还需要结合公司的策略和资源。实践中，对于仿制药企业而言，提前十年进行目标品种的筛选和评估已比较常见，一些公司甚至在原研产品未上市时即开始跟踪。

对于欧美国家已经获批上市的产品，可以分别在美国食品药品监督管理局（FDA）、欧洲药品管理局（EMA）、日本药品医疗器械管理局（PMDA）等网站上查询。对于未上市但处于临床研究阶段的产品，美国要求所有的临床研究都必须登记仿制药企业，可以登录临床试验管理网站（Clinical Trials. gov）根据需求检索不同临床阶段或特定适应证的开发药物。

2. 目标产品专利信息调研

仿制药立项的专利信息调研，重点是针对原研药专利信息进行充分、全面的检索和分析，找出仿制开发面临的风险，提出解决方法，规避或降低仿制药立项的专利风险。初步锁定目标产品后，需要尽职调查各目标产品的知识产权清单，包括已布局专利主题、专利法律状态、专利保护期限以及市场独占期信息，并据此从知识产权角度评估立项/仿制风险。对于在美国获准上市的小分子药物的中国专利信息进行调研，一般可以先从橙皮书专利入手。基于橙皮书记载的专利找到相应的中国同族专利，并确定其法律状态。通过查询目标产品的橙皮书专利，能够实现对目标产品中国专利状况的快速了解，并提取有用信息用于进一步检索。

药品专利保护的主题众多，包括化合物、盐、晶型、组合物、适应证、制备/纯化方法、中间体、药物制剂、代谢产物、前药等。原研企业根据自身产品的特点，会选取多个保护主题为产品提供严密的专利保护。需要注意的是，橙皮书上的专利并非该产品的全部专利，主题类型仅涉及化合物、适应证、晶型等，例如制备工艺/方法等其他主题未被要求列入橙皮书。如果为确保上市后无侵权风险，企业还应借助于专业数据库进行全面检索，重视对原研公司外其他专利申请人的专利检索和分析。

下面就常见主要专利保护主题的特点以及尽职调查时需要注意的问题分类进行讨论[49]。

（1）化合物专利

原研药专利保护期通常是指化合物专利保护期限届满。化合物专利保护的是药物活性成分，在药物仿制中是无法规避的。需要注意的是，原研公司的化合物专利布局，有时会采取同时布局通式化合物专利和后续具体化合物专利的布局策略，或同时布局外消旋化物专利和后续进行单一异构体化合物专利组合的方式。应注意检索全面，准确确定化合物专利的届满日期。在美国，自 2000 年 5 月 29 日起的发明专利申请案，USPTO 将依照审查员或发明人延误的时间，适当调整专利保护期，即美国的专利期限补偿制度。根据该制度一件专利最多可以延长保护 5 年。

有些情况下，目标产品还有大量化合物衍生物专利，例如化合物盐专利、共晶专利等。目标产品专利保护期的调研，应当首先明确上市药品活性成分的具体组成。这样才能更好地判断哪些物质专利构成了仿制药的障碍，哪些专利在药品仿制过程中不必太过关注，进而明确专利保护期。例如，目标产品 A 的专利布局主题及其保护截止日期如表 3 - 5 - 1 所示，所述主题均获得了专利权。经检索其在美国上市的药品说明书发现（对已上市药品活性成分物质的确定，可以分别登录 FDA 或 EMA 网站下载上市药说明书，从中确认作为原研药活性成分的具体形式），目标产品的活性成分是化合物 A 甲磺酸盐。因此可以确定，对于保护期截止日为 2031 年 11 月的甲磺酸盐专利要格外关注；对于例如马来酸盐等专利，对仿制药不构成障碍。

表 3 - 5 - 1　目标产品 A 的专利布局主题及相应权利终止日期

专利保护主题	权利终止日期
马库什化合物	2026/04
具体化合物	2028/09
化合物盐（马来酸）	2030/01
一水合物	2029/12
化合物盐（甲磺酸盐）	2031/11

（2）适应证专利

对仿制药而言，除了要求与原研药具有相同的活性成分，还要求具有相同的适应证。因此，适应证专利同样是无法规避的。如果一种药物仅可用于治疗一种疾病，这种情况下化合物专利即是该适应证专利。但应注意一药多用的情况。如果调查发现目标产品有多种适应证，例如伊马替尼除了治疗慢性髓性白血病外，还可以治疗恶性胃肠道间质肿瘤，则首先要确定所开发的目标适应证，然后确认该适应证对应的专利保护期限，并以此作为判断用途专利的到期时间。以伊马替尼为例，其化合物专利（其中记载了癌症适应证）专利保护期截至 2013 年 4 月 2 日，无专门针对慢性髓性白血病的适应证专利，恶性胃肠道间质肿瘤适应证的专利保护期截至 2021 年 10 月 26 日。

（3）晶型专利

仿制药开发过程中，未明确要求仿制药的晶型与原研药的晶型完全一致，但需确保仿制药与原研药生物等效性一致。因为不同晶型对药物制剂理化性质可能有重要影响，会影响生物等效性试验结果。对于大多数仿制药而言，多采用与原研药物相同的晶型。因此，在针对目标产品进行晶型专利调查时，首先要通过各种不同途径确认原研上市产品究竟是何种晶型，经确认原研上市产品的晶型之后，再找到与原研上市产品晶型一致的专利，并以此判断晶型专利的到期时间。在采用不同晶型规避策略时，还需要关注原研公司外其他创新主体的专利，规避其他侵权风险。因为很多仿制药公司和晶型研究机构如果在研发过程中发现目标产品还存在新的晶型时，则会就新晶型布局专利保护。

（4）制剂专利

产品制剂往往有多件专利，确定产品制剂专利的保护期限，首先应当确定目标产品的剂型以及处方组成。对于已经上市的目标产品，可以登录 FDA 或 EMA 等下载其批准的药品说明书。药品说明书中一般会简单列明制剂的类型，以及辅料的类别和有效成分含量等。当药品说明书记载的制剂处方落入原研公司的专利保护范围内时，应当特别重视该专利。由于药品说明书记载的处方组成比较概括，可结合美国 FDA 橙皮书相关信息进一步确认。若相关专利在美国有同族专利且已被纳入 FDA 橙皮书中，则更应该引起重视。对原研制剂专利而言，可通过减少/改变辅料种类或比例有效规避制剂专利。对于改进后的处方及配比，还应适当关注是否落入原研公司以外的其他公司布局的制剂专利的范围内。

（5）制备工艺专利

目标产品化合物专利中一般会至少公开其一种制备方法，但往往后续单独布局的制备方法专利中的合成工艺更接近原研产品使用的合成工艺。在仿制药的合成工艺确定后，根据所确定的合成路线确定合成工艺专利到期时间。由于制备方法专利包含的技术特征较多（例如合成路线、反应条件、操作方法等），更容易被规避，通过设计规避路线成功实现原研制备方法专利规避的成功案例也不少见。如果新设计的合成工艺更具优势，则还可及时布局专利保护，形成独有专利技术。同样地，对于自行设计的规避路线，还要注意检索非原研公司针对同一目标产品的制备方法专利布局，防止侵权。另外，制备工艺专利中往往同时要求保护制备方法中的重要中间体。有时虽然采用了规避的合成工艺，但还要确认该规避路线是否使用了专利保护的中间体，否则同样存在侵权风险。

经对上述不同类型的专利逐一排查确认后，对尚不能确定最终保护范围的专利申请（如原研公司尚未进入中国的 PCT 专利申请、处于审查阶段的专利申请）仍需随时跟进，必要时可借助专利授权前景分析或公众意见等措施，进行主动的风险预判及应对。

3.5.2 专利风险分析及规避

仿制药企业在立项选择仿制目标时，以及选定目标药品后进行专利信息调研时，就初步明确了仿制药立项开发中哪些专利或专利申请会对产品开发造成影响、哪些专利可以规避以及如何规避、哪些专利可以挑战。这些将成为接下来专利工作的重点。在这些重点工作中，主要包括专利检索和分析、障碍专利的分类与规避、专利权的法律状态和到期时间、障碍专利的稳定性分析以及专利风险的化解和规避。

1. 专利检索和分析

在选择被仿目标药品或目标药品的范围时，通常需要结合企业自身发展战略、资源优势、已有产品关联关系及市场前景来综合确定。在这一过程中，企业知识产权团队提供的专利信息对决策者的影响不大，但是在选定目标药品或基本确定 1～2 种待仿药品后，专利检索和分析将成为贯穿仿制药研发全过程的重要工作，通常包括：

（1）以防侵权为目的的检索和分析，判断专利侵权风险高低；

（2）对高侵权风险的专利进行无效宣告检索和分析，评估挑战的可行性；

（3）以获取技术信息为目的的查新检索和分析，缩小规避高侵权风险专利所需的技术范围或确定具体可借鉴的技术方案。

以上三个步骤在专利风险分析及规避的过程中可能环环相扣，也可能往复循环。因此，专利检索和分析是一项专业性强、目标清晰但事务庞杂的系统性工作。

2. 障碍专利的分类与规避

前文提到，仿制药可能规避的主题涉及化合物、用途（适应证）、晶型、制备工艺、制剂、中间体及制备方法等专利。在检索到的原研药专利中，建议按照从研发到上市的顺序对需要规避的专利进行分类。通常，化合物和用途专利是仿制药难以绕开的核心要素，规避了化合物和用途专利就相当于更换了被仿药品。这类专利除撰写本身存在瑕疵以外，通常也难以被无效宣告，因此，化合物专利和用途专利也被称为"被仿药品专利"。

专利风险分析和规避工作的重点和难点在于确定被仿药品的晶型，检索识别和规避晶型、制备工艺、制剂、中间体及制备方法专利。这些专利则是仿制药品需要规避的"障碍专利"。

对于晶型专利，如果被仿药品存在多晶型，通常除原研药公司以外，其他仿制药公司也有可能申请新的晶型专利，则晶型专利数量较多，导致检索到的晶型专利较多。

此时建议：①重点关注原研药公司申请的晶型专利，因为原研公司在专利布局时由于疏忽大意而被其他仿制药公司申请了其晶型专利的可能性较小；②通过多种途径确认原研药品是何种晶型，再在检索到的晶型专利中锁定晶型一致的专利。需要注意的是，仿制药研发并未要求晶型与原研药晶型一致，只要找到仿制药与原研药生物等效的晶型，即可规避原研药公司的晶型专利。

对于制备工艺专利，为满足充分公开的要求，化合物专利通常会公开被仿药品的一种或多种制备方法。但一种化合物可能存在多种合成路线，并且随着技术进步，除了原研药公司申请的工艺专利，申请日之后其他仿制药公司的专利或论文公开的制备方法也可以作为参考。实践中，制备方法专利的规避需要考虑的因素较多，例如收率、杂质、可控性、后处理、放大生产、成本等，最终结合仿制药企业自身的技术能力和经济实力综合权衡确定制备工艺。

对于中间体及其制备方法专利，由于中间体产生于制备工艺过程中，不同的制备工艺将产生不同的中间体，此时应当预判仿制所选的工艺路线可能产生哪些中间体，进而锁定中间体及其制备方法专利，从而通过改变工艺条件来规避。

对于制剂专利，当发现制剂专利数量较多时，也建议重点关注原研药公司申请的制剂专利。实践中，通常发现原研药公司化合物专利公开的制剂配方与被仿药品说明书记载的辅料有所不同，因此需要通过检索分析找到与说明书记载的辅料最接近的制剂专利，此时建议结合美国 FDA 橙皮书记载的信息进一步确认该制剂专利是否是原研药公司的核心制剂专利。识别找到制剂障碍专利之后，可以通过常规的规避方法例如减少或改变辅料种类、改变辅料比例等进行规避。

需要注意的是，对于其他仿制药公司申请的晶型、制备工艺、制剂、中间体及制备方法专利同样需要评估侵权可能性。随着专利链接制度即将发布施行，这类专利也将对仿制药上市产生潜在影响。

3. 专利权的法律状态和到期时间

关于仿制药立项过程中需要关注的专利问题，前述内容介绍了通过专利检索和分析识别出障碍专利，并进行分类，然后对障碍专利进行无效宣告可行性评估和规避可行性评估。在采取无效宣告手段来排除障碍，还是采用规避的办法绕过障碍时，除了成本因素以外，另一重要的考量因素就是"时间"。

研发仿制药的最终目的是上市，最安全的做法是等障碍专利过期之后再上市。但是原研药品往往受到具有时间规划的专利组合保护，导致等到障碍专利（化合物、晶型、制备工艺、制剂）全部过期需要很长的时间。所以仿制药企业都希望抢在原研药专利到期之后马上上市，进而抢先夺取市场份额，从而产生了众多仿制药企业争抢上市时间的现象。也正因如此，无效宣告或规避障碍专利才有了重要意义。本章后面的专利风险化解部分将对专利无效宣告予以介绍，此处仅讨论规避障碍专利对仿制药上市时间的影响。

通常化合物专利和用途专利较难规避，只有等这两类专利到期之后仿制药才能上市。在这两类专利申请日之后，在锁定的晶型、制备工艺、制剂、中间体及其制备方法专利中，哪件障碍专利的到期时间越晚，哪件专利对仿制药上市时间的影响就越大，无效宣告或规避的必要性也就越大。例如，如果能够规避晶型、制备工艺、制剂配方等全部障碍专利，那么只需等到化合物和用途专利到期，仿制药即可上市（仿制药品行政审批政策及药品专利链接制度本处不予讨论）；如果只能规避制剂配方专利，那么需要等到化合物、用途、晶型、制备工艺类障碍专利中较晚的专利到期之后，仿制药才可上市。

综上，在仿制药立项时进行专利检索分析、专利无效宣告分析和规避的过程中，应首先关注专利权的法律状态和到期时间，再进一步确定需要进行无效宣告或规避的专利来争取仿制药早日上市。

4. 障碍专利的稳定性分析

充分理解发明。专利分析工作应当在充分了解专利文件记载信息的基础上进行。专利保护的是发明创新，其本质是技术公开换保护。专利权的稳定性分析要充分理解发明，弄清楚发明的创新点是什么，其对现有技术的贡献是什么，分析权利要求的保护范围是否紧扣发明点，是否与其对现有技术作出的贡献相适应。

充分检索现有技术。专利权在保护专利权人利益的同时，还要兼顾公共利益。任何将现有技术公开的技术或基于现有技术能够显而易见得到的技术纳入专利权的保护范围是不允许的。因此，应当充分全面地检索现有技术，厘清哪些技术属于现有技术，哪些技术在专利的保护范围内是不合理的。

充分利用各国审查档案。授权过程中不同国家审查员对发明能否获得授权的质疑，以及申请人针对审查意见的答复，是对专利申请能否获得专利权的一次思想碰撞，可以更好地深入理解发明和现有技术状况。

5. 专利风险的化解和规避

（1）请求宣告专利权无效

化学药品注册分类中对于仿制药的定义，决定了化合物专利、适应证专利是无法规避的。通过分析，如果认为专利权存在瑕疵，就可以对障碍专利发起无效宣告请求，请求国家知识产权局专利局复审和无效审理部（以下简称"专利局复审和无效审理部"）宣告专利权无效或部分无效。如果需要排除化合物、适应证等专利障碍，则大多需要发起无效宣告请求，通过向专利局复审和无效审查部发起无效宣告请求，请求宣告专利权无效。在大多数情况下，也需要专利无效宣告来化解晶型专利障碍。需要考虑的是，专利无效宣告后往往还有后续的诉讼程序，可能会持续数年的时间。因此，对于仿制药企业而言，选择专利无效宣告请求发起的时机和策略要充分结合仿制药研发进展，避免给竞争对手作嫁衣。

（2）研究权利要求保护的范围，共同进行规避设计

对于制备方法、制剂等专利，由于其包含的特征一般较多，技术方案复杂，相对

而言可以考虑进行技术规避。技术规避设计应该在知识产权部门和技术部门的协同下共同完成，知识产权部门负责对障碍专利保护范围进行准确解读，技术部门负责从技术角度提出规避方案，最终找到能够实现生物等效的情况下的替代技术方案。对于晶型专利，仿制药开发过程中并未明确要求仿制药的晶型与原研药的晶型完全一致，因此也可以尝试规避晶型障碍专利。这一类成功的案例并不少。

（3）与专利权人达成和解

与专利权人的和解一般发生在专利无效宣告及后续诉讼过程中，对仿制药企业而言，一般是比较有利的，避免了诉讼程序中的时间损失。与专利权人的和解，通常是因为仿制药企业掌握对专利稳定性影响至关重要的证据。这也体现出现有技术检索在仿制药风险规避中的突出作用。

3.6 专利无效与专利挑战

所谓专利无效，即专利权无效宣告，指自国务院专利行政部门公告授予专利权之日起，任何单位或者个人认为该专利权的授予不符合《专利法》有关规定的，可以请求专利局复审和无效审理部（原专利复审委员会）宣告该专利权无效。

专利挑战是在专利权授予之后，根据《专利法》及其实施细则中有关规定，挑战专利的有效性；专利挑战还包括专利规避、确认不侵权之诉等。

3.6.1 专利无效与专利挑战的目的

专利无效是专利挑战最常见的手段，我国制药企业进行专利无效或者专利挑战的目的有：

（1）为正在进行的或之后的产品开发或商业计划，铲除专利障碍；

（2）在商业竞争与许可合作中，通过专利挑战为自身获取更大的筹码；

（3）在专利权人的关键时期，通过挑战其专利攫取利益；

（4）对于同领域中的竞争者，针对性地发起专利挑战，提高企业名誉。

企业可以根据自身需求和商业目的选择不同的时间对不同的专利发起挑战。

3.6.2 专利无效与专利挑战的权衡

企业在挑战专利有效性或保护范围过程中，也有自己的风险，其中需要检索大量的现有技术文献。这需要花费不少的精力和费用，通过各种途径寻找专利无效理由，开支比较大，一旦寻找的证据未能支持专利无效，也会给企业带来一定的损失。特别是在竞争与合作中，使用专利无效作为谈判策略，一旦没有掌握好分寸，不但未能无效宣告目标专利，而且有可能破坏可能达成的合作关系，并在业内成为反面典型。

因此，企业本身要衡量的是，专利挑战投入的成本与可能获得收益的平衡，即需要花多大代价去达到什么样的目的，从而采用不同的策略应对。比如，在诉讼过程中提出和解；选择性利用现有技术逼迫对方缩小专利的权利范围（部分无效），以使专利继续有效阻止其他厂家而自身未落入其现有范围；在专利审查过程中提交公众意见阻止目标专利获授权；对评估后认为稳定性极差或威胁不大的专利，可以不用理会。

专利无效和挑战的目的，并非一定要无效宣告目标专利，双方完全可以在符合各自利益的前提下达成和解。这是一种使企业利益最大化的手段。

3.6.3　医药专利无效宣告

在医药领域中，可以对一种药物进行不同主题的专利申请，从而起到多角度全方位保护药物的作用。同时，企业通过合理的专利布局，延长药物的保护期，即利用外围专利申请，延长药物的专利保护期限。比如，先申请化合物核心专利，之后陆续在不同时间点申请化合物异构体、组合物、合成工艺、晶型、新用途等专利，用于延长药物的专利保护期。不同类型的专利，专利稳定性相差较大。化合物专利一般为开拓性的发明，专利稳定性通常比较好，其他类型的非核心专利次之。原研公司可以通过上述专利布局策略多申请核心专利和外围专利，构建牢固的专利壁垒。同时，在专利撰写上需要严格把控质量，提高专利的稳定性，在撰写和布局的时候有意识地针对自身的产品进行保护，确保产品作为专利保护核心；如果专利被部分无效，修改后的权利要求即使缩小保护范围，仍然可以有效保护自身的产品。原研公司通过采用以上的措施，达到"多""稳""准"的效果，以防止某件专利被无效或部分无效后自身产品得不到保护；在有效保护产品的同时，还可以阻挡竞争对手的产品进入市场。

近年来，对于化合物核心专利或者外围专利发起的专利挑战、专利无效宣告数量越来越多，国内制药企业对于知识产权由守转攻的态势已初步建立。这就需要我们更加深入地了解医药专利无效宣告。在我国，医药专利无效宣告对专业性的要求比较高，一件专利的无效宣告耗时相对较长，可能需要经历专利复审无效宣告、法院一审和二审。企业需要根据具体项目的申报及获批上市的时间来选择目标专利。对于不同类型的专利和不同届满日期的专利，专利无效宣告策略或有不同。如，工艺专利通常容易规避，一般不需要主动发起无效宣告；而化合物专利较稳定，如果评估其稳定性之后没有较大把握，一般则会选择等待专利到期。

当然，通常专利无效宣告作为商业手段之一，目的是使公司获得一定的利益。在符合原告与被告利益的情况下，可以选择以和解的方式了结专利无效或专利诉讼。在专利无效和专利诉讼过程中，和解方式包括各自承担律师费等支出，原告（通常为原研或专利权人）向被告（通常为仿制药厂家）支付一笔钱换得被告推迟上市，原告允许被告在专利有效期内提前上市，但被告需要给原告一定的销售分成。无论是专利无效还是其他挑战方式，目的都是争夺商业利益，因此，在专利无效中不排除双方有可能采用其他手段和方式达成和解。

3.6.4 医药专利规避设计

随着人们对专利保护越来越重视，专利规避也显得越来越重要。专利规避的目的是通过规避专利的保护范围来避免陷入与专利权人的侵权纠纷。

在制药领域，专利规避的原则主要有三点：①减少权利要求保护的技术特征，以避免触犯全面覆盖原则，如减少制剂处方中某个组分、减少某些操作的限定等；②替换权利要求中的技术特征，改变其中至少一个技术特征，以防止字面侵权；③用不同的要素来替换其中一个技术特征，如功能相似的辅料、溶剂等，特别是在制备方法专利中，可以替换的特征相对更多，原则上应尽量选择与权利要求保护的特征有实质性区别但又能实现替换的要素进行置换，从而避免对方主张等同侵权。

在新药研发过程中，化合物设计是非常重要的环节。从专利规避角度讲，一方面可以保持专利中的骨架结构，通过采用与专利中不同的基团进行修饰；另一方面可以对专利中的骨架结构进行改造。另外，新化合物的可专利性也是需要考虑的问题。

对于制药领域的药品相关专利，在规避专利的同时还应考虑技术上可能存在的问题。比如，在化合物设计时，要注重化学与药理的结合，避免化合物设计的盲目性。仿制药上市的生物等效性（bioequivalency，BE）试验，要求一种药物的不同制剂在相同实验条件下，给予相同的剂量，其吸收速度与程度没有明显差别；因此，在规避专利的同时，还应满足 BE 的要求。为了规避专利，通常可以选择开发新的化合物晶型、新的制剂处方和/或新的制备方法等。

对于晶型专利的规避，首先，如果原研参比制剂所用晶型没有被保护的情况下，通常会选用参比制剂中的原料药晶型。其次，如果参比制剂的晶型被专利保护，可以通过筛选不同的结晶条件（如溶剂、温度、结晶方法等）筛选其他的晶型或者采用无定形。改变晶型可以相应改变药物的结晶度、粒径、溶出特性，进而改变制剂处方，在规避了晶型专利的同时可在一定程度或范围内避开制剂专利的障碍，并且同时形成自主知识产权和产品竞争力[50]。另外，在选择晶型的时候，参考其他仿制药厂家的晶型选用情况，尽可能确保在规避专利的同时，所使用的晶型符合 BE 要求。最后，有些原料药可能只存在一种晶型，或者使用其他晶型，不能满足 BE 试验的要求，这种情况下可以考虑无效宣告相关晶型专利。

对于制剂/组合物专利的规避，参照上述专利规避的原则，与参比制剂或原研制剂相比，通常可以选择减少某一组分，或者用功能基本上相同的辅料进行替代，或者规避专利保护的比例范围，以达到避开专利保护范围的目的；同时，需要考虑替代的辅料是否能实现相同的功能，是否会带来其他问题，如该辅料与原料药的相容性、含量均匀度、流动性、溶出度等。另外，替换辅料获得的难易程度、价格等问题也是需要被考虑的因素。

对于化合物的制备方法专利或者制剂工艺专利，通常权利要求限定的技术特征比较多，因此可以选择规避的特征相对更多，规避的难度也相对较小。就化合物的制备方法而言，替代方案很多，如选择不同的中间体化合物、不同的溶剂、不同温度、不同试剂（酸、碱、催化剂）等。制剂工艺专利的规避可以选择不同的方法，如干法制粒、湿法制粒、粉末直压等，或者规避专利保护的其他参数特征。

在实际应用中，知识产权部门会根据现有技术公开的内容以及相关专利保护的内容，给技术部门出具一份项目分析报告，并给出规避相关专利的建议。技术人员根据研发的实际情况选择开发新晶型、新处方和/或新的制备方法等，以避开专利保护范围。在项目开发的过程中，难免还会遇到许多问题，知识产权部门和技术部门应随时保持紧密沟通，加快项目研发进度，寻求提早上市的可能性。

规避专利设计是专利挑战必不可少的核心环节。下面列举新药化合物和仿制药在实际运用中专利规避的实例。

【案例 3 – 3】创新药依米他韦的研发

磷酸依米他韦为东阳光药业自主研发的化学 1 类创新药，为丙型肝炎病毒 NS5A 蛋白酶抑制剂，用于治疗丙型肝炎。Ⅱ/Ⅲ期临床研究结果表明，磷酸依米他韦胶囊联合索磷布韦片治疗非肝硬化中国基因 1 型丙型肝炎患者的 12 周持续病毒学应答率（SVR12）达 99.8%。

1. 药物设计背景

丙型肝炎病毒是黄病毒科属的一种正链 RNA 病毒。21 世纪初期，学术界和工业界在实验室付出了大量的努力，开发出丙型肝炎病毒蛋白酶抑制剂，然而丙型肝炎病毒蛋白酶抑制剂的研发面临着诸多挑战性障碍：缺乏细胞评价模型和验证丙型肝炎蛋白酶抑制剂作用机制的方法、缺乏进行临床前药物评价的动物模型等。而当时在研的丙型肝炎病毒 NS5A 蛋白酶抑制剂，以百时美施贵宝的达卡他韦（Daclatasvir，BMS – 790052，见图 3 – 6 – 1）最为热点，其 2007 年在美国，针对丙型肝炎基因 1 型，递交了 Ⅰ/Ⅱ期临床试验申请。基于现有技术存在的诸多挑战，国外许多制药企业都以该结构作为先导，开启了该领域的激烈角逐，如吉利德、艾伯维、默克等。东阳光药业正是在这样激烈的竞争背景下启动了依米他韦项目，在国内制药企业中属于最先进入该领域进行创新型研发的企业。

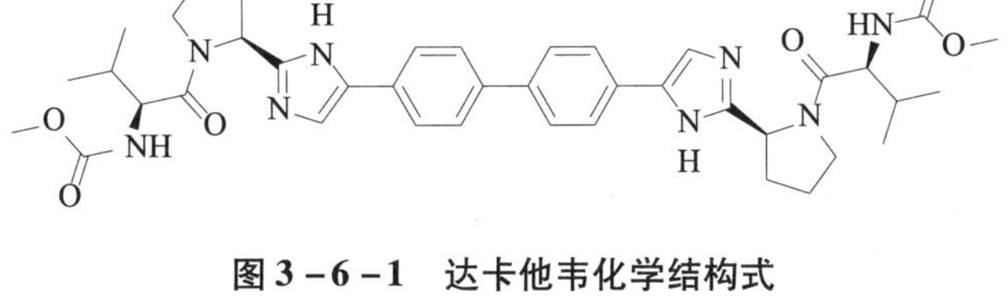

图 3 – 6 – 1　达卡他韦化学结构式

专利是企业保持竞争力的有效工具。此时，百时美施贵宝已通过申请相关专利，在该领域进行了"跑马圈地"。尽管达卡他韦的推出，给了本领域药物设计专家一些启示，但结构改进的药物除了需要具有生物学活性（如抑制活性），药物在体内吸收、分布、代谢、排泄有关的药代动力学性质及毒性也要符合成药要求，而且结构改进药物还需跳出已有专利保护范围以避免侵权，并满足专利授权条件。这无疑给后续想进入该领域的制药企业，在药物设计上提出了更高的要求。

2. 先导化合物专利

达卡他韦化合物专利（CN200780037723.7，WO2008021927）于 2007 年 8 月 9 日申请，国际公开日为 2008 年 2 月 21 日，2014 年 12 月 3 日在中国授权公告。该专利的权利要求 1 为马库什权利要求，其给出了化学结构通式（Ⅰ）（见图 3 - 6 - 2）及各个变量的可选化学基团。通过结合说明书中对各基团的定义，本领域技术人员能够清楚地了解该权利要求的保护范围。

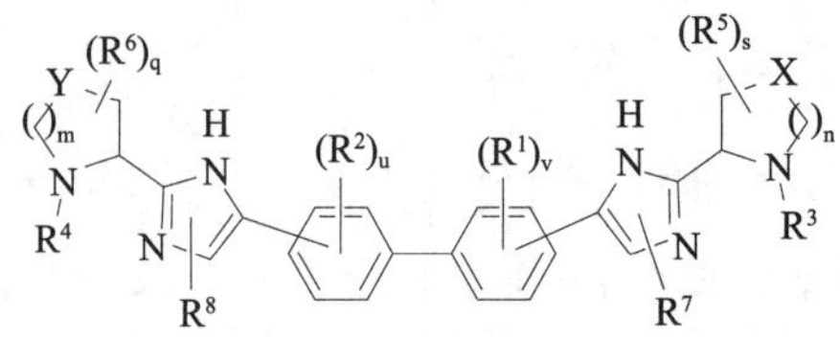

图 3 - 6 - 2 化学结构通式（Ⅰ）

达卡他韦化合物专利说明书提供了上千种化学结构式的合成工艺和约 900 个化合物针对丙型肝炎病毒 1b 基因型复制子的半数有效浓度（EC_{50}）。说明书提供的化合物中约 80% 具有与达卡他韦一样的母核（见图 3 - 6 - 3），即对化学结构式两端的 R 进行构效关系研究。同时，专利也提供了对母核研究的实验结果，主要集中在苯环、咪唑环和吡咯烷环上的取代，如烷基、烷氧基、卤代烷基、羟基烷基、氨基烷基等取代。从提供的 EC_{50} 可以看出，约 60% 的化合物对丙型肝炎病毒 1b 基因型达到 D 级（EC_{50} 范围：A = 1 ~ 10μM，B = 100 ~ 999nM，C = 1 ~ 99nM，D = 10 ~ 999pM），包括达卡他韦。

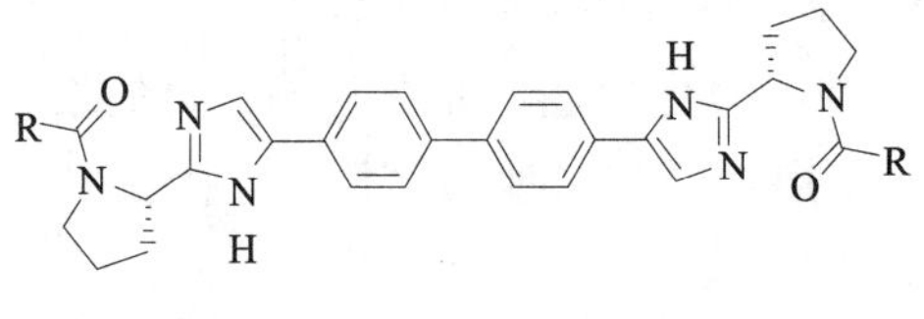

图 3 - 6 - 3 达卡他韦母核

3. 规避设计策略

从达卡他韦化合物专利的权利要求和说明书不难发现，该类化合物的母核结构便是化学结构通式（Ⅰ）所示的联苯结构，即一个近乎对称的结构。如何跳出该专利壁垒？基于化学结构设计可以有两种策略：一是继续沿用联苯母核，但采用与专利不同的基团修饰；另一种是改变母核结构。对于第一种策略，可基于性质结构设计，相较而言，容易找到具有类似活性的化合物结构；但是从专利的角度出发，受达卡他韦化合物专利影响，创造性较弱，除非具有预料不到的技术效果，否则授权有风险。对于第二种策略，改变母核结构，带来的风险难以估计，极具挑战；但是一旦成功，必将开辟一片新天地。依米他韦项目结构的改进采用了第二种策略，对联苯母核进行改进（见图 3 - 6 - 4）。

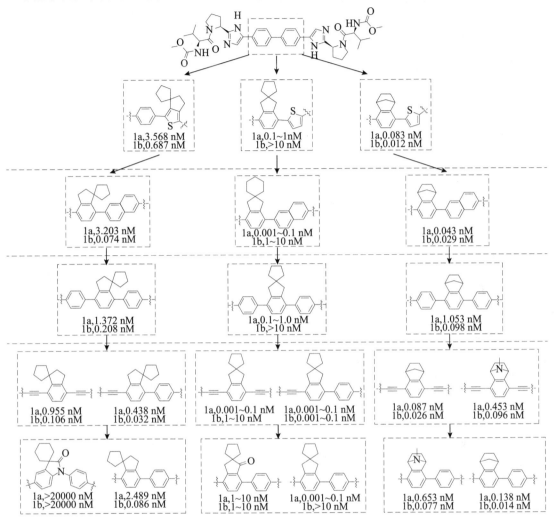

图 3 - 6 - 4　依米他韦项目化学结构改进策略

东阳光药业针对丙型肝炎病毒 NS5A 蛋白酶抑制剂公开的专利申请提供了对依米他韦母核大量研究的实验结果，不但规避了现有设计，得到的化合物针对丙型肝炎病毒 1a 型、1b 型都具有符合成药要求的生物活性，并且，针对设计的新型母核化学结构，完成了一系列的专利布局（见图 3 - 6 - 5），成功地开辟出了自己的技术领地。

4. 基于成药性质的筛选

一种成功的药物，不仅要具有好的生物活性，其他方面的性质如药代动力学参数、毒理学等也应当符合要求。完成母核化学结构规避设计后，对于母核化学结构两端 R 结构也应当进行设计筛选，以寻找更具开发潜力的结构。依米他韦结构有两处与达卡他韦不同（见图 3 - 6 - 6），非平面结构苯并桥环（A）和体积更大苯并咪唑（B）。

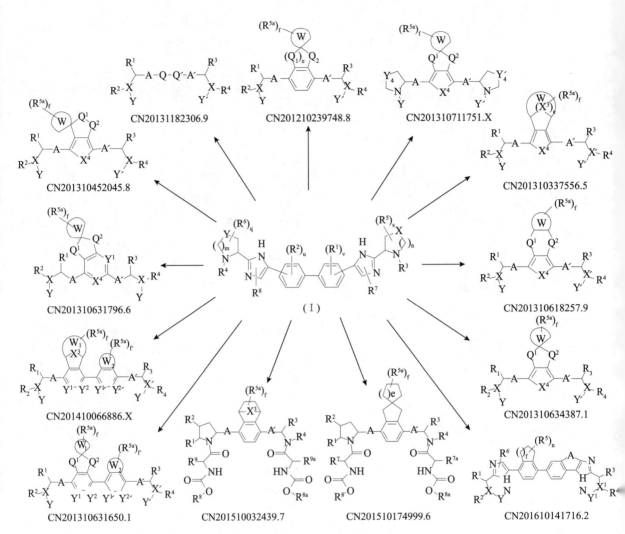

图 3 - 6 - 5　依米他韦新型母核结构专利布局

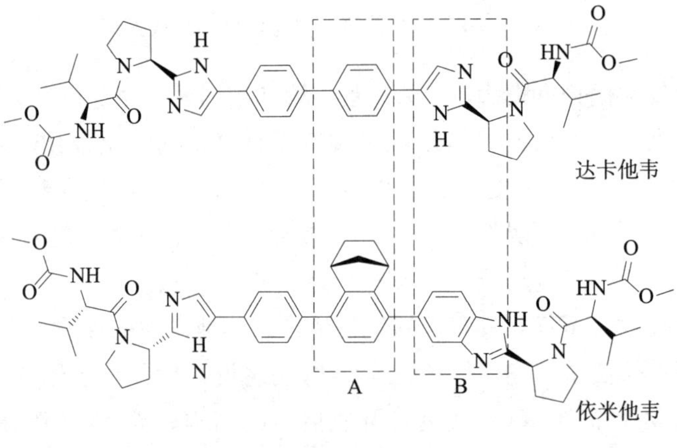

图 3 - 6 - 6　依米他韦结构比对

【案例 3 - 4】创新药可洛派韦的设计策略

可洛派韦（Coblopasvir）也是中国境内研发上市的针对丙型肝炎病毒 NS5A 蛋白酶的 1 类创新药，其化合物专利（CN201080062479.1，WO2011075607）于 2010 年 12 月 16 日申请，国际公开日为 2011 年 6 月 23 日，2015 年 2 月 11 日在中国获得授权。该专利原始申请人为英特穆恩公司（Intermune. INC），于 2013 年转让给北京凯因科技股份有限公司。2020 年 2 月 11 日国家药品监督管理局批准凯因科技的盐酸可洛派韦胶囊上市，商品名为凯力唯，规格 60mg。从专利申请日推测，可洛派韦的研发启动时间与依米他韦项目基本为同一时期。基于该化合物的权利要求布局及说明书不难发现，可洛派韦项目也是采用了第二种策略，即对联苯母核进行改进（见图 3 - 6 - 7）。

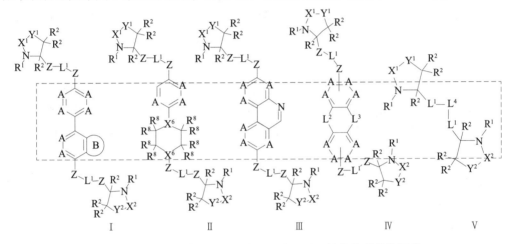

图 3 - 6 - 7　可洛派韦化合物专利 5 个不同母核的化学结构通式

该化合物专利说明书提供了约 80 个化合物的合成工艺及约 50 个化合物针对丙型肝炎病毒复制子的 EC_{50}，其中近 80% 的化合物 EC_{50} 达到 C 级（A 为 > 100nM，B 为 10 ~ 100nM，C 为 < 10nM），包括可洛派韦。可洛派韦相对达卡他韦，其母核有一处不同（见图 3 - 6 - 8），苯并二噁茂（C）替换了苯环，规避了达卡他韦的化合物专利。

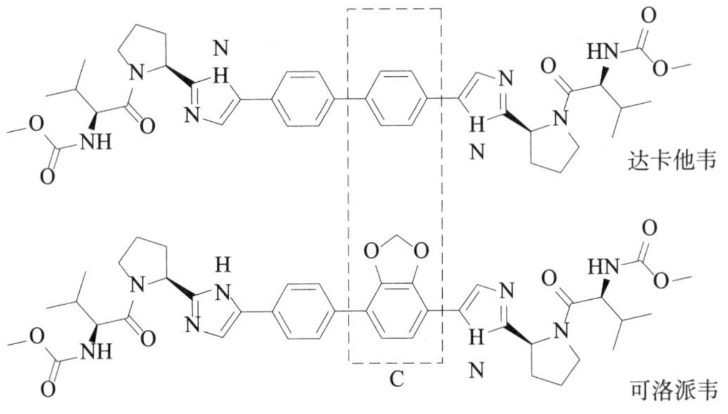

图 3 - 6 - 8　可洛派韦化学结构比对

【案例 3 – 5】阿哌沙班组合物专利规避

阿哌沙班具有凝血因子 Xa 抑制剂的用途，可用于需要使用抗血栓药的多种适应证，例如用于治疗静脉血栓形成等。原研公司百时美施贵宝、辉瑞公司的美国专利 US9326945 使用湿法制粒方法制备的制剂，以及使用大颗粒的阿哌沙班药物制备的制剂产生并非最佳的体内吸收效果，也对质量控制产生了挑战，因此，其开发了具有小于 $89\mu m$ 的 D90（90% 体积）的阿哌沙班颗粒。这说明该药物制剂对原料要求很高，原料药生产工艺更复杂；其专利保护一种固体药物组合物，其中包含的特征有晶型阿哌沙班颗粒的 D90 小于 $89\mu m$。在这样的情况下，可以规避该专利保护的粒径 D90 范围，即使用 D90 大于 $89\mu m$ 的阿哌沙班原料药作为活性成分[51]。

实验证明，单纯地把小粒径原料药替换成大粒径原料药，达不到体外溶出速度的要求。因此，如何做到与参比制剂一致的快速溶出，成了确保 BE 通过的关键。研究发现，采用粒径 D90 大于 $89\mu m$ 的阿哌沙班原料药配合湿法制粒工艺，固体组合物的成粒性、可压性更好，溶出速率及溶出度更高，且产品的稳定性更高。阿哌沙班原料药的粒径 D90 不小于 $100\mu m$ 且不大于 $550\mu m$，配合黏合剂的作用，可使阿哌沙班的固体组合物溶出速率及溶出度更高。进一步地，黏合剂以溶解于酸性物质或 DMSO 中的形式提供，更有利于阿哌沙班的固体组合物的溶出。因此，阿哌沙班原料药的粒径 D90 大于 $89\mu m$，可大大克服小粒径阿哌沙班原料药对规模生产的限制，在配合黏合剂的同时，进一步配合填充剂、崩解剂、表面活性剂和润滑剂的作用，使颗粒成粒性、可压性进一步提高，所得组合物的稳定性、溶出速率及溶出度也进一步提高。

固体组合物阿哌沙班的粒径 D90 大于 $89\mu m$ 的技术方案，不但规避了原研公司的专利，还大大克服小粒径阿哌沙班原料药对规模生产的限制，大大缩减生产成本，固体组合物颗粒成粒性、可压性好，压片过程稳定可控，工艺重现性也高。更重要的是，阿哌沙班的固体组合物具有相比于现有阿哌沙班制剂更快的溶出速率及更高的溶出度（详细溶出数据请参见 WO2017121340 说明书第 15 页表 7 和 US9326945 说明书第 8 页表 6a），确保 BE 顺利通过。

东阳光药业在规避原研公司百时美施贵宝、辉瑞公司上述专利的同时，开发了拥有自主知识产权的技术方案，并申请了 PCT 专利（WO2017121340）。目前该 PCT 进入美国并已经成功获得授权（US10537524）；该 PCT 专利也进入了中国，中国专利申请（CN201780005318.0）在实质审查阶段。

【案例 3 – 6】盐酸芬戈莫德组合物专利规避

盐酸芬戈莫德是一种新型免疫抑制剂，多被用于治疗多发性硬化症。原研诺华公司有一件美国专利 US8324283（已于 2017 年 4 月 12 日被美国联邦巡回上诉法院判定无效）保护一种适于口服给药的固体药物组合物，其权利要求中的特征主要包括原料药和一种糖醇（a sugar alcohol）两部分。很明显，可以规避的突破点只有"糖醇"，即制剂处方中不使用糖醇一类的辅料。参比制剂选用的糖醇是甘露醇，在制剂中作为稀释剂，使制剂辅料同时有良好的流动性和相容性。

明确了专利保护范围、参比制剂组成和各辅料的功能后，在专利范围外筛选其他可以替代甘露醇的稀释剂。除糖醇以外的常规稀释剂有微晶纤维素系列、磷酸氢钙系列和新的复合型辅料，经实验发现微晶纤维素相容性不好，磷酸氢钙密度过大，根据实验数据的指导和长期积累经验，最后筛选出复合淀粉。因此，用复合淀粉替代专利保护的"糖醇"，不但能解决相容性的技术问题，而且适合胶囊的填充。

通过上述技术研发，东阳光药业开发了一种芬戈莫德固体组合物。该固体组合物辅料相容性好，质量稳定，溶出快，并对新的技术方案申请专利保护，其 PCT 专利申请（WO2016026461）已经进入中国（CN201580042792.1）和美国（US20170231928）。

仿制药企业可以说是在"专利丛林"中求生，但也可以通过自身强大的研发能力开辟出一条属于自己道路。

上述仿制药的相关案例，说明用不同的要素来替换专利权利要求其中一个技术特征，起到了规避专利的作用。在实验手段的支持下，这也解决了技术上存在的问题，顺利开发得到符合 BE 要求的合适处方。

3.6.5　美国简化新药申请第Ⅳ段声明

为了加快仿制药上市，FDA 在 1984 年颁布了《药品价格竞争和专利期恢复法案》（*Drug Price Competition and Patent Term Restoration Act*），也就是著名的 Hatch - Waxman 法案。该法案提供了一种仿制药在原研药专利保护到期之前上市的可能性。该法案鼓励仿制药企业对原研药的市场独占发起挑战，规定了仿制药简化新药申请（ANDA）材料中需要作出专利声明的几种情况，其中第Ⅳ段声明是仿制药申请人声明 FDA 橙皮书所列的某种原研药的专利无效（策略1）或者仿制药不侵权（策略2），也就是专利挑战。首个发起第Ⅳ段声明专利挑战并成功上市的 ANDA 仿制药，可以获得 180 天市场独占期。

ANDA 申请人根据实际情况提出第Ⅳ段声明，在后续可能发生的诉讼中，选择主张专利无效和/或主张不侵权。含第Ⅳ段声明的申请人在其 ANDA 申请被 FDA 确认受理后的 20 个工作日内，应及时通知新药申请（NDA）持有人和专利权人，并提供仿制药产品未侵权或原研药企业专利无效的法律依据。如果 NDA 持有人和/或专利权人在 45 天内提起专利侵权诉讼，则 30 个月遏制期启动。在这 30 个月内，FDA 会继续审查 ANDA 申请人的材料，材料合格的给予临时批准，但不会正式批准其上市。如果遏制期内诉讼判决专利无效或产品不侵权，则在判决生效之日临时批准转为正式批准，允许上市并获得 180 天市场独占期。

在 ANDA 申请前后过程中，知识产权部门主导和跟踪整个流程的进展，比如，在

ANDA 申请前，与技术部门、法规注册部门沟通，与律所联系提供相关信息以更好地准备挑战信。

在 ANDA 申请至被起诉阶段，知识产权部门和法规注册部门需要很好的联动与配合。比如，法规注册部门在申请之前与知识产权部门建立 ANDA 资料相关部分的审核制度，以确保 ANDA 资料不会记载一些对后续诉讼不利的信息。

在 ANDA 申请后和 FDA 确认接收时，法规注册部门及时通知知识产权部门，知识产权部门与相关律师沟通及时发出挑战信，并将对方的确认接收函转给法规注册部门并及时提交给 FDA。45 天后，ADNA 申请人是否被起诉的信息也需要反馈给 FDA。总而言之，ANDA 申请整个过程需要知识产权部门、法规注册部门和技术部门积极配合联动。比如，诉讼中，法规注册部门需要提供 ANDA 的增补更新资料，知识产权部门需要提供诉讼的结论性文件给法规注册部门，诉讼中遇到技术问题需要技术部门配合，一起协助律师以完成抗辩主张。

因此，在美国提交 ANDA 申请第Ⅳ段声明前后，企业内部需要各部门的沟通与协助，外部需要相关律所的相关资料准备以及诉讼主导。制药企业可以设立专门的"ANDA 诉讼小组"，加入该小组的相关人员可以有：知识产权部人员、法规注册部人员、法务部人员、美国销售人员、相关项目的技术人员（合成、分析、制剂等），必要时，还需要各生产基地（或子公司）的项目相关人员加入。ANDA 申请专利挑战涉及的一般问题都可在 ANDA 诉讼小组内部解决，如果 ANDA 诉讼小组决定不了，再提示上级部门相关领导决策。

3.6.6 案例分析

下面介绍何明月对勃林格殷格翰国际有限公司的利格列汀制剂发明专利 CN201210068456.2（二肽基肽酶Ⅳ抑制剂制剂）提起无效宣告请求案。

在该案的判决中，宣告其发明专利权全部无效。该无效宣告申请人可能只是起"稻草人"的作用，其背后的支持者在决定对该专利提无效宣告之前已经梳理过利格列汀项目的专利情况。利格列汀化合物在中国于 2023 年 8 月到期，而上述制剂专利仍处于有效状态，并将于 2027 年到期，无效宣告申请人的制剂处方未能避开其保护范围；因此，为了在化合物到期时，将利格列汀产品推向市场，需要铲除该制剂专利障碍。同样，背后的无效宣告申请人必定对该专利稳定性作过分析，并且与技术部门以及专利代理事务所都有充分的沟通，综合各方意见形成无效宣告的申请文件。

在公开的专利文件中可以看到，该专利保护的是含有具体化合物、常规辅料和剂量限定的药物组合物，以及该组合物的制备方法。笔者认为，专利权人声称该专利解决的技术问题（仲胺基的 DPP – IV 抑制剂在低剂量范围时与常用赋形剂不相容，易降解）在说明书中并未有数据支持。因此，其实际解决的技术问题是提供一种常规的药物组合物，该技术方案相对于现有技术，不具备《专利法》第 22 条第 3 款规定的创造性。无效宣告的决定要点为：如果说明书未记载任何实验证据证明权利要求的技术方案能够解决说明书所声称要解决的技术问题，根据说明书其他部分的记载和在案证据也不能令本领域技术人员确定权利要求的技术方案能够解决所述技术问题，那么说明书所声称的技术问题不能被认定为发明实际解决的技术问题。

第4章 ≪≪≪≪≪≪≪

医药企业专利挖掘与专利布局

4.1 专利挖掘与专利布局策略

4.1.1 专利挖掘

专利挖掘是指有意识地对创新成果进行创造性的剖析和甄选，进而从最合理的权利保护角度确定用以申请专利的技术创新点和技术方案的过程。简言之，专利挖掘是指根据由特定需求产生的创新点而形成专利申请的过程[52]。

专利挖掘至少具备技术性、创造性、权利性、主动性等特性。首先，专利挖掘的基础是技术挖掘，从创新成果出发挖掘出新的技术创新点，再从技术创新点梳理回顾技术方案，技术思维始终贯穿整个专利挖掘过程。其次，专利挖掘是一种智力作业，往往需要对烦杂的创新成果进行剖析、拆分、筛选以及合理推测，最终获得满足专利法要求的技术方案。再次，专利挖掘的最终目的是要就获得的研发与创新成果形成权利要求最大化、最合理、最稳定的专利权。最后，医药领域的专利挖掘需要企业研发技术人员、生产技术人员、质量管理技术人员、企业知识产权工作者有意识地主动挖掘和通力合作来完成[52]。

对于医药企业研发技术人员、生产与质量管理技术人员而言，专利挖掘是指由他们提出新的思路和把握现在的创新成果；对医药企业而言，将创新成果转换为专用权，通过有效的专利挖掘与专利布局，形成专利网络或专利池，一方面用来保护自己，另一方面用以规避竞争对手风险。

4.1.2 专利布局

专利布局是专利战略思想的体现和延伸，是一个为达到某种战略目标而有意识、有目的的专利组合过程。任何一家企业的专利战略都是根据自身实际情况，为了解决自身实际问题而采取的针对性策略，并不是一种毫无目的、仅仅以专利申请数量为指标的专利申请行为[25]。新药研发涉及多学科交叉，是一个复杂且充满挑战的过程，具有高风险、高投入、周期长的特点。这些特点决定了研发企业面临的巨大挑战。医药领域的专利布局多从目的性和前瞻性出发，医药企业在具体的实践中进行专利布局时，策略主要是针对某个疾病治疗领域、某个生物靶点或靶标、某个产品或项目、某项技术、某处地域、某个时间进行综合考虑，从而有针对性地开展专利组合与布局工作，以达到保护企业自身的研发与创新成果、狙击或削弱竞争对手对专利的核心控制力和市场竞争力的目的。产品要研发，专利需并行甚至先行，医药领域的药品核心专利申请时间必然早于药品上市时间。这样在药品上市后，才可通过药品专利的排他权来实现市场垄断利润[53]。

4.2　具体领域专利挖掘与布局的时机和整体策略

在生物医药领域，通过贯穿药物发现、临床前开发、药物临床试验以及药品上市后的整个药物研发的全过程，可以布局生物靶点或药物靶标、化合物、衍生物、生物制品、中药、药物晶型/盐型、药物用途/适应证、制备工艺/方法、制剂、药物组合物、分析/检测方法等发明专利，制药设备/生产装置等发明和/或实用新型专利，药品包装袋、药瓶等实用新型和/或外观设计专利，药品包装盒、药片形状等外观设计专利，并从产品自身的技术布局、时间布局、地域布局（国内外）以及竞争对手或者围绕技术标准等众多技术点，针对药品进行全方位、立体化的专利挖掘和专利布局。

4.2.1　生物靶点或药物靶标

与发达国家相比，我国医药工业的基础研究相对薄弱，创新药研究缺乏首次发现的新机制、新靶点和核心技术，绝大部分创新药物还是在国外研究人员发现的作用机制、作用靶点基础上研发出来的，而且往往有已知的活性化合物或药物作为参考，导致国内靶向药物研发还是以模仿性的跟进（me‐too）、优于已有的类似药物（me‐better 或 me‐best）为主，新靶点的药物研发基本空白。目前全球已知生物靶点或药物靶标有几百个，在研和已上市药物也大多针对已知靶点。当一个新的靶标被披露，尤其是相应的药物进入临床研究或上市后，众多的研发跟进必然会导致专利布局空间狭小。生物靶点或药物靶标已成为新药研发的一个重要环节。

对于专利布局来说，生物靶点或药物靶标处于绝对重要的地位，现在整个中国制药业的创新已经从产品创新延伸到了技术创新，最终可能走向理论创新，那么理论创新和技术创新的成果也会从新靶点体现。而随着新靶点的出现并被及时授予专利权保护，后续基于此靶点开发的药物都会受到专利阻碍。

目前,多国专利数据库中已收录的靶点类别的专利主要包括受体、编码受体的基因、表达受体的突变基因、通过筛选鉴别的受体调节子、靶向受体调节子及治疗疾病的药物、靶向受体及治疗疾病的药物、含有基因或者基因重组形式的 DNA 结构、蛋白结构、蛋白复合物、晶体三维结构、分离或使用蛋白的方法等。但是该研发阶段属于药物开发比较早期的阶段,而且生物医药产业对于生物靶点或药物靶标专利的范围界定还存在较大争议,业界对此类专利是否应被授予专利权持不同观点,而各国专利审查规定也没有明确的标准。

例如,PD－1/PD－L1 靶点已成为肿瘤免疫治疗领域的明星靶点,围绕该靶点在研的临床试验项目达千余项。特别是以默沙东公司(MSD)的 PD－1 单抗 Pembrolizumab(简称"K 药",Keytruda,商品名为可瑞达)、百时美施贵宝公司(BMS)的 PD－1 单抗 Nivolumab(简称"O 药",Opdivo,商品名为欧狄沃)为代表的 PD－1/PD－L1 抑制剂在 2014 年 9 月和 12 月分别被美国 FDA 快速获批,PD－1 靶点的发现成为肿瘤治疗领域划时代的巨大突破。一件生物靶点专利对企业带来的效益是不可预估的,最成功的案例就是 PD－1 单抗专利。这里以此专利为例说明靶点创新或申请靶点专利的重要性。

BMS 公司的抗 PD－1 抗体 Opdivo(纳武单抗,Nivolumab)原本由日本小野制药(Ono)与 Medarex 公司合作开发,之后 BMS 公司将 Medarex 收入囊中,2019 年度 Opdivo 的全球销售额为 80.05 亿美元,排名 2019 年度全球第 6 位。关于 Nivolumab 的专利情况,上述 3 家公司在不同阶段对此抗体进行了系统的专利保护,包括靶点专利和适应证专利,形成了一个严密的专利保护网。同样进行抗 PD－1 抗体研发并上市 Keytruda 的 MSD 公司则遭遇了 BMS 公司的专利阻碍,于是在欧洲对其发起异议,而 BMS 公司在美国对 MSD 公司进行了专利侵权诉讼。涉案专利 EP1537878 的权利要求如下:

1. Use of an anti－PD－1 antibody which inhibits the immunosuppressive signal of PD－1 for the manufacture of a medicament for cancer treatment.

2. The use according to claim 1, wherein the anti－PD－s antibody is a human anti－PD－1 antibody.

3. Anti－PD－1 antibody which inhibits the immunosuppressive signal of PD－1 for the use in cancer treatment.

4. Anti－PD－1 antibody for the use according to claim 3, wherein the anti－PD－1 antibody is a human anti－PD－1 antibody.

涉案专利 US9073994 的权利要求 1 如下:

1. A method of treating a metastatic melanoma comprising intravenously administering an effective amount of a composition comprising a human or humanized anti－PD－1 monoclonal antibody and a solubilizer in a solution to a human with the metastatic melanoma, wherein the

administration of the composition treats the metastatic melanoma in the human.

最终双方和解：MSD 公司向 BMS 公司支付 6.25 亿美元的首付款，并基于 MSD 公司的 Keytruda 在 2017 ~ 2026 年的全球销售额，分别支付 6.5% （2017 ~ 2023 年）、2.5% （2024 ~ 2026 年）的许可费用。由此可见，靶点专利具有广而强的排他性且意义深远，但需要强有力的创新作为支持。

4.2.2 化合物

4.2.2.1 化合物专利的重要性

在生物医药的专利保护全过程中，通常以化合物，特别是包括了上市药物活性成分在内的马库什通式化合物专利，作为该药物核心专利[54]。化合物专利的技术含量与创新程度最高，被誉为小分子创新药物最核心、最关键、最重要的专利。化合物是所有小分子药物的源头，可以利用通式化合物的马库什权利要求撰写形式进行专利保护。

小分子药物的化合物专利常采用马库什权利要求的撰写形式，最早在 20 世纪 20 年代，由美国化学家尤金·A. 马库什（Eugene A. Markush）用于美国专利申请 US1506316 并由此得以命名，其通过"从含有……的基团中选择"这一语句描述产品发明，确认了以化学通式来表征化合物的权利要求表述形式。这种撰写方式克服了当时化学领域对多个不同取代基团没有共同上位概念概括的问题。

马库什通式化合物是指结构非常相似、性能或用途相同的通式化合物。这些化合物基于一定基础结构，具有一个或多个可变基团。其有确定的化学结构式或化学名称，或者可通过其制备方法中描述的反应原料推导出唯一的目标产物。对于马库什通式化合物而言，所有具体化合物都具有共同的性能或作用，而且都拥有共同的母核结构，而这个母核结构属于与现有技术相比的区别技术特征，且该结构对马库什通式化合物的共同性能或作用是不可或缺的。如果一项专利申请在一个权利要求中限定多个并列的可选择要素，则构成"马库什通式权利要求"。用通式表示一组化合物的权利要求是典型的马库什权利要求，通式可以是分子式，也可以是结构式，其中以结构式更为常见。

因此，能够保护化合物本身的一个或数个核心化合物的专利，即被认为掌握了某项最核心和关键的药品创新技术。对化合物专利及外围专利进行全方位的保护与布局，才能使这些专利对应的化合物发挥最大化的经济效益和社会效应。

4.2.2.2 化合物专利申请与布局策略

1. 化合物专利包含的技术主题

化合物专利通常是生物医药领域关注的重中之重，包括通式化合物、具体化合物、药学上可接受的盐、活性代谢产物、前药、手性药物/光学异构体、药物中间体、衍生物、氘代药物、药物杂质等。

2. 化合物的专利挖掘与布局

（1）通式化合物和/或具体化合物：其为化合物类核心专利。在化合物设计与筛选的过程中，通过寻找先导化合物并对其进行结构修饰，合成得到有活性或者有工业实用性的一系列化合物；并经研究确定出若干个所需的候选化合物后，即可对含药效官能团的该类化合物进行通式化合物的专利申请，或者是进行更窄范围的、更加确定定义的、更加有活性的化合物专利保护，甚至是对具体的化合物进行专利保护。

（2）晶型或盐：从通式化合物中保护的具体化合物本身出发，在其基础上进行的药学上可接受的化合物盐或者针对具体化合物游离碱的晶型的二次创新，间接延长了具体药物的专利保护期。改变化合物的盐及晶型，是对新药研发进行的优化过程，根据具体品种的不同特点，可能在化合物开发早期进行，也可能在临床研究阶段甚至是上市后进行。

（3）活性代谢产物：对化合物的活性代谢产物进行专利布局，并进一步将代谢产物开发成新一代的药物，可以替补现有化合物的市场。

（4）前药：将现有化合物制备成前药，可以增加药物的代谢稳定性，延长作用时间，提高药物作用的选择性和靶向性，消除药物毒副作用或不良反应，并且改变药物的溶解度使其具有更好的溶解性能以适应剂型的需要。

（5）手性药物/光学异构体：在涉及手性药物/光学异构体开发时，可能发现光学异构体比消旋体的药效更好，或者光学异构体相对于消旋体有明显的增效作用。或者通过异构体转化方法，将无活性异构体转化成活性异构体，则可以申请布局在基本专利中没有具体提及或者描述的、具有不可预见优点的、更具活性的异构体化合物专利。

（6）衍生物：主要涉及对现有化合物、中药单体等进行的结构改造。

（7）重氢化/氘代药物：氘为氢在自然界中的一种稳定形态的非放射性同位素，由于具有比氢更大的原子质量，因此 C－D 键比 C－H 键更加稳定（6～9 倍）。将药物分子中的氢用氘取代后，可能封闭代谢位点，减少有毒代谢物的生成。此外，氘代可以减缓系统清除速率从而延长药物在体内的半衰期。因此，可以通过降低单次给药剂量，同时在不影响药物的药理活性情况下实现降低药物毒副作用的目标。自 2000 年以来，氘代策略便被广泛应用于药物开发中，成为突破现有化合物专利和规避专利侵权风险最简单和最直接的方式之一。

4.2.2.3 相关案例

1. 化合物

【案例 4－1】阿托伐他汀

1985 年，沃尼尔·朗伯公司（Warner－Lambert，现为美国辉瑞公司子公司）的科学家布鲁斯·罗斯成功研发出第二个全人工合成的他汀类药物——阿托伐他汀。之后的临床研究显示，其疗效与安全性相当卓越，均优于已上市的他汀类药物。沃尼尔·朗伯公司意识到它们挖到了金矿但对市场开拓深为担忧，意识到自身实力不足，必须借助外部销售力量方能将市场做大，因而积极与辉瑞公司接洽。当时，辉瑞公司凭借其强大的营销能力创造出多个年销售超过 10 亿美元的"重磅炸弹"药物，声名鹊起，已上升为全球第五大制药公司。这时的辉瑞公司并未研发他汀类降血脂药物，但早就期望进入这个火热的市场。当沃尼尔·朗伯公司敲响辉瑞公司的大门时，双方一拍即合。1996 年，两家公司达成共同推广的协议。1996 年 12 月 17 日，美国 FDA 批准辉瑞公司的阿托伐他汀钙（商品名为立普妥，Lipitor）上市（片剂，10mg/片、40mg/片两种剂量），用于原发性高胆固醇血症、纯合子家族性高胆固醇血症以及冠心病等危症（如糖尿病、症状性动脉粥样硬化性疾病等）合并高胆固醇血症或混合型血脂异常的患者，后来，美国 FDA 又批准阿托伐他汀新增用于非致命性心梗、中风、心脏手术、心衰和心脏病的胸部疼痛等多个适应证。一段药品发展史上的销售传奇就此上演。1999 年底，沃尼尔·朗伯公司与美国家庭用品公司（后来的 Weyth 公司）达成合并协议。辉瑞公司不舍得将立普妥拱手相让，故在 2000 年支付了 20 亿美元的违约金，并以 900 亿美元收购沃尼尔·朗伯公司，首次成为全球第一大制药公司。

立普妥是辉瑞公司的超级重磅炸弹药物，作为其最畅销药物，一度为辉瑞公司贡献 30% 销售收入。该药物上市至今累计销售额已达千亿美元，其中，从 2004 年起，连续 7 年年销售额超过 100 亿美元，并在 2006 年达到销售峰值 136.72 亿美元。立普妥于 2011 年 11 月遭遇专利悬崖。

阿托伐他汀的化合物专利 US4681893（无中国同族专利）保护阿托伐他汀的通式化合物，该专利的原始到期日为 2006 年 5 月 30 日[55]。一方面，根据 Hatch – Waxman 法案，USPTO 批准其专利延长 1213 天，延长后的专利到期日为 2009 年 9 月 24 日，此专利延长期为辉瑞公司带来了巨额的利润。另一方面，根据 1997 年《食品、药品监管现代化法》（the Food and Drug Administration Modernization Act，FDAMA）中的儿童用药的独占权规定（The Pediatric Exclusivity Provision，PED），对从事儿科用药领域研究的厂家给予 6 个月的市场独占权，即对已有的专利药品，可以在儿科用药领域继续研发，若同样适用于儿科，则可以在原有的剩余专利期或市场独占期的基础上增加 6 个月的市场独占期。该独占权期间不允许仿制药公司仿制，其各种用途都得到保护，包括成人使用的用途。由于辉瑞公司对立普妥在儿科用药领域进行了临床试验，获得额外 6 个月市场独占期，故阿托伐他汀的儿科独占权到期日为 2010 年 3 月 24 日。另一件专利 US5273995（无中国同族专利）保护阿托伐他汀的内酯和盐，该专利到期日为 2010 年 12 月 28 日，儿科独占权到期日为 2011 年 6 月 28 日。

原研公司的阿托伐他汀钙在中国没有化合物专利保护，其当时是通过行政保护（7.5 年）占据国内市场，行政保护在 2007 年 9 月到期。印度 Sun Pharm 公司得到了多个国家的首个仿制阿托伐他汀产品的上市批准，辉瑞公司却以其专利未到期为由状告其侵权。最终，两家公司达成一致，将其在美国的上市时间推迟至了 2011 年 11 月 30 日。2012 年仿制药上市后，立普妥销售额大幅下降，首仿药 180 天销售 6.5 亿美元。

【案例 4 - 2】替格瑞洛

替格瑞洛（Ticagrelor，商品名为倍林达）是世界上第一个可逆的结合型口服 P2Y12 腺苷二磷酸受体拮抗剂，由英国阿斯利康（AstraZeneca）公司研发成功，用于急性冠状动脉综合征（不稳定性心绞痛、非 ST 段抬高心肌梗死或 ST 段抬高心肌梗死）患者，包括接受药物治疗和经皮冠状动脉介入（PCI）治疗的患者，降低血栓性心血管事件的发生率。2011 年 7 月 20 日，美国 FDA 批准 90mg 原研替格瑞洛片剂上市，2015 年 9 月 3 日，美国 FDA 批准 60mg 原研替格瑞洛片剂上市。2012 年 11 月，原研替格瑞洛片获得中国 CFDA 批准进入中国市场，商品名为倍林达，规格为 90mg／片，并且在 2017 年 6 月 27 日获准上市 60mg 规格的片剂。

原研替格瑞洛片 2012 年获准在中国上市后，至 2014 年逐渐打开国内市场。根据米内网中国城市公立医院替格瑞洛年度销售市场数据显示，2018 年度替格瑞洛片销售额达到 84304 万元，较 2017 年度的 54379 万元增长 55.03%。其中，2018 年度原研阿斯利康公司销售额 84223 万元（市场占比 99.98%）、信立泰仿制药销售额为 81 万元（市场占比 0.02%）。由于原研销售额的爆发式增长，促使国内更多医药企业加快替格瑞洛仿制研发，并在近几年内提交了多项注册申请。2017 年 4 月 27 日，信立泰对阿斯利康公司的化合物专利（ZL99815926.3，申请日 1999 年 12 月 2 日）发起了无效宣告请求，2018 年 12 月 24 日经北京市高级人民法院二审维持该化合物专利有效。2017 年 6 月 22 日和 2017 年 8 月 2 日，信立泰对阿斯利康公司的晶型专利和中间体专利分别发起了无效宣告请求。2018 年 7 月 31 日，信立泰的首仿药替格瑞洛片获得批准上市，规格为 90mg／片；2018 年 11 月 30 日信立泰又获得规格为 60mg／片的替格瑞洛片批准上市。目前替格瑞洛片（规格 90mg）在国内有信立泰、正大天晴、石药集团、扬子江药业、南京优科、上海汇伦江苏药业获得国家药品监督管理局批准文号并全部通过仿制药一致性评价。

专利 ZL99815926.3 的无效宣告案件仍吸引了不少关注，信立泰作为首仿公司，提前在专利到期前扫清障碍使产品获准上市，成为典型案例之一。该案无效宣告请求的核心证据大部分来自原研公司自身的专利，争议的核心焦点为：母核是否相同、苯环上取代基不同是否影响创造性、环戊基上取代基不同是否影响创造性、原研公司的反证 5 是否应该被采纳。

申请人认为：①证据 1 与权利要求 1 的主体结构相似，均为三唑并（4，5 - D）嘧啶类衍生物；②效果相同，IC_{50} 值均大于 5.0；③苯基取代基不同为常规技术手段替换；④取代基不同为常规技术手段直接替换。专利权人则认为：①证据 1 中环戊基上包括酸性基团或酸性衍生基团，在该专利化合物中为中性基团；②取代基的不同并非常规技术手段的替换，且证据 1 并没有得到替格瑞洛的相关技术启示；③反证 5（专利 ZL93109282.5 申请公开说明书）显示，证据 1 的效果和该专利化合物不同；④电子等排体理论不能支撑通过证据 1 得到替格瑞洛；⑤证据 3、4、5、6 的母核、取代基及靶向受体均与该专利不同。

一审中专利复审委员会（现为专利局专利复审和无效审理部）认为：①证据 1 中化合物与该专利化合物用途相同，其解决技术问题为提供不同取代基的三唑并（4，5－D）嘧啶类衍生物；②苯基上取代基不同为常规技术手段替换；③最左侧环戊烷上的取代基不同为常规技术手段的直接替换；④酸性基团和中性基团的不同并未形成技术偏见；⑤证据 1 中的酰胺基替换为－OCH_2CH_2OH 不具备创造性。最后，一审判决提出①反证 5 不被采纳；②证据 1 中的结构通式及实施例中可知，与羰基结构相连的基团是可变的，本领域技术人员会认识到，1，2－环戊烷二醇上连接羰基结构的位置也是一个重要的结构修饰位点。因此，在对证据 1 公开化合物进行修饰时，除了保留羰基结构而仅改变与其相连的基团之外，也容易想到进一步将羰基结构用其他基团替换，以获得与证据 1 公开的化合物相似或更优的 P2T－受体拮抗活性。在 2018 年 12 月 24 日，在阿斯利康公司替格瑞洛化合物发明专利（ZL99815926.3）的专利无效行政诉讼中，北京市高级人民法院作出二审判决，判决撤销北京知识产权法院（2018）京 73 行初 753 号行政判决，撤销专利复审委员会作出的第 33591 号专利无效的行政判决，并要求专利复审委员会就原无效宣告请求重新作出审查决定。二审认为①反证 5 不被采纳；②证据 1 与该申请的主体骨架不相同，证据 1 中左上角与苯环相连的羰基属于证据 1 中化合物的主体骨架，为不可变的部分，证据 1 与该专利的主体骨架不同，则该申请具备创造性。

在无效宣告请求过程中，信立泰直接将证据 1 中的化合物和涉案专利中的化合物定义为三唑并（4，5－D）嘧啶类衍生物，将其母核均定义相同的母核，然后通过列举证据来证明该母核上的取代基为本领域的常规技术手段替换，进而无效阿斯利康公司的专利。虽然阿斯利康公司在无效答复、一审中均在不断强调证据 1 和涉案专利两者的母核不同，即证据 1 中化合物的母核上具有羰基，羰基为其核心基团，不可替代，但是可能其并没有提出关键性证据，导致专利复审委员会忽视了此项内容，一审时又被直接定义为可推定取代的基团。虽然最后北京市高级人民法院撤销了北京知识产权法院的一审判决和专利复审委员会的复审决定，涉案专利权得到维持，但是此次无效过程促使原研公司主动修改了涉案专利的保护范围，权利要求由原来的 12 条变成现在的 5 条，原来的通式化合物变成了现在的仅仅保护替格瑞洛单一化合物，使原研专利的专利保护范围大大缩小。

2. 成盐

帕罗西汀（Paroxetine）是第一个选择性 5－HT 再摄取抑制剂（SSRI），用于抑郁症、焦虑症等精神疾病的治疗。由于帕罗西汀化合物结构中含有哌啶基团，该化合物以盐的形式作为治疗剂，首次用于临床试验的是醋酸帕罗西汀。从醋酸帕罗西汀的上市到后来的葛兰素史克公司（GlaxoSmithKline，GSK）盐酸帕罗西汀（paroxetine hydrochloride）、荷兰斯索恩公司（Synthon BV）甲磺酸帕罗西汀（paroxetine mesylate）的上市，其都是针对帕罗西汀化合物不同的盐进行微小改进，从而获得了该化合物不同盐的发明专利授权以及长时间的市场垄断权，保证了公司的巨额利润。

其中，GSK 公司的盐酸帕罗西汀于 1996 年进入中国市场，由于其副作用小于氟西汀且起效较快，近年来其在国内市场销量节节上升。根据米内网市场数据显示，帕罗西汀 2018 年度国内销售额为 10.1398 亿元。根据 Cortellis 数据显示，GSK 公司的盐酸帕罗西汀在 2002 年达到销售额的峰值 30.89 亿美元，2018 年销售额为 2.26 亿美元。

在盐酸帕罗西汀的开发上，GSK 公司对该产品的技术开发及专利布局占据绝对优势。但是在甲磺酸帕罗西汀的开发中，荷兰 Synthon 公司却抢在了 GSK 公司之前，在世界上大多数国家获得了关键性的甲磺酸帕罗西汀化合物的专利权。该公司于 1997 年 6 月 10 日在荷兰专利局就 4 - 苯基哌啶类化合物提出了 PCT 申请 WO9856787A1，并随后很快进入了美国、欧洲和中国的国家阶段，其中国同族专利申请在 2002 年 10 月 16 日获得授权，授权公告号为 CN1092654C（该专利在 2008 年因未缴纳年费已失效）。在该专利权利要求 7 中明确了要求保护的主题为帕罗西汀甲磺酸盐、帕罗西汀苯磺酸盐以及帕罗西汀对甲苯磺酸盐。GSK 公司也开发了帕罗西汀甲磺酸盐，并 1998 年 7 月 2 日向英国专利局（现为"英国知识产权局"）递交了关于帕罗西汀甲磺酸盐的专利申请，并利用 1 年的优先权于 1999 年 4 月 23 日提出了公开号为 WO0001694A1 的国际申请。由于荷兰 Synthon 公司的在先申请破坏了 GSK 公司专利申请的新颖性，因此 GSK 公司最终获得授权的帕罗西汀甲磺酸盐的专利，其实只是帕罗西汀甲磺酸盐的一种新晶型。如果 GSK 公司制造、销售涉及活性成分含帕罗西汀甲磺酸盐的产品，包括实施自己的新晶型专利，均必须获得 Synthon 公司的许可。同样地，Synthon 公司的帕罗西汀甲磺酸盐专利在欧洲、美国也获得化合物盐的绝对专利保护[56]。

3. 代谢产物

辉瑞（原惠氏制药）公司的文拉法辛（Venlafaxine）为苯乙胺衍生物，是二环类非典型抗抑郁药。1993 年 12 月 28 日，美国 FDA 批准惠氏制药的盐酸文拉法辛片（规格为 12.5mg/片、50mg/片、100mg/片，商品名为 Effexor）上市，用于抑郁症的治疗。文拉法辛的化合物美国专利 US4535186 于 2008 年 6 月 13 日过期，无中国同族专利。去甲文拉法辛（Desvenlafaxine）与文拉法辛一样，也是一种 5 - 羟色胺 - 去甲肾上腺素再摄取抑制剂（SNRI）。去甲文拉法辛是文拉法辛的主要活性代谢产物之一，与 5 - 羟色胺（5 - HT）和去甲肾上腺素（NE）受体结合，抑制 5 - HT 摄取的效力比 NE 大约高 10 倍。去甲文拉法辛与文拉法辛的化学结构如图 4 - 2 - 1 和图 4 - 2 - 2 所示：

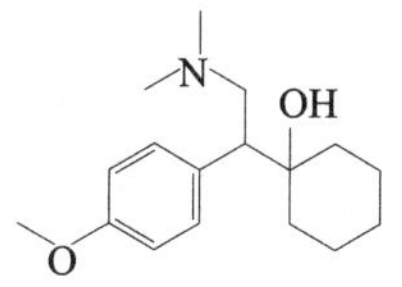

图 4-2-1　去甲文拉法辛的结构

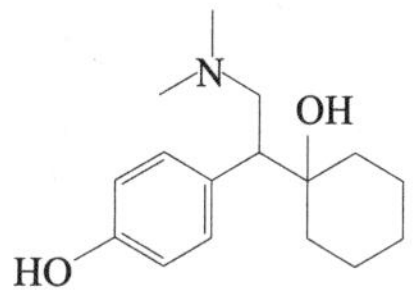

图 4-2-2　文拉法辛的结构

琥珀酸去甲文拉法辛（Desvenlafaxine Succinate）缓释片（规格 100mg/片，商品名为 Pristiq）于 2008 年 2 月被美国 FDA 批准用于治疗重度抑郁症。去甲文拉法辛琥珀酸盐美国专利 US6673838 于 2022 年 3 月 1 日过期，其中国同族专利为 CN02808112.9（发明名称为"新的 O-去甲基-文拉法辛的琥珀酸盐"，申请日 2002 年 2 月 11 日，已授权）。通过将文拉法辛的代谢产物开发成新一代的琥珀酸去甲文拉法辛，并通过上述美国专利 US6673838 的保护，辉瑞公司在抑郁症治疗市场很好地完成了新产品对老产品的逐步替代，并将该产品的生命周期延长了近 14 年。

4. 前药

前药是指化合物经过结构修饰之后，在体外没有活性，但在人体内可以转化为原有的活性药物而发挥药效。原有的药物（原药）被称为母体药物，修饰后的化合物为前体药物，即前药。由于部分药物实体分子可能存在药代动力学等问题，药效学实验结果不尽人意。研发人员为了提高成药性，通常会选择化学修饰、载体构建等多种手段改善实体分子的理化性质，其中，前药修饰是最常见的修饰方法。

索非布韦（Sofosbuvir）被称作 21 世纪最伟大的发明药物之一。该药物可以治愈全球发病超过 2 亿人次的丙型肝炎，是医药行业历史上的里程碑药物，优异的疗效和庞大的患病群体使索非布韦上市的第二个自然年即实现了超过百亿美元的年销售额，为吉利德公司创造了巨大的商业价值[57]。

回顾索非布韦的研发历程，Pharmasset 公司（于 2011 年被吉利德公司以 113 亿美元收购）在 2003 年首先研究开发了具有抗丙肝活性的核苷类似物化合物 PSI-6130（索非布韦代谢产物，其结构如图 4-2-3 所示），并于 2004 年申请了涵盖该化合物的 PCT 申请 PCT/US2004/012472，其美国、中国同族专利申请陆续获得授权。中国同族专利号为 ZL200480019148.4，于 2009 年 6 月 24 日获得专利授权，授权范围涵盖了化合物 PSI-6130。

在发明化合物 PSI-6130 的后续药物开发研究中，2004 年，Pharmasset 公司与罗氏公司签署合作开发的协议，授权罗氏公司开发 PSI-6130 及其前药。但在为了增强化合物 PSI-6130 的过膜性研究中利用核苷酸结合蛋白水解酰胺键的特性，Pharmasset 公司在 2007 年首先设计完成了 PSI-6130 前药索非布韦（见图 4-2-4），并在 2008 年申请了覆盖索非布韦化合物的 PCT 申请 PCT/US2008/058183。该申请的中国同族专利为 CN200880018024.2，虽然其有多件分案申请，但截至目前仍未获得授权。

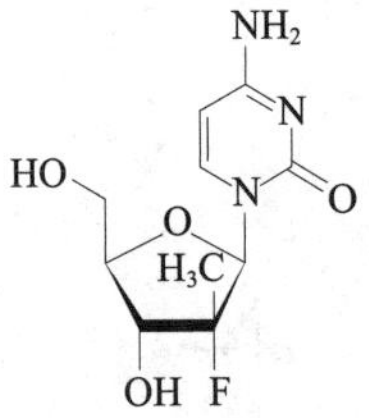

图 4 – 2 – 3 化合物 PSI – 6130

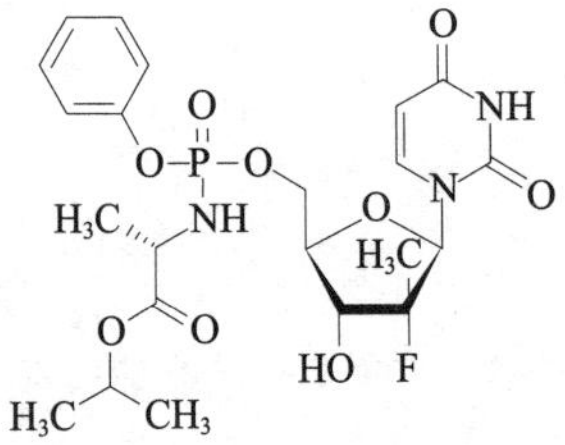

图 4 – 2 – 4 索非布韦

索非布韦在商业上获得巨大成功后，引起了其他医药企业的关注。2013 年，曾经的合作伙伴罗氏公司声称 Pharmasset 公司于 2004 年与其签订的协议已经包括了 PSI – 6130 前药开发的排他许可，因此也包括了索非布韦（最终吉利德公司胜诉）；2013 年 8 月，默沙东以合作伙伴 IONIS Pharmaceuticals 公司拥有索非布韦代谢物专利为由要求吉利德公司以销售额 10% 的费率交付许可费；2013 年 12 月，Idenix 公司（后被默克于 2014 年 6 月以 28 亿美元收购）提出吉列德公司的索非布韦侵犯了其 PSI – 6130 三磷酸物的专利权（即索非布韦的活性代谢形式）。虽然 2016 年 11 月美国特拉华州的陪审团作出裁断，判决吉列德公司支付给默克公司高达 25.4 亿美元的专利损害赔偿金，但吉利德公司依赖其索非布韦化合物专利和 PSI – 6130 代谢产物专利的组合，还是很好地捍卫了索非布韦的市场空间。在中国，因为索非布韦尚未获得专利授权，PSI – 6130 代谢产物专利 CN200480019148.4 即是吉列德公司最重要的专利防御武器之一。该专利通过 PSI – 6130 化合物的形式，以及基于药物研发思路的扩展，包含了包括 PSI – 6130 及其磷酸酯在内的马库什化合物。在该专利授权以来，在中国收到了默沙东（Idenix 公司）、I – MAK 组织以及自然人常颖等多方提出的无效宣告请求。迄今为止，该专利权虽然被部分无效，但化合物 PSI – 6130 专利权利仍然有效。

另一个案例是四川大学华西医院与宜昌人福药业联合研发的注射用磷丙泊酚二钠（Fospropofol Disodium）。这是一种由丙泊酚的羟基与磷酸酯化合成的丙泊酚前体药物，水溶性好，剂型为冻干粉针。研发人员将水溶性差、稳定性差、临床应用中产生过敏等较多副作用以及不利于储存和运输的丙泊酚脂肪乳，通过前药技术制备成磷丙泊酚二钠，大大改善了药物的溶解性、稳定性以及安全性。注射用磷丙泊酚二钠已由宜昌人福药业于 2018 年 10 月向中国 NMPA 提交上市申请，拟用于全身麻醉时的静脉诱导。磷丙泊酚二钠与丙泊酚的结构如图 4 – 2 – 5 和图 4 – 2 – 6 所示。

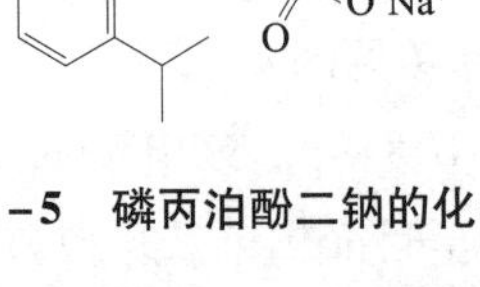

图 4 – 2 – 5 磷丙泊酚二钠的化学结构

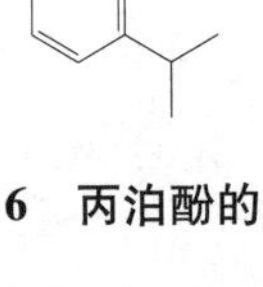

图 4 – 2 – 6 丙泊酚的化学结构

磷丙泊酚钠的化合物中国专利 CN99811440.5（发明名称为"位阻醇或酚的水溶性

前药",申请人为堪萨斯州立大学,申请日为 1999 年 8 月 6 日,授权公告号为 CN1198834C)已失效。宜昌人福药业在此研究基础上,后续申请了一种具有良好的水溶解性、稳定性及安全性的磷丙泊酚钠冻干制剂,申请号 CN200910250194. X(发明名称为"一种新的前体药物制剂",申请日为 2009 年 11 月 30 日,授权公告号 CN101716149B)以及适合药用的磷丙泊酚钠水合物晶型 I,申请号 CN201110444471. 8(发明名称为"一种适合药用的前体药物晶型、制备方法及药用组合物",申请日为 2011 年 12 月 26 日,授权公告号 CN103172658B),均获得专利授权保护,专利保护期满分别至 2029 年 11 月 29 日、2031 年 12 月 25 日。

5. 手性药物

西酞普兰(Citalopram)是一种选择性 5 - 羟色胺再摄取抑制剂(SSRI),为外消旋体。1998 年 7 月 17 日,美国 FDA 批准 Allergan 公司的氢溴酸西酞普兰片(规格 20mg/片、60mg/片,商品名为 Celexa)上市,用于治疗抑郁性精神障碍(内源性及非内源性抑郁)。艾司西酞普兰(Escitalopram;(S) - (+)Citalopram)是西酞普兰的 S 型异构体。艾司西酞普兰和西酞普兰化学结构分别如图 4 - 2 - 7 和图 4 - 2 - 8 所示。

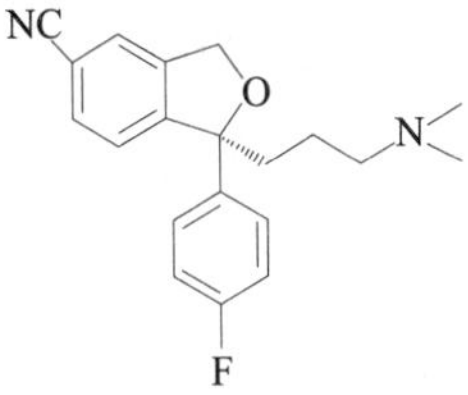

图 4 - 2 - 7　艾司西酞普兰化学结构 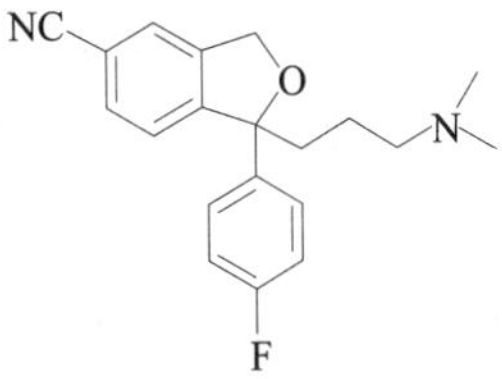　　　图 4 - 2 - 8　西酞普兰化学结构

2002 年 8 月 14 日,美国 FDA 批准 Allergan 公司的草酸艾司西酞普兰片(Escitalopram Oxalate)(规格 5mg/片、20mg/片,商品名 Lexapro)上市,用于治疗成人抑郁症和广泛性焦虑症。西酞普兰的化合物专利保护期早已届满,而草酸艾司西酞普兰的化合物美国专利 US6916941 于 2023 年 2 月 12 日到期。

6. 衍生物

尼洛替尼(Nilotinib)是诺华公司(Novartis)开发的第二代口服酪氨酸激酶(BCR - ABL)抑制剂,是诺华公司开发的第一代口服酪氨酸激酶抑制剂伊马替尼(Imatinib,商品名为格列卫、Gleevec)的衍生物。尼洛替尼为口服胶囊剂,其于 2007 年 10 月获美国 FDA 批准上市,用于病情恶化、对其他治疗不耐受或耐药(包括伊马替尼)的成人慢性粒细胞白血病(CML),上市商品名为 Tasigna。尼洛替尼胶囊(200mg×28 粒)已于 2009 年在中国批准,商品名为达希纳。2012 年 8 月,美国 FDA 通过加快审批程序批准尼洛替尼的新适应证:用于新诊断的费城染色体阳性的慢性髓系白血病,该药获批将其适应证扩大至用于此类疾病的早期成年患者。Cortellis 数据显示,诺华公司的尼洛替尼 2017 年、2018 年的全球销售额分别为 17.41 亿、18.74 亿美元,预测 2024 年销售额为 8.90 亿美元。

尼洛替尼和伊马替尼的化学结构分别如图 4-2-9 和图 4-2-10 所示。

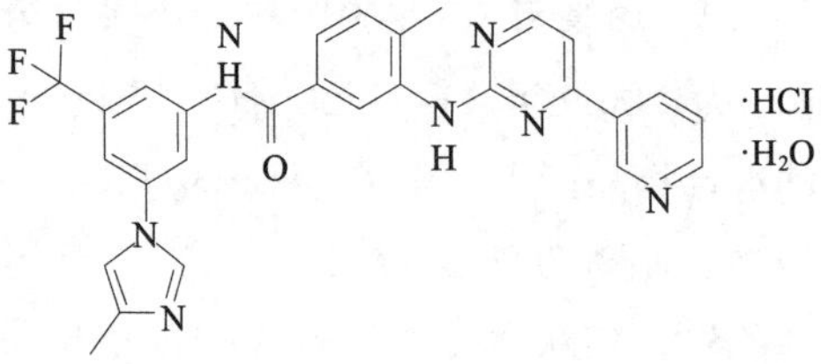

图 4-2-9　尼洛替尼的化学结构 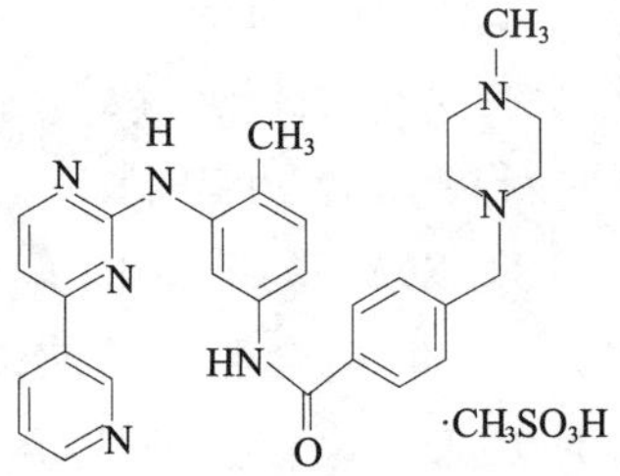　　　图 4-2-10　伊马替尼的化学结构

诺华公司的尼洛替尼化合物专利 WO2004005281，其中国同族专利为 CN03818728.0（发明名称为"酪氨酸激酶抑制剂"），申请日为 2003 年 7 月 4 日，公开号为 CN1675195A，授权公告号为 CN1324022C，将于 2023 年 7 月到期。在盐及晶型方面，诺华公司于 2006 年陆续申请了对该化合物的多种盐及多种晶型的相应保护。其中药用盐为水合盐酸盐（1∶1∶1），在同日（2006 年 7 月 18 日）提交的中国专利申请 CN200680026444.6（授权公告号为 CN101228151B）以及 CN200680026434.2（授权公告号为 CN101228150B）中均获得授权保护。其中在盐专利 CN101228151B 中，具体保护了尼洛替尼的单盐酸盐一水合物、其制备方法、药物组合物及用途。在晶型专利 CN101228150B 中，其授权保护了尼洛替尼盐酸盐一水合物的晶型。通过上述晶型及盐的专利，尼洛替尼药物在中国的生命周期延长了 3 年。

7. 氘代药物

近十多年来，一批专注于氘代研究的公司在新药研发领域取得了巨大成功。其中，国外最著名的莫过于 Auspex 公司（已被 TEVA 公司收购）和 Concert 公司。

目前，以色列 TEVA 公司的氘丁苯那嗪（Deutetrabenazine，SD-809，商品名为 Austedo）在 2017 年 4 月 3 日已被美国 FDA 批准上市，剂型为片剂，规格为 6mg/片、9mg/片、12mg/片，临床上用于治疗亨廷顿舞蹈病（Huntingtons Chorea）和迟发性运动障碍（Tardive Dyskinesia），Austedo 的参比药物是 Lundbeck 公司原研已上市的丁苯那嗪（Tetrabenazine，商品名为 Xenazine），Austedo 是丁苯那嗪的重氢化/氘代形式，其化学结构分别见图 4-2-11 和图 4-2-12。氘丁苯那嗪曾被美国 FDA 授予突破性治疗和孤儿药认定资格，其是以 505（b）2 类别向美国 FDA 提交上市申请资料的。该药物是截至目前在全球范围内仅有的一个被批准上市的氘代药物。

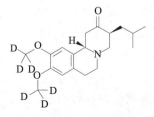

图 4-2-11　Deutetrabenazine 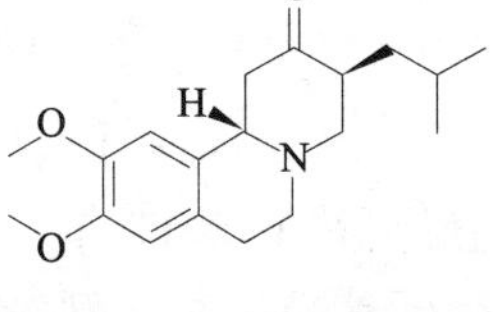　　　图 4-2-12　Tetrabenazine

　　未氘代的丁苯那嗪是用于治疗亨廷顿舞蹈病的药物，临床上也被超说明书适应证用于迟发型运动障碍患者，但副作用严重，比如静坐困难，表现为患者不自主地来回踱步，出现焦虑、帕金森症以及抑郁症。丁苯那嗪在 2018 年销售额为 1.21 亿美元（其销售高峰是 2015 年的 5.50 亿美元）。与丁苯那嗪相比，Austedo 能够显著减慢代谢过程，半衰期接近非氘代丁苯那嗪的 2 倍。因此，通过降低给药量和用药频率，Austedo 副作用更小，患者的抑郁及自杀倾向减轻，困倦、失眠和静坐困难的概率非常低，同时抑制戒断反应的出现。也就是说，相对于丁苯那嗪，由于氘丁苯那嗪化学结构的改变，其药物安全性和有效性得到了改观。Cortellis 公布 Deutetrabenazine 在 2018 年度的销售额为 2.04 亿美元，预测 2023~2025 年度销售额分别为：8.33 亿美元、9.22 亿美元、11.34 亿美元。2020 年 5 月，中国 NMPA 批准 TEVA 公司规格分别为 6mg/片、9mg/片、12mg/片的氘丁苯那嗪片上市。

　　Deutetrabenazine 的化合物美国专利为 US2010130480（A1）、US2013296360（A1）、US2014206712（A1）、US2014206713（A1）、US2014350044（A1）、US2015080427（A1）、US2015328207（A1）、US2016158220（A1）、US2016220558（A1）、US2016367548（A1）、US2016375005（A1）、US2017166562（A1）、US2019375746（A1）、US8524733（B2），目前只有 1 件授权。其中国同族专利有 2 件——CN200980141378.0［申请人为奥斯拜客斯制药有限公司（Auspex），申请日为 2009 年 9 月 18 日，授权日 2014 年 11 月 12 日］及分案申请 CN201410524867.7（已视撤失效）。

　　苏州泽璟生物（Zelgen）、成都海创（Hinova）这两家新药研发企业是国内氘代药物开发的领导者。其中，泽璟生物被认为是继 Auspex 和 Concert 之后的全球第三大氘代药物公司，目前其重点产品甲苯磺酸多纳非尼（Donafenib，原研药物是拜耳公司的肝癌药物索拉非尼）。多纳非尼已获得多个国家重大新药创制科技重大专项支持，是中国首个完成一线治疗晚期肝癌 Ⅲ 期临床试验的国产靶向新药。泽璟生物已经申请 NMPA 药品审评中心（CDE）召开新药上市申请提交前（Pre-NDA）的会议，已于 2020 年 2 月提交新药上市申请[58]。

　　8. 创新药和仿制药的晶型

　　药物多晶型是指化合物具有相同的化学结构，但化合物分子在晶格空间排列顺序不同而形成的不同固体形态。药物不同的晶型导致药物熔点、溶解度、储存稳定性、体内溶出吸收等方面的差异，会影响药物的安全性和有效性。因此，药物晶型的研究越来越受到医药行业的重视。20 世纪 70 年代，美国药典中已有药物晶型的记载。

　　晶型是药物保护的最常见形式，晶型专利越来越成为创新药化合物专利到期后继续维持原研药物市场垄断地位的重要手段。在实际研发工作中，对创新药或仿制药的晶型专利保护包括但不限于单晶、多晶、共晶、结晶水合物、溶剂化物、无定形固体、颗粒的粒度等。

对于创新药的原研企业来说，申请人在创新药开发过程中，通常在开发出基础化合物后，进一步陆续研发优势药物晶型申请专利保护，进行各种不同类型的晶型专利布局，扩展并加强对基础化合物的保护。

例如，同和药品株式会社开发并推出了一种口服氟喹诺酮类抗菌新药扎布沙星（Zabofloxacin），其已在韩国获批上市。扎布沙星化合物中国专利CN98806026.4 已期满失效，同和药品株式会社继续在中国申请了其天冬氨酸盐专利 CN200880011978.0并获得授权，专利 CN201580012053.8 进一步获得授权保护了一种扎布沙星 D – 天冬氨酸盐倍半水合物（见图 4 – 2 – 13）。其倍半水合物中的含水量为：利

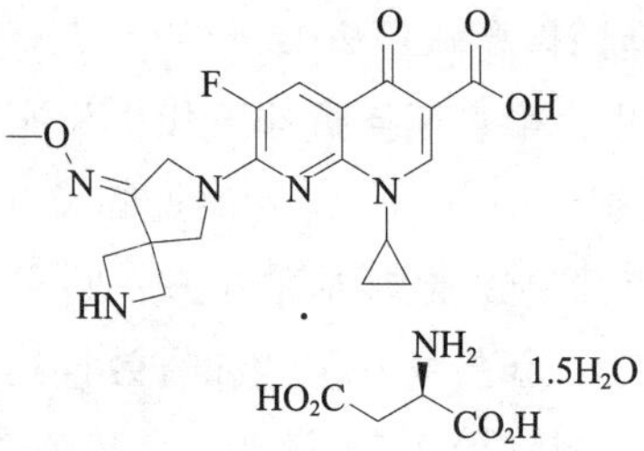

图 4 – 2 – 13　扎布沙星 D – 天冬氨酸盐倍半水合物结构

用卡尔费休滴定法测量的所述水合物的含水量质量分数为 4.0% ~ 5.9%，而且此结晶扎布沙星 D – 天冬氨酸盐倍半水合物用作抗菌剂的片剂。该专利在 2035 年 3 月 3 日到期。同和药品株式会社的扎布沙星化合物在专利期满后，其盐和晶型专利继续发挥保护作用，其中 1 件晶型专利使该产品的专利保护期延长至 2035 年（即在化合物专利期满后延长了 17 年）。如要开发该产品，则关于盐、晶型、水合物的中国专利仍是障碍，如需仿制，则要无效宣告 CN200880011978.0 和 CN201580012053.8 这两件发明专利。

原研公司的上市药物一般选择成药性好的晶型。如果在仿制药开发过程中，制备得到具有优异理化性质的新晶型，则可以进行专利保护。

下面以 CDK4/6 抑制剂哌柏西利（Palbociclib）为例进行说明。

2015 年 2 月 3 日，美国 FDA 批准辉瑞公司的哌柏西利胶囊上市，用于晚期或转移性乳腺癌治疗。其无进展生存期（PFS）较金标准治疗药物来曲唑延长 3 倍左右。哌柏西利是首个上市的细胞周期蛋白依赖性激酶（CDK）抑制剂。在这之后，哌柏西利又被批准用于男性乳腺肿瘤（male breast neoplasm）治疗。

哌柏西利的化合物原研企业是沃尼尔·朗伯公司，其在中国的化合物专利为CN03802556.6 及其两个分案申请 CN201010255766.6、CN201110115074.6，申请日2003 年 1 月 10 日，目前均已获得授权。2004 年 6 月 28 日，沃尼尔·朗伯公司申请了 1项盐及晶型专利（申请号 CN200480023494.X），披露了哌柏西利羟乙基磺酸盐及 A、B、C、D 4 种晶型。该专利在 2010 年 6 月 2 日获得授权，保护了 A、B、D 3 种晶型。而辉瑞公司在研发过程中最终放弃了哌柏西利羟乙基磺酸盐形式，2015 年 2 月哌柏西利获批上市的是哌柏西利游离碱形式[59]。WO2014128588 申请保护哌柏西利游离碱的多晶型 A，公开粉末 X 衍射图谱，其中国同族专利为 CN201480009556.5（发明名称为选择性 CDK4/6 抑制剂的固态形式，公开号 CN105008357A），申请日为 2014 年 2 月 8日，目前处于实质审查状态。由于晶型专利申请在化合物专利申请的 11 年后，因此，对当前的仿制药企业来说，哌柏西利游离碱 A 晶型专利 CN105008357A 仍是个障碍。

对于仿制药企业来说，在原研化合物专利基础上，避开原研公司及竞争对手已申请的晶型专利，转而进行化合物新晶型的探索和研究，不失为一种"抄近路"的研究思路。仿制药企业应在仿制药新晶型专利申请文件的撰写中，注意提供相对于已有晶型在成药性方面的优势，以期获得专利授权。这些性能优异的新晶型，若可以实现替代原研晶型并能实现生物等效要求，对其进行专利保护，形成自己的知识产权，还可以阻碍其他市场竞争对手。例如，双鹭药业在仿制来那度胺原料药及胶囊剂时，成功突破了原研赛尔基因（Celgene）公司的工艺专利（CN97180299.8）以及晶型专利（CN200480030852.X 及分案申请 CN201010186227.1、CN201010186247.9、CN201110022689.4、CN201210126780.5）的限制[44]。双鹭药业采用全新工艺（CN200910142160.9）和新晶型（CN200910210392.3），其工艺和新晶型专利均进行了海外布局，进入美国、日本、韩国、西班牙、欧洲、澳大利亚。双鹭药业的来那度胺于 2016 年 4 月 24 日获得国家药品监督管理局药品审评中心的优先审评资格，并在 2017 年 11 月 21 日实现首仿上市。目前国内有多家公司申报来那度胺原料药及来那度胺胶囊，其中，正大天晴、双鹭药业、齐鲁制药等厂家的来那度胺胶囊均获批通过制剂一致性评价上市。

【案例 4-3】 I 型结晶阿托伐他汀水合物发明专利无效行政纠纷案

1996 年 7 月 8 日，沃尼尔·朗伯公司申请了名称为"结晶 [R-(R*，R*)]-2-(4-氟苯基)-β，δ-二羟基-5-(1-甲基乙基)-3-苯基-4-[（苯氨基）羰基]-1H-吡咯-1-庚酸半钙盐"发明专利（即涉案专利），2002 年 7 月 10 日获得授权，专利号为 ZL96195564.3，优先权日为 1995 年 7 月 17 日。

1999 年，在立普妥进入中国之前，阿乐由原北京红惠制药有限公司（2005 年更名为北京嘉林药业股份有限公司，以下简称"嘉林药业"）仿制，作为国家二类新药和国内首仿药物研制获批上市。随后，美国辉瑞公司立普妥在我国获得行政保护（1999 年 9 月 30 日），该行政保护已于 2007 年 3 月 30 日期限届满。

下面主要介绍涉案专利无效宣告请求过程。

（1）专利权人于 2007 年初向北京市第一中级人民法院提起民事诉讼，指控嘉林药业生产和上市销售的仿制药阿乐侵犯了其 ZL96195564.3 专利权，后来因证据不足而撤诉。

（2）针对 ZL96195564.3 专利，嘉林药业向专利复审委员会提起了专利无效宣告请求；经过两次开庭口头审理后，专利复审委员会于 2009 年 6 月 17 日作出第 13582 号审查决定，认定该专利不符合《专利法》第 26 条第 3 款的规定，宣告 ZL96195564.3 发明专利权全部无效。

（3）专利权人不服专利复审委员会作出的第 13582 号审查决定，向北京市第一中级人民法院提起行政诉讼，嘉林药业作为第三人参与该诉讼。一审法院经开庭审理，于 2010 年 5 月 14 日作出（2009）一中知行初字第 2710 号行政判决书，判决维持了第 13582 号审查决定。

（4）专利权人不服上述一审行政判决，向北京市高级人民法院上诉，嘉林药业作为第三人参与上诉。二审法院审理后，于 2012 年 5 月 15 日作出（2010）高行终字第 1489 号行政判决，判决撤销一审判决，撤销第 13582 号审查决定，判决专利复审委员会就 ZL96195564.3 发明专利重新作出无效宣告请求审查决定。

（5）专利复审委员会和嘉林药业均不服二审法院的（2010）高行终字第 1489 号判决，分别向最高人民法院提起再审申请；最高人民法院最终于 2015 年 4 月 16 日作出了（2014）行提字第 8 号行政判决：①撤销北京市高级人民法院（2010）高行终字第 1489 号行政判决；②维持北京市第一中级人民法院（2009）一中知行初字第 2710 号行政判决。

从整个过程看，双方争议的焦点在于：①关于含有不同摩尔水的同一化合物的水合物，XPRD 和 13C NMR 是否相同；②根据涉案专利说明书公开的内容是否能够确认并制备得到所述含 1~8mol 水的 I 型阿托伐他汀水合物。

对于上述争议点①，专利复审委员会认为，在说明书中仅有声称性的结论，没有提供相应的证据的情况下，本领域技术人员无法确信含 1~8mol 水的阿托伐他汀水合物都具有相同的 XPRD。对于争议点②，专利复审委员会认为，本领域技术人员无论是根据说明书给出的一般性方法，还是根据具体实施例，均无法确信如何才能受控地制备得到涉案专利保护的含 1~8mol 水（优选 3mol 水）的 I 型结晶阿托伐他汀水合物。

一审法院认为，涉案专利说明书既未对得到的化合物的含水量进行确认，也未对含 1~8mol 水的 I 型结晶阿托伐他汀水合物具有相同的 XPRD 进行实验验证。因此，说明书对权利要求 1~3 中保护的结晶产品的公开，未达到本领域技术人员能够实现的程度，不符合《专利法》第 26 条第 3 款的规定。

二审法院认为，判断一项发明是否满足关于公开充分的要求，应包括确定该发明要解决的技术问题。专利复审委员会在未对该发明要解决的技术问题进行整体考虑的情况下，作出涉案专利公开不充分、涉案专利权利要求 3 不符合《专利法》第 26 条第 3 款规定的相关认定显属不当。

最高人民法院再审认为，本领域技术人员并不能从涉案专利说明书中确认含有不同摩尔水的 I 型结晶阿托伐他汀水合物。水含量的确认对于确认涉案专利产品是必不可少的，与该发明要解决的技术问题也密切相关，由于涉案专利说明书并未对此进行清楚和完整的说明，故不符合《专利法》第 26 条第 3 款的规定。由于涉案专利说明书中没有对涉案专利请求保护的 I 型结晶阿托伐他汀水合物中的水含量进行清楚、完整的说明，本领域技术人员无论是根据专利说明书中的一般性记载，还是根据其中具体的实施例，均无法确信可以受控地制备得到涉案专利请求保护的含 1~8mol 水（优选

3mol）的 I 型结晶阿托伐他汀水合物。从化学产品制备的角度，涉案专利说明书亦不符合《专利法》第 26 条第 3 款的规定[60]。

通过案例可以得到以下启示：

（1）充分公开与技术保密的平衡。专利的本质是"公开换保护"。对于一般的化合物晶型或制备方法而言，建议将本领域人员通过实验比较容易得到的技术方案充分公开来换得稳定的专利保护。如果是属于他人不好获取或很难开发得到的技术和配方，可以考虑技术保密/商业秘密的方式来保护，如云南白药配方、可口可乐配方和冬虫夏草增殖技术等。

（2）专利申请文件的撰写。首先，撰写人员在充分理解技术交底书的基础上进行合理的权利要求布局，考虑要求保护的技术方案是否得到说明书的支持。如果说明书公开的内容支持不了很大的保护范围，则可以撰写部分包含多个技术特征的从属权利要求，以备在专利被无效宣告时能退一步收缩范围防守。其次，在技术层面，需要与技术人员多沟通，从不同角度去理解专利申请的技术方案；如上述案例中出现的"不同水合物是否都具有相同的 XPRD""结晶化合物中的通道水和结晶水对其性能的影响和在检测结果上的区别"等问题，用清晰的思路和客观的态度进行撰写。

（3）要求保护范围的大小与专利稳定性的平衡。众所周知，专利要求保护的范围越大，越有可能包含现有技术的内容，即越容易被无效；相反，要求保护的范围越小，越有可能排除现有技术的内容，以符合《专利法》对专利"三性"规定的要求。这就要求专利撰写人员在充分检索现有技术的基础上，了解希望保护的范围，判断可以争取的保护范围并且确定很可能得到的保护范围，结合企业的产品特征，做到既能通过布局专利从属权利要求的方式，保护好核心的技术方案，又能通过"上位""等同"等方式撰写专利申请，争取获得较大的权利范围；还能通过合理概括进一步扩大保护范围，从而确保企业拥有的专利达到上述"稳"和"准"的效果。

【案例 4-4】噻托溴铵结晶性单水合物

噻托溴铵（Tiotropium Bromide，别名为溴化替托品）是一种支气管扩张剂。2004年 1 月 30 日，美国 FDA 批准原研公司勃林格殷格翰（Boehringer Ingelheim，BI）公司的噻托溴铵粉吸入剂上市，适用于慢性阻塞性肺疾病（COPD）的维持治疗。商品名为SPIRIVA（思力华）。2014 年 9 月 24 日，FDA 批准 BI 公司的噻托溴铵喷雾吸入剂上市。Cortellis 数据显示，BI 公司的噻托溴铵产品是一个超级重磅炸弹药物，在 2013 年达到销售额峰值 47.17 亿美元，2018 年度销售额仍达到 28.489 亿美元。噻托溴铵在国内的首仿药为正大天晴开发的噻托溴铵粉雾剂，在 2006 年 5 月获批上市，商品名为天晴速乐。

噻托溴铵的化合物专利为 WO9104252A1，有美国、日本、欧洲同族专利，但是该化合物专利未进入中国。专利权人贝林格尔英格海姆法玛两合公司（即勃林格殷格翰公司）于 2001 年 9 月 28 日在中国提交噻托溴铵晶型专利 CN01817143.5，专利名称为"结晶单水合物、其制备方法及其在制备药物组合中的用途"，优先权日为 2000 年 10 月 12 日，在 2005 年 10 月 5 日获得授权，授权公告号 CN1221549C。

CN1221549C 的权利要求书如下：

1. 式（Ⅰ）化合物溴化替托品的结晶性单水合物，

其特征在于单一的斜晶体，它具有的量度如下：a = 18.0774 埃、b = 11.9711 埃、c = 9.9321 埃、θ = 102.691 度、V = 2096.96 埃^3。

2. 权利要求 1 的溴化替托品的结晶性单水合物，其特征在于，在使用 DSC 进行热分析时在 10K/min 的加热速度下，在 230 ± 5℃ 出现吸热峰。

3. 如权利要求 1 的结晶性溴化替托品单水合物，其特征在于，IR 光谱表明在波数 3570、3410、3105、1730、1260、1035 及 720cm^{-1} 处有吸收带。

4. 如权利要求 1、2 或 3 中任一项的结晶性溴化替托品单水合物的制备方法，其特征在于，

a）溴化替托品置于水中，

b）加热所得混合物，

c）加入活性炭，以及

d）于去除活性炭后，溴化替托品单水合物随着水溶液的缓慢冷却而缓慢结晶。

5. 如权利要求 4 的方法，其特征在于，

a）对每摩尔溴化替托品使用 0.4 ~ 1.5kg 水，

b）所得混合物加热至高于 50℃，

c）对每摩尔溴化替托品使用 10 ~ 50g 活性炭，并且在加入活性炭后连续搅拌 5 ~ 60min，

d）过滤所得混合物，所得滤液以每 10 ~ 30min 中 1 ~ 10℃ 的冷却速率冷却至 20 ~ 25℃，并由此结晶溴化替托品单水合物。

6. 一种用于治疗气喘或慢性阻塞性肺疾的药物制剂，其特征在于，其含有如权利要求 1 至 3 中任一项的结晶性溴化替托品单水合物。

7. 如权利要求 6 的药物制剂，其特征在于，其为吸入用粉剂。

8. 如权利要求 1 至 3 中任一项的结晶性溴化替托品单水合物在制备用于治疗气喘或慢性阻塞性肺疾的药物组合物中的用途。

2007 年 4 月 11 日，国家知识产权局对上述专利进行了更正公告，将授权公告文本 CN1221549C 中的权利要求 1 中的"……斜晶体……""……θ = 102. 691 度"分别更正为"……单斜晶体……""……β = 102. 691 度"。

针对上述专利权，正大天晴于 2007 年 10 月 29 日向专利复审委员会提出无效宣告请求，并提交了无效证据 1 ~ 4，包括认为权利要求 1 ~ 8 不符合《专利法》第 26 条第 4 款的规定和《专利法》第 22 条第 3 款的规定。针对请求人于请求日提交的专利权无效宣告请求书以及专利复审委员会发出的无效宣告请求受理通知书，专利权人于 2008 年 1 月 18 日提交了意见陈述书，并提交了反证 1 ~ 5，以证明涉案专利具备创造性。

2008 年 3 月 17 日，专利权人提交了意见陈述书和修改的权利要求书替换页，针对授权公告后经更正的权利要求书，删除了其中的权利要求 1，并将权利要求 2 ~ 3 合并，修改后的权利要求 1 为：

式（I）化合物溴化替托品的结晶性单水合物，其特征为单一的单斜晶体，它具有的量度如下：a = 18. 0774 埃、b = 11. 9711 埃、c = 9. 9321 埃、β = 102. 691 度、V = 2096. 96 埃^3；在使用 DSC 进行热分析时在 10K/min 的加热速度下，在 230 ± 5℃ 出现吸热峰；IR 光谱表明在波数 3570、3410、3105、1730、1260、1035 及 720cm^{-1} 处有吸收带。

专利权人认为，修改后的权利要求 1 清楚地表述了要求保护的范围，符合《专利法实施细则》① 第 20 条第 1 款的规定；修改后的权利要求 1 ~ 6 的方案足以区别于现有技术，反映了涉案专利相对于现有技术所作出的贡献，符合《专利法实施细则》第 21 条第 2 款；该发明说明书公开了溴化替托品单水合物的制备方法、物理表征，符合《专利法》第 26 条第 3 款的规定，权利要求 1 ~ 6 得到了说明书的支持，请求人没有提供证据表明溴化替托品单水合物晶体还可以不同于该发明的晶体形式存在。

2008 年 3 月 17 日，请求人提交了意见陈述书，并认为权利要求 4 不符合《专利法实施细则》第 21 条第 2 款的规定；权利要求 1 ~ 8 得不到说明书的支持，权利要求 1 ~ 8 不符合《专利法》第 26 条第 4 款的规定；权利要求 1 ~ 8 不符合《专利法》第 22 条第 3 款规定的创造性。

2008 年 6 月 10 日，专利权人提交了意见陈述书和反证 6。请求人提交了意见陈述书和证据 5 ~ 7，专利权人继续提交反证 7。2008 年 7 月 8 日，请求人提交了意见陈述书，针对反证 6 和反证 7 陈述了意见，请求人认为反证 7 和反证 1 结合不能证明涉案专利具备创造性。2008 年 7 月 8 日，专利权人提交了意见陈述书和反证 8 ~ 13。针对专利权人于 2008 年 7 月 8 日提交的意见陈述书和反证 8 ~ 13，请求人于 2008 年 7 月 15 日提交了意见陈述书、反证 12 的部分中文译文以及反证 13 第 15 ~ 16 页复印件及其部分中文译文。

2008 年 9 月 10 日，专利复审委员会作出第 12206 号无效宣告请求审查决定，宣告 CN1221549C 专利的权利要求 1 ~ 8 不符合《专利法》第 22 条第 3 款的规定而全部无

---

① 该案例适用《专利法》（2000 年）和《专利法实施细则》（2001 年）。——编辑注

效。勃林格殷格翰不服该决定，向北京市第一中级人民法院提起行政诉讼。北京市第一中级人民法院作出了（2009）一中行初字第 83 号行政判决，维持专利复审委员会的无效决定。勃林格殷格翰上诉至北京市高级人民法院，二审法院支持了一审法院和专利复审委员会的观点，维持专利权无效。专利权人向最高人民法院提起再审请求，最高人民法院确认了权利要求 1 要求保护的溴化替托品单水合物晶体与最接近现有技术相比为"结构接近的化合物"，涉案专利的晶体相对于现有技术化学产品不具有预料不到的技术效果，不具备创造性，最终作出了驳回了专利权人的再审请求的裁定（（2011）知行字第 86 号）。

该案决定要点具体为：对于结构上与已知化学产品接近的化学产品，必须有预料不到的用途或效果，否则该化学产品不具备创造性。从发明专利申请文件和现有技术中均不能得到教导的效果，不能作为认定该发明具备创造性的依据。申请日之后提交的证明该效果的实验数据，在创造性评价中应当不予考虑[61]。

4.2.3　中药

4.2.3.1　中药领域专利保护的必要性

中药系指以中医药理论体系来指导采收、加工、炮制、制剂，说明作用机理，并能够按中医理论指导临床应用的药物。传统中药来源包括植物药、动物药和矿物药，其中以植物药最多。临床用药形式包括饮片和成药。剂型包括口服的汤剂、丸剂、散剂等，外用的膏剂、洗剂、熏剂等，还有体腔使用的栓剂、药条、钉剂等。

随着中药研究的不断深入，从 20 世纪 90 年代开始，国内的中药企业开始提出了现代中药的概念，并着手将现代科技和传统中药相结合，实现现代中药的工业化和商品化。所谓现代中药，是指来源于传统中药的经验和临床，依靠现代先进科学技术，严格按照各种规范所生产的疗效确切、使用安全、质量可控的新一代中药制剂。这种中药制剂可以说是中药现代化和国际化的产物，达到国际医药主流市场的标准，可以在国际市场上广泛流通。由此可见，现代中药是适应工业化大生产的产物。传统中药方剂则是医生采用辨证论治的方法，运用"理法方药"等中医理论，针对不同患者得到的治疗方案。传统中药原材料来源于自然界，成分、疗效存在因地而异的现象；采用的是古老的炮制方法，在质量控制方面非常依赖个人经验。这些导致饮片或成药的质量不稳定，缺乏量化标准，非常不利于工业化大生产。尽管现代中药具有复杂的物质基础，但是由于采用了现代化的技术和质量控制体系，更多地采用了现代医药学的手段，为现代中药参与国际竞争奠定了良好的基础[62,63]。

传统中药是"尊古"的。也就是说习惯于从古代典籍中寻找用药依据，采用的都是经典古方或者经验方，通过辨证论治，针对不同患者随证加减，可能会因缺乏新颖性、工业实用性以及客体问题等原因而不具有可专利性。但是现代中药则不同，其既借鉴了传统中药的理论基础和系统论的思维方式，又注入了高科技的研究手段。它具有标准化、可控性的特点，是对传统中药的创新，可以很好地适应工业化大生产。众所周知，我国现在化学药领域基本走的是仿制路线，只能跟在国际制药巨头的身后亦步亦趋，在研发基础、资金投入和知识产权垄断实力方面，都难以与国际化制药企业相抗衡。相反，在现代中药领域中，我国具有得天独厚的药材资源和绵延千年的用药经验，积累了大量临床疗效非常好的组方。对这些内容进行现代中药开发将有可能在未来形成真正由我国自主开发的国际市场原研药，是我国药品以原研药身份参与国际竞争的希望。

现代中药产业要想国际化，就必须遵循国际化的游戏规则。在这些规则中，专利保护制度是非常重要的组成部分，缺乏了专利保护，产品就成了"裸奔"状态。一旦行政保护过期，仿制药必然蜂拥而至，大大影响药品的预期收益。国内制药企业要想走向世界，积极参与药品的国际竞争，必须重视专利这一武器，才能保护自己的药品知识产权[62]。

4.2.3.2　中药领域可专利的主题

按照《专利审查指南 2010》的要求，专利权利要求的主题应当清楚地界定出权利要求的类型是产品权利要求还是方法权利要求[64]。因此，现代中药领域可申请专利的主题也可大致分为产品（组合物）和方法（包括用途）两大类。

细分到具体的现代中药领域，可申请专利的主题范围其实非常广，从原料到其成品以及过程中的任何环节，只要该技术改进能带来有益的社会效果，就能够被列入保护范围。这主要包括：①改进原有复方。为适应新病情需要，在原有复方的基础上随证进行药味的加减，或在原有复方的基础上不改变药味，但对药量进行加减，从而增强药力或改变主治。②改变药物配伍。在"君、臣、佐、使"的组方原则下形成有药用价值的新配方颗粒、新饮片或者新组合物，同时该配伍方法是一种新技术。③药物提取物。用特定工艺从单味或复方中药中提取有效成分。若该有效成分或有效部位的结构是可以被知道的，并且未被公开过，则可以申请新化合物专利保护；如果不可知，则可以通过工艺参数或方法等来申请专利进行保护，在组合物的基础上可以进一步衍生出用途和制备工艺专利。④复方的新用途。在针对复方或者中药中提取出来的有效成分发现了新的医疗用途时，可以申请用途专利保护。⑤复方的新制备方法。采用新的工艺、新的技术使中药复方的药效更佳或者制药过程更加简便快捷，同时该新工艺技术符合《专利法》中的专利"三性"的规定，也可以申请专利保护[65]。

下面就从产品、方法以及中药设备专利三方面对现代中药领域专利的撰写方法进行详述。

1. 现代中药产品专利

就产品权利要求而言，现代中药和西药在物质基础上最大的区别就是产品成分的复杂性。中药产品多数不能采用马库什权利要求，而更多地采用组合物和制备方法限定的方式，少部分也会采用参数限定的方法。对于中药中提取出的单体化合物，如可用马库什权利要求表示的，可参见本章第 4.2.2.2 节化合物的叙述。

现代中药领域有一些采用原药材作为组分限定的组合物产品专利申请，其中不包括制备方法的技术特征。从实践来看，原药材都是在本草书籍或各地药材志中有记载的，很多产品在原药材配伍上或多或少脱胎于古方或临床验方，所以此类现代中药产品几乎不可能出现开拓性发明。

相对于用制备方法限定的产品专利来说，这类发明技术特征较少，因此保护范围较大。在撰写方式上，中药的组分专利更多地会采用封闭式撰写方式，即明确各组分的组成。因为采用开放式撰写，必须得到说明书的支持。如果开放式权利要求里的组分仅仅写明了 A + B + C，而说明书里实际上没有描述除此之外的其他组分，或者是没有数据支持除此之外的组分加入会产生技术效果，则不能采用开放式的撰写方式。

由于配方中各组分的比例对配方的最终疗效有决定性作用，故而一般要求各组分有明确的比例限定。例如，专利 CN01136155.7 保护了

一种治疗冠心病心绞痛的药物，其特征在于各原料的质量分数是

丹参	63.0% ~ 94%
三七	4.0% ~ 35.0%
冰片	0.5% ~ 2.0%。

如前所述，现代中药产品中成分极为复杂，很难用明确的成分进行限定。此外，实践中常常存在来源于同一个古方或验方、原料药组成相同、比例近似的品种，由于制备过程的差异，最终可能形成物质基础不同、药效差异显著、市场价值差异巨大的完全不同的药物品种，例如复方丹参片和复方丹参滴丸。故在产品成分复杂，无法清楚限定的时候，或者是组方本身不具有创造性或创造性不够的情况下，可以采用制备方法限定产品的权利要求来满足创造性的基本要求。

例如，专利 CN200310123995.2 保护了一种复方银杏叶制剂，其特征在于，它按质量分数由下述组分构成："银杏叶提取物 30% ~ 90%，人参提取物 1% ~ 30%，川芎挥发油 1% ~ 50%"。其中各提取物采用下述方法制备而成：

银杏叶提取物：取银杏叶，粉碎，采用乙醇提取，提取液过树脂吸附，乙醇洗脱，收集洗脱液，浓缩回收乙醇得银杏叶提取物；

人参提取物：取人参，采用有机溶剂提取法得人参提取物；

川芎挥发油：取川芎，采用水蒸气蒸馏法得川芎挥发油。

在以上权利要求中，由于银杏叶提取物、人参提取物、川芎挥发油都是成分极为复杂的混合物，并且不属于含义明确的标准术语，故而在撰写方式上，可以用其特定的制备方法对各组分进行明确的限定，以满足专利授权的要求。

再如，丹参本身是传统的活血化瘀药，具有抗心肌缺血的药理作用。单纯用专利来保护丹参或者丹参的抗心肌缺血作用已经不具备新颖性。但是，可以通过特殊的制

备方法让传统中药焕发新的活力。例如，专利 CN03130862.7 保护了

　　一种具有改善心肌缺血作用的丹参滴丸，其特征在于由以下步骤制备：

　　a. 取粉碎后的丹参药材，热水提取，滤过，合并滤液，适当浓缩；

　　b. 上苯乙烯型大孔树脂吸附并用水除去杂质；

　　c. 用 90% ~98% 乙醇洗脱，浓缩回收乙醇，得丹参提取物；

　　d. 丹参提取物与适当辅料混合均匀后，加热化料；

　　e. 将混合好辅料的丹参提取物移入滴丸机滴罐，滴入低温的液体石蜡中，除去液体石蜡，选丸，即得，

　　其中，丹参提取物与辅料重量比为 1∶(2~4)，所述的辅料为聚乙二醇 4000、聚乙二醇 6000、聚乙二醇 4000 和聚乙二醇 6000 两者混合物、硬脂酸钠或甘油明胶中的一种。

　　实践中，参数限定的组合物有可能与上述两种权利要求发生重叠，比如配方比例本身就是一种数值选择，制备方法中也存在很多参数的选择。数值限定通常可以分成以下 3 种情况：①发明解决的技术问题和技术效果相对于现有技术是一般的，发明仅仅代表了一种对现有技术的进一步改进，所限定的数值范围是对现有技术的试验性优选；②发明解决的技术问题和技术效果相对于现有技术是一般的，但是数值限定带来的技术效果相对于现有技术是有显著进步的，以至于数值限定是具有关键意义的；③发明提出了和现有技术不同的技术效果，以至于数值的限定具有新的技术意义。

　　随着现代提取技术的发展，越来越多的新技术被用于中药的提取和分离，例如超声提取、色谱柱分离等。新技术的应用使我们得到了过去不曾发现的新的中药提取物，通过现代分析方法定量地还原中药提取物的物质基础，由此产生了很多来自中药的新的活性成分。这些新活性成分是非常有必要进行专利保护的，比如治疗疟疾的青蒿素最初就是从中药青蒿中提取出的。但是，这类结构明确、组成单一的活性成分，在使用上其实已经完全脱离了中医药的理论体系。因此在专利撰写以及 "三性" 判断上，应该是按照化合物的标准（具体参考第 4.2.4.2 节），本节不再单独论述。

　　现代中药领域还有一类制剂专利。中药制剂是指中药成方制剂，具有一定的处方组成和辅料，其中，活性成分是中药的提取物或者组分。根据国家药品监督管理局关于发布《中药注册分类及申报资料要求》（2020 年第 68 号）的通告的要求，中药制剂的注册分为 4 类，其分类均涉及技术创新。其中，第 1 类（中药创新药）、第 2 类（中药改良型新药）、第 3 类（中药复方制剂）均大量涉及创新和专利保护的问题。中药制剂专利保护需要提供完整的技术信息、药物组成、制备方法和其解决的技术问题以及相对现有技术作出的贡献。从撰写方式上看，制剂专利通常融合了组方和制备方法的技术特征，如果是新剂型，则可能还会带来新的功能。

　　2. 现代中药方法/用途专利

　　就方法权利要求而言，最常见的权利要求类型有产品制备方法和产品检测/鉴定方法两类。制备方法如前所述组合物的制备方法，通常会和产品专利写在同一件申请中

提交，可能作为一件申请中的不同独立权利要求，也可能成为同一申请的同一权利要求中的不同技术特征。在前一种情况下，制备方法权利要求即使制备特征比较常规，通常也会因为其引用的产品/组分权利要求具备创造性而其本身也获得了创造性。例如，专利 CN01136155.7 的权利要求 10，保护了该组合物的制备方法：

根据权利要求 1~5 任一所述的治疗冠心病心绞痛药物的制备方法，其特征在于它是采取如下步骤：

步骤一：取经粉碎的丹参、三七药材，加热提取 2~4 次，提取温度为 60~100℃，煮提液滤过，合并滤液，并将滤液浓缩；

步骤二：在浓缩液中加入乙醇，使乙醇浓度为 50%~85%，静置，上清液滤过，滤液回收乙醇，浓缩为相对密度为 1.15~1.45 的浸膏；

步骤三：将上述所得浸膏与冰片及辅料聚乙二醇混合均匀后，滴制成丸。

这属于典型的"假从属、真独立"的权利要求，是引用其他独立权利要求的并列的独立权利要求，保护范围实际上包括被引用权利要求的所有技术特征。因此在其被引用的权利要求（组方）本身具备创造性的前提下，这类权利要求通常也具备创造性。

此外，还有药材的炮制方法。中药原材料多来自动植物，中医药发展千年积累了一套独特的炮制方法。然而，炮制技术在"尊古方古法"的基础上，还需要开发一些效率更高、更适合工业生产环境批量使用的方法。这类新的方法，可以用专利保护。但是，撰写的时候应该特别注意新法与古法的对比试验的设计和数据统计，以突出方法改进的技术效果。例如，专利 CN201410058784.3 保护了：

一种丹参的炮制方法，其特征在于，包括如下步骤：

（1）丹参去除杂质和残茎，洗净，晾干；

（2）取丹参质量分数 2.0%~5.0% 的碱，加 0.5~2ml/g 丹参量的水溶解成碱水，加入丹参，闷润 12~48h，至透心；

（3）取出后干燥至水分≤13.0%，干燥温度为 40~80℃；

其中步骤（2）所述的碱为碳酸氢钠。

在说明书中，发明人主要对加入碱水的量和碱水配制体积进行了筛选，得出了最佳参数；比较了《中国药典》载传统炮制方法和该发明提供的加碱水闷润烘干法在炮制之后丹参饮片中有效成分丹参素的含量，认为新法可以大大提高饮片中丹参素的含量。而丹参素本身为小分子，相对于其他有效成分更易透过血脑屏障，发挥药理作用，该新法因取得了意想不到的技术效果而被授权。

检测/鉴定方法通常不涉及产品生产，但发明授权后可能成为该品种的技术标准。药品技术标准不仅能保证药品的安全有效、质量可控，而且可以作为企业进行市场竞争的手段甚至成为国际贸易的通行规则。如果通过专利权去控制药品技术标准，使药品技术标准成为专利的一种外在扩张，那将是非常具有实践意义的。在中药制剂技术领域的质量控制方法中，中药的指纹图谱或者特征图谱及其建立方法是非常常见的专利类型。这种类型的专利使用的手段虽然是通用的技术手段，但是由于针对特定的制剂组分，在色谱分离中固定相和流动相的选择、洗脱液的配制、洗脱时间和浓度的控制等方面，都需要付出创造性的劳动，才能达到清晰分离的技术效果，因此具有可专利性。

例如，专利 CN201210100704.7 提供了一种柴胡浸膏中皂苷类成分的高效液相色谱检测方法，其特征在于，供试品采用固相萃取柱预处理，色谱条件为采用 C18 色谱柱，流动相为乙腈 - 水梯度洗脱，检测器为二极管阵列检测器，其中，供试品预处理过程为：取柴胡浸膏用水溶解并稀释，上固相萃取柱 HyperSepC18，用 20% 乙腈水溶液淋洗后，再用 50% 乙腈水溶液洗脱并收集洗脱液，过 $0.22\mu m$ 有机膜。上述专利方法，可同时测定柴胡滴丸浸膏中 4 种柴胡皂苷的含量。此方法操作简便，检测结果具有很好的线性、重复性、重现性和回收率，结果准确可靠，能够对柴胡滴丸质量进行较为全面的控制。这类申请通常应当给出详细的检测参数筛选过程，否则容易被认为常规手段的任意组合而影响创造性。

现代中药领域中还存在产品的用途发明，从类型上可以归入广义的方法发明。如果物质的医药用途是用于诊断或者治疗疾病，则属于《专利法》第 25 条第 1 款第（3）项规定的情形，不能被授予专利权。但是用它们制造药品，可以依法被授予专利权。现代中药用途发明可以是新产品的用途发明，也可以是已知产品的用途发明。对于现代中药新产品的用途，也就是通常所说的第一医药用途，实践中通常的撰写方式是产品权利要求和用途权利要求作为不同的独立权利要求在同一件申请中提出，或者是直接写作"一种具有……作用的组合物，包括如下组成部分：……"，而不再单独用独立权利要求限定用途。实际上，新产品用途发明的创造性是否成立往往取决于产品本身的创造性是否成立。现代中药已知产品的用途，即第二医药用途或者进一步的医药用途，如果不能从产品本身的结构、组成、分子量、已知的物理化学性质以及现有用途显而易见地得出或者预见到，而是利用了产品新发现的性质，并且产生了预料不到的技术效果，则可认为这种已知产品的用途发明具备创造性。例如，以岭药业的连花清瘟系列制剂，通过申请很多用途权利要求实现延伸保护（参见第 4.2.2.3 节）。根据目前的审查实践，现代中药医药用途发明通常需要提供比较完善实验数据来说明技术效果，包括药品的组成和制备过程、药理实验的方法和结果、临床实验方法和结果等，仅仅提供类似于传统中药零散的临床病例报告之类的数据资料已经很难达到审查标准。

3. 现代中药设备专利

现代中药领域不仅包括以上两种主要的专利类型，还可能包括更为广泛的主题类型，例如药品的特殊使用设备、特定生产设备等。这些专利更多地涉及机械设计和制造领域，主要的发明点在于机械部件以及部件之间的空间位置安排、最终实现使用方便或者生产顺畅的技术效果。

例如，专利 CN200910228137.1 保护了一种滴罐及滴丸机，"该滴罐包括由罐壁和罐底围设而成的罐体"。通过这种装置，在滴丸剂加工过程中可以实现"加热均匀、加热温度恒定""加热面积大""避免料液因温度降低而凝固"的技术效果，实现连续生产且生产效率高，具体如图4-2-14所示。

中药生产设备的专利在撰写方式和"三性"判断上，更接近机械领域的方式和判断标准，并且可以（同时）申请实用新型专利。更多细节可以参照《专利审查指南2010》第一部分第二章第5～13节的相应部分，在此不再赘述。

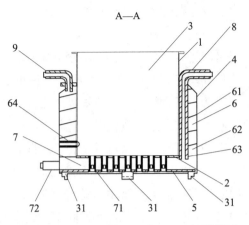

图4-2-14 CN200910228137.1专利附图

对于现代中药来说，核心专利是指产品专利，特别是核心组方、新提取部位和新提取物。在特殊情况下，一些方法专利同样也可以起到核心专利的作用。例如，一些生产方法、检测方法专利在被纳入药品标准的情况下，也可以成为仿制药企业无法回避的障碍专利。一旦市场上出现侵权产品，可以使用核心专利直接进行专利诉讼并赢得诉讼，从而制止侵权。

与核心专利相对应的，外围专利是指在核心专利基础上布局的一些辅助专利，通常是方法专利或用途专利，也包括一部分防御性公开的产品专利和质量标准专利。对于复方中药来说，可以根据中医理论指导，围绕核心处方加减主动进行一些改进，设计出一系列与核心专利技术相近似的技术，以防止他人通过改变核心专利技术的部分特征而绕开核心专利的保护范围实现获利。

4.2.3.3 中药专利布局案例

1. 现代中药——连花清瘟制剂

连花清瘟胶囊（颗粒）是以岭药业的代表性现代中药产品，由连翘、金银花、板蓝根、大黄、广藿香、贯众、红景、薄荷脑、麻黄、杏仁、鱼腥草、甘草、石膏为原料药制成。其为非典疫情（SARS）期间国家食品药品监督管理局（SFDA）快速审批通道批准的中药复方药物，具有广谱的抗病毒能力。连花清瘟胶囊（颗粒）自上市以来，累计销售额超30亿元，已被国家20余个指南、共识、诊疗方案推荐用于感冒、流感、禽流感、非典型肺炎、中东呼吸综合征（MERS）等呼吸疾病的治疗，治疗流感已通过循证医学的验证。"连花清瘟治疗流行性感冒研究"项目荣获国务院颁布的"2011年度国家科技进步二等奖"。2015年，连花清瘟通过了美国FDA的II期临床批复，这是我国第一个进入FDA临床研究的治疗流行性感冒的中药复方。2020年4月，国家药品监督管理局批准连花清瘟胶囊（颗粒）新增适应证：在新型冠状病毒性肺炎（COVID-19）的常规治疗中，可用于轻型、普通型引起的发热、咳嗽、乏力[66,67]。图4-2-15展示了连花清瘟2003～2020年的一系列事件[68]。

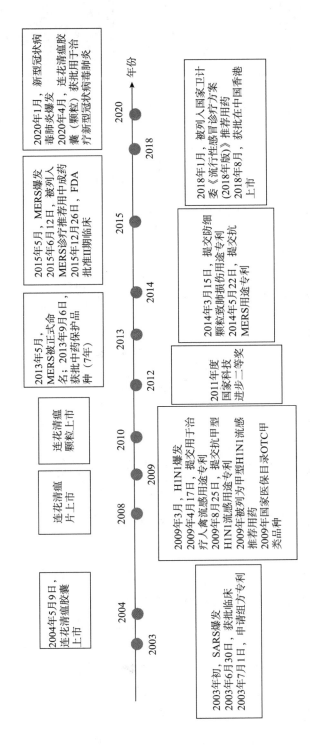

图 4－2－15　连花清瘟 2003～2020 年系列大事件汇总

2004年5月9日，连花清瘟胶囊上市

连花清瘟片上市

连花清瘟颗粒上市

2013年5月，MERS被正式命名；2013年9月6日，获批中药保护品种（7年）

2015年5月，MERS爆发
2015年6月12日，被列入MERS诊疗推荐用中成药
2015年12月26日，FDA批准II期临床

2020年1月，新型冠状病毒肺炎爆发
2020年4月，连花清瘟胶囊（颗粒）获批用于治疗新型冠状病毒肺炎

年份

2003年初，SARS爆发
2003年6月30日，获批临床
2003年7月1日，申请组方专利

2009年3月，H1N1爆发
2009年4月17日，提交用于治疗人禽流感用途专利
2009年8月25日，提交抗甲型H1N1流感用途专利
2009年被列为甲型H1N1流感推荐用药
2009年国家医保目录OTC甲类品种

2011年度国家科技进步二等奖

2014年3月15日，提交防细颗粒致肺损伤用途专利
2014年5月22日，提交抗MERS用途专利

2018年1月，被列入国家卫委《流行性感冒诊疗方案(2018年版)》推荐用药
2018年8月，获批在中国香港上市

诞生于 SARS 肆虐时期的连花清瘟，其专利布局的展开得益于技术价值的构建并紧随社会热点。如图 4 - 2 - 16 所示，SARS 之后，伴随 H1N1、MERS 的暴发以及雾霾肆虐，以岭药业均紧抓社会热点，开展技术研究并且进行专利布局。截至 2019 年 10 月，根据已经公开的数据，以岭药业围绕连花清瘟产品共申请了 55 件专利。其中绝大多数（71%）为用途专利，其次为检测方法专利。

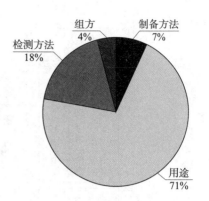

图 4 - 2 - 16　连花清瘟在不同技术主题的专利布局

连花清瘟最早的组方专利为 2003 年 7 月 1 日申请的 CN03143211.5，之后围绕该核心基础专利，从新的药物组方、制药用途、制备方法、分析检测方法以及生产装置等方面构建其外围专利保护网。早期的布局侧重于根据社会热点及时跟进的用途专利申请，近几年开始布局检测方面的申请，如图 4 - 2 - 17 所示。

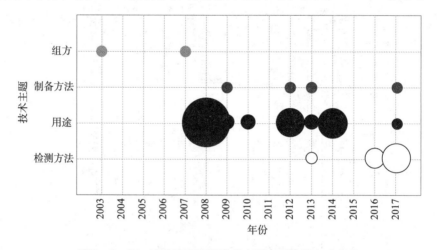

图 4 - 2 - 17　连花清瘟不同技术主题专利申请年度变化

注：图中圆圈大小表示申请量多少。

针对医药用途，申请人从病因、病理、病症、部位等角度进行布局，从病原体、抗病机理、患病部位、患病症状等多个角度布局了医药用途，例如专利 CN200810223017.8 用于水痘治疗（授权），专利 CN200810225995.6 用于流行性腮腺炎治疗（授权），专利 CN200810117302.1 用于治疗手足口病（授权），专利 CN200810104909.6 用于急慢性支气管炎治疗（授权），专利 CN200910082162.3 用于人禽流感治疗（授权），专利 CN200810117303.6 用于荨麻疹治疗（授权），专利 CN200910075211.0 用于抗甲型 H1N1 流感病毒治疗（授权）等。在制备方法主题中，连花清瘟活性成分的制备过程结合了无极陶瓷膜分离技术、连续长生逆流提取技术以及薄荷脑胶体磨包合技术等中药领域先进的平台技术，从干燥、提取、分离等环节及成分优化的角度进行专利布局。

在检测方法方面，针对主要活性成分连翘酯苷 A 和绿原酸等，由单次检测单种成分到利用指纹图谱等方法实现一次检测多种成分。

2. **植物提取物——威玛舒培博士公司银杏制剂**

银杏又名白果树，有"活化石"之誉，是原产于我国的药用植物，唐朝时，我国已经收入本草书籍中了。银杏药用虽源于我国，但近代研究开发却被国外掌控，特别是德国、法国等欧洲国家。银杏叶提取物从 20 世纪开始至今经历了 4 代。

第一代：制剂有效成分含量低于 16%，只能作为保健品，例如银杏叶茶，尚不属于药品领域。

第二代：有效成分为 16% 银杏黄酮。

第三代：有效成分为 24% 银杏黄酮，药理作用为清除自由基。

第四代：提取浓缩比例为 50∶1；银杏叶酸含量 <5ppm；含 24% 银杏黄酮、6% 萜类（3.1% 银杏内酯、2.9% 白果内酯）。药理作用为清除自由基、拮抗血小板活化因子、保护神经细胞。

提到银杏，不得不提到著名的德国制药企业威玛舒培博士公司（Schwabe）。威玛舒培博士公司首次注册、成功上市了全球第一种银杏叶提取物制剂，商品名为 Tebonin（金纳多），这也是第一种现代意义上的植物药制剂。目前世界上多数厂家的银杏制剂属于第三代产品，而只有威玛舒培博士公司的金纳多符合第四代产品的标准。

图 4-2-18 能够大致看出威玛舒培博士公司近半个世纪以来针对银杏叶相关制剂的三维专利布局策略[69]。

（1）技术维度：进入药用领域，随着每一代银杏叶制剂的推出，威玛舒培博士公司都做了相应的专利申请。每一代制剂的基础专利都是以产品和制备方法为保护主题的。这样可以有效覆盖产品，保护力度最强。产品升级到第四代，随着竞争对手日渐增多，早期的基础专利已经纷纷到期，单纯从产品的角度已经渐渐无法独占市场。于是，威玛舒培博士公司将研发重点放在了高端产品上，也就是对技术要求更高的注射剂，从提高产品稳定性和纯度、降低不良反应、挖掘新应用价值的角度，开发第四代产品的高端产品金纳多注射剂，并进行专利布局。通过产品升级和有效的专利布局，威玛舒培博士公司应该还能至少在未来的银杏制剂高端市场垄断很长一段时间。

（2）时间维度：威玛舒培博士公司在早期第一代银杏产品的时候，并没有作任何专利布局，那时候产品仍徘徊于药品门槛之外，技术含量不高，利润有限，仿制也很容易。但是，随着研发深入，发现了药用价值，威玛舒培博士公司开始强化专利布局的力度，第二代、第三代（Tebonin 糖衣片及滴剂）产品都有能很好地覆盖到产品的专利申请。并且第三代产品核心专利之后的十多年，都没有新的专利再出现，充分体现了药品专利少而精的布局特色。直到 1983 年，威玛舒培博士公司申请了一件涉及"含具有协同作用的白果内酯和黄酮的银杏提取物及其治疗神经疾病的用途"的专利。现在看来，这件专利其实释放了一个信号：威玛舒培博士公司并没有满足于第三代产品

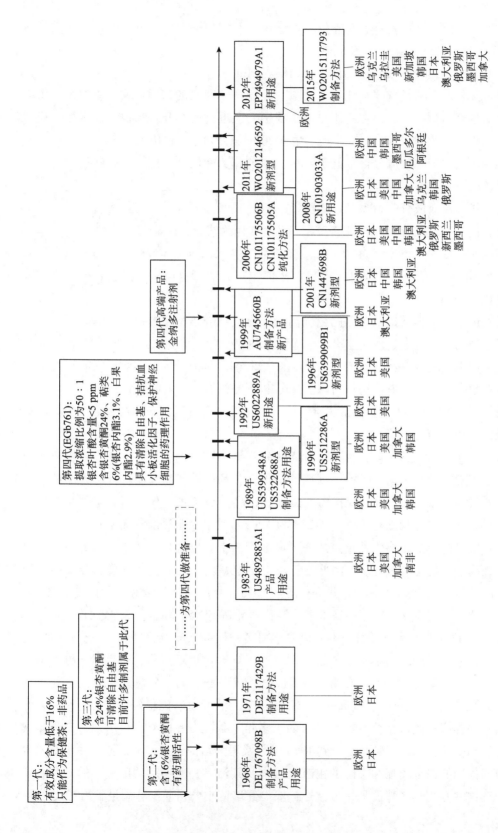

图 4 - 2 - 18　威玛舒培博士公司针对银杏叶制剂的三维专利布局策略

带来的利润，仍在继续研发。事实上，威玛舒培博士公司从 1969 年就已经和当时同样在本领域研发实力非常强的法国家族制药企业 Beaufour Ipsen 形成了盟友关系，合作致力于银杏制剂高端产品，特别是注射剂的开发。但是威玛舒培博士公司并没有急于将所有研究结果立刻申请专利，而是以技术秘密的方式保护起来，待到第四代产品已经成熟，才伴随着产品上市开始有计划的专利布局。更为巧合的是，1989 年，第四代产品核心专利申请之时，第一代产品核心专利保护期已经届满，而第二代产品核心专利也即将到期，此刻的申请，恰好在时间上很好地接续了老一代专利，延续了产品的独占期，使威玛舒培博士公司的产品能继续垄断 20 年。

（3）地域维度：欧洲是威玛舒培博士公司的大本营，而日本也是比较早深入研究植物药的国家。显然，这两个地区应该是威玛舒培博士公司最早也是最核心的市场范围，始终是其专利地域布局的重点。随着时间的推移，产品更新换代，新产品产生了巨大的商业价值，并逐渐被国际市场接受。特别是在 1994 年，威玛舒培博士公司针对第四代产品所设立的企业标准被德国食品药品委员会采纳，成为国家标准，之后又被确认为欧盟标准，后来，美国药典、中国药典相继参照欧洲药典的相关标准对银杏叶提取物的质量进行了规定。威玛舒培博士公司的企业标准几乎成为全球的通用标准，这大大刺激威玛舒培博士公司产品在全球范围的销售。于是威玛舒培博士公司将其专利逐渐走向北美地区、东亚地区、大洋洲、南美洲。以中国为例，威玛舒培博士公司在 2001 年之前并没有在我国申请专利，随着产品登陆我国，其在我国的专利布局也逐渐展开。但是当时由于国际银杏叶制剂的热销，国内对银杏的研究已经风生水起，专利申请已经有一定的数量，于是威玛舒培博士公司以技术秘密的方式将杂质"银杏叶酸"的含量控制在 1ppm 以下的方法加以保护，通过对原料生产商的监控来控制产品稳定性。这事实上排除了我国众多仿制厂家，牢牢控制了国内高端产品市场。近年，该公司的专利布局开始向俄罗斯和拉美国家展开，反映了其市场还在进一步扩张。

威玛舒培博士公司以研发为基础，运用专利布局策略，让其在银杏制剂领域始终保持独占优势，成功阻击了其他竞争者。

4.2.4　生物制品

4.2.4.1　生物制品分类

按照《药品注册管理办法》（国家市场监督管理总局令第 27 号）第 4 条的规定，生物制品注册按照生物制品创新药、生物制品改良型新药、已上市生物制品（含生物类似药）等进行分类[6]。一般情况下，我们将生物制品也称为生物药物。进一步地，将生物制品的分类细分如下：①基因工程药物（基因疫苗或药物），如激素类及神经递质类药物、细胞因子类药物、酶类及凝血因子类药物；②抗体工程药物，主要包括多克隆抗体、单克隆抗体、基因工程抗体、抗体药物偶联物；③血液制品药物，如蛋白质制品、凝血因子类制品；④疫苗和/或佐剂，如灭活疫苗、减毒活疫苗、类毒素及新型疫苗、偶合疫苗变更新的载体；⑤诊断试剂，主要包括体内诊断试剂、体外诊断试剂；⑥基因治疗、体细胞治疗及其制品；⑦变态反应原制品；⑧微生态制品。

目前，世界卫生组织（WHO）已经确立了单克隆类药物的国际非专利药品名称（INN）命名规则，公布了涉及单克隆抗体类药物的 INN 前缀、词干与释义。2018 年底，国家药典委员会发布了《生物制品通用名命名指南》，对生物制品通用名命名进行规范，规定治疗性生物制品的通用名称原则上应采用 INN + 生物技术药物限定符（BQ），不再沿用传统的结构或功能描述性的通用名称。对于已批准上市、采用传统通用名称的治疗性制品，如回顾性采用 INN，应证明符合 INN 特定品种下对其结构和作用机制的相关描述，这也被认为中国生物技术药物从传统命名向 INN 中文名的过渡。

4.2.4.2　生物制品的专利类别

根据上述生物制品的分类，生物制品专利具体涉及的技术领域包括但不限于：蛋白质工程、微生物、基因、抗体、疫苗、生物芯片、引物等。更具体的挖掘点涉及有药学活性的新的蛋白质、多肽、短肽、抗体、融合蛋白、蛋白质晶体、能生产药物的微生物、已知微生物的突变体、微生物发酵技术、核苷酸、基因片段、基因序列的突变、融合序列、单克隆抗体、多克隆抗体、基因工程抗体、疫苗、生物芯片、引物、基因治疗使用的载体和含有载体的宿主细胞等方面。

生物制品专利可以分为产品专利和方法专利。亦可以根据生物制品类别及其研发脉络或模块，进一步将生物制品专利保护的主题细分为：

（1）目标基因产物的 DNA 编码序列、目标基因产物的多肽类似物 DNA 编码序列、用于目的基因表达的引物序列、用于目的基因表达的载体、含有重组载体的宿主细胞、目标基因的生产方法、目标基因产物的氨基酸序列、目标基因产物的生产方法、目标基因产物的医药用途、用于某种宿主细胞表达的特定引物序列、特定启动子、特定载体、含有重组载体的特定宿主细胞、用于检测目标基因的基因探针、含有目标基因产物的药物组合物；

（2）抗原表位、抗体序列、抗体纯化方法、抗体制剂、联合用药、医药用途；

（3）血液制品、血液制品分离纯化方法、血液制品检测方法；

（4）编码目标蛋白的 DNA 分子、融合蛋白、佐剂、多联疫苗、疫苗制剂、制剂稳定技术、蛋白纯化、疫苗制备、疫苗医药用途；

（5）采集/纯化/给药装置设备、病毒灭活方法等。

4.2.4.3　生物制品的专利挖掘与布局

对于立足于新平台并进行技术转移的生物制品制药企业，在专利布局的着眼点为加快平台技术开发，尽量将平台技术进行扩展并在专利布局上获得最大范围的专利保护，从而有利于技术转让或许可并获得最大收益；对于立足于创新药的生物制品制药企业，在专利布局时应挖掘布局新靶点，衡量抗原表位专利的可行性，考虑如何通过序列专利使产品获得最大保护，布局制剂专利、工艺专利、分析方法专利及其他专利的时机和布局其他可能的实用新型专利。在专利规避设计中，应重点注意对他人已申请或授权的通用纯化工艺专利、制剂专利等进行规避和突破。对于立足于生物类似药的生物制品制药企业，着眼点应主要在于对原研药已布局的专利进行规避设计。首先，需要对原研药专利进行详细的检索和分析并根据分析结果作出规避、递交公众意见或无效宣告的策略，其次，根据研发进展随时对工艺、检测方法等专利进行布局，从而为研发的生物类似药上市销售保驾护航。

生物制品领域的专利申请应根据研发和注册进展决定专利申请策略，从抗原表位、氨基酸序列、制药用途、工艺、联合用药、检测方法等全面布局专利申请。对于抗原表位专利申请，应尽量利用实施例证明所述抗体和所述抗原表位结合；对于序列专利申请，如果想用同源性来保护尽量多的序列，那么需要足够多的实施例来支持同源性限定。另外，随着例如 CAR－T、TCR－T、CRISPR 等生物新技术的兴起，进入这些领域的企业如何布局专利也是知识产权管理的新问题。对于 CAR－T 而言，可以先从靶点和适应证进行布局，也可以布局 CAR 结构改造、T 细胞改造及联合用药专利；对于 CRISPR/Cas 而言，则需关注系统改进和序列优化及修饰等方面，国内企业需在已有技术上进行二次创新来开展专利布局，从而获得竞争优势。

本小节重点讨论多肽或蛋白质、疫苗、抗体、血液制品的专利挖掘与布局。

1. 多肽或蛋白质

随着生物科学技术的进步，多肽或蛋白质类药物已经广泛用于多种疾病的治疗，如生长素、胰岛素、干扰素。目前生物制品的生产基本从传统的提取分离，转化为采用基因工程技术获取。通过基因拼接技术和基因重组技术，以分子遗传学、分子生物学和微生物学等为理论基础和手段，按预先设计，将不同来源的基因在体外构建后导入活细胞，改变微生物原有的遗传特性，获得新品种，生产新产品。

一般多肽或蛋白质类药物的研发或生产过程可简化为：工程菌的构建、菌种繁殖、发酵培养、提取、纯化等步骤。每个步骤中根据实际开发对象的类别特性，又涉及多个相似或独特的步骤，在专利挖掘和布局上，具体可以考虑但不限于：编码多肽或蛋白质的核苷酸序列及获得该核苷酸序列的方法、表达载体及获得该载体的方法、宿主、获得该宿主的方法、将该基因导入宿主的方法、选择性收集转化体的方法、纯化多肽或蛋白质的方法，以及鉴定所获得的多肽或蛋白质的方法等。另外，还可以视情况考虑一些外围专利，如各步骤中所用酶处理方法、活性测定方法、修饰方法等，后期也可以开展一些组合物、药物联用的专利挖掘和布局。

从保护力度和侵权难易度来看，核心专利优选多肽或蛋白质及其制剂等产品专利，或其核苷酸序列专利。该类专利一般是通过限定氨基酸序列或编码所述氨基酸序列的结构基因的碱基序列，或通过对氨基酸或核苷酸的突变位点或改造位点进行归纳总结，以马库什权利要求的形式进行撰写，以争取较大的保护范围，获得较为全面的保护；或在突变序列研究的基础上，找寻突变位点与技术效果的关系，采用"取代、缺失或添加"与功能相结合的方式进行限定。

下面以利拉鲁肽为例进行分析。

利拉鲁肽（Liraglutide，商品名为诺和力、Victoza）是诺和诺德开发的一种肽类降糖药，为长效人胰高糖素样肽 -1（GLP -1）类似物，用于治疗糖尿病。利拉鲁肽最早于 2009 年 7 月在欧盟上市；2011 年 4 月，中国国家食品药品监督管理局批准其用于治疗成人 II 型糖尿病，同年 10 月，正式在中国上市。利拉鲁肽先后还在日本、美国等多国获得批准上市，其中，2014 年 8 月，其作为治疗 II 型糖尿病与胰岛素或其他口服糖尿病药物联用也在日本被批准。该药在其他适应证方面的应用也有一定的进展，包括潜在用于治疗睡眠呼吸中止症、肥胖、I 型糖尿病、阿尔茨海默症、不含酒精的脂肪肝炎、糖尿病性视网膜病变等。2013 年 12 月，就利拉鲁肽（3mg）用于治疗肥胖症或超重患者并发症的适应证，诺和诺德在欧盟提交了药品上市许可申请（MAA），2015年 1 月，获得了欧洲药品管理局（EMA）人用药品委员会（CHMP）的批准；而 2014年 12 月，美国 FDA 也批准了利拉鲁肽用于治疗肥胖症。由此可以看出，利拉鲁肽是一种非常成功的 GLP -1 类似物药物，无论是技术宽度还是地域广度诺和诺德对其相关技术都进行了全面布局。

从美国 FDA 橙皮书可以看出，与利拉鲁肽上市产品直接相关的专利，是从涉及利拉鲁肽具体结构的核心专利开始，后续对利拉鲁肽上市制剂，以及与利拉鲁肽相配合使用的注射器等专利进行了全方位的布局。该药最早于 2009 年上市，而利拉鲁肽的结构专利在 1997 年已经提出正式申请，可以看出专利布局是早于上市时间近十年就开始了，并且随着研发的进展，形成一个持续的布局过程，具体如图 4 - 2 - 19 所示。

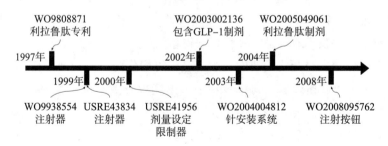

图 4 - 2 - 19　利拉鲁肽橙皮书核心专利布局

除此之外，诺和诺德后续针对 GLP -1 作了大量研究，布局了其他多种类型的外围专利。也正因研发的延续和专利布局的扩展，才有了后面治疗效果更明显、更具市场竞争力的索玛鲁肽；在利拉鲁肽被竞品杜拉鲁肽全速追赶的情况下，索玛鲁肽将帮助诺和诺德巩固其在 GLP -1 市场的优势[70]，具体如图 4 - 2 - 20 所示。

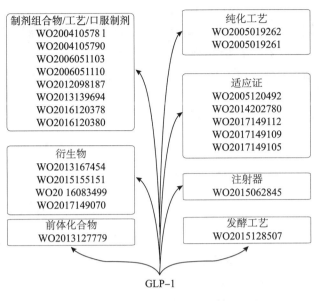

图 4 - 2 - 20　利拉鲁肽外围专利布局

2. 疫苗

疫苗是用各类病原微生物制作的用于预防接种的生物制品。传统疫苗是将病原微生物及其代谢产物，经过人工减毒、灭活等方法制成的，包括减毒活疫苗、灭活疫苗等；新型疫苗是采用生物化学合成技术、人工变异技术、分子微生物学技术、基因工程技术等现代生物技术制造出的疫苗，包括基因工程亚单位疫苗、重组疫苗、合成肽疫苗、基因工程载体疫苗、核酸疫苗和抗独特型抗体疫苗等。

针对传统疫苗，可从疫苗株及其组合物、制剂、减毒/灭活技术和系统、修饰/制备方法、用途等布局核心专利，也可从分析、纯化、处理、保存方法，以及菌株/毒株培养、菌株/毒株毒理检测等进行外围专利布局。而对于由转基因等手段获得的新型疫苗，专利布局还可涉及多种生物化学合成技术、人工变异技术、分子微生物学技术、基因工程技术等。在研发生产过程中，采用技术手段，解决了现有技术的问题，达到了技术效果的技术方案，在确定不进行技术秘密保护的前提下，都可纳入专利布局考虑范围进行评估。该原则也可适用于其他类型技术的专利布局。

疫苗类专利权利要求的撰写方式因疫苗涉及病原微生物不同以及疫苗改造的方式不同而异。例如，对于包含减毒病毒毒株的疫苗，可从去优化和非去优化基因进行限定入手（CN201780084468.5），或对病毒缺乏的功能基因进行限定（CN201580032193.1）；对于荚膜多糖类疫苗，如从对所述肺炎链球菌血清型 6A 荚膜多糖的平均大小进行限定入手（CN201680061235.9）；对于通过插入外源性抗原编码序列的病毒载体，可对外源抗原编码序列、插入位点等进行限定描述（如 CN201780057858.3），也可直接对核苷酸序列，或核苷酸的突变类型、位置等进行描述限定。

3. 抗体

随着生物工程技术的发展，生物制品尤其是抗体药物在全球制药产业中占据了越来越重要的地位。近年来全球销量排名前十的药物中有一半以上是抗体药物，全球在研的生物制品药物中有 75% 以上是抗体药物。

单克隆抗体是针对某一特定抗原表位、高度均一的抗体，是由单一 B 细胞克隆产生的，通常采用杂交瘤技术，是在细胞融合技术的基础上，将具有无限繁殖能力的骨髓瘤细胞和具有分泌特异性抗体能力的致敏 B 细胞融合。抗体药物具有特异性强、疗效显著及毒性低等特点，在肿瘤、自身免疫病、心血管疾病等多个领域都取得了巨大的成功。

具体地，对于新型单克隆抗体，可在抗体结构、宿主细胞株、抗体制剂三个方面进行核心专利布局；还可根据研发进展，适当地对纯化方法、培养方法等技术进行外围专利布局。针对第一种进入市场的产品，企业完全可以通过制定行业标准，将使用的技术方案进行专利申请，将这些专利技术与行业标准捆绑，不但可有效地延长专利保护期，还易了解他人是否使用了专利技术，特别是与生产非常相关的方法类技术。该原则也适用于其他类型专利的布局。

为了使抗体专利获得较大的保护范围，一般可依次通过限定轻链 CDR 区的序列，限定重链 CDR 区的序列，通过对 FC 区的序列有层次的限定，以得到一个合理的抗体的保护范围。这样不仅对具体产品进行了专利保护，而且只要与该专利产品相同 CDR 区的抗体便会落入上述专利的保护范围内，从而阻碍了竞争对手。

下面以阿达木单抗为例进行分析。

阿达木单抗（Adalimumab，商品名为修美乐、Humira）是艾伯维（AbbVie）公司开发的一种抗人肿瘤坏死因子（TNF）的人源化单克隆抗体。2002 年 12 月，阿达木单抗首次在美国获批上市，用于治疗类风湿关节炎、强直性脊柱炎；截至 2015 年，阿达木单抗在全球范围内被批准的适应证已扩展到 13 个；仅 2017 年，阿达木单抗的全球销售额就达 180 亿美元以上，比 2016 年增长了近 15%。艾伯维对于这样一个重磅型药物的专利布局也是煞费苦心，尽管目前核心序列专利 WO1997029131 已经到期，但是与其相关的外围专利的到期日覆盖到 2028～2030 年，显著延长了阿达木单抗的专利生命周期[71]。阿达木单抗的专利技术布局路线如图 4 - 2 - 21 所示。

4. 血液制品

血液制品为源自人类血液或血浆的治疗产品。目前我国的血液制品主要有：白蛋白类、免疫球蛋白类、凝血因子类三大类。除了从人血液中分离纯化外，随着基因技术的不断成熟，越来越多的企业正利用基因工程、微生物重组表达等技术对这些结构、作用机理清楚的血液制品，如人血白蛋白，进行开发研究，以期能够摆脱血源短缺、病毒、微生物干扰等，从而能对其进行大规模生产，或优化其作用，或提高如稳定性等性质。

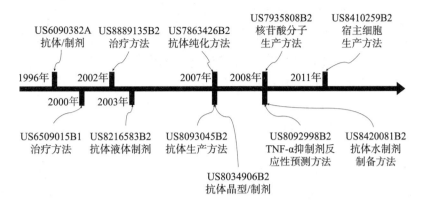

图 4-2-21　阿达木单抗专利布局路线

目前已知的血浆蛋白有 200 多种，因血浆蛋白间存在相似生物学性质，针对通过从血液中进行分离纯化得到的血液制品，目的蛋白分离纯化技术成为控制该行业发展的技术难点之一。该类血液制品的技术主要涉及分离纯化、除杂、用途、检测、存储等方法以及相关装置、包装等；企业可根据自身技术所处本技术领域的发展阶段，再结合现有技术，进行相应技术的专利布局。针对通过基因重组等技术获得的各类蛋白，专利挖掘与布局可以参考多肽或蛋白质一节。

4.2.4.4　相关案例

1. 抗原表位

在当前医药知识产权实践中，可以对抗原表位进行专利保护。

【案例 4-5】

专利申请号：CN200880013440.3

发明名称：骨桥蛋白的功能表位，针对该单位的单克隆抗体及它们的应用

申请人：上海抗体药物国家工程研究中心有限公司

申请日：2008 年 3 月 25 日

公开号：CN101679485A

授权公告号：CN101679485B

法律状态：失效（未缴年费）

该申请提供了骨桥蛋白（OPN）的功能表位、与表位特异性结合的单克隆抗体、包含单克隆抗体的免疫偶联物以及单克隆抗体或免疫偶联物在制备治疗肿瘤的药物中的用途，还提供了编码单克隆抗体的核苷酸序列以及包含该序列的载体和宿主细胞。CN101679485B 的权利要求 1 保护了一种骨桥蛋白的功能表位，其特征在于，所述功能表位为 NAPS，该专利的说明书中描述了通过噬菌体克隆与抗体结合能力分析和抗体识别表位的测序及序列分析确定功能表位。

专利申请号：CN201210198873.9

发明名称：肉毒毒素的功能表位、与其特异性结合的单克隆抗体及其应用

申请人：上海抗体药物国家工程研究中心有限公司

申请日：2012 年 6 月 15 日

公开号：CN103509086A

授权公告号：CN103509086B

法律状态：授权

该专利申请的权利要求 1 请求保护：一种肉毒毒素 BoNT/B Hc 功能表位 FYQ＊I，＊可以是任意氨基酸。在实质审查过程中，审查员认为"通过噬菌体随机肽库和序列对比找出的出现频率较高的同源区域仅仅是推测……肉毒毒素蛋白是在一维氨基酸序列基础上通过 α 螺旋、β 折叠等形成的特定空间结构，一段连续的仅由 4 个氨基酸序列组成的片断是否能够构成功能线性表位是难以预先确定和评价的……"本领域技术人员难以预料该区域能实现怎样的技术效果，是否具有免疫活性，能否解决发明所要解决的技术问题。该申请最终授权保护的权利要求 1 为：抗肉毒毒素的单克隆抗体，其重链可变区氨基酸序列为 SEQ ID NO. 16，其轻链可变区氨基酸序列为 SEQ ID NO. 18。CN201210198873.9 的抗原表位未能获得授权，最后授权的是抗体序列专利。CN201210198873.9 与 CN200880013440.3 为同一申请人，主要发明人也是一个团队，两者对抗原表位的确定及检测方法也基本一致，但申请日相差 4 年多。CN200880013440.3 的抗原表位权利要求获得授权，而 CN201210198873.9 抗原表位权利要求未获得授权且仅抗体权利要求获得授权。同时，审查员认为需要实施例证明该区域（要保护的抗原表位）是否具有免疫活性等。从以上两件专利申请对比可以看出，国内对抗原表位专利的审查标准日渐趋严。

【案例 4 - 6】

赛诺菲（Sanofi）公司与再生元（Regeneron）公司联合开发的 Alirocumab（商品名为 Praluent、波立达）以及安进（Amgen）公司开发的 Evolocumab（商品名为 Repatha、瑞百安）同为单抗药物，靶向一种名为前蛋白转化酶枯草溶菌素 9（PCSK9）的蛋白。该蛋白可降低肝脏从血液中清除低密度脂蛋白胆固醇的能力，而其被公认为心血管疾病的主要风险因子。

专利申请号：CN200880113475.4

发明名称：针对前蛋白转化酶枯草杆菌蛋白酶 KEXIN9 型（PCSK9）的抗原结合蛋白

申请人：安进（Amgen）有限公司

申请日：2008 年 8 月 22 日

公开号：CN101932607A

授权公告号：CN101932607B

该专利申请涉及安进公司的 PCSK9 抗原表位，公开了与前蛋白转化酶枯草杆菌蛋白酶 KEXIN9 型（PCSK9）相互作用的抗原结合蛋白；通过给予药物有效量的针对 PCSK9 的抗原结合蛋白治疗高胆固醇血症及其他疾病的方法；用针对 PCSK9 的抗原结合蛋白检测样品中 PCSK9 的量的方法。CN200880113475.4 的权利要求 1 请求保护：分离的中和抗原结合蛋白，所述中和抗原结合蛋白结合包含 SEQ ID NO：1 的氨基酸序列的 PCSK9 蛋白，其中所述中和抗原结合蛋白降低 PCSK9 对 LDLR 的降低作用。

其授权保护的权利要求 1 为：分离的中和抗原结合蛋白，其与包含氨基酸序列 SEQ ID NO：1 的 PCSK9 蛋白结合，其中所述中和抗原结合蛋白包含重链多肽，其包含以下互补决定区 CDR：作为 SEQ ID NO：49 中的 CDR1 的重链 CDR1；作为 SEQ ID NO：49 中的 CDR2 的重链 CDR2；SEQ ID NO：49 中的 CDR3 的重链 CDR3，以及轻链多肽，其包含以下互补决定区 CDR：作为 SEQ ID NO：23 中的 CDR1 的轻链 CDR1；作为 SEQ ID NO：23 中的 CDR2 的轻链 CDR2；SEQ ID NO：23 中的 CDR3 的轻链 CDR3。CN200880113475.4 还有 3 个分案申请 CN201410218672.X、CN201410218704.6 和 CN201410219429.X，截至 2020 年 9 月 30 日均在驳回复审状态。上述 3 个分案申请最终授权与否、授权范围如何对以后的抗原表位专利申请具有一定指导意义。

CN200880113475.4 相应的美国同族专利包括 US8563698、US8829165、US8859741 等。针对 PCSK9 抗原表位，安进公司和赛诺菲、再生元公司在美国展开了专利诉讼。2014 年 10 月，安进公司诉称赛诺菲、再生元公司的波立达侵犯了其 3 项美国专利，即 US8563698、US8829165 和 US8859741；2016 年 3 月，赛诺菲、再生元承认侵犯了安进公司 3 项专利中声称的某些权利要求，并把矛头转向其专利权利要求是否有效，最终陪审团裁定安进公司专利中声称的权利要求有效；2017 年 1 月，美国特拉华州地区法院宣布对波立达实施永久禁制令，不能在美国市场生产及销售，赛诺菲公司向当地法院提起紧急动议，要求延缓执行永久禁售的禁令至上诉结束；2019 年 2 月 25 日，特拉华州地方法院判定安进公司 5 项专利中的 2 项无效，支持另外 3 项的要求；2019 年 8 月 28 日，特拉华州地方法院判定安进公司另外 3 项专利无效。至此，赛诺菲、再生元公司成功无效安进公司关于 PCSK9 的 5 项关键专利。

上述涉及诉讼的 3 项美国专利 US8563698、US8829165 和 US8859741 与另外 9 项美国授权专利，分别对 PCSK9 抗体的序列、抗原表位和适应证等进行了保护。其中，US8563698 的权利要求 1 涉及一种抗 PCSK9 抗体，限定了抗 PCSK9 抗体结合的残基序列，并限定抗体减少 PCSK9 与 LDLR 蛋白的 EGFa 结构域之间的结合，对于 PCSK9 对细胞 LDL 摄取的抑制起拮抗作用；US8829165 的权利要求 1 限定一种抗 PCSK9 抗体，并限定抗体结合的残基序列，且抗体能够阻止 PCSK9 与 LDLR 的结合；US8859741 的权利要求 1 限定一种抗 PCSK9 抗体，限定抗体与 PCSK9 结合的表位，且抗体能够阻止 PCSK9 与 LDLR 的结合。

在专利侵权诉讼中，赛诺菲公司的 PCSK9 抗体 Alirocumab 与安进公司的 PCSK9 抗体 Evolocumab 结构并不一致，专利纠纷焦点在于：抗体 Alirocumab 和 Evolocumab 结合 PCSK9 的表位重合，从而阻断了 LDLR 信号转导。该表位受安进公司的美国专利 US8829165 和 US8859741 保护。在专利说明书中，安进公司的支持数据主要是对 2 个 PCSK9 抗体进行了 X-ray 晶体衍射，确定了 PCSK9 的结合位点残基。赛诺菲公司抗辩理由为：安进公司的专利覆盖范围较广，但没有提供足够的实例和结构细节推论出正确的表位，而且该权利要求从先前的 PCSK9 抗体开发也是显而易见的。

由 PCSK9 案可以看出，抗体专利拓展至表位的保护将大大扩展专利保护范围，给后来者制造专利障碍。由于空间构象的复杂性，我国涉及抗原表位的专利审查中，可以接受线性表位定义，一般不接受构想表位定义。这一点需要生物制品制药企业在知识产权实践中根据实际情况认真考量。

2. 抗体序列

抗体药物从抗原表位专利开始进行上游布局，通过抗原表位授权从而使其他结合此表位的抗体落入抗原表位授权专利的保护范围之中，最终使排他性范围最大化。

如果抗原表位已知，则抗体类专利申请基本从抗体序列开始，通过细胞株构建、培养、表达、纯化、制剂、医药用途等层层布局可延长产品的专利生命周期。对于抗体序列专利值得引起注意，按照我国国家知识产权局的审查标准为：抗原新、抗体新，即满足新颖型和创造性的要求；抗原已知、抗体新，需证明该抗体和现有技术相比，具有预料不到的效果以满足创造性的要求。抗体纯化和制剂专利的权利要求一般请求保护同类蛋白质纯化工艺和同类蛋白质制剂，最终授权的权利要求范围一般为特定抗体的纯化方法或特定抗体的制剂。此外，基于抗体作用机制、临床前研究及临床研究进展，也可以对单药治疗和联合治疗进行专利申请，此时可以采用临床研究结果或临床前研究结果，例如细胞水平或体内试验结果。

跨国企业在生物制品药物尤其是抗体药物的专利布局策略，在"广布局、重分案、合理隐藏"方面有许多需要国内医药企业学习的地方。需要注意的是，USPTO、EPO、CNIPA 在抗体专利审查标准上略有不同，企业的知识产权管理人员也应该根据各国和地区对生物制品药物的审查标准调整自己的专利申请与布局策略。

例如，MSD 公司的抗 PD-1 单抗 Pembrolizumab（商品名为 Keytruda、可瑞达）的核心专利即为抗体序列，可瑞达在 2018 年度全球销售额为 71.71 亿美元，其紧随 BMS 公司的抗 PD-1 抗体 O 药（Opdivo），排名 2018 年度全球十大畅销药第 7 位。可瑞达的主要专利涉及 WO2008156712（申请日为 2008 年 6 月 13 日），其同族专利包括 US8354509、US9834605、US8900587、US8952136、EP2170959、EP2535354、KR101562580、JP5191537、JP5640052、CN102131828 等。在上述专利家族中，MSD 公司重点保护了结合人 PD-1 的分离的抗体或抗体片段，且其中所述抗体或抗体片段阻断人 PD-L1、PD-L2 与人 PD-1 的结合。具体来说，独立权利要求 1 通过轻链的 3

段 CDR 和重链的 3 段 CDR 的氨基酸序列来保护。此外，该专利还保护了含有所述抗体的组合物、多核苷酸的表达载体、宿主细胞等。其中 CN102131828B 的权利要求 13 保护的"SEQ ID NO：31 的 20 ~ 466 位氨基酸序列和 SEQ ID NO：36 的 20 ~ 237 位保护的氨基酸序列"即为可瑞达。

例如，中国专利申请 CN201310258289.2

发明名称：抗 PD - 1 抗体及其应用

申请人：上海君实生物医药科技股份有限公司、苏州君盟生物医药科技有限公司、上海君实生物工程有限公司

申请日：2013 年 6 月 26 日

公开号：CN104250302A

授权公告号：CN104250302B

CN201310258289.2 请求保护的权利要求共 15 项，权利要求 1 和 2 如下：

1. 能够结合程序性死亡因子 1（PD - 1）的抗体或其功能性片段，其包含选自氨基酸序列 SEQ ID：1，2，3，7，8，9，13，14，15 或任何所述序列之变体的重链 CDR 和/或选自氨基酸序列 SEQ ID NO：4，5，6，10，11，12，16，17，18 或任何所述序列之变体的轻链 CDR。

2. 权利要求 1 所述的抗体或其功能性片段，其中所述重链 CDR 的 CDR1、CDR2、CDR3 氨基酸序列选自以下各氨基酸序列或其变体的组中的一组：

	HCDR1	HCDR2	HCDR3
A	SEQ ID NO：1	SEQ ID NO：2	SEQ ID NO：3
B	SEQ ID NO：7	SEQ ID NO：8	SEQ ID NO：9
C	SEQ ID NO：13	SEQ ID NO：14	SEQ ID NO：15

和所述轻链 CDR 的 CDR1、CDR2、CDR3 氨基酸序列选自以下各氨基酸序列或其变体的组中的一组：

	LCDR1	LCDR2	LCDR3
A	SEQ ID NO：4	SEQ ID NO：5	SEQ ID NO：6
B	SEQ ID NO：10	SEQ ID NO：11	SEQ ID NO：12
C	SEQ ID NO：16	SEQ ID NO：17	SEQ ID NO：18

CN201310258289.2 授权的权利要求共 14 项，权利要求 1 如下：

1. 能够结合程序性死亡因子 1（PD - 1）的抗体或其功能性片段，其重链 CDR1、CDR2、CDR3 以及轻链 CDR1、CDR2、CDR3 的氨基酸序列选自以下各氨基酸序列组中的一组：

	HCDR1	HCDR2	HCDR3	LCDR1	LCDR2	LCDR3
A	SEQ ID NO：1	SEQ ID NO：2	SEQ ID NO：3	SEQ ID NO：4	SEQ ID NO：5	SEQ ID NO：6
B	SEQ ID NO：7	SEQ ID NO：8	SEQ ID NO：9	SEQ ID NO：10	SEQ ID NO：11	SEQ ID NO：12
C	SEQ ID NO：13	SEQ ID NO：14	SEQ ID NO：15	SEQ ID NO：16	SEQ ID NO：17	SEQ ID NO：18
D	SEQ ID NO：1	SEQ ID NO：2	SEQ ID NO：3	SEQ ID NO：10	SEQ ID NO：11	SEQ ID NO：12

早期，我国专利审查人员对抗体序列专利授权比较审慎，要求权利要求保护范围限缩到重链可变区/轻链可变区。如果期望获得仅用 CDR 限定的权利要求，则申请人必须解决说明书支持权利要求的问题。当前，我国专利审查人员对于抗体序列专利的授权范围有所放开，授权范围从重链可变区/轻链可变区逐渐扩大到 6 条 CDR 限定。对于抗体变体，如果在说明书中无法利用充分的实验数据来体现变体同样具有突变前的功能和效果，则一般很难授权。这一点在 CN201310258289.2 的授权范围也得以体现。

4.2.5　制剂

4.2.5.1　从药物到制剂的蜕变

药品是一类非常特殊的商品，指用于预防、诊断、治疗人的疾病，有目的地调节人的生理机能并规定有适应证或者功能主治、用法和用量的物质。药品通常由药物活性成分（即药物）及药用辅料组成。其中，活性成分可以是小分子化合物、单克隆抗体、天然产物、中药药材衍生品等。药物活性成分具有其特殊的理化性质，并且为了保证药物治疗的有效性、安全性及便利性，需要将药物开发为药物制剂。在制剂开发过程中，制剂工作者会在综合考虑化合物的各种性质基础上，开发出最合理的药物载体、产品剂型（如普通剂型的片剂、胶囊、颗粒、注射液等）、制剂工艺（如干法制粒、湿法制粒、粉末直接压片）以及车间生产工艺改进等。药物蜕变为药物制剂，完美地展现了药品开发的技术周期，实现了实验室到患者用药层面的跳转。制剂开发贯穿着整个蜕变过程。

药物制剂类型包括：①固体制剂，如散剂、颗粒剂、胶囊剂、片剂、滴丸剂、膜剂等，在药物制剂中约占 70 %；②液体制剂，进一步包括均匀相液体制剂（即低分子溶液剂和高分子溶液剂）、非均匀相液体制剂（即溶胶剂、混悬剂和乳剂）；③半固体制剂，如外用膏剂、糊糊剂；④气体制剂，如气雾剂、吸入剂。其中，固体制剂与液体制剂相比，药物在体内溶解后透过生理膜、被吸收入血液循环中，具有理化性质稳定、生产成本较低、服用与携带方便、药物均匀混合与剂量准确要求严格的特点；液体制剂，如注射液、大输液、混悬剂，具有分散度大，吸收快、给药途径多，可内外用、易于分剂量、服用方便、生物利用度好的优势，但其化学稳定性差，存放和保质期要求严格，成本高，携带/运输/贮存不便。药物通常先以标准的片剂、胶囊或者注射剂形式上市，但是，随着药物核心专利失效日的来临，药物的研发公司会寻求开发新的剂型以满足不同的市场范围和不同患者人群的需求。对现有药物进行的剂型改良，由普通剂型转变为高端剂型如缓控释制剂、皮下植入剂、纳米混悬剂等，然后针对新剂型进行工艺的二次开发，并申请专利[51]。这样可有效拓展现有药物的使用范围，延长专利保护期。

制药行业存在一种传统观念："活性成分"唯一决定疗效，然而随着制剂技术的不断发展，工业和信息化部等六部委联合印发的《医药工业发展规划指南》（工信部联规〔2016〕350 号）提出的实施制剂国际化战略打破这一观点[72]。实践证明，制剂可以进一步发挥主药成分的疗效，开辟出主药与辅料的配伍，甚至开发新的制药用途，降低药品毒副作用，提高药物可及性与顺从性。通常，药品先以标准的胶囊、片剂或注射剂形式快速推进临床研究并获得上市审批。但是，随着生产规模扩大、药物基础专利临近失效或销售疲软，制药公司会寻求开发新剂型或新规格以满足不同市场范围、生产规模和不同患者人群的需求。当药物活性成分的理化性质具有特殊性时，制药公司在制剂开发过程中面临巨大的挑战，会考虑对制剂处方和工艺进行优化和完善。另外，为了拓展市场，对药品现有剂型的改良，由普通剂型转变为特殊剂型，在化学药领域发展高端制剂，如脂质体、脂微球、皮下植入剂、缓控释制剂、纳米混悬剂、儿童特殊人群适用剂型等，并针对新剂型进行工艺的二次开发和产业化升级。世界各国制药企业争相开发药物制剂，特别是以制剂生产技术现代化为目标，以药物传递系统为代表，通过制剂实现目标终产品的安全、有效、质量可控。目前，新型药物释放系统已成为药剂学科的重点发展方向，涉及靶向给药制剂、口服速释、缓释长效制剂、多颗粒系统、经皮和黏膜给药系统等[73]。

无论普通制剂还是新型制剂，研发与生产都是一项复杂的系统工程，需要发展高端制剂产业化技术，提高口服固体制剂的工艺技术和质量控制水平，提升生产过程质量控制水平，提高检验检测技术与标准，并且注重对多种技术的应用（例如物理改性和掩味等新型制剂技术）和提供特定功能的辅料和功能性材料（例如 PEG 化磷脂、抗体修饰用磷脂等功能性合成磷脂，丙交酯乙交酯共聚物、聚乳酸等注射用控制材料）以及新型包装系统及给药装置的开发，隐含关键的技术参数，满足制剂技术要求，提高患者依从性，保障用药安全。对于中药领域需要开展药品上市后疗效、安全、制剂工艺和质量控制再评价，实现新药国际注册的突破，并且重点发展中药成分规模化高效分离与制备技术。药品质量可以因此跃上新台阶，在竞争中脱颖而出，成为具有很长市场生命周期的品牌[72,74]。2020 年国家药品监督管理局发布最新版《化学药品注册分类及申报资料要求》中，重新定义了新药与仿制药的概念，特别是将中国境内外均未上市的药品定义为新药，具体如表 4 - 2 - 1 所示。

表4－2－1　2020年化学药品新注册分类以及分类说明

注册分类	分类说明	包含的情形	监测期
1	境内外均未上市的创新药	指含有新的结构明确的、具有药理作用的化合物，且具有临床价值的药品	5年
2	境内外均未上市的改良型新药	指在已知活性成分的基础上，对其结构、剂型、处方工艺、给药途径、适应证等进行优化，具有明显临床优势的药品。 2.1　含有用拆分或者合成等方法制得的已知活性成分的光学异构体，或者对已知活性成分成酯，或者对已知活性成分成盐（包括含有氢键或配位键的盐），或者改变已知盐类活性成分的酸根、碱基或金属元素，或者形成其他非共价键衍生物（如络合物、螯合物或包合物），且具有明显临床优势的药品	3年
		2.2　含有已知活性成分的新剂型（包括新的给药系统）、新处方工艺、新给药途径，且具有明显临床优势的药品	4年
		2.3　含有已知活性成分的新复方制剂，具有明显临床优势	4年
		2.4　含有已知活性成分的新适应证的药品	3年
3	境内申请人仿制境外上市但境内未上市原研药品的药品	该类药品应与参比制剂的质量和疗效一致	无
4	境内申请人仿制境内已上市原研药品的药品	该类药品应与参比制剂的质量和疗效一致	无
5	境外上市的药品申请在境内上市	5.1　境外上市的原研药品和改良型药品申请在境内上市。改良型药品应具有明显临床优势	无
		5.2　境外上市的仿制药申请在境内上市	无

注：1. 原研药品是指境内外首个获准上市，且具有完整和充分的安全性、有效性数据作为上市依据的药品。2. 参比制剂是指经国家药品监督管理部门评估确认的仿制药研制使用的对照药品。

化学药物中，除了其他注册分类均涉及适用于各自类别含义的原料药与制剂外，对于第2类的境内外均未上市的改良型新药，其中2.2类为制剂创新的改良型新药，包括含有已知活性成分的新剂型（含新给药系统）、新处方工艺、新给药途径，改良后所带来的临床优势。例如，新剂型中纳米制剂与缓控释制剂能改变药物的体内药代动力学行为，提高生物利用度与患者顺应性；新给药途径中由注射制剂改为口服制剂可提高患者顺应性,经黏膜给药可提高口服易降解药物吸收的速度和程度。2.3 类为含有已知活性成分的新复方制剂,改良后可减毒增效。2.4 类含有已知活性成分的新适应证的制剂的情形,老药新用,改良后可提高安全性和用途等。在行政保护上,对 2.2 类和 2.3 类设立 4 年的新药监测期,对 2.4 类设立 3 年的监测期。并且,与制剂或复方制剂相关联的类别,相较于普通结构改造或新用途拓展,独享市场的新药监测期要长 1 年,也可见其创新性更高一些。鉴于药品行政保护期限并不长,需要通过专利保护来实现制剂产品的有效保护。

4.2.5.2　制剂专利挖掘与布局

与其他产品专利一样,药物制剂专利及其制备工艺专利将围绕着制剂开发以寻求专利保护,从而较为有效地加强该品种的市场独占,并延长在市场上的垄断周期。制剂研发大致包括 4 个阶段:实验性可行性试验、实验室小试、中试放大、大规模生产。在整个开发过程中,先对药物本身理化性质进行系统研究并筛选合适辅料,以筛选和确定处方和制剂工艺,从而为实验室小试、中试放大、大规模生产提供优化基础。根据项目进展成果,可以申请不同技术主题的专利保护,例如新制剂的处方、新制剂的制备、具体药物的新制剂、具体药物新制剂的制备、辅料物质、辅料用途、辅料制备等。通常在药学研究阶段,重点布局制剂处方、制剂工艺、组合物等专利;在临床试验阶段,重点布局用途、用法用量专利;甚至在产品上市后可以申请新剂型、新组合物、新制剂工艺专利等。涉及不同的专利布局类型与时机,需要根据项目具体情况适时调整,以便形成高质量的专利组合,通过专利网增强保护效力。特别是产品上市后,留给销售品种的专利保护期常常所剩不多,若不通过其他类型专利进行扩延,将导致很多原研品种因没有专利保护而面临较大的仿制品种竞争,从而无法获得市场回报,不利于鼓励创新。跨国制药公司在药物制剂研究中常关注布局专利的维度有:不同的药物传递系统、处方中使用的不同聚合物及其配比、特定包衣配方、特定的药物和辅料的比颗粒大小、特定的吸收促进剂和稳定剂、特定的制造工艺、特异性溶出曲线、最高血药浓度的达峰时间、有效的治疗窗口、特定的药物吸收曲线。

制药公司主要围绕药物制剂处方及其制备工艺进行专利申请。对于固体制剂,制剂处方专利将保护各组分及其配比或功能,还包括其特殊的空间结构,如耐信(埃索美拉唑镁肠溶片)。奥美拉唑及埃索美拉唑镁的产品及适应证类专利如表 4 - 2 - 2 所示。

对于液体制剂,制剂处方专利保护各组分及配比或功能,如佳达修四价人乳头瘤病毒疫苗(酿酒酵母),其相关专利有 WO9833944、WO0045841、WO0057906、WO2008112125 和 WO2012177970。另外,药物制剂还可以开发为单方或联方,如代文(Diovan)为缬沙坦的胶囊剂,络活喜(Norvasc)为苯磺酸氨氯地平的片剂,复代文是缬沙坦/氢氯噻嗪片,倍博特(Exforge)为缬沙坦/氨氯地平的复方片剂,Exforge HCT

为缬沙坦/苯磺酸氨氯地平/氢氯噻嗪的三联方片剂。

表4-2-2 奥美拉唑及埃索美拉唑镁的产品及适应证类专利

美国专利	申请日	备注	中国专利	申请日	备注
US786505	1987-04-20	(O) 制剂、制备、用途	CN87103284	1987-04-30	(O) 制剂、制备、用途
US4853230	1987-04-20	(O) 制剂、制备、用途	CN87103285	1987-04-30	(O) 制剂、制备、用途
US5877192	1997-04-11	(E) 用途	—	—	—
US5714504	1995-01-23	(E) Na^+、Mg^{2+} 等盐、制备、用途	CN94190335.4 CN99118539.0	1994-05-27	(E) Na^+、Mg^{2+} 等盐、制备、用途
US6875872	2000-10-16	(E) Mg^{2+}盐、晶型	CN95190815.4	1995-06-07	单元制剂、制备、用途
US5690960	1994-09-27	(O) 肠溶包衣制剂、制备、用途	CN94192734.2	1994-07-08	(O) 肠溶包衣制剂、制备、用途
US5900424	1994-09-27	(O) Mg^{2+}晶型、制备、用途	CN94192733.4	1994-07-08	(O) Mg^{2+}晶型、制备、用途
—	—	—	CN97180849.X	1997-12-16	(E) 晶型、制备、组合物、用途
US6369085	1998-06-08	(E) $Mg^{2+} \cdot 3H_2O$ 晶型、制备、组合物、用途	CN98805521.X	1998-05-25	(E) $Mg^{2+} \cdot 3H_2O$ 晶型、制备、组合物、用途
US7411070	2003-09-25	(E) $Mg^{2+} \cdot 3H_2O$ 晶型、制备、组合物、用途	—	—	—
US6150380	1998-12-10	(O) 晶型	CN98814305.4	1998-11-10	(O) 晶型、制备、组合物、用途
US6147103	1999-09-01	(O) 组合物	CN99811908.3	1999-08-06	(O) 制备；MERCK & CO INC［US］
US6166213	1998-10-09	(O) 制备	CN99811908.3	1999-08-06	(O) 制备；MERCK & CO INC［US］
US6191148	1999-12-15	(O) 组合物	—	—	—
US6143771	1999-10-15	(E) Na^+盐、用途	—	—	—
US6428810	2000-02-04	肠溶包衣制剂、制备、用途	CN99812893.7	1999-11-03	肠溶包衣制剂、制备、用途

备注：（O）指 Omeprazole，（E）指 Esomeprazole Magnesium。

制剂专利技术是指对于已知的药物活性成分进行制剂设计，以达到某种给药效果。制剂专利一般不涉及活性成分本身的创新，主要的创新点在于和制剂有关的一些特征的组合。这些特征包括剂型特征，如片剂、乳剂、注射剂；宏观结构特征，如多层片剂中的缓释层结构；以及成分特征，如所用的特定辅料及其含量等；以及工艺技术创新。《专利法》规定，对药物制备方法可授予发明专利权，并禁止以营利为目的侵犯专利权人的权益。制剂专利权的保护可以延及依据此方法所制备的产品。国内常见的制剂改变有普通片改胶囊、缓释片或分散片；缓释片改缓释胶囊；小容量针剂改大容量针剂，或冻干粉针。成功的改良型制剂品种如注射用紫杉醇脂质体（力扑素）、激光打孔渗透泵控释片非洛地平缓释片（Ⅱ）。而在发达国家，激光打孔的渗透泵控释技术、含药树脂复合物缓释技术、长效注射微球技术、纳米制剂技术、脂质体技术、干粉吸入制剂技术等早已成熟，例如 3D 打印的左乙拉西坦速释片、含有芯片的阿立哌唑片（Abilify MyCite Kit）均已获 FDA 批准上市。此类技术均具有核心专利。改良型新制剂的研发，介于创新药与仿制药开发之间，借助关键技术的突破，开发具有显著临床优势的改良型新药[75]。人工智能时代，制剂技术将进一步发展，例如 3D 打印技术在产品设计复杂度、产品个性化和按需制造方面具有极大的优势，特别是在复杂释放机制的缓控释制剂、植入剂、微针与透皮制剂等的制备中有更多的需求，相信会带来更多专利技术。

此外，制药企业通常经过改进药物制剂中药用辅料的组成，以规避原研专利侵权风险[76]，并可针对辅料体系布局相关专利。亦有部分辅料企业，经过自主知识产权创新，掌握核心技术，从而垄断一定的辅料市场。特殊剂型品种为了使药物具有控制释放速度的功能，通过辅料应用技术在靶向给药、透皮吸收等方面应用逐步成熟，推动制剂行业发展。制剂辅料专利也因此而产生应用价值。

企业还可以针对产品定位制定合适的专利布局策略，即对核心产品在化合物、晶型等专利的基础上构建高端制剂技术壁垒，避免在海外市场上市终产品时，因没有合适专利布局而失去竞争力，同时对延长药物专利保护期十分有效。近年来，国内本土制药企业在化学药制剂领域的技术研发实力正在不断增强。据中国医药保健品进出口商会（CCCMHPIE）统计数据，2018 年第一季度，中国对美国西药制剂出口额超过9000 万美元。其中，排名前 5 位制药企业恒瑞医药、华海药业、南通联亚、人福医药以及齐鲁制药出口额合计占了制剂出口总额的 67%[77]。例如，华海药业通过对甲磺酸帕罗西汀胶囊在美国的专利挑战胜诉，表明其在专利方面不侵犯原研企业的利益，既构建起良好的专利挑战团队和诉讼体系，从专利规避进行仿制药研发，实现重磅品种的突破，又从另一方面为制药企业提供了新的注册报批模式：海外产品通过规避专利提前上市，未来再通过制剂出口转报国内加速上市，从而实现药品在专利期内的提前上市。

4.2.5.3　相关案例

橙皮书中曾收录立普妥的 2 件产品专利 US5686104 和 US6126971。

US5686104（无中国同族专利），申请日 1994 年 5 月 20 日，到期日为 2014 年 11

月 11 日。经专利补偿延长至 2015 年 5 月 11 日。该专利经过 4 起诉讼，涉及 Pfizer Inc. vs MSP Singapore Company LLC（1 起）、Pfizer Inc. vs Actavis Group HF（1 起）、Sandoz Inc. vs Pfizer Inc.（2 起）。该专利共授权 22 项权利要求，其中权利要求 1 和 14 如下：

1. 一种经口治疗高胆固醇血症或高脂血症的药物组合物，其特征在于稳定性提高，该化合物在混合物中包含作为结构式 I 的活性成分的化合物，

$$
\begin{array}{c}
R_2 \\
\\
R_3
\end{array}
\underset{R_4}{\overset{R_1}{\bigg|}}
N-X-\overset{HO}{\underset{H}{C}}-CH_2-\overset{HO}{\underset{H}{C}}-CH_2COOM
$$

其中 X 为—CH_2—，—CH_2—CH_2—，—$CH_2CH_2CH_2$—或—CH_2CH（CH_3）；

R_1 是 1－萘基；2－萘基；环己基；降冰片烯基；2－，3－或 4－吡啶基；苯基；被氟、氯、溴，羟基，三氟甲基，1～4 个碳原子的烷基，1～4 个碳原子的烷氧基，或 2～8 个碳原子的烷酰基烷氧基取代的苯基；

R_2 或 R_3 是—$CONR_5R_6$，其中 R_5 和 R_6 独立地是氢；1～6 个碳原子的烷基；2－，3－或 4－吡啶基；苯基；被 3～8 个碳原子的氟、氯、溴，氰基，三氟甲基或碳烷氧基取代的苯基；另一个 R_2 或 R_3 为氢，1～6 个碳原子的烷基，环丙基，环丁基，环戊基，环己基；苯基或被氟、氯、溴，羟基，三氟甲基，1～4 个碳原子的烷基，1～4 个碳原子的烷氧基或 2～8 个碳原子的烷酰氧基取代的苯基；

R_4 是具有 1～6 个碳原子的烷基，环丙基，环丁基，环戊基，环己基或三氟甲基；

M 是药学上可接受的金属盐；

至少一种稳定的药学上可接受的碱金属盐添加剂，并且按总固体组合物的质量计包含至少一种选自甲基纤维素、羧甲基纤维素、羟丙基纤维素、羟甲基丙基纤维素、聚乙烯吡咯烷酮，聚乙烯醇，淀粉和羟甲基纤维素的黏合剂为 0.5%～6%；

至少一种选自微晶纤维素，含水乳糖、玉米淀粉、蔗糖和硅酸酐的稀释剂，其含量按质量分数计为 1%～80%；

至少一种选自羧甲基纤维素、交联羧甲基纤维素和淀粉的崩解剂，其质量分数为 1%～15%；

至少一种选自聚氧乙烯脱水山梨糖醇和聚氧乙烯－聚氧丙烯共聚物的表面活性剂，其质量分数为 0.1%～4%；

至少一种选自硬脂酸镁、硬脂酸、棕榈酸和滑石粉的润滑剂，其含量按质量分数计为 0.25%～2%；

以及任选地包含按质量分数计最多 3% 的至少一种抗氧化剂，所述抗氧化剂选自丁基化的羟苯甲醚、抗坏血酸钠、丁基化的羟基甲苯、偏亚硫酸氢钠、苹果酸、柠檬酸和抗坏血酸。

权利要求 2 在权利要求 1 的基础上进一步限定了活性成分是［R－（R＊，R＊）］－

2 - (4 - 氟苯基) - β，δ - 二羟基 - 5 (1 - 甲基乙基) - 3 - 苯基 - 4 - [(苯基氨基) 羰基] - 1H - 吡咯 - 1 - 庚酸的可药用金属盐。

权利要求 3 在权利要求 2 的基础上进一步限定了所述药学上可接受的金属盐是碱土金属盐。

权利要求 4 则在权利要求 2 的基础上进一步限定了所述活性成分为式（IA）的

CI - 981 半钙：，且所述稳定的药学上可接受的金属盐添加剂为碳酸钙。

14. 用于口服治疗高胆固醇血症或高脂血症的稳定的固体药物组合物，其包含固体单位剂型的活性成分 [R - (R＊，R＊)] - 2 - (4 - 氟苯基) - β，δ - 二羟基 - 5 - (1 - 甲基乙基) - 3 - 苯基 - 4 - [(苯基氨基) 羰基] - 1H - 吡咯 - 1 - 庚酸半钙盐和稳定剂，选自碳酸钙、氢氧化钙、碳酸镁、氢氧化镁、硅酸镁、铝酸镁和氢氧化铝镁，按总固体组合物的质量分数计，包括至少一种选自甲基纤维素、羧甲基纤维素、羟丙基纤维素、羟甲基丙基纤维素，聚乙烯吡咯烷酮，聚乙烯醇，淀粉和羟甲基纤维素的黏合剂质量分数在 0.5% ~6%；至少一种选自微晶纤维素、含水乳糖、玉米淀粉、蔗糖和硅酸酐的稀释剂，其含量按质量分数计在 1% ~80%；至少一种选自羧甲基纤维素，交联羧甲基纤维素和淀粉的崩解剂，其质量分数为 1% ~15%；至少一种选自聚氧乙烯脱水山梨糖醇和聚氧乙烯 - 聚氧丙烯共聚物的表面活性剂，其质量分数为 0.1% ~4%。至少一种选自硬脂酸镁、硬脂酸、棕榈酸和滑石粉的润滑剂，其含量按质量分数计在 0.25% ~2%；以及任选地包含按质量分数计最多约 3% 的至少一种抗氧化剂，所述抗氧化剂选自丁基化的羟基苯甲醚、抗坏血酸钠、丁基化的羟基甲苯、偏亚硫酸氢钠、苹果酸、柠檬酸和抗坏血酸。

该专利保护阿托伐他汀钙组合物及其制备方法，明确要求组合物中加入碳酸钙可有效提高组合物稳定性。

US6126971（无中国同族专利），是 US5686104 的继续申请，申请日为 1997 年 7 月 2 日，到期日至 2013 年 1 月 19 日，经专利补偿延长至 2013 年 7 月 19 日。该专利提供一种口服药物组合物，用于治疗高胆固醇血症或高脂血症，其含有有效制剂，用于稳定具有有效量的碳酸钙的 HMG - CoA 辅酶 A 抑制剂 CI - 981 半钙。该专利还描述了制备 CI - 981 稳定化组合物的方法。

之后，沃尼尔·朗伯公司布局了专利 US20040247673，其中国同族专利为 CN100434069C，申请日为 2004 年 6 月 1 日，于 2008 年 11 月 19 日授权公告，于 2010 年 8 月 11 日未缴年费专利权终止。该专利权利要求 1 保护湿法造粒的阿托伐他汀药物组合物，其含有少于质量分数5%的碱土金属盐添加剂，该组合物包含：（a）阿托伐他汀或其可药用盐，其中所述的阿托伐他汀是至少有些无序的或者是阿托伐他汀结晶与无序形式的混合物；和（b）崩解剂或崩解剂的组合，其中所述湿法造粒的药物组合物含有基于利用 HPLC 所得内酯峰面积与总药物相关峰面积之比不多于 3% 的阿托伐他汀内酯。说明书第 ［0018～0019］ 段表示，当利用阿托伐他汀（尤其是非结晶型阿托伐他汀）的湿法造粒时，向造粒溶剂加入挥发性碱能够提高药物的纯度。这些挥发性碱提高药物在剂型中的纯度，而且本身不存在于最终的剂型中，从而不会影响生物利用度。因此，该发明的目的是提供稳定的阿托伐他汀剂型，它具有良好的崩解速率和生物利用度。该发明的另一目的是提供稳定的和纯的阿托伐他汀组合物，其含有最低水平的碱土金属盐添加剂或者其他加入该组合物中的碱化剂。

沃尼尔·朗伯公司还布局了专利 US20040253305，其中国同族专利 CN1805732A，申请日为 2004 年 6 月 1 日，已视撤失效。该专利公开文本中权利要求 1 请求保护干法制粒的药物组合物，包括阿托伐他汀或其可药用盐。根据说明书第 ［0017～0018］ 段内容，在干法制粒过程中，一般将药物和赋形剂中的至少部分共同压制成条或块。然后将这些压紧的物质研磨至合适的大小以防止药物分离并确保在生产单位剂型过程中良好的流动性。研究发现，尽管药物自身压制成块，但是在研磨时，这些物质大部分又恢复到流动性极差的细粉。因此，仍然存在提供适合于阿托伐他汀干法制粒的组合物的需求，这些组合物可以提供足够的药物流动性，从而可以制备重量控制良好的单位剂型。该发明的一个目的在于提供用于生产具有良好的剂量－剂量效价均匀性、溶出速率和生物利用度的阿托伐他汀剂型的组合物和方法。该发明的另一目的在于提供晶型或无定型形式的阿托伐他汀的稳定和纯组合物，其中添加了最少的碱金属盐。

4.2.6　药物组合物/复方制剂

4.2.6.1　药物组合物/复方制剂的具体类别

组合物是指两种或者两种以上化学物质（其中至少一种物质是活性物质）按一定比例组合而成的具有特定性质和用途的物质或材料。在我国，药物组合物属于组合发明，在生物医药领域占有相当重要的地位，开拓了较为广泛的应用。以组合物的组分为特征，可以将药物组合物分成如下的具体类别：（A）含有一种新化合物和可药用载体的组合物；（B）含有一种药用新化合物和一种或多种已知的药用化合物的组合物；（C）含有两种或两种以上已知药用化合物的组合物，该组合物必须是新的，且有药效学比较数据证明该药物组合物中两种或两种以上组分具有明显的协同作用；（D）新的中药复方产品，且有药效学数据证明其具有良好的效果；（E）通过加减或替换改进的已知中药复方产品，且有比较数据证明该改进带来了预料不到的效果。以上 A、B、C 类属于组合物的通用类型，而 D 和 E 类主要针对中药领域，并且新的联用药物已经发展成为药物化学、计算机辅助设计等学科中活跃的领域。药物组合物/复方制剂专利对于复方产品而言是核心专利。在此基础上，还能进一步衍生出药物组合物/复方制剂本身的用途、制备工艺、制剂技术与设备等专利。

4.2.6.2　药物组合物/复方制剂专利挖掘与布局

组合物/复方制剂的专利秉承"以核心专利保护为主，以外围专利保护为辅"的保护原则。核心专利通常是指对专利技术能够起到实质保护的专利，由于该专利的存在，他人不得仿制生产销售使用该专利技术的中药，也不能够容易地绕开该专利技术。因此，对于复方中药组合物来说，核心专利是指产品专利，特殊情况包括一些方法专利。这里的特殊情况一般是指一些生产方法、监测方法专利在能够进入药品标准的情况下，同样也可以起到核心专利的作用。一旦市场上出现侵权产品，就可以使用核心专利直接进行专利诉讼，从而赢得诉讼并制止侵权[78]。

与核心专利相对应的外围专利是指在核心专利基础上申请的一些辅助专利，通常是方法专利和用途专利，也包括一部分补充性的产品专利和质量标准专利。对于复方中药来说，根据中医理论指导，围绕核心处方加减主动进行一些改进或者变化，设计出一系列与核心专利技术相近似的技术，以防止他人通过改变核心专利技术的部分特征而绕开核心专利的保护范围。

下面结合案例及专利性评估对不同类型药物组合物/复方制剂专利作具体阐述。

A 类中，关于一种新化合物和可药用载体的组合物，根据独立权利要求保护内容，有些可归属于制剂专利，只是有些专利表达上仍使用组合物（composition）一词。

B 类中，新化合物与已知化合物组合是一种常见药物研发的模式。较为经典的案例有阿莫西林。英国比彻姆制药公司于 1968 年开发研制，1972 年上市，核心化合物专利为 GB978178A；1981 年比彻姆制药公司开发研制了阿莫西林与克拉维酸组成的复合药物（商品名为奥格门汀）；而后，阿莫西林与奥美拉唑、雷尼替丁、羧甲半胱氨酸的联用药物也成为临床常用的组合药物，取得了良好的抗菌效果。张溪等对专利进行信息分析发现，阿莫西林的药物组合物主要有 3 种类型：①与增效剂联用，例如克拉维酸（钾）、舒巴坦，主要是为了增加其抗菌力，提高抗菌效果；②与非抗菌作用药物联用，例如（盐酸）氨溴索；③与其他抗菌剂合用，例如氟氯西林（钠）和甲硝唑，主要是为了扩大抗菌谱，不同抗菌剂的抗菌谱存在各种差异，抗菌谱互补的抗菌剂合用，往往可以达到广谱抗菌的效果[79]。并且这种组合可以结合疾病进程，通过不同药物组合的协同治疗，实现"标本兼治"的效果。另一个十分擅长研究药物组合物及复方制剂的是吉利德公司。它通过研发上市抗 HIV 感染系列药物，迅速成长为国内外新药领域的生物新贵，2014 年又因革命性的产品、超级重磅炸弹丙肝新药索磷布韦（Sofosbuvir，商品名 Sovaldi）和索磷布韦/雷迪帕韦（Sofosbuvir/Ledipasvir，商品名 Harvoni），一跃成为丙肝药物市场的绝对领导者[31]。吉利德公司针对 Harvoni 布局的组合物专利

CN201480000286.1（WO2014120981 中国同族专利）视撤后，提交的分案申请ZL201610111865.4涉及复方制剂保护，专利到期日为2034年1月30日。

C类中，两种及以上已知化合物组合成一个新的组合物，通常需要在临床上有效果数据，特别是组分间的协同效果需要有充分实验数据支持。例如，在中国专利CN200580018909.9的第44674号复审决定中，合议组并没有支持复审请求人提供实验数据以期证明顺铂和奥沙利铂组合物产生了协同效果的主张，合议组认为现有技术教导，这两种药物同属于金属铂类抗肿瘤药物的不同代产品，作用机理类似[80]。而且，奥沙利铂对5－氟尿嘧啶（5－FU）同样具有协同作用，不仅相对于顺铂的毒副作用有较好改善，而且扩大了顺铂的活性谱。所以奥沙利铂替代顺铂属于技术的更新换代，本领域技术人员能够预见将方案中奥沙利铂替代顺铂可以获得更好的技术效果，请求人在复审中补充提供的实验数据并不能证明该发明产生了预料不到的技术效果。由此可见，化合物之间的协同效果对于专利授权及专利权的稳定性十分重要。

D类中，新的中药复方产品，由于原料组成与现有中药复方相比是一种全新的配方，申请人只要能够提供可信的数据资料证明该复方产品的疗效，就可认定具备了创造性，可以受到复方专利的保护。

E类中，加减或替换改进的已知中药复方产品的原料组成可以是对现有中药复方专利的药味或药量的加减，或者是药物的替换。在使用常规的制备方法前提下，申请人应当提供对比实验或临床观察的相关确凿数据，说明这种改进与现有中药复方专利相比作到了实质性或显著的进步，即只要满足显著提高疗效、减少毒副作用、适应新的病症等任何一项，就可认定具备创造性。另外，如果经过不同的制备方法所制备的新复方产品实际是已知的复方，那么作为复方已经不具备了新颖性，在这种情况下只能获得复方产品方法专利保护。

传统中药复方属于中药组合物，通常由两种或者两种以上的中药组合而成。我国现行《专利法》对传统中药复方专利保护范围很广，从原料到其成品以及过程中的任何环节，只要能带来有益的社会效果，就能够被列入保护范围，主要包括：①改进原有复方，为适应新病情需要在原有复方的基础上进行药味的加减，或在原有复方的基础上不改变药味，但对药量进行加减，从而增强药力或改变主治。②改变药物配伍，在君、臣、佐、使的组方原则下形成有药用价值的新配方颗粒或者新饮片，同时该配伍方法是一种新技术。③复方药提取物，用特定工艺从复方产品中提取有效成分。若该有效部分的结构是被确证的，并且未被公开过，可以申请复方化合物专利保护；如果不可知，则可以通过工艺参数或方法等来申请专利保护。如前所述，在组合物的基础上可以进一步衍生出用途和制备工艺专利。④复方的新用途，当对从复方中提取出来的有效成分发现了新的医疗用途时，可以申请用途专利保护；⑤复方制药的新制备方法，采用新的工艺、新的技术使中药复方的药效更佳或者制药过程更加简便、快捷，同时该新方法符合有关专利"三性"的判断，是可以申请专利保护的。

4.2.6.3　相关案例

下面就立普妥产品涉及药物组合方面的专利进行分析。

WO97016184 的中国同族专利有原案申请 CN1217656C 及分案申请 CN1679953A，申请日均为 1996 年 10 月 2 日。分案申请已视撤失效。原案于 2005 年 9 月 7 日授权公告，后于 2007 年 11 月 28 日因未缴年费专利权终止。该专利权利要求 1 保护一种在哺乳动物中调节脂浓度的药物组合物，包括治疗有效量的 2，6－二（1－甲基乙基）－苯基－［［2，4，6－三（1－甲基乙基）苯基］乙酰基］氨基磺酸酯和 3－羟基－3－甲基戊二酰基辅酶 A 还原酶抑制剂，连同药物可接受的载体，其中所述 3－羟基－3－甲基戊二酰基辅酶 A 还原酶抑制剂是一种或多种化合物，选自利伐他汀、洛伐他汀、辛伐他汀、普伐他汀、氟伐他汀和阿托伐他汀。

WO9911260 的中国同族专利有原案申请 CN1268053A 及分案申请 CN1473566、CN1473567，申请日均为 1998 年 8 月 11 日。原案已视撤失效，公开文本中权利要求 1 请求保护药物组合物，含有：（a）一定量的阿伐他汀或其可药用盐；（b）一定量的抗高血压药或其可药用盐；（c）可药用载体或稀释剂；条件是，所述抗高血压药不是氨氯地平或其可药用酸加成盐。分案申请 CN1473566 已视撤失效，公开文本中权利要求 1 请求保护药物组合物，含有：（a）一定量的阿伐他汀或其可药用盐；（b）一定量的 α－肾上腺素受体阻滞剂；（c）可药用载体或稀释剂。分案申请 CN1473567 已视撤失效，公开文本中权利要求 1 请求保护药物组合物，含有：（a）一定量的阿伐他汀或其可药用盐；（b）一定量的利尿剂；（c）可药用载体或稀释剂。这 3 件发明专利的从属权利要求中均进一步限定了药物组合物包含阿伐他汀半钙盐。

WO9947138 无中国同族专利，申请日为 1998 年 11 月 20 日。公开文本中权利要求 1 请求保护一种药物组合物，包含：（a）一定量的 MMP 抑制剂或其药学上可接受的酸加成盐；（b）一定量的他汀类药物或其药学上可接受的盐；和（c）药学上可接受的载体或稀释剂。

WO9930704 无中国同族专利，申请日为 1998 年 11 月 20 日。公开文本中权利要求 1 请求保护一种药物组合物，包含：（a）一定量的羧基烷基醚或其药学上可接受的酸加成盐；（b）一定量的他汀类药物或其药学上可接受的盐；和（c）药学上可接受的载体或稀释剂。

WO9958505 的中国同族专利为 CN1171874C，申请日为 1999 年 5 月 10 日。该专利于 2004 年 10 月 20 日授权公告，后于 2007 年 7 月 11 日因未缴年费专利权终止。权利要求 1 保护式 I 的化合物及其可药用盐、酰胺或酯与洛伐他汀或阿托伐他汀的组合物。该发明公开了蛋白质法尼基转移酶的抑制剂与 HMG－CoA 还原酶的新的组合，及其制备方法和包含这种组合的药物组合物。这种组合可用于预防或治疗癌症、再狭窄、牛皮癣、子宫内膜异位、动脉粥样硬化或病毒感染。

4.2.7 制备工艺/方法

4.2.7.1 制备工艺/方法专利的技术分类

为申请药品注册而进行的药物临床前研究，包括药物的合成工艺、提取方法、理化性质及纯度、剂型选择、处方筛选、制备工艺、检验方法、质量指标、稳定性、药理、毒理、动物药代动力学研究等。中药制剂还包括原药材的来源、加工及炮制等的研究；生物制品还包括菌毒种、细胞株、生物组织等起始原材料的来源、质量标准、保存条件、生物学特征、遗传稳定性及免疫学的研究等。上述涉及工艺如药物合成工艺、提取方法、制备工艺；原药材的加工及炮制、生产工艺；制剂的生产工艺或制备方法；细胞的培养方法、抗体的纯化方法、改良方法、培养方法等技术类别都是产生制备工艺/方法专利的技术来源。

4.2.7.2 制备工艺/方法专利挖掘与布局

制备工艺/方法专利涉及对化合物、晶型、制剂、中药制剂、生物制品等产品的化学或生物制备新方法、新路线，精制或纯化方法、工艺流程、制剂工艺等。此外，药物中间体的制备、杂质的制备与分离相关专利保护也是对工艺/方法类药物专利技术内容很好的补充。为了提升科技创新水平，药物合成专家开发出高效环保、产率高、使用无毒或者低毒的溶剂和试剂、容易分离或提纯最终产物的方法。这些专利技术点均被认为具备创造性。中药领域的方法发明有中药制剂/组合物的制备方法、中药单体的提取植化方法、中药提取物的制备方法、中药材的加工与炮制方法等。传统中药会注重对中草药配方提请保护，除了技术秘密的方式之外，有部分也会采用专利形式。

制备方法专利应该具备以下创新点或者有益效果：提高产率，提升质量，节约能源，防治环境污染，避免使用毒性试剂和溶剂，使用非复杂和非昂贵的起始物料，容易分离和提纯最终产物，容易按比例扩大生产规模等。

在生物医药领域，对于原研药而言，制备方法专利的保护力度相对较弱，仿制药企业容易通过技术开发，规避原研药的专利保护。这种规避的制备方法和处方，可构成仿制药的专利布局对象。例如新的制备方法，如果可以有效地降低制造成本等，则一方面可以增加其他仿制药企业的仿制难度，阻止其仿制，另一方面可以依靠价格优势，增强市场竞争优势。作为对化合物、晶型、新用途、组合物等核心专利的外围专利或者后续专利，企业或自然人申请制备工艺/方法类专利的目的，更多在于保护其自身科技创新的水平。

4.2.7.3 相关案例

截至 2019 年 12 月 1 日，经 Cortellis 数据库检索，得到与立普妥相关的制备方法/

工艺（process）专利共 238 项。进一步筛选后，得到涉及原研公司沃尼尔·朗伯公司及上市公司辉瑞申请的制备方法/工艺专利共 20 项，分别涉及利用新合成制备阿托伐他汀中间体反式 – 6 – ［2 – （取代 – 吡咯 – 1 – 基）烷基］吡喃 – 2 – 酮的改进方法（US5298627、US5003080、WO8907598）；将 I 型结晶阿托伐他汀溶于非羟基溶剂中，随后除去溶剂，制备得到非晶型阿托伐他汀的方法（CN96195631.3）；阿托伐他汀新晶型及其制备方法（US7534810B2、WO2006011041A3）；以糖类基料为原料一釜法合成制备被保护的中间体（S）– 3，4 – 二羟基丁酸酯的改进方法（CN97195996.X）；用于工厂规模化生产结晶阿托伐他汀钙的改进工艺方法（WO0144181A1、IE20001032A1）；一种工业化规模生产结晶三水阿托伐他汀半钙盐的工艺（IE20001033A2）；制备阿托伐他汀中间体的方法（WO2002055519A3、WO2004089894A8、WO2004014896A1、WO2006097909A1、WO2007029216A1）；制备阿托伐他汀内酯的方法（IE20050594A1）；制备阿托伐他汀二酮的方法（IE20050596A1）；使用醛缩酶生产阿托伐他汀及其药学上可接受的盐及其中间体的新方法（WO2006134482A8）；改进的合成制备阿托伐他汀或其药学上可接受的盐及其中间体的方法（WO2008075165A1）；使用微生物酮还原酶从相应的 β – 羟基酮制备顺式 – 1，3 – 二醇的方法（WO2008059366A2）等。另外，国内外还有很多企业提交了与阿托伐他汀（钙）相关的多项合成工艺或制备方法专利申请并有多项发明专利获得授权。

4.2.8 分析检测方法

4.2.8.1 分析检测方法的定义和作用

分析检测方法可涵盖化学分析法、物理分析法以及生物分析法等。其中化学分析法是利用化学反应和它的计量关系来确定被测物质的组成和含量。物理分析法是通过测量光、电、磁、声、热等物理量而得到分析结果；测量这些物理量一般使用比较复杂或特殊的仪器，因此物理分析法也被称为仪器分析法。生物分析法主要基于生物学方法，以反映被测物的生物学特性为目的的测定方法，类型包含化学结合、酶联免疫、细胞测定和动物实验。

药物的分析检测，亦是运用化学分析法、物理分析法、生物分析法及相关技术来研究原料药及其制剂的质量，涉及药品及其制剂的组成、理化性质、真伪鉴别、纯度检查及其有效成分的含量测定等。药物的分析检测广泛应用于药物研发及生产的各个环节，是新药创制平台建设、活性化合物筛选、药物剂型改进、临床安全合理用药等许多医药领域重点研究项目不可或缺的重要工具与手段，为药品研发、生产和使用安全提供了保障。

在药品质量控制中，杂质控制也是需要解决的关键问题之一，用以保证药品的安全性和有效性。杂质是任何影响药物纯度物质的统称，杂质研究贯穿于药品研发的整个过程。杂质分为有机杂质、无机杂质和残留溶剂。其中，无机杂质和残留溶剂的检测方法相对比较成熟；有机杂质的研究与控制要复杂得多，在杂质的分离鉴定、杂质的来源分析、杂质的安全性研究、杂质限度确定等方面，都需要结合药物的结构特点、制备工艺、贮藏稳定性、临床应用特点等进行大量研究工作[81]。分析方法的选择直接关系到杂质测定结果的专属性与准确性。

4.2.8.2　申请分析检测方法类专利的特殊意义

发明是指对产品、方法或者其改进所提出的新的技术方案，分析检测方法也是在专利授权范围之内的。涉及中药制剂技术领域的分析方法、中药的指纹图谱或者特征图谱及其建立方法，是非常重要的专利类型[53]。另外，杂质或者包含杂质的组合物或者杂质的用途也是申请较多的专利类型。

企业通过将其对于药品检测或质量控制的创新成果申请专利保护，再将创新专利技术融入国家药品标准，利用药品标准的强制性，借助药品标准专利权阻碍仿制者，进而借助技术优势和专利优势维护其市场独占地位，保障其投资收益[82]。

4.2.8.3　分析检测方法专利挖掘和布局

分析检测方法的专利挖掘，是从专利角度对分析检测方法从技术和法律层面进行剖析、整理、拆分和筛选，确定技术创新点和技术方案，并将技术方案进行专利申请的过程。一般可以分为两大类：①全新检测方法的开发，如随着科技的进步，将高新技术引入样品的分析检测中；②对现有技术的改进，解决现有技术中存在的问题，如通过改进操作步骤或仪器参数解决样品易分解或改善检

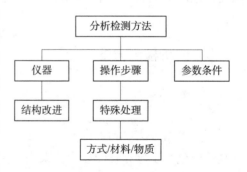

图 4 - 2 - 22　分析检测方法的专利挖掘

测结果的灵敏度、准确度等。科研人员可密切关注分析检测中遇到的技术问题及解决办法。这些技术问题的解决方案可能存在具备可专利性的创新点。分析检测方法的专利挖掘方向如图 4 - 2 - 22 所示。

通常，分析检测方法中会用到多种仪器，新仪器的使用可能对检测的灵敏度、专属性和稳定性等带来更好的结果。在现有仪器不能满足分析检测要求的前提下，对仪器的结构改进，也可能会为分析检测带来更好的结果。

由于药物样品的复杂性，如不同类型的药物样品——化学药、中药、生物制品或不同剂型的药物样品——片剂、胶囊、注射剂等，在测定前，需要进行样品的处理，需要考虑特定的操作步骤，或者操作中的样品特殊处理方式，或者处理时使用的特殊

材料/物质。对于参数条件，可考虑例如色谱柱类型、固定相种类、流动相体系、洗脱条件、添加试剂等。

全新的分析检测方法，可能产生于研发的任何阶段。通常来讲，分析检测方法属于企业内部信息，是否进行专利申请要综合考虑相关申请对企业的意义。如有全新的分析检测方法产生，从技术角度该方法能够满足药典收录要求，并且具有向药典申请录入的意向/计划，从法律角度又能满足专利"三性"的要求，具备授权前景，那么可结合药典收录时间进行专利申请，避免由于药典公开丧失新颖性。

在专利申请时，通常是通过设定各种参数条件来限定分析方法，应尽可能提供多个实施例，涵盖每个参数条件的端点值；如果实施例不能涵盖所有的端点值，则一般要在说明书中描述某些条件无显著影响。如果既没有充足的实施例，在说明书中也没有描述，则在审查意见答复时，可以查找相关文献，侧面说明这种范围都可以达到特定效果。

对于杂质，则需要分析杂质化合物本身是否为未披露的新结构；对于包含杂质的组合物，则需要分析杂质的存在和含量能否为产品带来预料不到的技术效果；对于杂质用途，杂质在被发现的同时，似乎就同时具备了作为"药品对照品"的用途，但是此种用途能否满足公开充分的要求，存在争议，可进一步考虑杂质是否具备治疗活性或者毒性等其他性质。另外，杂质通常可结合化合物制备方法以及分离技术进行专利申请。

4.2.8.4　相关案例

在某种程度上，认定分析检测方法专利的侵权比较困难。但在药品领域，每一种药品都建立了强制性的国家标准，企业可以制定高于国家标准的企业标准，但不得低于国家标准。如果企业将分析方法申请了专利，而后又被国家标准收录，则其他企业使用具有专利保护的相关标准需通过专利许可获得，否则侵权。例如专利CN103323541B（肝素钠封管注射液的质量检测方法）侵权案，国家食品药品监督管理总局（CFDA）颁布的肝素钠封管注射液的药品标准（WS1－XG－011－2013）与该发明专利的权利要求 1 保护范围一致。在该专利权有效期内，山东省惠诺药业有限公司使用了该药品标准检测方法，法院判令山东省惠诺药业有限公司停止使用相关检测方法，停止销售使用相关检测方法得到的药品，并赔偿专利权人经济损失 200 万元[83]。

医药领域存在专利与标准结合的例子较多，比如，云南白药集团将宫血宁胶囊质量的测定方法融入中国药典；阿胶质量标准"特征肽检测法"被中国药典收录；北京市药品检验所的阿奇霉素检验方法被中国药典收录；四环制药提高马来酸桂哌齐特的质量标准等，与国家标准结合的专利均有利于阻碍竞争对手，从而有利于保持市场的垄断地位。

4.2.9 医药用途

4.2.9.1 医药用途发明的定义

医药用途或新适应证在 2020 年《化学药品注册分类及申报资料要求》的药品注册分类中属 2.4 类含有已知活性成分的新适应证的药品。

用途发明是指在发现物质（或产品）的特有性质后，专门利用这种性质而形成的发明。在化合物专利申请中，为了满足说明书充分公开的要求，一般会公开该化合物的一种用途。研发机构在对药物的作用机理进行进一步研究的过程中，发现其具有新的作用，如果这种新的作用能够实现本质上不同于现有技术已知的治疗应用，则可以申请用途发明保护。用途发明在医药领域尤为常见，如著名的西地那非（商品名为伟哥），最初只是作为治疗心绞痛的药物，而将其用于治疗男性勃起功能障碍的新用途专利，为辉瑞公司创造了巨大的价值[84]。

医药用途发明本质上是一种方法发明，权利要求属于方法类型。不同的权利类型保护的主题不同，因而保护范围也不一样，在权利要求撰写时应当注意措词。例如，"化合物作为××的应用"与"作为××使用的化合物"，即属于不同的权利要求类型，前者属于方法权利要求（用途），而后者属于产品权利要求。

4.2.9.2 药物新用途专利保护的价值

1. 延长专利保护期

原研药企业为了独享其产品上市后的市场垄断地位，必然会对化合物进行专利布局。但专利的保护期限仅为 20 年，原研药企业终会面临核心化合物专利到期的困境。通过对已有药品的应用进行研究，开发新的制药用途发明，对于延长专利保护、维持市场的垄断地位具有重要意义。例如，诺华公司的发明名称为"甲磺酸伊马替尼在制备治疗胃肠基质肿瘤（GIST）的药物中的用途"的专利 ZL01817895.2（以下简称"本专利"），充分体现了药物用途专利的价值。

格列卫是诺华公司研发的一种特异性酪氨酸激酶抑制剂，开创了分子靶向治疗的时代，其有效成分为甲磺酸伊马替尼。格列卫于 2002 年在中国销售，成为治疗费城染色体阳性的慢性粒细胞白血病（CML）的最有效的药物。诺华公司针对格列卫产品，在 1993 年 4 月 2 日提交了针对有效成分的化合物专利申请 CN93103566.X。该申请于 1999 年 6 月 2 日年获得专利授权，保护期满终止日为 2013 年 4 月 2 日。后来诺华公司研究发现，格列卫还可用于治疗成人不能切除或发生转移的恶性胃肠道间质瘤（GIST），并针对该治疗用途于 2001 年 10 月 26 日提交了制药用途专利申请 CN01817895.2，该申请于 2006 年 9 月 27 日获得授权，专利保护期满终止日为 2021 年 10 月 26 日。包含该适应证的格列卫于 2007 年 11 月获批进入中国。

2013 年 4 月，格列卫化合物专利在中国的专利权到期，江苏豪森药业的仿制药"昕维"被中国药品监管部门获准上市，其凭借治疗效果相同但有明显的价格优势，抢占了格列卫的一定市场。2014 年，诺华公司以江苏豪森药业在其甲磺酸伊马替尼仿制药说明书的药代动力学部分提及 GIST 相关内容而属于侵犯诺华公司专利权为由，向北京市第二中级人民法院提起专利侵权诉讼。作为应对措施，江苏豪森药业以本专利向专利复审委员会提起专利无效宣告请求，并成功宣告本专利权全部无效。专利权人诺华公司不服上述无效决定，先后向北京知识产权法院和北京市高级人民法院提起上诉。北京市高级人民法院于 2017 年 12 月 7 日开庭审理了该案，并于 2017 年 12 月 20 日，北京市高级人民法院作出最终判决，驳回上诉，维持原判。

至此，一方面，江苏豪森药业针对诺华公司的甲磺酸伊马替尼用于制备治疗 GIST 的制药用途专利发起的专利无效宣告取得了重大胜利，在化解自身专利风险的同时，也为其他仿制药上市排除了专利障碍，有力地推动该药物对中国相关患者的可及性。另一方面，由于诉前禁令的颁布，客观上延缓了江苏豪森药业产品的上市时间，延长了格列卫化合物专利的保护期限，为诺华公司带来了长达几年的垄断市场利润。

2. 老药新用研究下新制药用途的保护

药物新用途或新适应证是快速发现新药的有效途径，特别适合作为我国的新药研究模式。其具有成药性高、研发经费低（比 1 类新药开发成本要低 50% ~ 60%）的优势，且具有广阔的知识产权空间[53]。

1 类新药的发现需要承担高额的投入和未知的风险，并且随着对药物安全性及有效性要求的不断提高，开发新药的成本还将持续上涨。老药的二次开发具有先天的优势，越来越受到创新主体的重视。一方面，现有技术中已经积累了完整的安全性以及体内代谢吸收的研究数据，在临床开发阶段能够大大缩短研发周期，降低研发费用和投资风险。另一方面，通过制药用途专利对老药新用途进行保护，获得市场垄断地位，同样能够获得高额的利润回报。如阿司匹林、二甲双胍等，都是老药新用的代表和典范。使用药物重定位策略可找到候选药物的新适应证或新用途。与全新结构药物研发周期长、成本及风险高的特点相比，药物重定位策略缩短了发现药物新适应证或新用途的时间，可大大降低药品研发的成本和研发风险[85]。表 4 - 2 - 3 列出了近年来老药新用的代表，以及其获得用途专利保护状况。

表 4 - 2 - 3　近年来老药新用的代表

药物通用名	原适应证及专利	新适应证及专利	再利用途径
雷洛昔芬（raloxifene）	骨质疏松症（ZL93117097.4）	乳腺癌（ZL97193249.2）	回顾性临床分析
度洛西汀（duloxetine）	抑郁症（ZL87108175）	纤维肌痛（ZL99810830.8）	药理学分析

药物通用名	原适应证及专利	新适应证及专利	再利用途径
西地那非（sildenafil）	心绞痛 （ZL91104162.1）	勃起功能障碍 （ZL94192386.X）	回顾性临床分析
达泊西汀（dapoxetine）	辅助镇痛 （CN88102018.4）	男性早泄 （CN00815313.2）	药理学分析
非那雄胺（finasteride）	前列腺增生 （US4760071A）	脱发 （CN94194471.9）	—
塞来昔布（celecoxib）	关节炎 （ZL94194833.1）	结肠癌、乳腺癌 （US6469040B2）	药理学分析
伊马替尼（imatinib）	白血病 （ZL93103566.X）	胃肠道间质瘤 （ZL01817895.2）	—

例如，针对表4-2-3中的西地那非（商品名为伟哥，Viagra），原是辉瑞公司研发计划用于治疗心血管疾病的药物，但临床疗效无法达到预期，1991年4月其临床试验正式宣告失败。后续研发人员成功将其开发为治疗男性勃起功能障碍（ED）的药物"伟哥"，成为辉瑞公司的明星产品。辉瑞公司针对该制药用途，获得了发明名称为"用于治疗阳痿的吡唑并嘧啶酮类"的ZL94192386.X专利保护。虽然该专利获得授权的仅有一项权利要求，即"5-[2-乙氧基-5-（4-甲基-1-哌嗪基磺酰基）苯基]-1-甲基-3-正丙基-1，6-二氢-7H-吡唑并[4，3-d]嘧啶-7-酮或其药学上可接受的盐或含有它们中任何一种的药物组合物在制造药物中的用途，该药物用于治疗或预防包括人在内的雄性动物勃起机能障碍"，但其为辉瑞公司带来了高额的市场回报。

4.2.9.3 医药用途发明的专利挖掘和布局

医药用途专利一般在化合物专利、晶型专利之后进行布局。如制药用途发明专利的新颖性审查中指出的，即使现有技术中公开了某种化合物具有特定药理活性或者治疗用途，无论其是否公开了效果试验，通常都破坏了该化合物的相同治疗用途发明的新颖性，即可用于评述在后请求保护的制药用途的新颖性，现有技术的公开内容并不要求一定为充分公开的技术方案。因此，在在先的化合物专利、晶型专利中，应尽量避免无穷尽的具体适应证列举，否则可能为后续布局医药用途专利造成影响，不利用产品保护期的延长。此外，临床开发阶段是新医药用途的集中发现阶段，专利申请人员应注意多与临床开发团队密切沟通，进行新适应证方面的专利挖掘。

4.2.10 制药设备/生产装置

本小节主要讨论化学药生产设备以及生物制品生产设备的专利挖掘与布局。关于中药生产设备的专利挖掘与布局，请参考第4.2.3.2节关于现代中药设备专利的内容。

4.2.10.1　化学药生产设备专利挖掘与布局

化学药生产是指化学原料药（API）生产和制剂生产。原料药是具有不同结构的化合物分子，且绝大多数是有机化合物，通常可由多条合成路线制备得到。制剂包含片剂、颗粒剂、胶囊剂、注射剂、丸剂、液体制剂、气雾剂等剂型。化学药物在研发或生产过程中，使用的原料或中间体可能具有易燃、易爆、强腐蚀性或高毒性等特点，生产工艺涉及低温、高温、低压、高压等条件，因此对工艺和设备有严格要求。更重要的是，合成路线结合设备，对于化学药物的规模化生产、药品质量/产率提高、能源节约等多个方面，具有重要意义。

原料药的生产设备包括反应设备、塔设备、蒸发设备、蒸馏设备、结晶设备、分离设备、萃取设备、干燥设备、灭菌设备、贮存设备等，其中，反应设备是化学药物生产过程的核心设备，通常包括釜式反应器、管式反应器、固定床反应器、流化床反应器、回转筒式反应器、喷嘴式反应器、鼓泡塔式反应器等。制剂的生产设备可以从剂型状态分类，包括：液体制剂的粉针剂设备和小容量/大容量注射剂设备等；固体制剂的制粒设备、压片设备、胶囊剂设备、药膜机设备等；半固体制剂的设备如生产软膏剂的制膏机、配料罐等；以及生产气雾剂的灌封机等。

对于设备的专利申请和专利挖掘主要基于问题导向进行。基于设备本身存在的问题和/或工艺的问题，进行结构的改进、替换和/或新设备的设计。另外，设备材质也可能具备特殊性，生产设备的特定参数或流程亦可结合生产工艺进行申请。例如，可通过解决物料堵塞、消除泡沫、搅拌更均匀、控制出料速率、原料抽取检测、加强冷却水综合利用、方便清洁、快速降温、控制加料顺序等问题，对反应釜装置结构进行不同角度的改进，从而获得新的技术方案。基于药物制备工艺的特殊性，例如奥美拉唑，需要在多个反应容器内进行多个合成处理步骤，可将各个反应器通过管道连接为一体，避免接触空气，可有效防止异物混入，影响产物质量。为解决细菌滋生问题，在材质上可对反应釜进行纳米银涂层。另外，其他专利挖掘方法包括创新（从一个结构/产品的各个角度创新）、特征对比（用 TRIZ 理论对常用参数和原理进行改变和替换，形成新的创新点）等。图 4 - 2 - 23 展示了某制药公司针对反应釜的专利布局。

化学制药设备也是属于化工装置和设备的传统领域，发展多年，改进点往往较细。医药企业通常以药物为核心进行重点专利布局，装置设备不属于其重点研究内容。国内医药企业通常对设备装置的申请数量相对较少，实用新型占比较高，且有效专利占比较低。制药设备行业作为医药行业上游的行业之一，制药设备的研发以制药设备企业为主。医药企业可根据研发或生产计划对设备的需求，进行研发以申请专利，也可向制药设备企业提出定制需求。

化学制药设备专利多是具有形状、构造的技术方案，同时符合发明和实用新型客体要求；一台设备/装置可能承载多个创新发明点。在申请专利时，选择发明还是实用新型，可从创造性和技术突破难度考虑，一般对于创造性高和技术难突破的技术方案，可以申请发明专利；另外，可结合专利权保护期限、费用、权利稳定性、是否实施商业活动等因素，选择申请实用新型专利或发明与实用新型专利同时申请。表 4 - 2 - 4 是发明和实用新型专利申请的布局把控。

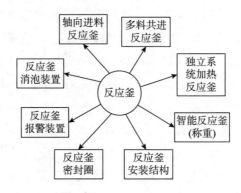

图 4 - 2 - 23 某制药公司针对反应釜的专利布局

表 4 - 2 - 4 发明和实用新型专利申请的布局把控

角度	技术方案情况	申请方案	优势
从创造性考虑	符合发明创造性要求	发明	经过实质审查，权利稳定，保护时间长
	仅符合实用新型创造性要求	实用新型	授权快，授权要求相对低
	创造性把握度不高，担心申请发明专利被驳回	发明 + 实用新型（同日申请）	实用新型授权要求低，容易授权，无论最终发明是否授权，都将有一项专利保护技术
从技术突破难度考虑	技术易突破，更新迭代快	实用新型	授权快，费用低，保护期限 10 年一般足够
	技术难突破，更新迭代慢	发明	经过实质审查，权利稳定，保护时间长
	技术突破有一定难度，需要尽快授权，实施商业活动	实用新型 + 发明（同日申请）	实用新型授权快，可用于商业活动；发明授权后，实用新型作放弃处理，无缝连接，不影响权利的行使

对于多个发明点，可从发明点解决的问题和实现的功能出发，针对该发明点的小单元/功能单元进行专利布局。表 4 - 2 - 5 是针对不同发明点的布局把控。

表 4 - 2 - 5　针对不同发明点的布局把控

情况	发明点与功能的关系	专利布局
情况 1	一个发明点独立解决一个技术问题，并可独立行使功能	针对发明点的小单元单独布局专利
情况 2	一个发明点解决了一个技术问题，但无法独立行使功能	针对仅含有该发明点的行使功能单元布局专利
情况 3	多个发明点共同解决一个技术问题，相互配合行使功能	针对含有这几个发明点的行使功能单元布局专利
情况 4	同一创新发明点在不同的功能单元解决不同的技术问题	针对含有同一发明点的不同功能单元分别布局专利

化学药生产设备通常以产品进行保护，大致可从以下方面考虑：①理解技术方案——构造、原理、功能；②确定保护主题——部件、功能模块、设备、系统等；③掌握现有技术，找出区别特征，确定技术问题；④确定必要技术特征；⑤确定发明点的创造性；⑥撰写内容——结构组成、结构形状、结构的位置关系、结构的连接关系、实现各个目的的撰写顺序、适当的上位概括等。化学药生产设备也属于机械类申请，对于技术方案理解、保护主题确定、申请文件撰写、创造性问题等，详细可参考机械类专利申请的要求。

4.2.10.2　生物制品生产设备专利挖掘与布局

生物制品生产设备有其独特之处，生物制品生产设备专利可以根据生物制品生产过程全程挖掘并布局。这里以抗体药物生产为例进行说明。

抗体生产不同于化学药和传统重组蛋白生产，其工艺路线复杂，全工艺过程需要控制微生物和内毒素污染，没有特定的去内毒素步骤，对生产系统的控制要求非常高。这也使开发与公司产品工艺相配套的生产设备从而满足生产需求成为可能。一般抗体药物生产需要生物反应器、高速离心机、层析系统、深层过滤系统、超滤系统、原液及成品灌装设备以及大规模溶液配置、存储设备和相应的清洗设备等。

一般大规模的生物反应器等设备（包括可反复使用的不锈钢设备和一次性可抛弃反应器）基本都从国外进口。目前，国内高校、研发机构和企业也通过产学研结合争取在大规模生物反应器上获得突破。考虑到反应器的特性和生产工艺特点，大多采用实用新型和发明专利（生产工艺）同时申请。以下是某制药企业在同日申请提交的实用新型专利和发明专利各 1 件，即在申请关于低温贮存装置实用新型专利的同时，也申请了结合生产工艺步骤的发明专利。

实用新型专利名称：一种应用于大规模动物细胞培养和微生物发酵的低温贮存装置

申请号：CN201420403262.8

申请日：2014 - 07 - 21

授权公告号 CN204111762U

该实用新型专利公开了一种应用于大规模动物细胞培养和微生物发酵的低温贮存装置。具体地，公开了一种应用于大规模动物细胞培养和微生物发酵的低温贮存装置，其特征在于，所述低温贮存装置包括贮存罐、外套于贮存罐的保温套筒和用于控制贮存罐内温度的制冷装置和温控器，所述贮存罐设有可连接空气过滤器的换气口、用于与生物反应器出口端连接的进液口和用于与生物反应器进液端连接的出液口。该实用新型的低温贮存装置可以准确地按照生产工艺所需要的低温长时间地保存从反应器中排出的动物细胞培养液

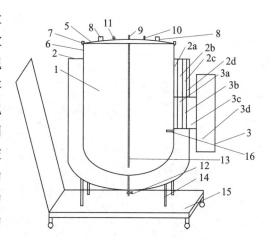

图 4 - 2 - 24　实用新型专利
CN204111762U 附图 1

或微生物发酵液，具有保冷效果良好、温度控制准确、节约水资源、结构简单、设计合理、使用方便等特点。CN204111762U 的说明书附图 1 如图 4 - 2 - 24 所示。

发明专利名称：一种大规模动物细胞培养液和微生物发酵液的低温保存方法

申请号：CN201410347092.0

申请日：2014 - 07 - 21

该发明公开了一种应用于大规模动物细胞培养液和微生物发酵液的低温保存方法。具体地，发明公开一种大规模动物细胞培养液和微生物发酵液的低温保存方法，其特征在于，所述动物细胞培养液或微生物发酵液是在以下低温贮存装置中保存，所述低温贮存装置包括贮存罐、外套于贮存罐的保温套筒和用于控制贮存罐内温度的制冷装置和温控器，所述贮存罐设有可连接空气过滤器的换气口、用于与生物反应器出口端连接的进液口和用于与生物反应器进液端连接的出液口。该发明的保存方法可以准确地按照工艺所需要的低温长时间地保存从反应器中排出的动物细胞培养液或微生物发酵液，具有保冷效果良好、温度控制准确、节约水资源、结构简单、设计合理、使用方便等优点。目前该发明专利申请仍处于实质审查阶段。

对于生物制品制药企业而言，生产设备专利挖掘和布局基本都是对生产工艺专利的补充，对专利的布局不同于设备生产企业。在后续专利维权过程中也不同于设备生产企业。

另外，出于制剂的需要和方便患者的考虑，国外制药巨头在对生物制品药品的抗原表位、序列、生产工艺等进行布局的同时也对单剂量包装的设备进行了布局。

例如，申请人 SIO2 医药产品公司在中国提交如下专利申请：

发明名称：用于药物包装的钝化、pH 保护性或润滑性涂层、涂布方法以及设备

申请号：CN201280055031.6

申请日：2012 - 11 - 09

该发明提供了一种用于通过 PECVD 在一个衬底表面上提供一个钝化层或 pH 保护性涂层的方法，该方法包括由包含聚合气体的一种气态反应物，例如一种有机硅前体和任选地 O_2 产生一种等离子体。该钝化层或 pH 保护性涂层的润滑性、钝化、pH 保护性、疏水性和/或阻隔特性是通过设定该前体进料中的 O_2 与有机硅前体的比率和/或通过设定用于产生该等离子体的电功率来设定。具体地说，提供了通过所述方法制成的一个润滑性和/或钝化层或 pH 保护性涂层。该申请文件的附图 4 如图 4 - 2 - 25 所示。该专利申请目前处于复审阶段。

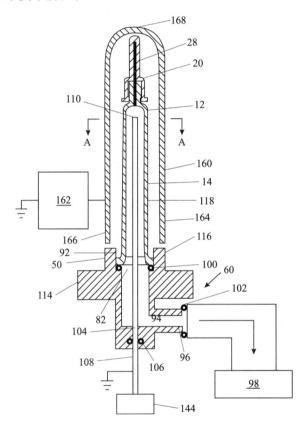

图 4 - 2 - 25　发明专利申请 CN201280055031.6 所述的附图 4

申请人安姆根有限公司在中国提交如下专利申请：

发明名称：注射器和装配方法

申请号：CN201280050454.9

申请日：2012 - 10 - 11

授权公告号 CN103930142B

该发明公开了注射器（100），可包括具有壁（110）和密封组件（140）的容器（102），所述壁（110）具有内表面（112），所述密封组件（140）具有内表面（142），所述壁（110）和所述密封组件（140）的内表面（110）限定填充药物产品的闭合的无菌储库（150）。注射器（100）还可包括流体递送系统，所述流体递送系统包括洁净的、无护套的刚性容器针（180），所述刚性容器针（180）具有这样的尖（182），所述尖（182）被设置成在存储状态中仅部分穿过密封组件（140），并且被设置成在递送状态中穿过密封组件（140）的内表面（142）进入无菌储库（150）内。此外，注射可包括致动器（106），所述致动器（106）适于将容器针从存储状态移动到递送状态。CN103930142B 的附图 1 具体如图 4 - 2 - 26 所示。

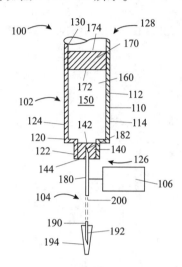

图 4 - 2 - 26   发明专利 CN103930142B 附图 1

以上两件专利同样可以给国内企业在此领域布局专利提供思路。

4.2.11   药品包装盒/袋、药瓶、药片等

4.2.11.1   外观设计在药品领域中的重要性

毋庸置疑，药品行业专利申请的特点是以发明专利为主，而外观设计专利申请的量相对较少，对产品的实际保护力度有限。但是，外观设计专利在某些情况下，对区分产品具有重要意义。

在美国，对于品牌药，原研药企业都会确保专有名称以及外观设计（大小、形状、颜色）均能够获得保护。一旦专利到期，大量仿制药进入同类市场，品牌药的商标和外观设计就将成为竞争的重要手段。首先，医生大多数通过商标来查阅药品，而不管通用配方的可获得性；其次，由于处方药在销售给消费者之前会在药店进行再包装，一种药品的独特颜色和形状将成为影响消费者偏好的重要手段，诸如蓝色象征肌肉（伟哥是蓝色的）。原研药企业精心选择药品的商业外观，以便它们能够成为药品"个性"的重要组成。商品名称和外观设计对消费者购买行为的影响作用，促使原研药企业投入大量资金用于药品的商品名称和外观设计保护。

原研药企业在品牌药专利保护期内的独家销售期间，会利用独特的外观设计来培养消费者的习惯性购买行为。1989 年，阿斯利康公司推出一种新的治疗胃食管反流疾病的专利药物，其通用名称为奥美拉唑，专有名称为 Prilosec。该专利药物有一个紫色的商品外观，阿斯利康公司大力宣传这种"紫丸"，当许多患者找到医生时，他们甚至不记得该药通用名称，只记得该药的颜色。尽管所有的药丸都印有一个识别代码，许多患者还是依赖药品的形状和颜色来识别它们。2001 年，面对药物专利到期，阿斯利康公司将建立在 Prilosec 商标和商业外观基础之上的商誉有效移转到新的专利药物 Nexium（通用名称为埃索奥美拉挫）上。阿斯利康公司将 Nexium 定位为一种改进药物，对于胃食管反流病患者而言，Nexium 比 Prilosec 见效更快，但这一优点似乎更多是因为有较高的剂量。Nexium 仍然沿用紫色，并被称为"新紫丸"，其销售价格比 Prilosec 的仿制药更贵。虽然 Prilosec 在专利到期以后销售急剧下降，但 Nexium 重拾了 Prilosec 的市场份额。在制药行业，阿斯利康公司的操作方式变得越来越普遍，品牌药物制造商经常依靠药物的商业外观来垄断药物市场[86]。

历史经验告诉我们，要适当重视外观设计在药品产品独占中的地位，将外观设计专利与商标、包装装潢、商誉等知识产权形式充分结合起来，共同纳入企业品牌文化和产品综合价值的大体系中，培育消费者的使用习惯，提高产品的附加值。

4.2.11.2　药品外观设计要同时满足药品申报的强制性要求

药品作为商品的特殊性，因此申请人在申请外观设计方面的专利时，除了考虑专利审查层面对外观设计授权标准方面的要求之外，还要考虑药品监管层面对药品包装的强制性规定。

根据药品监管部门的相关法规，"药品包装必须按照规定印有或者贴有标签，不得夹带其他任何介绍或者宣传产品、企业的文字、音像及其他资料。"药品标签就是药品包装上印有或者贴有的内容，必须由国家药品监管部门核准后方可使用。

药品标签的格式要求，必须符合药品监管部门出台的《药品说明书和标签管理规定》（局令第 24 号），其对于标签的内容作出了严格规定，例如规定标签内容"不得超出说明书的范围，不得印有暗示疗效、误导使用和不适当宣传产品的文字和标识"[87]。

当然，仅从外观设计专利授权的角度，并不需要考虑文字内容的问题。但《药品说明书和标签管理规定》里还规定了一些与包装图案和色彩要素密切相关的内容，必须在申请外观设计专利时同时考虑此类强制性规定。

例如，《药品说明书和标签管理规定》第 25 条规定："药品通用名称应当显著、突出，其字体、字号和颜色必须一致，并符合以下要求：

（一）对于横版标签，必须在上三分之一范围内显著位置标出；对于竖版标签，必须在右三分之一范围内显著位置标出；

（二）不得选用草书、篆书等不易识别的字体，不得使用斜体、中空、阴影等形式对字体进行修饰；

（三）字体颜色应当使用黑色或者白色，与相应的浅色或者深色背景形成强烈反差；

（四）除因包装尺寸的限制而无法同行书写的，不得分行书写。"

第26条规定："药品商品名称不得与通用名称同行书写，其字体和颜色不得比通用名称更突出和显著，其字体以单字面积计不得大于通用名称所用字体的二分之一。"

第27条第2款规定："药品标签使用注册商标的，应当印刷在药品标签的边角，含文字的，其字体以单字面积计不得大于通用名称所用字体的四分之一。"

第28条规定："麻醉药品、精神药品、医疗用毒性药品、放射性药品、外用药品和非处方药品等国家规定有专用标识的，其说明书和标签必须印有规定的标识。"

CFDA在随后对《药品说明书和标签管理规定》的解释里还进一步明确："药品通用名称必须使用黑色或者白色，不得使用其他颜色。浅黑、灰黑、亮白、乳白等黑、白色号均可使用，但要与其背景形成强烈反差。"药品标签不得印制"××省专销""原装正品""进口原料""驰名商标""专利药品""××监制""××总经销""××总代理"等字样。"企业防伪标识""企业识别码""企业形象标志"等不违背第3条规定的文字图案可以印制。"……以企业名称等作为标签底纹的，不得以突出显示某一名称来弱化药品通用名称。"[88]

很多时候，出于销售和市场的需求，企业会就同一药品形成多种不同的药品规格或者包装规格。例如同一品种可能根据需求有0.25mg和5mg片剂规格，同一种贴剂可能存在3贴装、5贴装和10贴装等不同包装规格。根据《药品说明书和标签管理规定》第21条规定："同一药品生产企业生产的同一药品，……药品规格或者包装规格不同的，其标签应当明显区别或者规格项明显标注。同一药品生产企业生产的同一药品，分别按处方药与非处方药管理的，两者的包装颜色应当明显区别。"此外，在医疗器械领域，还存在一些成套出售、同时使用的情况，例如呼吸机和呼吸机的专用面罩。在申请这类产品外观设计时，可以充分利用《专利法》第31条第2款的规定："同一产品两项以上的相似外观设计，或者用于同一类别并且成套出售或者使用的产品的两项以上外观设计，可以作为一件申请提出。"在满足药品监管部门强制性要求的前提下，将不同规格的产品包装合并在同一件外观设计专利中进行申请和保护，有利于节约专利申请费用、提高专利价值。

4.2.11.3 药品领域可申请外观专利的主题及专利挖掘

我国《专利法》第2条第4款规定："外观设计，是指对产品的形状、图案或者其结合以及色彩与形状、图案的结合所作出的富有美感并适于工业应用的新设计。"由于外观设计不需要实质审查，审查员通常不会检索，但可能会简单地通过百度等搜索引擎查询相应的产品，如得出明显不具备新颖性的结果，也会不予授权。而且，外观设计专利申请不能侵犯他人的在先权利，例如美术作品的著作权、商标权等。

根据《专利法》第 25 条第 1 款的规定，"对平面印刷品的图案、色彩或者二者的结合作出的主要起标识作用的设计"，不能授予专利权。因此，药品领域中属于平面印刷品的标签、瓶贴都是不可以申请外观设计的。

对于设计思路相似的同一产品两项以上的外观设计，或属于同一类别并且成套出售或使用的产品的两项以上的外观设计可以作为一件申请提出。因此，同产品设计元素相似但细节略有不同的药品的包装盒，与药品服用相关的、成套使用的器械，可以作为一件外观设计申请。

具体来说，药片或者胶囊的外观本身可能申请外观设计专利，如专利CN201030125267.6 是阿斯利康公司关于其重磅产品替格瑞洛申请的外观设计专利。该专利不仅保护了药片的形状、图案及其结合，还保护了包括药片正面的着色和识别符号在内的所有设计元素，具体如图 4 - 2 - 27 所示。

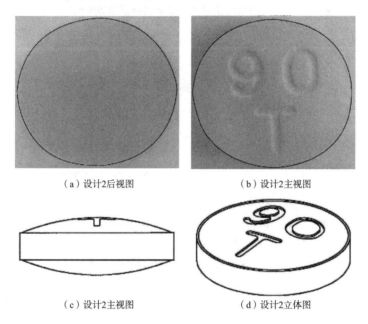

（a）设计2后视图　　　　　　　　　（b）设计2主视图

（c）设计2主视图　　　　　　　　　（d）设计2立体图

图 4 - 2 - 27　阿斯利康公司替格瑞洛片外观设计专利附图

含有特定设计元素的药品包装盒、包装袋也可以申请外观设计专利。如前所述，当直接对应产品的发明专利纷纷到期，新药成为老药，市场充分竞争，已经很难再以发明专利的形式保持市场独占状态时，就需要借助其他保护形式来区分同类产品，保持独有的特色，在消费者心中树立良好商誉。例如，复方氨酚烷胺片是治疗感冒的OTC 类老药，市场上同类产品很多，但吴太集团的感康非常具有市场辨识度。这离不开其对包装盒、包装袋相关专利的挖掘和布局。随着 "90 后" "00 后" 年轻群体逐渐成为主流消费人群，医药行业也不得不跟随着全新消费习惯，开始新一轮的 "年轻化" 改造。为了拥抱年轻市场，感康品牌全面升级。在产品层面，感康在保证原有药品品质的同时，推出了抽拉式药盒和粘贴包装设计，打破医药产品的枯燥无味，用 "会粘贴的感冒药"鼓励大家关爱自己及身边人,起到了很好的市场效果。

这些设计的背后,吴太集团布局了一系列的专利。如图 4 - 2 - 28 所示,CN201630147081.8(左图)是感康产品的内包装袋专利,CN201630083821.6(右图)则保护了该产品的包装盒外观(后者因未缴年费而失效,可作为一件申请以节约费用)。

图 4 - 2 - 28 吴太集团感康产品相关外观设计专利(一)

吴太集团感康的新包装除了外观发生变化外,包装盒在功能上也有变化。盒体设计为抽拉式,向右边拉出说明书,药板就会相应从左侧弹出,形式更新颖,打开更便捷。为配合新包装,吴太集团还申请了一系列实用新型专利以强化保护,具体见图 4 - 2 - 29。例如专利 CN201620880815.8(左图)保护了抽拉式的药盒,专利 CN201720674284.1(右图)保护了一种在用户使用中能有效地防止内容物与盒本体完全脱离的包装盒。

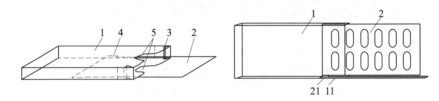

图 4 - 2 - 29 吴太集团感康产品相关外观设计专利(二)

此外,该公司还仿照此创意申请了烟盒(CN201621026779.5)、文具盒(CN201621014366.5)、化妆盒(CN201621014637.7)、牙具盒(CN201621027746.2)等专利。这些外围申请为阻止潜在竞争对手的恶意模仿和实施集团多元化发展战略做好了专利方面的提前布局和储备。

在生产设备方面,专利 CN201720285125.2 保护了能够生产出抽拉式包装盒的装盒机,专利 CN201720285143.0 保护了采用两个相对独立的贴合装置完成两次贴合的贴合设备。申请人还对此两项实用新型专利技术同时申请了发明专利 CN201710176937.8、CN201710173073.4,以期获得更长的保护时间目前此 2 项发明专利申请均处于实质审查中。

吴太集团围绕感康的这一系列设计和专利布局,很好地与营销策略相结合,为产品的推广和销售提供了强有力的法律支持,非常值得借鉴。

另一个案例是小儿氨酚黄那敏颗粒,儿童对药物的剂量需求因年龄、体重、发育状况的不同而有差异。消费者对于儿童的酌情用药一直存在困惑，过量用药和滥用药都是不安全的，儿童用药的剂量更应该精准。如何针对消费者最关心的问题进行包装设计，也可以成为医药企业的切入点。例如，浙江亚峰的小儿氨酚黄那敏颗粒，商品名为小快克，采取了半包装的儿童装设计，根据不同年龄段（或不同体重），选择服用半包、一包或者一包半。

浙江亚峰也针对该设计申请了包装盒的外观设计专利和包装袋的实用新型专利：CN301424832S 涉及包装盒（小儿氨酚黄那敏颗粒），处于有效期（见图 4 - 2 - 30）；CN201692312U 用于包装散剂或颗粒剂药品的多室药袋，已失效终止（见图 4 - 2 - 31）。实用新型专利 CN201692312U 因被第三方无效宣告而失效，无效宣告理由是基于《专利法》第 22 条第 2 ~ 3 款。另外，在调查中发现，浙江亚峰也曾经针对弘益公司的CN200957185Y 药品包装袋发起无效宣告请求，弘益公司的该药品包装袋专利基于《专利法》第 22 条第 3 款被宣告无效（见图 4 - 2 - 32）。

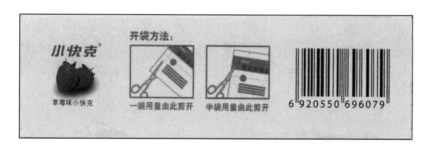

图 4 - 2 - 30　浙江亚峰的小快克包装盒外观设计专利 CN301424832S

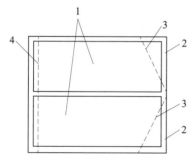

图 4 - 2 - 31　浙江亚峰的包装袋
专利 CN201692312U

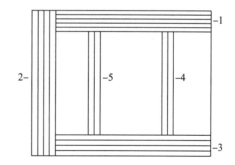

图 4 - 2 - 32　弘益公司的包装袋
专利 CN200957185Y

华润三九的 999 小儿氨酚黄那敏颗粒，也具有类似的包装设计，推出半袋化精准包装，有效地防止儿童用药过量，并申请了药品包装盒的外观设计，即 CN305273892S涉及药品包装盒（小儿氨酚黄那敏颗粒），处于有效期。针对分剂量包装袋的结构，未查到相关申请，应该是基于现有技术的情况，未作申请。

因此，以分剂量包装为例，针对药品包装的外观设计、结构设计，除了准确定位市场需求外，还需要充分掌握现有技术的情况，将两者结合，既能得到消费者认可，也能从法律角度考虑专利的授权前景和授权后的稳定性。只有具有专利保护，且具有稳定的专利权，才能不被模仿，为产品的推广和销售提供强有力的法律支持。

　　药品包装设计如何体现企业形象、提高外观设计品位，赋予其能获得消费者心理认可的能力，并不是一件简单的事。医药企业除了自行设计或改进产品包装外，也可寻求与第三方机构的合作，一方面通过学习专业机构的专利布局思路，另一方面也可以通过合作确定药品最合适的设计。例如，江苏仅一联合智造有限公司在包装领域申请17件发明/实用新型/外观设计专利：在包装袋结构的设计上，通过设置宽度较小的颈部封边/阶梯形的横向封口带、直接搭接形成包装袋的纵向封口等方式，能够解决省力、控制物料不易漏出等问题；包装盒的设计通过倾斜侧面或产品倾斜并排侧立的方式，易于计数、展示或取用，具体见图4-2-33和图4-2-34。江苏仅一联合智造有限公司的专利申请，可以为医药企业在包装袋结构设计和外观设计方面提供一些思路。

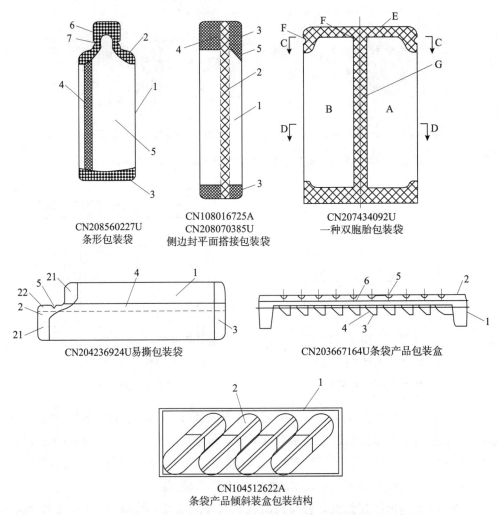

图4-2-33　江苏仅一联合智造有限公司包装发明和实用新型专利

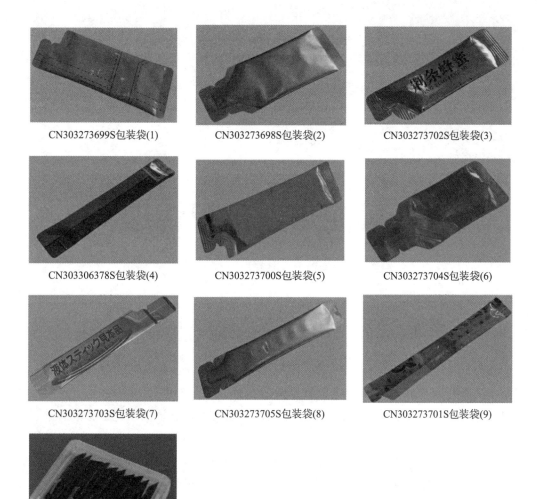

CN303273699S包装袋(1)　　CN303273698S包装袋(2)　　CN303273702S包装袋(3)

CN303306378S包装袋(4)　　CN303273700S包装袋(5)　　CN303273704S包装袋(6)

CN303273703S包装袋(7)　　CN303273705S包装袋(8)　　CN303273701S包装袋(9)

CN303088274S条带组合包装盒
使用状态参考图

图 4 - 2 - 34　江苏仅一联合智造有限公司包装外观设计专利

第 5 章 ‹‹‹‹‹‹‹‹

其他知识产权管理

5.1 商业秘密

医药企业的商业秘密亦符合一般"商业秘密"的定义，是指不为公众所知悉、具有商业价值并经权利人采取相应保密措施的技术信息、经营信息等商业信息。根据2019年修正的《反不正当竞争法》第9条，商业秘密的概念较以往的定义范畴进一步扩大。

2019年修正的《反不正当竞争法》第9条列举了侵犯商业秘密的行为，包括：（1）以盗窃、贿赂、欺诈、胁迫、电子侵入或者其他不正当手段获取权利人的商业秘密；（2）披露、使用或者允许他人使用以前项手段获取的权利人的商业秘密；（3）违反保密义务或者违反权利人有关保守商业秘密的要求，披露、使用或者允许他人使用其所掌握的商业秘密；（4）教唆、引诱、帮助他人违反保密义务或者违反权利人有关保守商业秘密的要求，获取、披露、使用或者允许他人使用权利人的商业秘密。更进一步地指出，经营者以外的其他自然人、法人和非法人组织实施前款所列违法行为的，视为侵犯商业秘密；第三人明知或者应知商业秘密权利人的员工、前员工或者其他单位、个人实施该条第一款所列违法行为，仍获取、披露、使用或者允许他人使用该商业秘密的，视为侵犯商业秘密。

药品的开发尤其是创新药（原研药）的开发，一直以来具有高风险、高投入和长周期的特点。同时，药物开发涉及医学、药学、化学、生物学、药理学等诸多实验学科，还涉及药事法规、统计学等非实验学科。随着科学技术的快速发展，无论是原研药还是仿制药均面临着日趋激烈的市场竞争。以研究开发原研药为业务模式的制药企业，不仅受到自身后续产品线空虚的压力，还受到政府药品价格管控、竞争品种和仿制药品的挑战。在这种情况下，如何有效地保护其商业秘密对制药企业也愈加重要。

5.1.1　原研药品生命周期

原研药的生命周期分为开发期、导入期、成长期、成熟期和衰退期五个阶段。

（1）开发期是通过试验证明某一个分子对某种生物分子靶标或者对某种疾病有效，且具有良好的安全性。该阶段包括了临床前研究、Ⅰ～Ⅲ期临床试验研究、关注靶标、先导化合物、候选化合物、早期药物制剂、适应证、生物标志物、临床方案等。

（2）导入期是在第一个重点市场的第一适应证拿到第一个剂型的上市许可。该阶段主要是市场巩固及拓展，并拓展其他主要市场所需要的指定临床，还包括在重点市场寻求纳入国家医保目录。

（3）成长期是指销售额开始爬升的阶段。该阶段原研药企业会在制剂、适应证、剂量、联合用药等维度寻求与可能的仿制药更好地区别，同时也会考虑在同一治疗领域开发改良的新分子。某些情况下，制药公司也可能提前新分子的开发。

（4）成熟期是指随着竞争对手的仿制药进入市场，原研药销售额增长率下降，销售进入平台期。对于原研药，该阶段制药公司会通过提高药品质量标准、合作谈判、发起诉讼等方式延迟仿制药上市时间或减少其上市的产品数量。

（5）衰退期是指产品失去市场独占权，仿制药充斥市场，原研药销量下降、销售额严重缩水。

在原研药品的整个生命周期中，涉及大量具有商业价值的技术信息、经营信息等商业信息。企业知识产权人员在了解药品生命周期的基础上，能够根据相关业务涉及的物、事和人的关系，更准确地厘清自身企业商业秘密的具体范畴。

5.1.2　商业秘密的确认、选定及清单

5.1.2.1　商业秘密的确认

商业秘密的确认方法为：将公司运营系统进行分析、经营业务进行分解后，截取各个时间点信息，并以一定载体的形式固定下来，所述载体包括但不限于文件、表格、合同等。确定商业秘密的保密范围、密级和保密期限，并在商业秘密的载体上标明密级和保密期限。

商业秘密确认的流程为：业务部门根据其业务特点，对照保密范围拟定商业秘密清单；业务经理审批商业秘密清单并签字审批表，送达管理层审阅；管理层提出意见，并填写审批表；业务部门根据管理层意见，修改商业秘密清单，填写审批表并报董事会核准；董事会代表签字后存档，成为本企业商业秘密清单；标记商业秘密清单所涉内容；告知相关业务部门及相关人员，如图 5 - 1 - 1 所示。

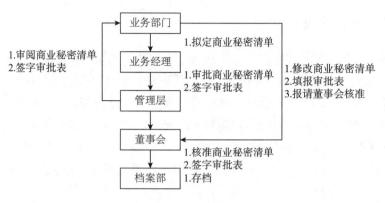

图 5 - 1 - 1　商业秘密确认流程

5.1.2.2　商业秘密的选定

商业秘密信息的选定包括：确定业务的核心竞争力、筛选有价值的信息、筛选具有商业价值的信息、筛选具有秘密性的信息、对重要信息采取保密措施、对商业秘密的价值评估以及确定商业秘密清单。

5.1.2.3　商业秘密清单

尤其是对于首创（First in Class）类创新药物而言，疾病的选择和认知、靶点的识别和验证对优先占据市场具有举足轻重的作用。在药物发现的前期，医药企业对于计划切入的疾病领域及靶点方向需要采取保密措施，以降低同梯队竞争者的警觉、拉开与跟随型竞争者的距离。

在临床前研究阶段，科学家们会设计先导化合物，并通过多维度评价标准以优化先导化合物，从而获得候选化合物。为了降低泄密风险，企业会采用项目代码、物质代码等来隐藏项目和物质信息，并通过专利申请、内外部信息管控等手段处置商业秘密。

在获得 NMPA 或 FDA 等临床试验申请（IND）批件后，企业将启动临床试验研究。基于其临床前和临床试验阶段的试验数据，企业可以提起新药注册申请（NDA）并获得上市许可。药品监督管理部门对于 IND 和 NDA 申请以及相应的研究方案、实验数据都有严格的审批要求。这些方案和数据决定了药品是否能够进入市场，能否在市场中获得竞争优势，具有极高的商业价值。

在药品获得市场准入许可进入市场销售环节后，药品将与竞争品种正面进行角逐。企业在药品上市准备阶段，将对品种及其市场深入定位。待产品进入市场后，药品将陆续进入导入期、成长期、成熟期。不同阶段的竞争态势具有一定差别，企业需要根据外部环境迅速调整商业策略。市场销售中的信息非常直接触及企业经济利益，具有重大的商业价值。

现以创新药物开发和商业化为范例，列举通用的药品生命周期中的商业秘密清单，如表 5 - 1 - 1 所示。

表 5 - 1 - 1　药品生命周期中的商业秘密清单

阶段	类型	商业秘密清单
研究开发	立项评估	• 疾病领域选定 • 开发靶点选定
	临床前研究	• 活性成分筛选及制剂处方筛选阶段：物质结构（化学结构或蛋白序列）、药材来源、中药配方、筛选方法（体外/体内）、图谱信息、构效关系、功能特性、理化性质、稳定性研究、制备方法、多晶型/盐等衍生物、工程细胞株、抗体种子库、工艺方法、药材栽培技术、药材养殖技术、饮片加工技术、饮片炮制技术、工艺流程、制剂处方、辅料来源、制剂工艺、包材信息、质量控制等涉及的试验方法、试验记录、试验结果及试验报告 补充评价：临床前研究阶段需要开展大量筛选工作，为后续临床试验开发、商业化生产提供基础，涉及物质结构、药物处方、制剂处方、生产工艺等核心信息，需要灵活应用专利申请和商业秘密保护策略
	临床研究申请	• 申请时间点、里程碑事件 • 临床申请申报资料：药学综述资料、药学研究资料、药理毒理研究资料和临床试验申请资料。其中，临床试验申请资料，包括：介绍性说明，如新药的名称、所有的活性成分、药理作用类别、结构式/序列、剂型、制剂处方、给药途径、临床试验目的等；总体试验规划、总结申请临床试验方案的设计依据，如拟定的适应证、受试者人群、受试者数量、给药方案、药物安全性评价方法、风险控制计划等、安全性风险论证等；研究者手册，试验药物在进行人体研究时已有的药学、非临床与临床研究资料总结；临床试验方案，如研究背景、试验目的、预计参加的受试者数量、入选标准和排除标准、给药计划、检测指标、中止研究的毒性判定原则和试验暂停标准；知情同意书样稿、伦理委员会批件；药学研究信息 • 未公开的收发文
	临床试验研究	• 启动时间点、里程碑事件 • 临床试验启动阶段：药物临床试验批件、制作研究者手册、筛选研究者、准备试验文件、召开研究者会议、获得伦理委员会批件、准备试验样品、签订协议、召开临床试验启动会（启动访视）、登记临床试验、启动临床试验 • 临床试验进行阶段：准备访视、监察项目、记录问题、交流和解决问题、药品和文件存档、填写访视表、更新记录表格、追踪和解决问题、安排后续访视计划、及时报备方案等改动及严重不良事件、收集病理报告并建立数据库、清理和解决问题数据、统计分析 • 临床试验总结：结束访视、检查并解决常规访视中遗留问题、收集病例报告并核查、通知伦理委员会、回收和销毁试验药物/用品、更新记录表格、书写监察报告、归档档案、数据入库、分析数据、校验数据、锁定数据库、统计分析、召开临床试验总结会、临床试验总结报告、临床试验归档、提交临床试验总结及相关文件等 补充评价：临床试验阶段是整个药物研发过程中风险最高、资本投入最大、时间较长的环节，涉及药物信息、患者信息、药品供应、试验方案、试验数据、试验结果、统计方法、分析方法、临床进展等敏感信息

阶段	类型	商业秘密清单
研究开发	新药审批申请	• 申请时间点、里程碑事件 • 药学综述资料、药学研究资料、药理毒理研究资料、临床试验资料和GMP认证申报资料。其中，临床试验资料包括：临床试验综述、临床试验计划及研究方案、数据管理、统计分析计划、临床研究者手册、知情同意书样稿、伦理委员会批件、科学委员会审查报告、临床试验报告、临床试验数据库电子文件（原始数据库、衍生的分析数据库及其变量说明文件）、数据管理报告、统计分析报告 • 未公开的收发文
商业化	商业化生产	• 生产工艺、工艺/制备技术、机械设备优化参数、生产系统参数、产品生产周期、质量保证信息、质量控制信息、质量保证和控制方法、质量控制手册、质量控制流程、质量控制记录、特殊的生产机器、涉及生产/工艺专有的信息等与生产相关的信息作为技术秘密进行保护
	市场与销售	• 多为经营秘密：代理商信息、医药客户情报、药品生产规划、药品销售策划方案、药品物流渠道、药品销售渠道、药品招投标标底、药品招投标书等
补充	其他类	• 核心管理层变动、融资投资、并购重组、项目交易等

5.1.3 商业秘密的丧失与救济

5.1.3.1 商业秘密的丧失

商业秘密丧失的情形至少包括如下3种：①无意和疏忽披露：如贸易展览、会议演讲、雇员面试、媒体采访、外部到访等；②未加保护的披露：如合同雇员、供应商雇员、初步讨论、雇员面试和简历、实施披露等；③未采取合理措施。

合法获取商业情报及秘密的途径与方法，包括但不限于：购买专门的竞争情报数据库/书籍；建立关键情报项目制度，采集诸如企业注册、专利、著作权等公开信息；从丢弃物料/载体中获得；从未与权利人签署保密协议的或不负有保密责任的第三方获得；通过权利人信息披露、新闻发布等渠道获得；通过鉴定中获得等。

由此可见，不受管控的信息披露是企业商业秘密丧失的常见途径。因此，企业开展对外信息交流、文章发表、参会参展等日常信息披露关联业务中，需要注意以下5个方面点：①签署保密协议；②健全并执行信息披露审批流程和制度，包括业务部门审批和法务审批；③及时销毁携带保密信息的废弃物料；④禁止将未经审批的保密信息释放于公共领域；⑤涉及技术秘密披露的，经评估后可以披露的，执行"先申请专利后披露"的基本原则。

5.1.3.2　行政及法律救济

中国现行对商业秘密保护的法律规定相应的救济途径分为民事途径、行政途径和刑事途径。

民事途径主要依据《民法总则》和《劳动法》。即根据《民法总则》相关规定，请求违反保密协议的当事人承担违约责任或者侵害商业秘密的侵权人承担侵权责任的方式，民法上救济的请求权基础是合同或者侵权行为；《劳动法》第 99 条规定，用人单位招用尚未解除劳动合同的劳动者，对原用人单位造成经济损失的，该用人单位应当依法承担连带赔偿责任。其第 102 条规定，劳动者违反该法规定的条件解除劳动合同或者违反劳动合同中约定的保密事项，对用人单位造成经济损失的，应当依法承担赔偿责任。

行政途径主要依据《反不正当竞争法》和《国家工商行政管理局关于禁止侵犯商业秘密行为的若干规定》。根据《反不正当竞争法》第 21 条的规定，经营者以及其他自然人、法人和非法人组织违反该法第 9 条规定侵犯商业秘密的，由监督检查部门责令停止违法行为，没收违法所得，处 10 万元以上 100 万元以下的罚款；情节严重的，处 50 万元以上 500 万元以下的罚款。根据《国家工商行政管理总局关于禁止侵犯商业秘密行为的若干规定》第 4 条的规定，侵犯商业秘密行为由县级以上工商行政管理机关认定处理。其第 5 条规定，权利人（申请人）认为其商业秘密受到侵害，向工商行政管理机关申请查处侵权行为时，应当提供商业秘密及侵权行为存在的有关证据。其第 7 条第 1 款规定，违反该规定第 3 条的，由工商行政管理机关依照《反不正当竞争法》第 25 条的规定，责令停止违法行为，并可以根据情节处以 1 万元以上 20 万元以下的罚款。

刑事途径主要依据《刑法》，即根据《刑法》第 219 条第 1 款规定侵犯商业秘密，给商业秘密的权利人造成重大损失的，处 3 年以下有期徒刑或者拘役，并处或者单处罚金；造成特别严重后果的，处 3 年以上 7 年以下有期徒刑，并处罚金。

5.1.3.3　商业秘密案案例

【案例 5 - 1】辉瑞公司、上海药明康德新药开发有限公司诉吴广侵犯商业秘密案[①]

案件总结：该案是上海首例涉及化合物结构的侵犯商业秘密案件。该案争议的焦点涉及化合物结构的同一性认定、商业秘密密点的确定、被害单位经济损失的计算等。法院经过审理查明，判决被告侵犯商业秘密罪，罚金 10 万元并有期徒刑 3 年 6 个月。

---

① 参见（2013）沪一中刑（知）终字第 10 号。

【案例 5－2】天津市滨海新区人民检察院诉浙江福瑞德化工、张一某等犯侵犯商业秘密案①

案件总结：该案争议的焦点涉及缪某某对联力公司生产三乙基铝的技术信息是否具有保密义务，张一某是否自被告人缪某某处取得联力公司生产三乙基铝的主要技术信息，司法鉴定能否认定联力公司与福瑞德公司在三乙基铝生产工艺中具有同一性的五项技术信息为非公众知悉的技术信息。而在整个研发过程中，被告人缪某某并未与联力公司以口头方式告知或者书面形式签署保密协议。法院经过审理查明，判决被告单位浙江福瑞德化工公司、被告人缪某某、张一某无罪。

5.1.4 商业秘密的制度管理

5.1.4.1 保密意识

企业需要加强文化建设，强调保护商业秘密的价值，以支撑商业秘密管理制度，提高员工保密意识。

5.1.4.2 管理机构

企业需要高度重视商业秘密对于企业经营的重要作用及泄密事件的严重后果。可以成立一个专门部门或从现有业务部门抽调人员组成商业秘密专业小组或委员会，负责商业秘密的认定及管控。所涉及的业务部门包括知识产权、法务、信息情报、运营策略、行政管理、信息安全等部门。其中，知识产权业务部门负责企业商业秘密管理，并对商业秘密进行专业评估和提案。

5.1.4.3 保密规章制度

知识产权部门和法务部门共同负责制定保密规章制度，对企业商业秘密管理提供准则。保密规章制度的制订要符合企业自身定位，合法合理、切实可行。一般应至少考虑以下几个方面：商业秘密管理者及其责任、商业秘密管理机构、商业秘密范围、商业秘密档案管理、商业秘密的申报与审查、商业秘密的保密义务、商业秘密审计、相应奖励与处罚等。

公司商业秘密的管理首先应符合保密规章制度，其次还应在具体业务开展过程中符合如下条款。

（1）公司划定业务开展区域、商业秘密保护区域。未经知识产权部门及商业秘密专业小组或委员会批准，非相关人员或因工作需要必须接触到商业秘密相关资料及物

---

① 参见（2014）滨汉刑初字第 66 号。

品的人员，不得擅自接触商业秘密有关载体，以及进入划定的、与本职工作无关的场所，同时禁止为无关人员提供任何形式的便利。

（2）新产品或新技术开发（含职务智力成果开发）以及商业活动期间，应当严格保护公司商业秘密，不得在普通区域、公共场所或利用非保密通信工具传递商业秘密信息及其载体。

（3）经公司确定的商业秘密，必须在其文件资料或物品上标记明确的警示标志，以标示商业秘密的符号、密级及保密期限。相关的文件资料或物品仅限于涉密人员接触。对于涉密会议采取参会签到手续、会后资料交还等保密措施。

（4）在劳动合同中，增加保密条款和竞业禁止条款。任何人不得利用职务、工作之便或采用其他不正当手段，将企业的商业秘密擅自发表、泄露、使用、许可或转让，也不得利用其工作中所掌握的信息资料为同行业的其他竞争者服务或提供便利。

（5）员工在入职时，须签订关于遵守公司知识产权管理办法的承诺书，承诺保守企业商业秘密。无论任何原因离开本公司前，员工须将从事科技工作的全部技术资料、试验设备、产品、计算机软件、技术成果、作品、设计成果、客户资料（包括但不限于客户名单、通信方式等）等商业秘密信息及其载体全部交回，并有责任保守本公司的商业秘密，不得擅自复制、发表、泄露、使用、许可或转让。

（6）保密信息拟对外披露时，涉及知识产权类问题的，必须事前经知识产权部门进行可行性评估和审批。

（7）新产品或新技术拟对外展示（包括展会、互联网和会议交流）时，涉及知识产权类问题的，必须事前经知识产权部门进行可行性评估和审批。

（8）建立参观访问控制、陪同制度。参观者身份需提前经业务部门审核，如有敏感身份的参访人员，需要进一步经知识产权部门审核。参观访问者一律佩戴有专门标志的胸章，并按照指定路线和范围在专人陪同下，有组织地进行参观访问。

5.1.5 商业秘密的人员管理

对于医药企业而言，特定接触、知悉、掌握商业秘密的人员包括：①高级研发人员、技术人员；②高级经营人员、管理人员和财会人员；③其他特殊职位的人员，包括知悉、了解商业秘密的一般技术人员和关键岗位的技术工人，以及有可能接触到商业秘密的其他人员等。对这些人员，包括内部人员（重点是企业员工）和外部人员在法律层面、意识层面及人事层面的全流程管理，对于商业秘密泄露防范的意义是不容小觑的。

5.1.5.1 企业员工管理

对掌握商业秘密的企业员工管理，可以通过以下形式进行：入职面谈并形成文字记录，定期或不定期地召集员工举办培训讲座，在办公场所和厂房等地方贴上标语，在公告板上通告，在公司内部宣传和沟通工具如报纸、期刊、局域网上发表文章，离职面谈并形成文字记录等。具体涉及约定保密事项和竞业限制、培养保密意识、执行员工人事管理、执行全流程人事（入职、在职及离职）管理（见表5－1－2）。

表5－1－2　企业员工商业秘密管理清单

阶段	主要文件清单	相关协议条款
入职/转岗	• 入职信息登记表 • 个人履历、入职承诺书、岗位说明书、员工手册 • 前雇主已披露的技术信息、前雇主专利/论文清单 • 劳动合同，还包括保密协议、竞业限制协议 • 入职物品领用表，包括个人计算机编号、邮箱地址、电话号码 • 入职谈话记录单	保密事项、竞业限制
在职	• 岗位说明书、组织架构书 • 项目/产品清单、专利/论文清单 • 成果与奖励信息登记表，包括技术成果、销售成果等	保密事项、竞业限制
离职/转岗	• 通知内外部的离职函 • 岗位说明书、组织架构书、竞业限制协议书 • 项目/产品清单、专利/论文清单 • 离职交接载体，包括个人计算机，如项目资料、产品资料、客户信息、业务合同等与业务开展相关材料 • 商业秘密清单，并由离职人员签字确认 • 离职谈话记录，包含遵守保密及竞业限制义务的承诺书 • 离职信息登记表，包括新雇主及岗位信息	保密事项、竞业限制

下面进行具体说明。

1. 与员工约定保密事项及竞业限制

与员工约定保密及竞业限制不仅是保护商业秘密的最好方法之一，也往往是执法机关判断保密措施是否合理的一项重要因素。没有保密协议可能导致公司的商业秘密得不到法律的保护。

《劳动合同法》第23条规定，用人单位与劳动者可以在劳动合同中约定保守用人单位的商业秘密和与知识产权相关的保密事项。对负有保密义务的劳动者，用人单位可以在劳动合同或者保密协议中与劳动者约定竞业限制条款，并约定在解除或者终止劳动合同后，在竞业限制期限内按月给予劳动者经济补偿。劳动者违反竞业限制约定的，应当按照约定向用人单位支付违约金。

通常，企业需要在劳动合同加列保密条款，也可以单独签订保密协议，要求员工遵守保密义务。签订保密协议，应当遵循公平、合理的原则，主要内容包括：保密的内容和范围、双方的权利和义务、保密期限、违约责任等。一般而言，员工对企业承担保密义务的内容包括：保守商业秘密的义务；正确使用商业秘密的义务；获得商业秘密职务成果及时汇报的义务；不得利用单位的商业秘密成立自己企业的义务；不得利用商业秘密为竞争企业工作的义务等。而且，保密协议、保密条款并不因劳动合同、劳动关系的终止而终止，在员工离职后一定期限内仍然有效。

更进一步地，企业应该在劳动合同或保密协议中加列竞业限制条款，也可以单独签订竞业限制协议，其主要条款内容包括：①竞业限制的人员主要限于知悉企业商业秘密和核心技术的人员，包括高级管理人员、高级技术人员和其他负有保密义务的人员；②竞业限制的地域主要限于能够与本企业形成实际竞争关系的地域为限；③竞业限制的期限一般不得超过 2 年；④竞业限制的补偿标准主要基于企业与员工协商确定；⑤违约责任的约定主要基于企业与员工的协商。

2. 培养员工保守公司商业秘密

企业为了正常的经营活动，是无法割裂员工与商业秘密的接触，然而让员工接触商业秘密又带来一定程度上泄密的风险。这往往让企业管理者处于两难的抉择。在日常工作和生活中，员工往往因为不分场合、不分对象去处置企业商业秘密信息，或者因为无阻止他人商业秘密泄露行为的意识，而导致企业商业秘密泄露。降低商业秘密泄露最有效的方法是：让员工了解企业文化、保密的范围、工作规则、违约的后果等，提高员工商业秘密保护知识和保密意识，进而根据业务需要让员工接触商业秘密，同时最大化地避免商业秘密泄露风险。当员工具备了相应知识和意识时，他们就能够在接触和使用甚至提及商业秘密的时候具备相应的警觉性，并快速作出判断和采取措施。

提高员工商业秘密保护知识和保密意识，目的在于培养员工保守商业秘密。如何提高员工商业秘密保护知识和保密意识？首先，构建以商业秘密为核心的企业文化，应用企业文化在管理中的导向、凝聚、规范、激励作用将其个异性、共识性、非强制性、相对稳定性特征直接感染和作用员工的思维模式，从而使商业秘密的保护形成一种企业氛围、一种惯性，得以传承；其次，将企业商业秘密保护确定为每一位员工的分内工作，告知员工遵守国家法律法规和企业保密行为规范，履行其岗位保密职责，妥善保管经手的商业秘密信息，不得擅自复制、披露、传输、销毁记录商业秘密的数据，发生/发现泄密事件或隐患及时处理并向有关管理部门汇报等；最后，企业定期或不定时地通过培训、引导、宣传和教育结合的形式，强化员工的商业秘密保护意识，增强其道德观念、法制观念、责任感、归属感，以树立保护商业秘密人人有责的思想，普遍提高保护商业秘密的自觉性。

3. 执行员工人事资料管理

企业应当建立健全员工人事资料管理，包括员工的学历、专长、工作经历、有无发明专利、有无商业秘密、职位说明等资料。一方面，企业可用来参考以决定分派员工担任适当的职位；另一方面，当未来和员工有商业秘密相关的争议时，也可供执法机关据以认定员工究竟有无创作能力及是否窃取公司机密等。

4. 执行入职、在职及离职管理

企业商业秘密往往因为如下原因而被泄露：员工离职带走原单位有价值的技术成果和经营信息，并加入与原单位制造/使用同类产品、使用/开发同类技术或者经营同类业务的其他单位任职；在职员工利用掌握的商业秘密从事兼职，与制造/使用同类产品、使用/开发同类技术或者经营同类业务的其他单位发生联系为自身牟利；原单位商业秘密的技术人员或管理人员离职后另立门户，利用其掌握的商业秘密独自制造/使用某产品、使用/开发某技术或者经营某业务，其中所述产品、技术或者经营业务所涉及的信息与原单位的同类产品、技术或者经营业务具有竞争关系或披露关系；员工被其他企业"挖墙脚"而发生个人或团队离职。因此，在员工入职、在职和离职过程中，人力资源部和业务部门统筹协调并进行全过程管理，有助于对商业秘密流失进行跟踪和管控。

在入职、在职人员的管理方面，由于入职员工的流入形式一般分为外聘和内聘两种，在入职包括招聘环节中，人力资源和业务部门需要注意：招聘前，根据招聘职务/岗位所涉及商业秘密的情况以及需求确定招聘条件和考察评价标准，对应聘者进行背景调查，包括身份验证、离职原因、个人履历、（兼职/全职）从业经历、职业道德评估、个人信誉评估，调查应聘人员是否有泄露商业秘密、非法使用商业秘密和非法携带商业秘密离职的不良行为，调查或询问应聘者是否对原单位具有保密义务及履行竞业限制义务（尤其是商业秘密集中的岗位需要谨慎聘用）；招聘中，评估应聘者对商业秘密遵守情况；入职前，告知应聘者遵守商业秘密的义务。相对外聘人员，内聘员工泄露商业秘密的风险略有降低，但在其转岗、升迁或工作中需要接触核心商业秘密信息时，仍然需要对其职业道德考察和岗位职能培训。对于入职员工必须签订保密协议及竞业限制协议。

在职员工是开展企业经营业务的主体，他们无法避免接触、知悉或掌握企业商业秘密。在对其全过程管理环节中，人力资源部门和业务部门需要登记入职员工是否涉及携带他人商业秘密，并告知遵守商业秘密保护义务；明确员工的岗位职能、权利及义务，规定其需要保守商业秘密的内容、职责并纳入绩效考核和评估；强化内部审计和监督机制，随时对员工给予培训、引导和教育，督促员工养成良好的保密习惯；与员工尤其是将掌握核心商业秘密的员工及时更新保密协议及竞业限制协议。

在离职人员的管理方面，员工离职的管理一般包括离职面谈、核准离职申请、业务/资产交接。在为员工办理离职手续时，需要告知并重申员工的保密义务不因劳动合同的解除而终止，保密期限直至商业秘密公开或消失为止，并要求员工另行作出书面保密承诺；与员工尤其是掌握核心商业秘密的员工签订并积极履行竞业限制协议；记录离职员工新单位信息及职能，并将员工在本单位的工作性质和业务范围书面通知对方单位，明确告知其不得非法使用本单位的商业秘密；及时撤销离职员工的办公和访问权限，指定专人负责离职员工的交接工作，并明确告知离职员工不得复制、毁损文件、资料和设施；及时告知内部业务部门、外部合作方离职员工动向，以避免员工离职后仍以本单位名义继续从事相关交易；对于离职员工做好尽职调查，尤其是在员工离职的最初 1 年内密切关注所处领域动向。另外，员工在集团公司内部变更服务实体或岗位的，也需要参考离职管理模式，并且针对新的服务实体或岗位重新签订保密协议。

5.1.5.2　外部人员管理

可能接触商业秘密的外部人员涉及谈判方、被许可人、供应商、客户、合作开发者、销售代理商，以及向公司提供产品或服务的工程师、顾问、承包人等第三人。需要与得知商业秘密的第三人签订适当的保密协议，以约定文件/及其信息的所有权，包含信息的专有性和机密性、保密条款及相关权利与义务。

5.1.6　商业秘密的设备管理

涉及商业秘密的设备包括计算机（如个人办公电脑、公用办公电脑及其可触及的各类电子信息数据载体）；技术关联类仪器设备（如用途为物质表征、物质检测、物质存储的仪器设备，及其关联的各类电子信息数据载体）；其他设备（如实验记录、质量控制、供应记录等载体存放设备）。

设备管理的主要手段：重点是对人员和可触及设备及其信息的物理阻隔，包括权限设置、设备及其信息的区域性存放及警示。

5.1.7　商业秘密的载体管理

商业秘密以信息作为具体表现形式，以载体作为承载客体。对于商业秘密的管理，以制度为基石，在"人"管理之余的另两个维度涉及"事"和"物"。其中，"物"管理将具体体现在对商业秘密的载体管理。

商业秘密的范围重点涉及企业自主研发的技术、自主制定的经营策略，可以根据企业自愿及需求，简单地分为"绝密""机密""秘密"三个密级。商业秘密通常承载于涉密文件，重点包括以文字、图表、音频、视频及其他记录形式记载商业秘密内容的资料，比如公文、书刊、函件、图纸、报表、磁盘、胶片、幻灯片、海报、照片、录音带、宣传资料等。

5.1.8　商业秘密管理的其他辅助措施

为了系统地、全面地管理企业的商业秘密，企业通常会进一步增加以下辅助措施：

（1）配置企业保安：企业保安要划定保密区域，在保密区域内加强保卫措施，确定诸如门卫、上锁、限定员工进入区域、密码钥匙或密码通行证，并经常变换密码等措施和管理办法，这将有助于防止商业秘密失窃；

（2）控制参观与实习：参观与实习应避开敏感区域和信息，勿作详细解释，必要时要求来访者参观商业秘密时签订保密协议，实习时务必签订保密协议；

（3）强化重点部位管理：产生、处理、存储、使用商业秘密的部位，是保密管理的重点，需要警示和权限设置；

（4）公开发表或广告、展览公开信息管理：出席专业领域的会议，发表学术著作，演讲等时需要警觉，并经审批后同意。

5.1.9 商业秘密的诉讼管理

商业秘密类案件具有撤诉率高、原告胜诉率低、员工泄密为主、第三人与员工共同侵权普遍、技术秘密纠纷为主、数额巨大或损害严重或影响巨大等特点。商业秘密纠纷的核心是商业秘密范围的确定，即明确"秘密点"。并且，商业秘密类诉讼也兼有常规诉讼耗时、耗力、耗财的特点。因此，商业秘密诉讼也需要专业的管理。

5.1.9.1 诉讼策略制定

完整的诉讼策略包括前期的风险评估分析、中期的庭审技巧以及后期的裁决执行方案，具体包括：

（1）在诉讼前期阶段，无论作为原告还是被告，企业均需要明确"秘密点"，调查对方当事人、案件背景，并从成本与收益、胜诉率、可能责任、可能后果、其他救济途径等维度，进行风险评估分析，制定诉讼策略；

（2）在中期庭审阶段，企业需要提前反复阅读卷宗并提前预演，对案件中的薄弱或不利环节多推断并充分准备，并且在庭辩过程中力求洞悉对方动机，采用"无关的——明确拒绝应答并争取庭审主动权""不便直接回答的——迂回应答""隐含前提的——否定前提"等技巧；

（3）在裁决执行阶段，企业需要督促执行机构快速启动执行、主动收集被执行人情况及财产信息并传递给执行机构、立即要求执行（一旦发现利于执行条件的）、积极穷尽调查手段。

5.1.9.2 诉讼案件报告及预防

诉讼案件报告包括案情分析报告、代理思路报告、庭审情况报告、执行结果报告、结案报告、策略改进报告等，以系统梳理和记录诉讼案件实体和流程，以便于企业了解诉讼情况并实现案件卷宗的存档。

无论对于企业还是员工，"诉累"一直都是一个不可回避的问题。企业尽可能通过风险管控避免没必要的诉讼，包括如下措施：

（1）增强管理层和员工意识，使其在日常业务中具有较高的商业秘密保护意识，并对诉讼风险存在一定认识；

（2）建立并健全诉讼风险防范机制，包括意识培训、信息及时传达、风险预警、快速应对、改进合同文本、改进业务操作方式；

（3）加强重点诉讼风险的防范，包括法务部/知识产权部门集中管理商业秘密（尤其是技术秘密）相关事务、业务部门与法务部/知识产权部合作严格执行法律尽职调查等；

（4）积极寻找争议解决的替代方案，主要有采用和解方案、仲裁方案、调节方案。

5.2　商标

5.2.1　商标管理的一般规则

商标是用来区分商品或服务来源的标记。《与贸易有关的知识产权协定》（TRIPS）第 15 条规定："任何标记或标记的组合，只要能区分一企业和其他企业的货物或服务，就应可构成一个商标。"商标可以由文字、图形、字母、数字、三维标志、声音、颜色组合，或上述要素的组合组成。未注册商标（TM）可以使用，但由于我国商标遵循"先申请原则"，未注册而使用的商标容易被他人抢注。经由国家知识产权局商标局核准注册的商标为"注册商标"（®），受法律保护。商标的本质属性是显著性，便于识别，并且不得与他人在先权利相冲突[89]。

在我国，商标保护实行行政与司法保护的双轨制。商标专用权保护主要涉及市场监督管理部门和海关两个行政部门，人民法院、公安部门及检察院三个司法部门。商标的确权主要由商标局负责，而商标的维权主要依靠地方市场监督管理机关和人民法院。

商标实务包括商标确权和商标维权两个部分。商标确权工作内容主要是：商标查询、商标申请、商标异议、驳回复审、无效宣告、撤销连续三年不使用、驰名商标认定、商标许可、商标转让、商标质押等。商标维权工作主要内容包括工商投诉、海关举报、展会保护、域名争议、不正当竞争，以及其他商标行政、民事和刑事业务。

药品生产企业的商标管理包括商标设计、申请注册、续展、转让、使用、印刷、价值评估和保护等各个环节。

5.2.2　药品企业商标管理实务

1. 管理部门

药品生产企业商标管理应该由作为公司/集团一级部门的商标管理部门设立专职人员，进行统一设计、统一管理和统一监控。药品生产企业的法务部门，应该在商标管理部门及企业督察或打假部门的配合下，定期对商标/字号侵权行为主动发起维权行动。药品生产企业的市场部和宣传部应当负有推广、宣传、提高企业商标美誉度和知名度的责任。集团化的药品生产企业，应在每一分公司或子公司设立专职或兼职商标管理员，负责落实企业的商标管理制度、监控本单位正确使用注册商标的情况，并且及时向集团商标管理部门上报产品包装、装潢等变化情况。

2. 日常管理

商标的日常管理主要由集团商标管理部门统一进行，具体工作内容如下：

（1）变更。因生产经营需要变更商标注册人名称、住所或法律规定其他注册事项的，应及时向国家知识产权局商标局提出变更注册申请。

（2）续展。商标注册期满前 12 个月内或期满 6 个月内，应及时向国家知识产权局商标局申请办理续展手续。

（3）转出。对于长期不使用的商标，可以签订转让或使用许可协议进行转让和使用许可。

（4）转入。因生产经营需要受让他人注册商标的，应对拟受让注册商标的使用价值进行充分的论证后，与对方签订受让协议进行受让。受让他人注册商标前，必须做好充分的尽职调查。

（5）使用。药品说明书和标签中禁止使用未经注册的商标以及其他未经国家药品监督管理局批准的药品名称，因此，药品企业的商标使用要特别注意需同时满足国家药品监督管理部门和商标管理部门的双重要求。

（6）许可。包括对外许可及对内（例如子公司）许可，不论哪种许可，都应该有许可合同、许可审批流程、许可备案（公司内部备案和商标局备案）等环节。许可完成后，商标管理部门应负责监控许可期限，许可到期后及时提醒相关部门。

（7）档案管理。商标档案收集和管理范围包括：①商标名称的选择、商标设计、注册资料；②商标的许可使用、转让、续展、变更等资料原件；③商标侵权案、纠纷案资料原件或复印件，打假活动相关资料；④广告、包装装潢（设计稿）、商标标识物样本（实物版和电子版）；⑤商标对应产品的商誉证明，包括媒体报导、行业排名、获奖证明等；⑥相关费用单据、品牌产品在商业市场中的相关数据等。

5.2.3　商标注册

药品生产企业及所属各单位在推出一种新产品或者一项新服务前以及进行项目投资可行性论证时，应根据实际需要考虑新产品、新服务和新项目拟使用的产品、服务商标，并确定商标名称、标样及申请类别。

1. 标样确定

根据商标的定义，商标类型应当包括：文字商标（中文商标）、图形商标、字母商标、数字商标、三维立体商标、颜色组合商标、声音商标和组合商标。药品企业最常涉及的商标标样可能为汉字、字母、图形等，在标样确定前除了做好充分的检索外，还要注意标样的设计不能违背《商标法》及其实施条例和《商标审查及审理标准》中的禁止性条款。

《商标法》中的绝对禁止性条款（《商标法》第 10 条）同样适用于药品商标的审查，因此标样设计的时候要避免。

针对法律中规定的相对禁止性条款（《商标法》第 11 条以及《商标审查及审理标准》第二部分），其在药品领域需要特别注意的方面有：

（1）注意药品的通用名称、图形、型号的标志，不得作为商标注册。例如，把一个苯环的化学结构图注册为药品商标，是不符合授权要求的。《药品管理法》第 29 条规定："列入国家药品标准的药品名称为药品通用名称。已经作为药品通用名称的，该名称不得作为药品商标使用。"

（2）仅仅表述药品的质量、原料、功效、用途、重量等描述性标样，不能注册。例如，表示功效用途的"咳感停""癌立消"，表示原料的"磷酸肌酸"，表示功效的"钙添力"要在药品类别注册，均会由于缺乏显著性而被驳回。

（3）含有人体器官、生理部位的商标不能被注册，例如"利肝见影""爱利鼻""骨力舒"等[90]。根据我国原卫生部下发的《药品命名原则》（1992 年发布，现行有效），药品命名中"应避免采用可能给患者以暗示的有关解剖学、生理学、病理学或治疗学的药品名称，并不得用代号命名"。因此，在药品类别的商标审核时，也应该符合上述原则的要求。如果药品的商品名或者商标名对消费者具有暗示甚至误导的作用，则容易造成一些用药安全方面的隐患。

（4）表示药品本身形态、剂型特点的，例如"INJECTION"的含义是"注射"，不可以注册为商标。

为避免落入商标的相对禁止性规定，可以通过谐音字来规避，例如在《类似商品与服务区分表》第 05 类上注册"钙中钙"会被驳回，但是"盖中盖"是耳熟能详的驰名商标。

此外，这些相对禁止成为注册商标的规定，并不一定必然导致注册不成功。根据《商标法》第 11 条第 2 款规定，"前款所列标志经过使用取得显著特征，并便于识别的，可以作为商标注册"。也就是说，本身不具备显著特征的标志经过多年使用取得显著性，可以起到区分商品和服务来源的作用的，可以成为注册商标。此条对医药行业同样适用，比如"两面针"原本是一种生长在我国南方地区的、具有"活血化瘀、行气止痛、祛风通络、解毒消肿"作用的中草药，而经过几十年的使用和培育，已经成为驰名商标。

随着重点商标的不断培育、商标价值的日益提高，要开始准备防御型商标的布局和注册。设计防御型商标的时候要注意文字顺序的颠倒、谐音替换等。比如，"老干妈"的商标持有人注册了很多防御型商标：老干妈、老于妈、老千妈、老乾妈、老幹妈、老干爹、老干娘、老干爸、干妈老、干老妈、妈老干、妈干老、干儿子、干儿女……。又如"娃哈哈"商标的持有人还注册了哈娃娃、娃娃哈、哈哈娃……。这些都属于典型的防御型商标。

在标样确定时，企业商标管理部门必须协助业务部门做好商标申请前的近似检索工作，评估商标申请的注册成功率。由于商标局在对商标注册申请进行形式审查并将申请商标信息录入公开的商标数据库中需要一段时间，所以商标检索会存在一定时间的"盲期"（大约为2个月）。但是随着商标审查周期的不断缩短，盲期也会进一步缩短。这将更有利于判断商标的注册成功率。除了检索查询外，商标管理部门还有责任提示业务部门在选择商标标样的时候，注意绕开《商标法》中的禁止性条款，同时对防御型商标的注册进行提示。

2. 申请人确定

对于集团型企业，商标可全部由总公司/集团作为申请人申请，如有商标的实际使用单位是子公司，也可由子公司申请，免去日后需要出具使用许可文件及办理商标使用许可备案。但不论以谁的名义申请，申请后的管理应集中、专人、统一管理。集中管理的好处在于，防止分散管理造成的管理混乱，例如下属公司人员变动导致案件无人管理，错过关键时限使商标权利丧失。集中管理更有利于监控恶意抢注的行为，及时采取补救措施。

如果在合作项目中，特别在对外合作项目中，涉及商标问题，则最好在合作之初就确定商标申请权或商标权的归属，以免权属规定不清而导致未来发生纠纷，陷入诉讼中。

需要说明的是，对于计划 IPO 上市的医药企业，建议根据上市体系所包含的企业范围而提前规划主要商标的权利人，以避免 IPO 上市过程中在独立性审查方面出现不利的情形；对于自然人独资的公司，也可由实际控制人本人作为商标权人，好处是公司注销或破产后不影响商标的品牌价值，同时也为日后利用商标作为投融资的载体提供了可能性。

3. 申请类别和地域范围确定

商标注册分类的依据是《商标注册用商品和服务国际分类尼斯协定》（简称"尼斯协定"）。目前尼斯协定中采用的国际分类（尼斯分类）共包括45类，其中，商品共34类，服务共11类。尼斯分类表会定期修订，一方面增加新的商品或服务类别，另一方面是根据新的情况对已经列入的分类进行调整。尼斯分类的调整是商标申请中应当随时关注的问题。

除此之外，商标局在尼斯协定的基础上，根据我国的使用实践，针对我国的国情实际对商品和服务的类似群组及名称进行了翻译、调整、增补和删减而进一步制定了《类似商品和服务区分表》。该表亦随着尼斯分类表的修订而作相应的调整，将每个国际分类进一步划分为若干个类似群组，作为确定商标保护范围的基本标准。

对于生物医药企业来说，核心申请类别是第05类"医药卫生"、第10类"医疗器械"、第 30 类"保健食品"、第 42 类"研发服务"和第 44 类"医疗服务"。选择商品类别时，应注意：

（1）很多商品项目，虽然从市场角度看来是同一领域商品，但《类似商品和服务区分表》则根据其不同的材料或功能划分在不同类别。例如，作为一个包装单元出售的药品和其特定使用器械，在消费者眼中是一件商品，但从商标领域区分则是药品属于第 05 类，医疗器械属于第 10 类。因此在商标注册方面，不仅要考虑核心类别，还要考虑关联类别。

（2）在选择商品或服务项目时，不能使用类别名称或类似组群标题名称。例如申请药品上使用的商标，类别不可以选择为第 05 类的类别名称"药品，医用和兽医用制剂"，也不可以选择 0501 组群名称"药品，消毒剂，中药药材，药酒"，而应当选择组群下具体的商品，例如"人用药"。

（3）在选择尚不足 10 个小项的时候，注意在同类别不同组群内选择小项，以期达到对本类内更多组群的防御性保护。例如，第 41 类划分了 7 个组群，且每个组群不构成类似，但这些服务在实际消费中会存在交叉。因此，在申请项目尚未达到 10 个小项的时候，可以在余下的组群中选择一个"典型"项目进行防御性保护，防止未来商标被淡化[91]。

（4）类别的选择应当适度且具有一定前瞻性，并且随时调整申请策略，对规划中将要使用的类别作新的申请。类别的选择固然首先要考虑核心类别和密切关联的类别，但是随着药品企业的集团化发展，企业的经营范围日益扩张，则很有可能将品牌扩张到食品、饮品、化妆品、商业、广告、培训甚至是互联网、金融等行业。因此在考虑申请成本的前提下，类别选择上，应当适当具有前瞻性，例如第 03 类的"日化用品"、第 30 类"茶糖调料"、第 32 类"饮品"、第 33 类"酒精饮料"、第 35 类"广告贸易"（特别是药品、医疗用品零售或批发服务）、第 41 类"教育培训"、第 42 类"科研服务"等，都越来越多地进入生物医药企业关于商标类别的考虑范畴。对于最核心的商标，例如和企业商号一致的商标、重磅产品的商标，最好是提前规划、全类申请，以防未来业务扩展在需要的类别出现障碍商标或者是被恶意抢注者钻空子。例如，小米公司针对"小米"把 45 个类别进行了全类别注册，不给仿冒者留下可乘之机。当然，若将企业所有商标均进行全类注册，申请和维护的成本则会非常高，企业产品实际没有使用过的类别，随时有被"撤三"或无效的可能，商标权事实上并不稳定。因此，对于一些规划尚不清晰的次重点商标，应定期梳理，随着整体研发的推进或战略规划的变更，随时进行新类别的申请，以扩展商标保护的类别，满足企业实际需求。

在进行商标类别选择时可以借助一些工具防止因疏忽而导致的漏选。例如，在"权大师"的商品分类表中，可以输入主营业务或行业关键词，例如"医药""医疗""保健"等，将与关键词高度相关的不同类别、不同组群中所有相关小项都检索出来，供使用者选择，非常方便。

在商标注册时，还应根据产品销售范围及今后的发展规划，确定商标注册的地域范围。对于需要使用注册商标的出口产品，应提前向销售所在地的国家或者地区申请商标注册，实行"产品未动，商标先行"的注册策略。但是商标的域外注册，要注意提前了解当地商标法的不同要求。有些国家或地区在商标没有充分的、当地使用证据的前提下，企业进行注册或后期续展时会遇到麻烦。所以，商标国际注册的地域选择，建议以使用需要为导向，不宜盲目注册。

5.2.4 商标维护

商标管理部门对已注册商标的维护除了按期及时缴纳年费外，很重要的日常工作之一就是做好商标监控。监控的目的就是及早发现不正当的注册行为，采取多种措施，消除风险、减少损失。

商标监控可以借助于一些数据库工具来提高效率。但是对于图形商标的监控，仍缺乏有效的工具，最稳妥的方法仍是定期查询商标公报。这确实是一件比较耗费时间的工作，但是早期发现异常注册对于打击抢注行为非常有效。

对于他人注册/申请注册的可能伤害公司利益的商标，实际上有3种途径进行维权：一是异议，对于商标局初步审定并公告的商标，可以自公告日起3个月内提出异议。二是无效宣告，无效是针对已经准予注册的商标，其中对于违反《商标法》禁止性规定的或是以不正当手段获得注册的，任何人在任何时候都可以提出无效宣告。对于侵犯在先权利的，在先权利人和利害关系人自商标注册之日起5年之内，可以提出无效宣告；而对恶意注册的商标、驰名商标不受5年的时间限制。三是"撤三"，为了清除长期不使用的闲置商标，打击恶意抢注和囤积商标的不正当行为，鼓励真正地使用商标，《商标法》中设定了"撤销连续3年不使用注册商标"的制度。对于没有正当理由连续3年不使用的注册商标，任何单位或个人可以向商标局申请撤销该注册商标。

商标维护的另一个角度是要积极应对他人针对本公司注册商标提出的异议、无效和"撤三"。如前所述，一些防御性的商标注册，例如谐音、字形相近或者非关联类别的注册，因为存在可能被他人提出无效和"撤三"的风险而不稳定。

无论是应对以上哪种外来"攻击"，商标维护中容易被忽视但确实很重要的日常工作之一，就是注意使用证据的搜集整理和随时更新。商标使用的相关证据包括但不限于：

（1）简介（包括但不限于文字简介、宣传手册、商标含义说明等）；

（2）在"某产品或服务"上使用情况证明；

（3）持续使用情况证明（包括但不限于销售合同及发票、国内经营网络、年度营业收入及利税财务审计报告等）；

（4）持续宣传推广情况证明（可以是电台、电视台、互联网或报纸、杂志等形式，包括但不限于广告宣传合同及发票、广发宣传照片等）；

（5）外界评价、行业排名、荣誉证明等；

（6）受保护的记录（包含但不限于类似案件行政裁定、判决书，商标侵权行政查处记录等）；

（7）其他可以证明商标知名度的证据材料（如网站浏览量统计等）。

日常工作中注意对这些证据的分类、分日期系统地归档，一旦发生来自他人的无效或"撤三"挑战，或者是想无效他人已经公告或注册的商标，可以迅速地提供充分的使用证据，对维护企业商标权非常有帮助。

5.2.5　商标使用

1. 药品商标使用的特别规定

药品是一种特殊的商品，必须受到严格的监管。在我国药品商标的注册和使用要同时受到《商标法》及其相关法规、《药品管理法》及其相关法规的双重监管。

为了保证药品质量，保障人民用药安全，《商标法》第6条规定："法律、行政法规规定必须使用注册商标的商品，必须申请商标注册，未经核准注册的，不得在市场销售。"

早期我国的《药品管理法》规定了"除中药材、中药饮片外，药品必须使用注册商标"，而新修订的《药品管理法》已经删除了此强制性规定。然而，《药品说明书和标签管理规定》规定："药品说明书和标签中禁止使用未经注册的商标以及其他未经国家食品药品监督管理局批准的药品名称"以及《国家食品药品监督管理局关于进一步规范药品名称管理的通知》中规定"药品广告宣传中不得单独使用商品名称，也不得使用未经批准作为商品名称使用的文字型商标"[92,93]。因此，尽管上位法已经不强制药品使用注册商标，但实质上企业若有在药品上使用商标的需求，根据药品的行政管理规章制度，要求必须使用注册商标。企业可以选择在药品包装上不使用商标，但如果使用商标则必须是注册商标，未经注册的商标不可用于药品。根据《关于〈药品说明书和标签管理规定〉有关问题解释的通知》（国食药监注〔2007〕49号），未经注册的商标是指未取得《商标注册证》的商标。

需要说明的是，未经药监局审核批准为药品"商品名"的，即使是经过注册的文字型商标也不可以作为"商品名"使用。2006年，《国家食品药品监督管理局关于进一步规范药品名称管理的通知》（国食药监注〔2006〕99号）规定"除新的化学结构、新的活性成分的药物，以及持有化合物专利的药品外，其他品种一律不得使用商品名称"。2007年，《关于〈药品说明书和标签管理规定〉有关问题解释的通知》（国食药监注〔2007〕49号）进一步缩小了可以使用商品名称的药物范围，规定只有以下药品可以使用商品名：①新化学结构、新活性成分且在保护期、过渡期或者监测期内的药品；②在我国具有化合物专利，且该专利在有效期内的药品。但2006年6月1日该规定生效前批准使用的商品名称可以继续使用。由此可见，能够使用商品名的药品范围越来越小，取而代之的是药品可以使用注册商标，药品商标的意义逐渐取代了药品商品名的作用。

另外，需要提醒的是，由于《商标法》未限制将他人的药品商品名作为商标申请注册，所以会产生将他人商品名抢注成为自己商标的情况。根据 2020 年 7 月国家药品监督管理局发布的《化学药品注册受理审查指南》规定[94]，申请使用商品名的，应当提供商标注册证。因此，企业在将某一名称作为药品商品名向药品行政主管部门申报使用之前，应该先将需求提报到企业商标管理部门进行检索，经检索认为具有核准注册可能性的，首先向商标局提出注册申请。由于商标注册到批准需要一定的时间，所以建议商标注册的工作应早于向药品监管部门申报药品商品名的时间。同时，企业在拟定药品商品名的时候，还应该兼顾产品全球布局的需要，也要考虑目标国际市场在药品注册和商标注册两个方面对药品名称的特别规定。

关于商标的使用和商标标识的标注，根据《药品管理法实施条例》的规定，直接接触药品的包装材料和容器、制剂的标签和说明书应经当地省药品监督管理部门批准。在实践中，各省管理部门关于包装标签备案的要求不太统一，大部分省份认为标注®即视为商标，需要提供有权使用该商标的法律文件；不标注®可以解释为企业字号、企业标识或商品名，如符合《国家食品药品监督管理局关于进一步规范药品名称管理的通知》的要求，则可以不受《药品命名原则》中关于注册商标使用的约束。

2. 防侵权

商标的防侵权实际上包括两个方面：一方面要防止本企业侵犯他人的合法权益；另一方面要防止本企业的合法权益被他人侵犯。

对于第一个方面，如上所述，关于药品领域的商标注册及使用，在两套法律体系双重规制之下，药品企业实际上不得将其他药品企业的注册商标作为药品商品名使用。但是现行《商标法》及其实施条例并没有明确禁止将他人已使用的药品商品名作为商标注册。因此，药品的商品名有可能与注册商标之间存在权利冲突的情况，或者药品的商品名称有可能会被他人抢注为商标，而导致企业无法使用。比如进口药品，虽然不要求在我国注册商标，但是进口药品使用的商标，不得侵犯他人已在我国注册商标的合法权益[95]。因此在药品申报商品名和实际使用商品名之前，一定要注意进行商标领域的不侵权检索。类似于这种"不要求在我国注册商标"的进口药品，应当注意尽早注册商标，避免其商标被他人注册，而导致无法实际在国内使用的尴尬局面。

对于第二个方面，就药品企业自有商标权益的保护而言，防止企业商标被侵权应该是整个企业各个职能部门和业务部门共同的职责。各部门以及员工在发现有侵权或可能侵犯集团公司或本单位注册商标的情形时，应及时向商标管理部门报告，积极采取应对措施。

企业的商标管理部门和法务部在防侵权方面需要着重注意的工作包括以下几个方面。

（1）做好日常监控工作：很多侵权的意图是最先从"异常"商标注册案件开始的。

日常监控的目的之一是尽早发现利用与本企业知名商标相互谐音的字或字词组合的类似 "搭船" 的注册行为。例如，曾经有初审公告在第 05 类、第 29 类、第 30 类别上注册 ▇▇▇ 商标，与亚宝药业集团的知名商标 "亚宝" 和 "丁桂" 存在字词谐音和组合的问题，最终通过异议程序裁定此商标不予注册。

还有一些近似商标是涉嫌侵犯 "现有在先权利" 的，例如，企业已经取得的商号、著作权、外观设计专利权、知名包装装潢，甚至包括姓名权和肖像权，均可能被抢注为商标，对企业商誉或产品造成不良影响。

商标管理部门应该着重做好相同、近似商标的日常监控预警工作，定期检索商标公告。一旦发现与公司核心商标相同、近似商标有公告，应及时提出异议，将恶意抢注行为扼杀在摇篮中。对于已经注册成功的商标，如果涉嫌侵犯企业上述权益的，则还可以通过 "撤三"、无效程序打掉相应商标。

（2）主动打击侵权行为：若商标管理部门或其他部门发现市售产品存在对本企业商标的侵权行为，应由商标管理部门或法务部主导，在市场部或督察部的配合之下，及时进行调查取证、购买侵权产品、固定线上或线下销售证据，为下一步的维权打好基础。

我国《商标法》规定的侵权行为包括：

（1）未经商标注册人的许可，在同一种商品上使用与其注册商标相同的商标的；

（2）未经商标注册人的许可，在同一种商品上使用与其注册商标近似的商标，或者在类似商品上使用与其注册商标相同或者近似的商标，容易导致混淆的；

（3）销售侵犯注册商标专用权的商品的；

（4）伪造、擅自制造他人注册商标标识或者销售伪造、擅自制造的注册商标标识的；

（5）未经商标注册人同意，更换其注册商标并将该更换商标的商品又投入市场的；

（6）故意为侵犯他人商标专用权行为提供便利条件，帮助他人实施侵犯商标专用权行为的；

（7）给他人的注册商标专用权造成其他损害的。[96]

涉嫌商标侵权案件，比较快速且有效的处理方法是向市场监督管理部门投诉。市场监督管理部门分为国家级、省级、地市级、县级（包括县级市）四级。对商标违法案件的直接查处，一般由市级和县级市场监督管理局负责。即对于商标侵权投诉，投诉人可以向有管理权限的市级市场监督管理局或区分局以及县级投诉。对于一些重大复杂的商标案件，也可能报请上级市场监督部门管辖。因此，省级市场监督管理局也有可能直接查处商标侵权案件。

解决商标侵权还有海关备案保护、展会投诉、法院诉讼等模式，如果涉及刑事犯罪，还可以向公安机关报案或者商标注册人直接向法院提出刑事自诉。

3. 防淡化

商标淡化是一种冲淡或削弱商标显著性形式侵害商标权的行为。淡化是一个渐进过程，隐性且漫长，要证明是否存在淡化以及淡化的严重程度，实乃相当棘手。药品领域商标的淡化往往与药品通用名、注册商标之间的冲突有关。

药品通用名与注册商标的冲突实质上表现为两种形式：一是把通用名注册为商标；二是注册商标淡化为通用名。这两种冲突都是企业在品牌培育过程中需要避免的情况。关于第一种，我国法律已经规定，现在被载入《中国药典（2020 年版）》和药品标准中的、法定的通用名已经不得作为商标被注册，所以第一种冲突已经有了明确的解决路径。因此，企业自身应该特别留意的是第二种：注册商标淡化为约定俗称的药品通用名。

具有显著性的商标标识沦为通用名称而丧失显著性，可能由于商标使用者的宣传所致，也可能和商标的使用管理有关。最典型的例子是"阿司匹林"。它原本是德国拜尔公司用在其治疗感冒的新药乙酰水杨酸上的商标。而拜耳公司在美国市场销售该药品时没有直接针对药品使用者，而是使用了医生、药剂师和医药批零业者等销售渠道。直接接触阿司匹林的消费者从医生或者药店购买该药品时，并不知道这种叫阿司匹林药品的生产者究竟是谁，因为消费者拿到手中的药品上只有阿司匹林的名称，有时下面会附有药剂师的签名，但他们根本无从知道这种药品的生产者是谁，药品最初从哪里来。久而久之，在消费者眼里，阿司匹林成为该药品的通用名称[89]。

在我国，由于历史原因，还有一类"行政淡化"的情况，例如浙江康恩贝集团的商标"前列康"、深圳南方制药厂"三九胃泰"、浙江杭州民生制药厂的"21 金维他"都存在类似被"行政淡化"的现象。"行政淡化"主要有两种表现形式：一是将已注册的商标作为药品通用名收入药典或药品标准；二是通过行政发文要求企业撤销已注册的商标，以达到将注册商标作为药品通用名称使用的目的。"行政淡化"是我国特定社会条件下出现的一种特殊现象，源于我国的行政法规[97]。

在"颈复康"纠纷案中，承德颈复康药业集团早在 1985 年开始生产"颈复康"名称的产品，此后经过几十年的升级改造和广泛宣传，取得了较高知名度。该产品一直是公司的独家品种。但是，该公司忽略了商标的注册，一直没有将"颈复康"注册为商标。2009 年，河南省的某人以个人名义将"颈复康"注册为商标，并且成立郑州颈复康公司，开始广泛宣传和销售同样治疗颈椎病的"颈复康"牌贴剂。承德颈复康药业集团以不正当竞争为由起诉了郑州颈复康公司。

在该案中，被告的抗辩理由之一就是认为"颈复康颗粒"已经被《中国药典》收入，为通用名称，直接表示功能、用途，不具有显著性。法院认为，"《中国药典》是我国药品监督管理部门对药品的生产销售进行规范而颁布的，该行为是一种行政监管行为，其目的在于规范当前市场上大量存在的同药不同名，甚至于同类药品有十几个名称的混乱局面，《反不正当竞争法》则是从保护市场经济、保护相关消费者的合法权益出发，对各类商品在市场上的表现所进行的法律规制，这种规制取决于普通相关消费者对商品的认知程度。""某种商品的名称是否具有特有性，不在于其是否有某些行政性的规定对其予以规范，而在于市场中消费者能否将其与特定的生产厂家相联系。"

经过二十多年的生产、改良以及对外宣传，"颈复康"三个字已经起到了区别商品来源的作用，与生产厂家承德颈复康集团产生了特定的联系，使"颈复康"具有了特有性。因此，该案最终认为被告的行为是侵权的[98]。

"颈复康"这个特有名称，是典型地被动地、不适当地纳入公有领域的私权。权利人应积极维护自身合法权益，防止商标被不合理地淡化。上述案例中，如果国家药典委员会在未经一审原告同意的情形下，把其在先使用且经过核准的"颈复康"名称载入《中国药典》作为通用名，可以在《中国药典》颁布之日起 2 年内，要求再版时进行更正[99]。截至 2020 年，"颈复康"仍然没能成功地通过商标局审查成为注册商标，估计原因也在于不符合《商标法》的相对禁止性条款。但可以看到承德颈复康药业集团还在不断地努力，希望可以通过不断地使用取得显著性而突破困境，成为注册商标。

"颈复康"的案例也告诉我们，一方面企业选择标样的时候要尽量避免《商标法》的禁止性规定；另一方面，企业应该更加重视商标的申请，特别是与企业字号相对应的核心商标，应及早注册并且有效地使用，日常宣传中重点突出商标名，在宣传和使用上注意把商标与药品的通用名称结合起来，比如"三精牌葡萄糖酸锌口服液"，在药物说明书上，也应将两者描述清楚，让公众知道商标名和通用名称的区别。在一种新产品被开发成功之后，应创造一个对公众来说可以使用、可以接受的通用名称，否则公众会避繁就简，逐渐把商标作为通用名来使用。发现侵权行为应及时维权，防止特有名称被丑化、淡化、退化。

4. 商标许可中的商誉维护

商标许可是药品企业使用商标的常用方式之一，根据许可方向可分为对内许可和对外许可。

由于药品管理的需要，如果一般药品外包装上使用商标，必须是注册商标。而集团化的药品企业中，商标的持有人和商标的实际使用人可能并不是一个实体，例如商标持有人是母公司，而商标的实际使用人为子公司。这时就需要母公司对子公司进行商标使用许可，以保证产品包装合规。这种许可属于对内许可，一般在有效的集团化管理体系之内，不存在太大风险。

而对非子公司或控股公司的许可就可能存在较多风险，典型的是药品委托加工/生产（OEM）中，对合作企业的商标许可。药品委托加工/生产已经是一种常见的合作模式，是一种委托生产加工关系。OEM 模式分为两种：一种是药品上市许可持有人（相当于委托方）用自己的批准文号和技术委托受托方完成生产加工；另一种是受托方利用自有批准文号和技术按委托方的要求进行生产加工。前者委托生产应经药品行政管理部门批准，后者则不需要。两种委托模式的共同点是，委托方作为品牌拥有者不直接生产产品，而是利用其掌握的优势品牌、特有设计、营销渠道或核心技术等，委托专业的代工厂商进行生产，然后冠以自己的品牌在市场销售。对委托方或药品上市许可持有人而言，可以减少投资，丰富产品线，缩短投资回报周期；对受托方而言，可以充分利用现有生产资源，缓解产能过剩的情况，同时提高自身管理水平，实为双赢的模式。但是无论哪种 OEM 模式，均须使用委托方或药品上市许可持有人的商标、商号和包装设计。此外，根据《药品生产监督管理办法》（2020 年 1 月 22 日国家市场监督管理总局令第 28 号公布）第 42 条：药品上市许可持有人委托符合条件的药品生产企业生产药品的，应当对受托方的质量保证能力和风险管理能力进行评估，根据国家药品监督管理局制定的药品委托生产质量协议指南要求，与其签订质量协议以及委托协议，监督受托方履行有关协议约定的义务。此外，为规范药品委托生产，确保药品质量安全，国家药品监督管理局发布了《药品委托生产质量协议指南（2020 年版）》（2020 年第 107 号）的公告，规定药品上市许可持有人（以下简称"持有人"）不得通过协议方式将其法定义务和责任委托给受托方承担。故委托方应从源头上全面考察受托方的资信、生产能力、质量保证体系等，核实受托企业的各种资质。在这种情况下，企业不只需要商标管理部门，而是需要质量管理部门等多部门联动，一方面需保证被许可商标不会被滥用而影响委托企业经营多年形成的良好商誉，另一方面通过多头管控以满足药品管理相关法规的要求。

在合作之前，持有人/委托企业的质量相关部门应当对受托厂家或产品的资质进行充分的审核，对受托方的生产条件、生产技术水平和质量管理状况进行详细考察，确认受托方是否具有受托生产的条件和能力，是否持续符合 GMP 以及委托生产产品的生产质量管理要求。考察通过后，向受托方提供委托生产药品的技术和质量文件，确认达到委托方的质量要求。

在上述核查完毕项目启动后，合作产品商标的许可应由商标管理部门配合完成。在进行商标许可授权时，委托方必须在协议中注明商标使用被许可人的名称、商标类别、商标名称及编号、商标许可使用的产品（甚至具体到使用批号）、许可的期限、许可的类型（一般是普通许可）、许可费用（如果有）。除了商标的许可外，药品外包装的设计也是委托企业必须重视的。根据《药品委托生产质量协议指南（2020 年版）》，委托加工的药品，由受托方"负责委托生产药品的出厂放行。其药品名称、剂型、规格、生产工艺、原辅料来源、直接接触药品的包装材料和容器、包装规格、标签、说明书、批准文号等应当与持有人持有的药品批准证明文件载明内容和注册核准内容相同。"[100]由于产品本身携带有持有人/许可厂家的商标和商号，产品质量及包装不合规而受到处罚势必会影响持有人/许可企业的商誉，因此包装材料的设计也是过程管控的一部分。商标持有人应该派员全程参与 OEM 受托厂家生产产品的包装设计及督促备案事宜，并且对 OEM 受托厂家的包装设计确认稿存档，以防受托厂家不按要求滥用商标和知名包装装潢。

在委托生产项目中，委托企业应当负责委托生产药品的质量和销售，应当对生产全过程进行指导和监督。产品生产出来后，许可/委托企业应该重视产品质量的验收工作，确保产品完全合格后再上市。须知一旦不合格产品流入市场，发生任何质量或合规方面的问题，将大大损害品牌的价值，甚至会被监管部门处罚。因此药品的 OEM 模式中，质量检测是重中之重，必须贯穿整个项目的始终。

无论是对内许可还是对外许可，都应当到商标局进行许可备案。备案材料应当说明注册商标的使用许可人、被许可人、许可期限、许可的范围等。许可备案的好处在于：首先，满足药品监管的需求，药品委托生产中如果没有正当的注册商标使用权的话，很可能由于不合规而被查处；其次，对于被许可人来说，公示商标的许可信息，可以产生对抗善意第三人的效力，有利于保护被许可人的利益；最后，商标许可的记录可以作为一种商标使用的证据，提高商标的附加值和稳定性，对商标本身是非常有意义的。

5.2.6　中国医药企业商标管理的特殊之处

1. 药品名、商品名、通用名辨析

药品是一种特殊的商品，其名称标记不仅包括商标，还包括以下几种特有的名称：

（1）药品的通用名：即药品的法定名称，是药品国际非专利名称（INN）的简称，列入国家药品标准的药品名称为药品的通用名称。

（2）药品的化学名：是药品的学术名称，表达药品的确切化学结构。

（3）药品的商品名：是指经国家药品监督管理部门批准的特定企业使用的该药品专用的商品名称。

其中前两种名称是通用的、不具有区别意义的名称，为国家强制性规定，不属于企业私权范畴。但药品的商品名和商标之间的冲突却是药品企业商标管理应该注意的问题。

药品的商品名称，是指一家企业生产的区别于其他企业同一产品、经过注册的法定标志名称，其特点是具有专有性。商品名称体现了药品生产企业的形象及其对商品名称的专属权。药品商品名称的特点在于：易于认读与记忆，在普通消费者选购非处方药品（OTC）时发挥着重要的媒介作用；药品商品名由相关企业自主创意，专属使用，并投入广告宣传，在市场上建立了信誉，是企业品牌的重要载体，参与市场竞争的有力工具。

根据《国家食品药品监督管理局关于进一步规范药品名称管理的通知》（国食药监注〔2006〕99 号）的规定，药品的商品名称具有法律规定的命名原则：

一、由汉字组成，不得使用图形、字母、数字、符号等标志。

二、不得使用《中华人民共和国商标法》规定不得使用的文字。

三、不得使用以下文字：

（一）扩大或者暗示药品疗效的；

（二）表示治疗部位的；

（三）直接表示药品的剂型、质量、原料、功能、用途及其他特点的；

（四）直接表示使用对象特点的；

（五）涉及药理学、解剖学、生理学、病理学或者治疗学的；

（六）使用国际非专利药名（INN）的中文译名及其主要字词的；

（七）引用与药品通用名称音似或者形似的；

（八）引用药品习用名称或者曾用名称的；

（九）与他人使用的商品名称相同或者相似的；

（十）人名、地名、药品生产企业名称或者其他有特定含义的词汇。

药品商品名称必须得到国家药品监督管理局批准后方可使用。

每一种化学药物都有三个独立的名称——化学名称、通用（非专有）名称、商品（专有）名称。化学名称描述了药物的化学成分，现实生活中，医生和药剂师很少使用这个名称；通用名称是国家医药管理最高机构核定的药品法定名称，与国际通用的药品名称相一致，它直接连接着某一特定的药物类别，同种药品的通用名称一定是相同的，同其他产品通用名称一样，药品通用名称不符合商标保护资格要求；商品名称是制药企业给它们的药品起的专有名称，并经过注册，享有专有权。通用名称主要用于描述药品功能或结构，商品名称则主要用以区分不同药品来源。在同一通用名称下，不同生产厂家可能推出多个商品名称。例如，泰诺是一种商品名称，其化学名称是N－（4－羟基苯基）乙酰胺，通用名称是对乙酰氨基酚。

《药品命名原则》规定："药品可另有专用的商品名，但药品商品名（包括外文名和中文名）一律不得用作药品通用名。药品的通用名（包括 INN）及其专用词干的英文及译名均不得作为商品名或用以组成商品名，用于商标注册。""制剂通用名称应注意不得用商品名；亦不得作为商品名进行商标注册。"但在我国，由于商标审查和药品命名分属不同部门，这些规定的执行仍存在混乱的情况。例如，阿莫西林是一种常见的抗生素，然而在《类似商品与服务区分表》第 05 类上很多企业注册近似的"阿莫……"商标，阿莫舒、阿莫尔、阿莫君、阿莫严、阿莫强、阿莫畅、阿莫棒、阿莫金、阿莫仙、阿莫能、阿莫锋、阿莫定、阿莫林等，经初步检索，第 05 类上"阿莫"的近似商标超过 100 件。

在我国，药品的名称方面还存在很多类似问题。注册商标与通用名之间相同或近似，中成药比较多见，例如，青岛国风药业的"快胃片"既是注册商标又是通用名称。功效不同的药品之间通用名近似，例如，作为抗凝血剂的"依诺肝素钠"和作为抗生素的"依诺沙星"，虽然通用名不同，但是商品名相同或近似；正大天晴的"硫酸奈替米星氯化钠注射液"和北京恩泽嘉事制药有限公司的"注射用乳酸左氧氟沙星"的商品名都叫"君欣"，而"君欣"商标权的持有人是正大天晴。上海强生公司的酚麻美敏片商品名和注册商标均为"泰诺"，而其"乙酰氨基酚溶液"的商品名和注册商标均为"泰诺林"，极易造成混淆。

我国药品一药多名的现象比较严重。鉴于我国制药企业非常之多，同一通用名药品常有多种不同的商品名，少则几个，多则几十个甚至上百个，使消费者在用药上存在较大的安全隐患，容易导致重复用药、用药过量或中毒。如对乙酰氨基酚的药品商品名有泰诺、扑热息痛、百服宁、必理通、醋氨酚、泰诺止痛片、退热净、雅司达、泰诺林、斯耐普、一粒清等上百个名称，使人眼花缭乱。

2. 地理标志在道地药材保护中的运用

道地药材是指经过中医临床长期应用优选出来的，产在特定地域，与其他地区所产同种中药材相比，品质和疗效更好，且质量稳定，具有较高知名度的中药材。《中医药法》第 23 条第 1 款规定："国家建立道地中药材评价体系，支持道地中药材品种选育，扶持道地中药材生产基地建设，加强道地中药材生产基地生态环境保护，鼓励采取地理标志产品保护等措施保护道地中药材。"[101]《商标法》第 16 条规定："前款所称地理标志，是指标示某商品来源于某地区，该商品的特定质量、信誉或者其他特征，主要由该地区的自然因素或者人文因素所决定的标志。"根据《地理标志产品保护规定》第 2 条的规定，该规定所称地理标志产品，是指产自特定地域，所具有的质量、声誉或其他特性本质上取决于该产地的自然因素和人文因素，经审核批准以地理名称进行命名的产品。根据上述规定可见，用地理标志保护原产地中药材，是我国大力倡导的。

为此，我国正在推行各种中药材品种的标准生产操作规程，对中药材种植进行规范。在应对危机和种植标准化过程中，形成的无形资产非常适合采用地理标志保护。

地理标志的重要作用在于区别道地药材的产地来源，其意义和价值在于为市场提供一种经济而有效的识别手段，达到消除道地药材市场混乱的目的，保护道地药材的品牌效应，使道地药材能够卖个好价钱。同时，通过对地理标志使用的管理和监督，将道地药材的种植、加工操作规范和质量控制纳入强制性的管理之中，使之成为地理标志制度的一部分，也有效管理了药材种植和生产者的行为。任何人如果申请使用道地药材的地理标志，就必须遵守该地理标志项下的所有操作规范，从而保证了药材质量。

例如，位于宁夏平原南端的中宁县，是世界枸杞的发源地和正宗原产地，素有"天下黄河富宁夏，中宁枸杞甲天下"的美誉。当地政府把枸杞作为基础产业，2009 年"中宁枸杞"荣膺中国驰名商标，并被评为全国最具影响力的地理标志，品牌价值近 30 亿元人民币。当地出台了《"中宁枸杞"中国驰名商标使用管理暂行办法》《中宁枸杞专卖店管理暂行办法》《中宁枸杞中国驰名商标包装物统一印制、销售管理办法》，建立了驰名商标、著名商标奖励推动机制，建立"中宁枸杞"异地联合维权打假执法机制，并通过中宁枸杞网站公布了正宗原产地认定区域，建立质量查询平台，实现了产品质量手机短信和网上溯源，规范了市场秩序，切实促进了道地药材产业的快速健康发展[102]。

对地理标志的使用和道地药材质量的提高，提升了道地药材的综合价值，形成了更大的品牌效应。品牌效应的提升，直接增加了药农和种植企业的收益，从而使种植者和饮片加工企业更加愿意接受地理标志制度的约束，使地理标志制度的质量控制机制更加有效地发挥作用。这就直接保证了中药材的质量，保证了药农的收益。这也是地理标志对道地药材最大的保护。

在我国，地理标志从广义上属于"证明商标"的范畴，但 TRIPS 中规定，地理标志是作为一种独立于注册商标而受到特别保护的知识产权。机构改革之后，原国家知识产权局、原国家工商行政管理总局和原国家质量监督检验检疫总局的原产地地理标志管理职责已经整合到国家市场监督管理总局，但从实质操作上讲，仍然存在多头管理的混乱现状[103]。从法律来讲，《地理标志产品保护规定》和《商标法》及其实施细则是两种主要的法律依据。

地理标志的权利人是对产品质量有监督能力的机构，应当通过道地药材产区的地方政府或行业组织协会来申请地理标志保护。道地药材地理标志的使用人则是该特定区域内达到其各项质量要求的经过登记注册的任何个人或单位。在使用中，通过行业协会和执法部门的协调，加强执法，打击假冒伪劣产品，维护市场秩序。地理标志产品保护制度不仅是一种知识产权保护的手段，而且是一套完整的质量管理体系和一项重要的区域经济发展战略。药材生产企业应当充分借鉴地理标志产品的经验，结合道地药材的特点，并积极配合地方政府和行业协会，利用地理标志促进道地药材的保护。

5.3 著作权

5.3.1 著作权管理的一般性问题

在药品企业中，著作权的管理是知识产权管理中的重要补充。著作权保护在药品企业通常作为商标和外观设计等主要知识产权形式的补充。药品企业知识产权部门在对企业著作权的日常管理中应该注意以下几个方面。

5.3.1.1 委托作品的著作权管理

药品企业最常见的著作权问题是委托作品的著作权保护和管理问题，例如委托第三方设计企业商标图样、产品形象、广告创意等。根据我国《著作权法》（2010 年修正）第 17 条的规定，委托作品著作权归属由委托人和受托人通过合同约定；合同未作明确约定或者没有订立合同的，著作权属于受托人。因此在与第三方签订的委托协议中，应当特别注意在委托合同中直接规定委托方企业可以获得著作权或者要求与第三方另外订立著作权转让合同来取得委托作品的著作权。若无合同明确的约束，委托作品的权利归属则会产生潜在的纠纷。订立委托合同的一时疏忽，将会导致企业在对商标、产品形象等耗费巨大财力、物力苦心经营数年后，发现作品的著作权所有人竟然不是自己，从而不得不和著作权所有人开始新的谈判，付出更大的代价购买或寻求许可。

5.3.1.2 作为在先权利的应用

药品企业提高产品辨识度的手段可以是独特的商标及包装装潢，也可以开发一些异形片剂来区别于竞争者。这种营销策略对于 OTC 产品和保健品格外有效。无疑，商标权和外观设计专利权的保护对包装装潢是更直接且强有力的。但是，这两种保护都

存在一些"缺陷":

（1）随着企业规模不断扩大，常常会扩充经营范围或者跨领域兼并，形成集团化、多元化发展的局面。但商标注册需要区分类别，所以理论上讲，商标注册类别越多对企业的保护越强、风险越小。特别是核心商标的跨类别注册甚至全类别注册从长远看来是非常有必要的。但从现实情况和成本来看，大部分商标其实很难在申请之初就做到全类别注册并获权，即使做到了，也将会耗费巨大的财力和时间成本，并且长期不使用的类别还存在被"撤三"的风险。

（2）外观设计专利的申请也存在限定产品应用种类的问题，在多元发展的趋势下恐难以规避一些"恶搞式"的模仿。在保护客体上，外观设计专利会排除一些纯粹的美术作品和字体设计。另外，外观设计专利的授权要求相对较高，存在新颖性丧失的问题。如果产品或包装已经被公开使用，将无法取得授权。外观设计专利对于药品来说还有一个缺陷就是保护期限比较短，难以满足药品长期销售的需求。

在这种情况下，可以用著作权作为补充，强化商标和外观设计专利的保护力度。与上述两种权利形式相比，著作权保护具有其独特的优势:

首先，著作权的产生是随作品产生而产生的，著作权登记周期短，成功率高；费用低、保护周期长且不需续展。

其次，如前所述，商标注册或外观设计专利申请，都有明确的产品类别，全面保护投入巨大。而著作权登记没有商品类别的限制，相比商标和外观设计专利而言，著作权可能作为在先权利而存在。按照我国《专利法》和《商标法》的规定，与他人在先权利相冲突的商标和外观设计专利可以被撤销或者无效，因此，以著作权作为商标或外观设计专利的必要补充，一定程度上可以避免跨类别的恶意抢注或模仿。

最常见的应用就是，利用著作权作为在先权利驳回近似商标申请。当发现他人在其他类别注册相同或近似的商标时，在先权利人可以向商标局提供著作权登记证明，使商标局直接依据《商标法》第 32 条将这类注册申请予以驳回。

最后，还可以考虑当商标、外观设计专利等无法实现保护时，著作权作为一种补救措施来预防恶意模仿。例如，对产品包装盒上的卡通形象申请一系列著作权保护，可以有效预防一些竞争对手将此卡通形象进行微调后或者在其他非药物领域恶意地使用。

5.3.1.3　著作权助力集团多元化发展战略

大型药品企业往往会采取多元化发展战略。例如，有些企业会自办刊物或者开通微博、微信公众号等自媒体，一方面进行企业形象宣传，另一方面传播科学或养生知识。再如，有些企业为了宣传企业形象会设计自己的卡通或图案形象，并会围绕这些形象开发录像带、光盘、唱片等副产品，服装、玩具、文具等衍生品或图书、游戏等改编作品，从而衍生信息网络传播甚至聊天工具表情等数字作品著作权。这些产品均需要及时进行著作权登记，因此著作权保护已成为企业知识产权和企业文化的重要组成部分。

药品企业的著作权管理，也应该由作为集团一级部门的知识产权部统一申报和管理。各子公司有义务向集团知识产权部门反馈相应著作权的使用情况和市场上的假冒情况。

5.3.2 药品说明书的著作权问题

在我国，根据相关法律法规规定，药品说明书的内容需要注册申请人提出，技术审评机构依据申报资料和相关审评意见核准。只有当技术审评结束并给出结论建议同意上市申请时，才可能全面启动对注册申请人提出的药品质量标准和药品说明书等重要技术文件的审核工作。故药品说明书起草、审核和修订的形成过程，是技术审评机构与注册申请人就相关内容反复沟通达成一致的过程。这一过程既涉及药品注册申请人、起草人（有时二者为同一主体），又涉及技术评审专家和核准机构。

药品说明书著作权保护问题的提出，实质是我国不存在专利保护期限延长制度，加之行政保护缺位，导致新药的市场独占期限过短。为弥补不足，原研药企业寄希望于通过著作权保护延长其市场的独占期。因此，药品说明书著作权纠纷表象上似乎是说明书性质之争，实则是药品生产企业寻求以著作权的长期保护突破专利保护有效期之限制，从而延长专利保护期增强企业竞争力的竞争战略[104]。

毋庸置疑，药品说明书蕴含了很多重要的药品生物活性、安全性、使用方法等信息，包含了独创性的科研劳动成果，具有很高的科技价值。但药品说明书是否构成著作权法意义上的"作品"是一个存在争议的话题。曾经一段时间，我国出现了药品生产企业以其药品说明书著作权受到侵害为由提起诉讼，并且产生了一些结论完全相反的判决。例如，在威尔曼制药有限公司与二叶制药有限公司著作权侵权纠纷案中，法院认为，虽然药品说明书由国家监管部门核准并且发布，但并不必然导致药品说明书丧失独创性。特别是药品说明书中包含了对药品实验结果的描述，这些描述是"自然科学创造性劳动的载体"。因此，应当属于《著作权法》所保护的作品[105]。而在金方药业诉三友力侵犯著作权案中，法院认为药品使用说明书"在格式上严格遵循了国家药品行政管理法规对药品使用说明书格式的规定，其药理作用和注意事项均是对药品属性的客观描述，在文字组合上缺乏独创性"，因此不应当享有著作权[106]。2010 年 10 月国家药品监督管理局作出的《关于药品说明书有关问题的复函》中指出，药品说明书是国家行政机关颁发的行政文书，不应当受到《著作权法》的保护。

从美国和我国台湾地区的判例来看，美国法院在 Smith Kline Beecham Consumer Healthcare L. P. vs. Watson Pharmaceuticals Inc 案中明确，药品说明书的著作权争议只是药品市场竞争的一个手段或方法；美国 FDA 要求仿制药的使用手册应与原研药的一致依法有据；原研药的消费者使用手册受著作权法的保护，但在食品、药品及化妆品法与著作权法的法益冲突中，应优先适用食品、药品及化妆品法。该案判决虽然未直接对药品说明书著作权问题作出认定，但其确立了法律冲突下优先适用的原则，平衡了原研药与仿制药之间的利益关系，促进了仿制药的尽快上市，也为解决仿制药与参照药品说明书的关系问题提供了可资参考的范例。我国台湾地区"法院"在处理药品说明书著作权纠纷时形成了三种裁判观点。第一，对药品说明书是否为作品受著作权法保护不予认定，而直接基于当事人对药事法规的信赖，难以认定为系不法侵害他人之著作权。第二，认为药品说明书原创性不符合著作权法上关于作品原创性的要求，不具备学术性的价值，无法独立使用，仿制药说明书与原研保持一致不构成著作权侵害问题。第三，认为说明书应属著作权法上的作品。但仿制药为申请上市报行政审批之目的，重制或翻译原研药厂的药品说明书，是正当目的之合理使用[104]。

2010 年 2 月，最高人民法院收到国家药品监督管理局关于提请解释药品说明书著作权问题的函之后，由民三庭在 2012 年、2013 年将此问题作为专项课题研究，结论是"我国现阶段不宜确定药品说明书构成受著作权法保护的作品"[107]。最高人民法院认为：①药品说明书虽然由申报注册者或者研发生产者起草，但其内容必须最终通过国家药品监督管理局审批才能使用；其具体格式、内容和书写要求由国家药品监督管理局制定，使其表达形式缺乏创作的空间，因此不具有独创性。②著作权法保护的是表达而不是思想，虽然药品实验数据是由药品申报注册或研发者独自开发的智力成果，但相关实验数据不是《著作权法》保护的对象。③药品说明书是否需要修改、如何修改的决定权在国家药品监督管理局，并且不具有现实的可转让性，因此药品说明书的起草者并不享有药品说明书的修改权和财产权。④如果给予药品说明书以著作权保护，那么其他药品申报注册者如不修改药品说明书就会涉嫌侵犯著作权，使仿制药无法上市，形成不合理的垄断，不符合我国现阶段药品生产的现状，会严重损害公共利益。⑤药品说明书更多地体现为药品申报注册者或研发生产者的义务而非权利，其制作药品说明书的目的是使药品上市以谋求经济利益，并没有创作作品并进而获得著作权的意图。⑥药品说明书不具备著作权法意义上作品所具备的法律属性，如果没有药品的存在，药品说明书无法独立发挥其效用，脱离主物药品即失去其自身存在的意义。而著作权法上的作品一般是独立存在的，并不受制或附属于他物，可以独立进入商业领域名实现其价值。⑦药品知识产权具有专利、药品数据保护、商业秘密、商标、中药品种、行政保护等多种形式获得救济。

2020 年 5 月 15 日，国家药品监督管理局药品审评中心官网发布了广受社会各界关注的《药品说明书和标签管理规定》（征求意见稿），其中特别增加了"仿制药说明书管理"一章内容，要求"仿制药说明书应参考被仿新药/或参比制剂说明书制定。除适应证需经国家药品监督管理局审核批准，以及与仿制药公司有关的一些信息外，说明书主要内容须与国家药品监督管理局指定的参比制剂说明书一致。不同公司/厂家仿制的同一药品的药品说明书，主体内容应完全一致。通用名相同而规格不同的品种，指定的参比制剂有可能不同，但说明书应尽量统一。"这些新的规定，事实上更加弱化了药品说明书的私权属性，更加强调了药品说明书的行政强制性和对公共利益的保护。

尽管最高人民法院有上述结论，药品管理的行政部门也在不断完善相关制度，但国内仍存在一些不同的声音，例如，折中的观点认为药品说明书具有独创性，应当受到《著作权法》的保护。但药品说明书在适用《著作权法》保护的同时，权利却应该受到一定程度上的限制，以适应仿制药制度的客观要求。即原研药的药品说明书著作权必须部分地让位于公共健康利益，可以通过立法将《著作权法》中规定的妨碍仿制药生产厂商复制、修改、使用说明书的权利让渡出来，保持其他权利不变[108,109]。

5.4 域名

5.4.1 与企业商誉相关的域名管理

《互联网域名管理办法》（工业和信息化部令第 43 号）第 55 条规定，域名是指互联网上识别和定位计算机的层次结构式的字符标识，与该计算机的 IP 地址相对应。域名具有标识功能，人们通过域名可以找到企业在网上的地址，同时企业也可以将域名作为在互联网上代表自己的标志。因此，域名和企业商号、商标一样，可以成为商誉的组成部分，具有一定的商业价值。与商标不同，域名没有地域性和类别限制。域名具有唯一性，在国际互联网上，技术要求取决于不能存在两个完全相同的域名。在我国，注册域名遵循"申请在先"原则。域名的唯一性意味着一旦某家企业名称或商标被他人抢注为域名，企业会失去再次注册的空间。

别有用心者会将别人的商号、知名商标或知名产品的名称抢先注册为域名，以公开出租或出售被抢注域名为要挟，迫使企业高价买回域名，甚至在相应域名的网站上兜售假货或仿冒产品，严重损害了合法商业和消费者的利益。据报道，2017 年商标所有权人向世界知识产权组织提起的域名抢注案件创新高，达到 3074 件。虽然生物医药行业尚不构成域名案件的"重灾区"，但是在排名前十的投诉人名单中，赫然看到"赛诺菲"的名字[109]。可见生物医药领域并非域名抢注现象的"净土"。

根据《最高人民法院关于审理涉及计算机网络域名民事纠纷案件适用法律若干问题的解释》（法释〔2001〕24 号）第 5 条规定，恶意的域名抢注形式包括：①为商业目的将他人驰名商标注册为域名；②为商业目的注册、使用与他人注册商标、域名等相同或近似的域名，故意造成与他人提供的产品、服务或者他人网站的混淆，误导网络用户访问其网站或其他在线站点的；③域名抢注人曾要约高价出售、出租或以其他方式转让该域名谋取不正当利益；④注册域名后自己并不用也未准备使用，有意阻止权利人注册该域名的；⑤具有其他恶意情形的。

5.4.2 药品企业的域名管理

在药品企业中，域名保护主要是和企业商誉或产品的独特性紧密联系的。企业可以通过申请注册与企业字号或产品同名的域名建立网站而拓展其价值链，进一步实现其价值延伸。药品企业通过注册域名而建立自己的门户网站，发布企业商业信息，宣传商品和服务，用户在通过域名访问网站的同时往往也可以加深对企业经营状况及其产品的了解，从而对企业起到正向的宣传作用。

对于药品生产企业的核心产品或即将推向市场的重磅产品，在注册商标的同时，应注意以产品品牌或名称注册域名，并可以针对此产品或品牌建立产品相关网站或网上订购系统。一方面向零售商或终端用户普及商品真伪辨识及使用信息；另一方面用户可直接从生产厂家购买产品，与厂家直接沟通，缩短销售渠道，节约销售时间，降低销售成本。当然，药品的互联网销售还需要满足药品销售的其他限制性法规。

药品企业域名管理应该由知识产权部主导或知识产权部配合技术部门统一管理、规划域名的注册工作。域名注册应分级、分层次管理，尽可能注册本公司域名的每一种变体，在不同的类别域名、国别域名和语言域名商注册域名或衍生域名、相似域名，以形成一个完整的域名族。对企业名称的中文拼音、英文名以及二级、三级域名尽可能考虑周到、尽快注册，不给别人可乘之机。同时抓好注册域名的管理工作，组织专业培训，使各部门管理人员增强域名管理的意识和能力。

药品企业应当防止域名被恶意抢注后进一步引发的不正当竞争行为。当发现企业域名被抢注时，要先主动协商，采用经济补偿的方法取得域名的所有权。如果双方协商不成，企业应积极采取域名被恶意抢注后的补救措施。可依据《互联网域名管理办法》第 42 条的规定，即"任何组织或者个人认为他人注册或者使用的域名侵害其合法权益的，可以向域名争议解决机构申请裁决或者依法向人民法院提起诉讼。"

比较快速的解决方案是采用域名争议解决机制。这已经成为世界上解决域名纠纷的通用规则。争议解决机制的效力来源于域名注册人与域名注册服务机构签订的域名注册协议，以及域名注册服务机构与域名注册管理机构签订的认证协议。作为一种强制的合同义务，在域名争议解决机构的裁决生效后，裁决便会得到及时执行[109]。

但是，域名争议解决机制并非终局裁决。对裁决不服，可以向有管辖权的法院提起诉讼。截至 2020 年，法院在审理域名争议时主要依据《商标法》《反不正当竞争法》《民法总则》以及最高人民法院的司法解释。特别是《最高人民法院关于审理涉及计算机域名民事纠纷案件适用法律若干问题的解释》（法释〔2001〕24 号）第 6 条规定："人民法院审理域名纠纷案件，根据当事人的请求以及案件的具体情况，可以对涉及的注册商标是否驰名依法作出认定。"因此，如果权利人的商标已经足以达到驰名商标的标准，完全可以以诉讼的方式彻底解决域名被抢注的问题。该解释第 8 条规定："人民法院认定域名注册、使用等行为构成侵权或者不正当竞争的，可以判令被告停止侵权、注销域名，或者依原告的请求判令由原告注册使用该域名；给权利人造成实际损害的，可以判令被告赔偿损失。"[110]权利人依据人民法院的判决和域名争议机构的裁决，可以要求域名注册服务机构注销相应的抢注域名[111]。

如果通过各种救济手段均取回无望，则可以选择在原域名的外围进行注册，使企业至少可以拥有相当数量的变体域名，从而最大限度保护自身利益。

第6章 ‹‹‹‹‹‹‹‹

医药领域专利申请与审查

　　根据《专利法》第22条第1款的规定，授予专利权的发明和实用新型应当具备新颖性、创造性和实用性。因此，申请发明和实用新型的专利具备新颖性、创造性和实用性是授予其专利权的必要条件之一。

　　《专利法》第22条第2款规定：新颖性，是指该发明或实用新型不属于现有技术；也没有任何单位或者个人就同样的发明或实用新型在申请日以前向专利局提出过申请，并记载在申请日以后公布的专利申请文件或者公告的专利文件中。判断是否具有新颖性，以申请专利的发明或实用新型是否属于现有技术为准。所谓现有技术，是指申请日以前在国内外为公众所知的技术。而处于保密状态的技术内容由于公众不能得知，不属于现有技术。

　　《专利法》第22条第3款规定：创造性，是指与现有技术相比，该发明具有突出的实质性特点和显著的进步，该实用新型具有实质性特点和进步。判断一项申请专利的发明是否符合创造性的标准，是该项发明是否具有"突出的实质性特点"和"显著的进步"。所谓"突出的实质性特点"，是指发明与现有技术相比具有明显的本质区别，对于发明所属技术领域的普通技术人员来说是非显而易见的，他不能直接从现有技术中得出构成该发明全部必要的技术特征，也不能通过逻辑分析、推理或者试验而得到。如果通过以上方式就能得到该发明，则该发明不具备突出的实质性特点。所谓"显著的进步"，是指从发明的技术效果上看，与现有技术相比具有长足的进步。具体包括：①发明解决了人们一直渴望解决，但始终未能获得成功的技术难题；②发明克服了技术偏见；③发明取得了意料不到的技术效果；④发明在商业上获得成功。判断一项申请专利的实用新型是否符合创造性的标准，相对于发明专利来讲，要求低一些，只要该实用新型有实质性特点和进步即可，不要求"突出"和"显著"。

《专利法》第 22 条第 4 款规定：实用性，是指该发明或者实用新型能够制造或者使用，并且能够产生积极效果。实用性包括技术方案应当是可以实施的、能够制造或者使用；能够产生积极的和有益的技术效果；技术方案应当可以重复实现，必须具有再现性[112]。

6.1　化合物专利的"三性"探讨

6.1.1　新颖性

6.1.1.1　化合物新颖性被质疑的常见情形

（1）具体化合物的公开会破坏请求保护的具有相同结构的具体化合物的新颖性。权利要求请求保护具体化合物，对比文件中公开了与请求保护的化合物结构相同的化合物，则该具体化合物不具备新颖性。

（2）包含在请求保护的马库什化合物范围内的任何一个具体化合物的公开，会破坏包含该具体化合物的马库什化合物的新颖性。权利要求请求保护马库什化合物，对比文件中公开了落入权利要求请求保护范围内的具体化合物，则该具体化合物破坏包括该具体化合物的马库什权利要求的新颖性。但具体化合物的公开不会影响该马库什所包括的除该具体化合物以外的其他化合物的新颖性。

例如，权利要求请求保护通式 A 的马库什化合物，该马库什化合物中包含 A1、A2、A3…A100…等成百上千个化合物。现有技术中公开了化合物 A1，则该马库什化合物 A 不具备新颖性。但另一件申请中如果请求保护化合物 A2，或请求保护马库什化合物 A'（该范围内不包含化合物 A1），则其新颖性不受化合物 A1 公开的影响。

（3）马库什化合物的公开不会导致包含在该马库什化合物范围内的具体化合物的新颖性丧失。

马库什化合物是众多化合物的集合，应作为一个整体看待。一个马库什化合物的公开，不代表其公开了所涵盖范围内的任何一个具体化合物。例如，即使现有技术已经公开了通式 A 的马库什化合物，该马库什化合物中涵盖了 A1、A2、A3…A100…等成百上千个化合物。但该马库什化合物的公开，不会对在后的任一具体化合物的新颖性产生影响。

以下特殊情况需要注意：

①"1×N"规则。如果现有技术公开的马库什通式化合物只有一个变量，并且该变量的可选项均是具体取代基，则对于从中选择每个具体取代基而得到的具体化合物被认为是现有技术已经公开了该具体化合物。即化合物被现有技术公开的"1×N"规则。

例如，现有技术中公开了如下所示的通式化合物：

$$\text{（苯环结构）}R^1$$

其中，R^1 为甲基、乙基、硝基、氨基。则一般认为现有技术中公开了 R^1 分别选自甲基、乙基、硝基、氨基的 4 个具体化合物。但针对上述通式化合物，如果定义的 R^1 为甲基、乙基、硝基、氨基、$C_{2\sim4}$ 烯基，因为 $C_{2\sim4}$ 烯基并非具体取代基，则不符合 $1\times N$ 规则，不认为现有技术中公开了任何一个具体化合物。

② "2×2" 规则。如果现有技术公开的马库什通式化合物只有两个变量，每个变量只有两个可选项，并且每个可选项均是具体取代基，则对于从中选择每个具体取代基组合得到的具体化合物被认为是现有技术已经公开了该具体化合物。

例如，现有技术公开了如下所示的通式化合物：

$$R^2\text{（苯环结构）}R^1$$

其中，R^1 为甲基或乙基，R^2 为硝基或氨基。此时，一般认为现有技术公开了 4 个具体化合物，即邻硝基甲苯、邻硝基乙苯、邻氨基甲苯、邻氨基乙苯。与 "$1\times N$" 规则一样，如果 R^1 或 R^2 中任何一个基团不是具体取代基，则不认为现有技术中公开了任何一个具体化合物。

（4）马库什化合物作为整体进行考虑，即使两个马库什化合物包含的化合物范围存在交叉，也不会认为一个马库什化合物破坏另一马库什化合物的新颖性。但如果两个马库什化合物，其中一个马库什化合物 A 完全被另一马库什化合物 B 所涵盖，如果马库什化合物 A 为现有技术，此时马库什 B 化合物的新颖性也有可能因为 A 的公开而被质疑。

6.1.1.2 现有技术 "提到" 具体化合物的情形

《专利审查指南 2010》第二部分第十章第 5.1 节规定："专利申请要求保护一种化合物的，如果在一份对比文件中记载了化合物的化学名称、分子式（或结构式）等结构信息，使所属技术领域的技术人员认为要求保护的化合物已经公开，则该化合物不具备新颖性，但申请人能提供证据证明在申请日之前无法获得该化合物的除外"。

根据目前的审查实践，如下情形常被认为在对比文件中 "记载" 了该化合物：

（1）现有技术文献中以表格化合物的形式公开的化合物，可认为技术文献中记载了这些化合物，除非申请人能够证明在申请日前无法制备得到该化合物。

企业在撰写化合物专利申请时，结合市场策略和研发规划对于是否公开表格化合物需要进行更加周密的评估。在提交申请之后，如果后续研究还将持续进行，那么说明书中 "表格化合物" 的列举就要特别慎重，否则可能对企业自身的后续研究产生妨碍，甚至导致最终实际筛选出的活性化合物无法获得授权；但如果能够确定不会再进行任何后续研究，那么可以在说明书中多列举一些 "表格化合物"，以便限制竞争对手的跟进申请。

（2）"1×N"规则和"2×2"规则下的具体化合物一般被认为现有技术中"记载"。如前所述，如果马库什化合物满足"1×N"或"2×2"规则，其中涉及的化合物一般认为被现有技术"记载"。

（3）如果现有技术公开了一具体化合物，该化合物仅有一个手性中心。本领域技术人员通过常规技术手段，容易拆分得到具体的两个异构体化合物。如果对比文件中公开了该化合物的消旋体化合物，则一般认为对比文件公开了该消旋体化合物的两个特定异构体化合物。

此类消旋体化合物一般是指例如包含有手性碳的明显存在异构体的化合物，对于一些特殊的异构体化合物新颖性的判断并不适用。例如阻转异构体化合物，由于阻转异构体的存在与否具有不可预期性，即使现有技术公开了外消旋化合物，该阻转异构体的新颖性也会得到认可。

6.1.1.3　几种特殊限定的化合物权利要求的新颖性

（1）包含性能/参数限定、用途限定和制备方法限定的化合物权利要求

该类化合物权利要求常表现为如下 3 种具体撰写形式：

① 一种如式（Ⅰ）所示结构的化合物，其特征在于该化合物的熔点为 186℃。

② 一种用于治疗糖尿病的式（Ⅰ）结构的化合物；或者，一种如式（Ⅰ）所示结构的化合物，用于治疗糖尿病。

③ 一种如式（Ⅰ）所示结构的化合物，其特征在于该化合物是由如下方法制备得到。

对于包含性能/参数、用途或制备方法特征的产品权利要求，《专利审查指南 2010》第二部分第三章第 3.2.5 节中规定，对于这类权利要求的新颖性审查，应当考虑权利要求中的性能/参数限定、用途限定和制备方法限定的特征是否隐含了要求保护的产品具有某种特定结构和/或组成。如果性能/参数限定、用途限定或制备方法限定特征隐含了要求保护的产品具有区别于对比文件产品的结构和/或组成，则该权利要求具备新颖性；相反，如果性能/参数限定、用途限定或制备方法限定特征没有隐含产品在结构和/或组成上发生变化，则权利要求不具备新颖性。

在生物医药领域，化合物名称和/或结构一般可以准确判定，对于性能/参数、用途或制备方法限定的化合物产品权利要求，由于性能/参数、用途等往往属于化合物的固有属性，因此，请求保护的化合物结构确定以后，性能/参数、用途或制备方法的不同一般不会对化合物的结构和/或组成产生影响。例如，一种作为 PPAR 激酶抑制剂的化合物 X 的发明，与现有技术公开的用作防腐剂的相同化合物相比，虽然化合物的用途不同，但化合物本身的化学结构相同，即使在权利要求中限定了"作为 PPAR 激酶抑制剂"这一用途，其相对于现有技术也不具备新颖性。同样的，对于制备方法限定

的化合物权利要求，不同的制备方法除非赋予了化合物不同的结构和/或组成，制备方法的限定一般也不会对化合物的结构和/或组成产生影响。

需要注意的是，例如制备方法特征对产品权利要求的限定作用，在专利的授权/确权程序中与在侵权诉讼中有所区别。例如《最高人民法院关于审理侵犯专利权纠纷案件应用法律若干问题的解释（二）》第 10 条规定，对于权利要求中以制备方法界定产品的技术特征，被诉侵权产品的制备方法与其不相同也不等同的，人民法院应当认定被诉侵权技术方案未落入专利权的保护范围。这一规定符合权利要求解释中的"全部技术特征原则"。申请人在撰写专利申请时，应考虑这种区别。

（2）纯度限定的化合物权利要求

纯度限定的化合物权利要求的常见形式。例如，一种结构式（Ⅰ）的化合物，其特征在于其纯度大于 99.5%。纯度限定的化合物权利要求的新颖性审查，同样需要考虑的是纯度限定对化合物结构和/或组成的影响。例如，权利要求请求保护一种纯度大于 99.5% 的化合物，如果现有技术公开了具有相同结构的化合物，即使没有公开其纯度或公开的纯度低于 99.5%，审查实践中一般也会认为权利要求相对于该对比文件不具备新颖性，除非申请人能够证明，根据本领域的现有技术无法制备得到纯度高于99.5% 的化合物。对于通过改进的制备方法或分离纯化方法，确实得到了现有技术无法制备得到的高纯度的化合物或降低了特定杂质含量的情形，可以考虑采用组合物的撰写方式，例如，包含化合物 A 的组合物，其特征在于化合物 A 的含量大于 99.5%，且杂质化合物 A' 的含量不超过 0.2%。如果这种化合物纯度的提高带来了预料不到的技术效果，可获得专利授权。

6.1.2　创造性

6.1.2.1　化合物发明突出的实质性特点的判断

《专利审查指南 2010》第二部分第四章第 2.2 节，发明有突出的实质性特点，是指对所属技术领域的技术人员来说，发明相对于现有技术是非显而易见的。

《专利审查指南 2010》第二部分第四章第 3.2.1.1 节对发明创造性判断中突出的实质性特点的判断方法作了规定，即判断要求保护的发明相对于现有技术是否显而易见，通常可按照三个步骤进行：1）确定最接近的现有技术，2）确定发明的区别特征和发明实际解决的技术问题，3）判断要求保护的发明对本领域的技术人员来说是否显而易见。该判断方法简称"三步法"。

在国家知识产权局关于修改《专利审查指南》的公告（第 391 号）（自 2021 年 1月 15 日起施行）中，对第二部分第十章第 6.1 节关于化合物的创造性，修改为：

（1）判断化合物发明的创造性，需要确定要求保护的化合物与最接近现有技术化合物之间的结构差异，并基于进行这种结构改造所获得的用途和/或效果确定发明实际解决的技术问题，在此基础上，判断现有技术整体上是否给出了通过这种结构改造以解决所述技术问题的技术启示。

需要注意的是，如果所属技术领域的技术人员在现有技术的基础上仅仅通过合乎逻辑的分析、推理或者有限的试验就可以进行这种结构改造以解决所述技术问题，得到要求保护的化合物，则认为现有技术存在技术启示。

（2）发明对最接近现有技术化合物进行的结构改造所带来的用途和/或效果可以是获得与已知化合物不同的用途，也可以是对已知化合物某方面效果的改进。在判断化合物创造性时，如果这种用途的改变和/或效果的改进是预料不到的，则反映了要求保护的化合物是非显而易见的，应当认可其创造性。

（3）需要说明的是，判断化合物发明的创造性时，如果要求保护的技术方案的效果是已知的必然趋势所导致的，则该技术方案没有创造性。例如，现有技术的一种杀虫剂 $A-R$，其中 R 为 $C_{1\sim3}$ 的烷基，并且已经指出杀虫效果随着烷基 C 原子数的增加而提高。如果某一申请的杀虫剂是 $A-C_4H_9$，杀虫效果比现有技术的杀虫效果有明显提高。由于现有技术中指出了提高杀虫效果的必然趋势，因此该申请不具备创造性[113]。

化合物发明是否具备创造性，核心是判断该化合物相对于现有技术是否显而易见的，即判断现有技术中是否给出了结合该发明或实用新型相对于最接近的现有技术的区别技术特征的技术启示。如果现有技术中给出了这样的技术启示，或是所属技术领域的技术人员在现有技术的基础上仅仅通过合乎逻辑的分析、推理或者有限的试验可以得到的，则该发明是显而易见的，因而不具备创造性。反之，如果现有技术没有给出这种教导，则一般认为具备创造性。

化合物创造性的审查实践中，通常要基于"三步法"进行判断。具体地，审查员通过检索后，一般会选择技术领域相同或相近的，且与请求保护化合物结构接近的化合物作为最接近的现有技术，通过特征对比找出两者的区别技术特征，从结构上判断这种改变对本领域技术人员而言，是否是显而易见的。下面列出几种审查实践中最常被审查员认为请求保护的化合物相对于现有技术是显而易见的情形。

（1）请求保护的化合物与最接近的现有技术化合物相比存在区别技术特征，但现有技术中给出了对最接近的化合物进行修饰，得到请求保护化合物的技术启示。

【判断示例】权利要求请求保护一马库什化合物（以下简称"式Ⅰ化合物"），其结构式中包含 R^1、R^2、R^3 三个变量基团，其中定义 R^1 为 H、甲基。根据该申请说明书的记载，该化合物用于治疗肿瘤。审查员检索到了同样用于肿瘤治疗的最接近的现有技术专利文件 D1，其中公开了通式Ⅰ'的化合物，并在实施例部分公开了落入通式Ⅰ'限定范围内的具体化合物 A。

审查员将式Ⅰ化合物与化合物 A 进行特征对比，找出了两者的区别技术特征为：权利要求请求保护的马库什化合物的 R^1 基团为 H 或甲基，而化合物 A 相应取代位置的取代基为 Cl。

审查员认为，现有技术专利文件 D1 公开的通式 I' 化合物中，相对于化合物 A 取代基为 Cl 的位置，还定义了可以选自 $C_{1~6}$ 烷基。同时，其说明书中对烷基进行了定义，所述的烷基优选甲基、乙基等。

因此可见，为了得到更多具有相似活性的化合物，基于化合物 A，现有技术给出了将 Cl 替换为甲基的技术启示。如果没有证据表明取代基由 Cl 替换为甲基取得了何种预料不到的技术效果，则请求保护的化合物不具备创造性。

（2）请求保护的化合物与最接近的现有技术化合物相比存在区别技术特征，但所述区别特征属于本领域的公知常识。

【判断示例】权利要求请求保护一马库什化合物（以下简称"式 I 化合物"），其结构式中包含 R^1、R^2、R^3 三个变量基团，其中定义 R^1 为 H、Cl。根据该申请说明书的记载，该化合物用于治疗肿瘤。审查员检索到了同样用于肿瘤治疗的最接近的现有技术化合物 A。

审查员将式I化合物与化合物 A 进行特征对比，找出了两者的区别技术特征为：权利要求请求保护化合物的 R^1 基团为 H 或 Br，而化合物 A 相应取代位置的取代基为 Cl。

审查员认为，虽然现有技术中没有公开化合物 A 的 R^1 基团可以为 Br，但 Cl 和 Br 均是卤素，其作为取代基理化性质相似，为了得到更多具有相似活性的化合物，它们之间的替换属于本领域的常规选择。如果没有证据表明取代基由 Cl 替换为 Br 取得了何种预料不到的技术效果，则请求保护的化合物不具备创造性。

6.1.2.2 预料不到的技术效果的考量

预料不到的技术效果，是指发明相对于现有技术，其技术效果产生"质"或"量"的变化，这种"质"或者"量"的变化，对所属技术领域的技术人员来说，事先无法预测或者推理出来，超出人们预期的想象。

预料不到的技术效果是化合物具备创造性的充分非必要条件。如果化合物与现有技术相比具有预料不到的技术效果，则会认可该化合物具有突出的实质性特点，可以确定其具备创造性。反之，如果化合物对本领域的技术人员来说是非显而易见的，且能够产生有益的技术效果，则发明具有突出的实质性特点和显著的进步，具备创造性，此种情况下不必要求化合物具有预料不到的技术效果。

当前阶段，我国创新药的研发仍然以 Fast Follow（快速追随者）为主，很多情况下现有技术中都存在结构接近的化合物。当不能从非显而易见性上证明创新化合物的创造性时，通过证明请求保护的化合物相对于现有技术化合物具有预料不到的技术效果，进而获得化合物专利保护，成为实现我国创新药获得专利保护的重要手段。由于医药化学领域，其技术效果往往难以从化合物的结构进行预测，必须借助实验数据加以证实。这就要求专利申请文件应充分呈现化合物相对于现有技术所具有的"预料不到的技术效果"，以保证化合物专利申请的授权。对于生物医药领域的化合物专利申请而言，预料不到的技术效果可以是活性的提高、靶点选择性的改善、毒性的降低、生物利用度的提高等任何能够改善化合物成药性的效果。

6.1.2.3　说明书中充分记载化合物效果试验数据的重要性

如前所述，"预料不到的技术效果"是发明具备创造性的充分条件。由于专利申请过程中，专利申请人选定的最接近现有技术与审查员认定的最接近的现有技术有时候并不相同，申请人往往需要在案件审查过程中补交对比实验数据来证明，请求保护的化合物相对于审查员认定的最接近的现有技术化合物具有预料不到的技术效果以支持其创造性观点。

审查实践中，通常可接受补交实验数据的情况是，补充实验数据所证明的技术效果在原始申请文件中有明确记载，例如说明书中记载了化合物安全性的测试方法和实验数据，此时可将根据说明书记载的实验方法对审查员选定的最接近的现有技术化合物进行用药安全性测试，通过比较安全性效果来证明请求保护化合物的创造性。但如果申请文件中没有相关效果的明确记载，通过补充实验数据的方式来证明创造性的，审查实践中审查员一般难以被接受。这与后续无效宣告和侵权诉讼程序中也是一致的。例如在北京双鹤药业股份有限公司与湘北威尔曼制药股份有限公司的"抗 β - 内酰胺酶抗菌素复合物"的发明专利无效宣告案中，湘北威尔曼制药股份公司主张其发明除了扩大抗菌谱，还解决了安全性、有效性、稳定性等问题，并为此提交了相应的实验证据。最高人民法院[1]认为，由于相关技术内容并未记载于涉案专利说明书中，则不能体现出涉案专利在安全性、有效性、稳定性等方面对现有技术作出了创新性的改进与贡献。因此，这些试验和研究不能作为权利要求 1 具备创造性的依据。另外，在武田药品工业株式会社的"用于治疗糖尿病的药物组合物"发明专利权行政纠纷案中，最高人民法院[2]也指出，当专利申请人或专利权人欲通过提交对比试验数据证明其要求保护的技术方案相对于现有技术具备创造性时，接受该数据的前提必须是针对在原申请文件中明确记载的技术效果。

裁判日期为 2019 年 12 月 31 日的最高人民法院（2018）最高法行申 3961 号行政裁定书中，对于贝林格尔公司提交的补充实验数据能否证明涉案专利具有其主张的技术效果时明确指出，①化学医药领域属于实验科学，可预测性低，技术方案的实现或技术效果的存在往往依赖于实验数据的验证和支持；②补充实验数据属于当事人提交的证据，应当予以审查；③对于补充实验数据证明力的审查应当体现先申请制的要求，该补充实验数据拟证明的技术效果应当属于本领域技术人员从专利申请公开的内容中得到的。同时也认为本领域技术人员从专利申请公开的内容中得到的，通常存在的两种情形，一是虽然该技术效果在申请文件中没有记载，但本领域技术人员在申请日根

---

① （2011）行提字第 8 号决定。
② （2012）知行字第 41 号决定。

据专利申请文件的记载能够合理确定的，二是该技术效果在专利申请文件中予以明确记载且本领域技术人员在申请日能够合理确定。对于专利申请文件中仅仅是声称或者断言，但缺乏定性或者定量实验数据或者其他客观依据予以证实的技术效果，本领域技术人员无法合理确定的，不能通过补充实验数据来证明。

2020年1月，中美签署了《中华人民共和国政府和美利坚合众国政府经济贸易协议》（以下简称《中美贸易协议》），其第一章第三节第1.10条约定考虑补充实验数据：中国应允许药品专利申请人在专利审查程序、专利复审程序和司法程序中，依靠补充数据来满足可专利性的相关要求，包括对公开充分和创造性的要求。在后续的具体实践中，《中美贸易协议》的相关约定和先申请制的平衡点在哪里，还需关注。

关于补充实验数据的情形，国家知识产权局关于修改《专利审查指南》的公告（第391号）（自2021年1月15日起施行）中对第二部分第十章第3.5节的审查原则修改为"判断说明书是否充分公开，以原说明书和权利要求书记载的内容为准。对于申请日之后申请人为满足专利法第二十二条第三款、第二十六条第三款等要求补交的实验数据，审查员应当予以审查。补交实验数据所证明的技术效果应当是所属技术领域的技术人员能够从专利申请公开的内容中得到的"。

按照第二部分第十章第3.5.1节的审查原则，给出涉及药品专利申请的审查示例。

【例1】

权利要求请求保护化合物A，说明书记载了化合物A的制备实施例、降血压作用及测定降血压活性的实验方法，但未记载实验结果数据。为证明说明书充分公开，申请人补交了化合物A的降血压效果数据。对于所属技术领域的技术人员来说，根据原始申请文件的记载，化合物A的降血压作用已经公开，补交实验数据所要证明的技术效果能够从专利申请文件公开的内容中得到。应该注意的是，该补交实验数据在审查创造性时也应当予以审查。

【例2】

权利要求请求保护通式I化合物，说明书记载了通式I及其制备方法，通式I中多个具体化合物A、B等的制备实施例，也记载了通式I的抗肿瘤作用、测定抗肿瘤活性的实验方法和实验结果数据，实验结果数据记载为实施例化合物对肿瘤细胞IC50值在$10 \sim 100nM$范围内。为证明权利要求具备创造性，申请人补交了对比实验数据，显示化合物A的IC50值为15nM，而对比文件1化合物为87nM。对于所属技术领域的技术人员来说，根据原始申请文件的记载，化合物A及其抗肿瘤作用已经公开，补交实验数据所要证明的技术效果能够从专利申请文件公开的内容中得到。应该注意的是，此时，审查员还需要结合补交实验数据进一步分析权利要求请求保护的技术方案是否满足创造性的要求。[113]

总之，在提交化合物专利申请时，对于已经发现的试验效果，应尽量在说明书中作出具体记载，增大授权的可能性，并在后续程序中增加专利权的稳定性。

6.1.3　实用性

医药化合物一般均能在产业中制造，并能够解决技术问题。因此，医药领域化合物专利申请在专利审查过程中，被认为不具备实用性的情况不常见。本章不再详述。

6.2　晶型专利的"三性"探讨

6.2.1　新颖性

由于化合物分子空间排列顺序的不同而多晶型表现出不同的理化性质。药物晶型要获得专利保护，首先应该具备新颖性。要判断请求保护的晶型是否具备新颖性，需要对化合物不同的固体形式的表征数据进行比对分析。晶型的表征方法很多，例如XRD 分析（包括单晶 X 射线衍射分析、粉末 X 射线衍射分析）、固相核磁、热分析技术（包括热重分析、差示扫描量热法、差热分析法以及熔点技术）、光谱分析法（包括红外光谱、拉曼光谱）等。不同的表征手段具有不同的特点，不同表征手段的组合使用，为更清楚地了解化合物多晶型提供了可能。其中，由于 XRD 分析、固体核磁分析的指纹属性，在专利审查实践中，一般被用作判断请求保护的晶型是否属于新晶型的最重要鉴别手段。常见的晶型专利审查意见情况如下。

（1）请求保护的晶型与现有技术公开的固体形式的表征可以直接对比

在发明与现有技术公开了可直接比较的晶体表征参数的情况下，本领域技术人员通过直接对比，能够直接得出是否为相同晶型的结论。

例如，权利要求请求保护一种晶体形式，并限定了单晶 X 射线衍射分析、粉末 X 射线衍射分析和/或固相核磁的任一表征参数。如果现有技术中公开了相同结构化合物的一种固体形式，且公开了在相同的测试方法和试验条件下测得的与发明相对应的表征参数。本领域技术人员可以将两者进行直接比较。如果本领域技术人员认为，在误差范围内两者的表征参数相同，则请求保护的晶型不具备新颖性。反之，如果本领域技术人员认为，两者的表征数据存在本质的差别，超出了通常认为的误差范围，则请求保护的晶型具备新颖性。

需要注意的是，基于热分析技术和光谱分析技术的晶型表征手段，由于表征的指纹属性弱（例如不同的晶型可能具有相同或相似的熔点、热重分析曲线等）或者测试结果的表征参数特征差异小不宜区分（例如红外光谱）等特点，专利审查实践中一般不允许作为唯一的表征参数表征具体晶体形式。

（2）推定新颖性的情况

在发明与现有技术公开了可供比较的晶体表征参数的情况下，本领域技术人员通过直接对比，能够直接得出是否为相同晶型的结论。但在大多数情形下，由于发明和现有技术的表征手段、试验方法不同，甚至有些公开文献仅仅提到固体化合物或结晶化合物，没有任何表征数据。此时，由于两者无法进行直接比较，审查实践中一般会推定请求保护的晶型相对于现有技术不具备新颖性，将举证责任转给申请人。

例如，权利要求请求保护一种晶型，并限定了单晶 X 射线衍射分析、粉末 X 射线衍射分析和/或固相核磁的任一表征参数。如果现有技术中公开了相同化学结构化合物的一种固体形式，但未给出任何表征参数，或虽然公开了表征参数但与请求保护晶型的表征参数并不相同，或者虽然公开了相同的表征参数但测试方法存在差异。本领域技术人员基于发明记载的晶型信息和现有技术公开的信息，无法将两者进行比较判断是否属于相同的晶型。会推定两者属于相同的晶型，因而不具备新颖性。答复该类审查意见时，申请人需要提供证据证明，请求保护的晶型与现有技术不同的证据，如果申请人无法完成举证，则请求保护的晶型将以不具备新颖性的理由被驳回。申请人面对上述推定不具备新颖性的情形，可以以提交对比试验数据的形式证明请求保护的晶型不同于现有技术。例如，提供证据证明，在相同的测定条件下，现有技术公开的固体形式的表征参数本质上区别于发明中记载的请求保护晶型的同类型表征参数，进而证明请求保护的晶型具备新颖性。

需要注意的是，热分析技术和光谱分析技术虽然在审查实践中一般不被允许作为唯一的表征参数来区分不同晶体形式。但这些表征数据可用于区分请求保护的晶型与现有技术晶型是否不同。例如，虽然具有相同熔点的晶体形式并不一定属于相同的晶型，但如果两者熔点不同，则可以排除两者是相同晶型的可能。审查员一般也会据此认可请求保护晶型的新颖性。

6.2.2 创造性

（1）晶型创造性判断中最接近现有技术的选择

晶型创造性的审查与化合物一样，首先会选取最接近的现有技术。有研究[115]对随机抽取的 59 件涉及晶型的专利案件最接近的现有技术类型进行分类统计。结果表明，请求保护主题为化合物晶型的案例采用化合物作为最接近现有技术的比例高达 89%，请求保护主题为化合物盐晶型的案例采用化合物盐作为最接近现有技术的比例为 69%，请求保护主题为水合物晶型的案例采用水合物作为最接近现有技术的比例高达 87%。可见，在专利审查实践中，绝大部分案例都是选取结构最接近的物质作为最接近的现有技术。

（2）晶型创造性的审查

晶型创造性的判断，主要有两种思路。

第一种思路是创造性判断的"三步法"。即在审查过程中首先通过检索，选定最接近的现有技术；然后，通过比较找出请求保护的晶型与最接近的现有技术之间的区别技术特征，基于所述的区别技术特征并结合说明书记载的技术效果，确定发明实际解决的技术问题。最后，站在本领域技术人员的角度判断，现有技术是从整体上给出了得到请求保护的晶型的技术启示。由于专利申请中一般已经明确请求保护具体化合物的晶型，所以，如果现有技术公开的是具有相同结构物质的无定形形式，则实际解决的技术问题是，提供一种物质的晶型/具有某种效果的晶型。如果现有技术公开的是相同结构物质的不同晶型，则实际解决的技术问题是，提供一种替代的/具有某种效果的晶型。如果现有技术从整体上给出了解决所述实际解决的技术问题的技术启示，则请求保护的晶型是显而易见的，不具备创造性。反之，则具备创造性。"三步法"是晶型创造性判断的审查实践中最常用的评价方法。

第二种思路是预料不到的技术效果判断法。这种审查思路主要依据是《专利审查指南 2010》第二部分第十章第 6.1 节的规定：结构上与已知化合物接近的化合物，必须有预料不到的技术效果。即如果有证据证明，请求保护的化合物相对于结构接近的化合物具有预料不到的技术效果，则可以认可其创造性，而不用必须根据"三步法"进行区别技术特征的比较、实际解决的技术问题的确认以及结合启示的判断。

对于晶型专利申请而言，请求保护的晶型与最接近的现有技术一般涉及相同的化学产品，虽然微观结构存在不同导致其物理化学参数可能存在差异，但仍属于化合物的范围，故《专利审查指南 2010》第二部分第十章关于化合物创造性判断的规定可以适用于化合物晶型的创造性判断。因此，如果请求保护的晶型相对于现有技术已经公开的形式具有预料不到的技术效果，则认可其创造性。反之，则不具备创造性。上述判断晶型创造性的思路在最高人民法院针对贝林格尔英格海姆法玛与正大天晴关于溴化替托品的结晶性单水合物专利无效行政纠纷案的再审行政裁定（（2011）知行字第 86 号）中有详细的论述。

如前所述，对于晶型创造性的评价，无论是采用创造性判断的"三步法"，还是基于结构相近的化合物必须有预料不到的技术效果的判断法，请求保护的晶型相对于最接近的现有技术具有预料不到的技术效果始终是其具备创造性的关键。因此，为了满足晶型创造性的要求，说明书中应当记载请求保护的晶型在改善生物利用度等方面的实验数据，用于证明其相对于现有技术已知的存在形式在用作药物方面的预料不到的技术效果。需要注意的是，针对化合物晶型当前的审查实践，一般认为将无定形化合物制备得到其晶型属于本领域技术人员的常规操作，并且随着重结晶技术的不断发展，通过简单改变结晶条件，制备得到化合物的多晶形式属于本领域的常规技术手段。另外，诸如稳定性等方面的改进，很多情况下也不被认为属于预料不到的技术效果。因此，在撰写晶型专利申请时，应提供尽量多的证据证明请求保护的晶型相对于已知无定形或晶型具有预料不到技术效果的证据（例如生物利用度等），以提高晶型专利授权的可能性。

6.2.3　实用性

药物晶型获得专利授权，还必须满足实用性的要求。医药领域晶型专利申请在专利审查过程中，一般情况下均被认为具备实用性。

6.2.4 晶型专利申请撰写的注意事项

（1）说明书中应该对药物晶型进行充分的表征。单晶 X 射线衍射分析、粉末 X 射线衍射分析、固相核磁由于其指纹图谱的属性，成为表征晶型微观结构的最主要手段，说明书中应记载至少一种上述表征参数，并应当确定获得保护的晶型采用上述表征之一进行限定。热分析、光谱分析等也是重要的表征方法，在确定晶型微观结构方面发挥着特殊的作用，可以作为晶型表征的辅助手段。

（2）说明书中应当记载尽可能多的效果数据，保证有充足的理由证明请求保护晶型具有预料不到的技术效果。例如，仅仅记载了请求保护的晶型相对于无定形具有稳定性提高的优势，在审查中很可能被认为属于本领域技术人员可以预期的效果，不属于预料不到的技术效果从而不具备创造性。

（3）说明书中应记载至少一种能够制备得到晶型的实施例，确保本领域技术人员基于说明书的记载能够制备得到请求保护的晶型。例如有的制备例中记载，获得请求保护的晶型需要少量的该晶型作为晶种，但没有记载该晶种如何制备得到。此时，审查员往往会以说明书公开不充分为由驳回申请。

6.3 现代中药专利的"三性"探讨

6.3.1 新颖性

现代中药专利的"三性"判断符合审查对于"三性"判断的基本原则，即必须具备新颖性、创造性和工业实用性，且不能与《专利法》第 5 条、第 25 条相抵触。

在进行现代中药专利的新颖性问题探讨时，笔者以中药复方制剂专利为例。配方是关键技术特征，一方面要看古籍方剂中是否公开，另一方面，还需要就公开发行与发展的情况进行具体分析，例如经古方在中医典籍或国内外出版物上公开发表，未记载炮制方法，只是关于药材及分量的规定，未达到现有技术人员能够实现的程度，或在功效及生产工艺等方面为其赋予了现代科技的内涵，则可以认定现有中药复方具备新颖性。此外，复方药物常作为医院院内制剂被应用于临床，甚至有的中药复方被使用了较长时间或在患者中已有了较高的信誉并为公众所知。但实际上这些医院制剂不是正式上市的药品，同时患者也具有特定性、局域性，并且不了解具体药方及配置方法，不能算是在国内外公开使用过，从而具备新颖性。当然，医疗机构保护自主知识产权的最佳途径是尽快申请专利并获取授权保护，一旦被他人用反向工程的方法研究出来并公开上市销售，则中药复方会因使用公开而丧失新颖性。

6.3.2　创造性

相对来说，中药专利授权的难点在于创造性的判断，这与中药专利产生的科学基础有关。现代中药专利创造性的判断原则与专利创造性判断的一般原则没有本质性差异，并且专利创造性判断的"三步法"在本领域也同样适用。

我国现代专利制度更多地是借鉴了西方专利制度，相比之下，我国专利制度形成和发展时间较短。专利制度的移植性和现代中药理论基础的传统性导致了这两者在结合的时候，会出现很多矛盾。现代中药专利中绝大多数是组方（组合物）专利和方法（包括制备方法和检测方法）专利，技术内容更多是配方上的替换与加减、常规技术的组合和改进，常常给人以创造性不足的印象。但是，这些看似常规的组合往往可能成为现代中药领域具有可专利性的技术方案。

例如，在中药复方中，很多在组成上是完全相同的，但药量的差异会导致整体在功能主治上的区别，最典型的是方剂"小承气汤"和"厚朴三物汤"，两方均采用大黄、枳实和厚朴，所不同的仅在于前者大黄的用量最大，后者厚朴的用量最大，前者重量比大黄：厚朴为 2：1，后者大黄：厚朴为 1：2，剂量的变化导致两者在中医的临床应用上截然不同，前者治疗热结阳明腑实证，后者治疗气闭气滞便秘证。但是这些剂量的不同所导致的临床应用差异，在现代医学角度是难以理解的，并且这些中医的"证"所对应的西医的"病"可能最终都会表现为"便秘"或者"胃肠道功能紊乱"。

又如，现代中药制备过程中，制备工艺和剂型的改变可能导致同样组方和功效的药物在体内的吸收分布、用法用量等方面产生很大差异，最终成为不同的药物品种，商业上产生不同的市场价值。最典型的是"复方丹参片"和"复方丹参滴丸"，两者组方完全相同、功能主治完全相同，差别就在于制备方法不同，以及在剂型上前者采用的是普通片剂，后者采用滴丸剂。制备方法和剂型的差异导致两者在有效成分的含量、起效时间和疗效上差别很大，市场价值也是天壤之别，因而两者在中国药典中被分别列在不同的品种项下。

针对现代中药组合物专利，在确定组成和比例的前提下，其专利创造性的判断相对明确一些。通常情况下，按照"三步法"判断，应首先选定一个在组成、比例及药效上和本发明相似度最高的作为现有技术，然后比较两者的差异。如果这种差异不足以达到"非显而易见"的要求，那么就没有创造性。

是否属于常规的、简单的替换，通常要考虑替换的难易程度，核心是考虑被替换的组分和组方整体的临床疗效差异会有多大。例如，用中医临床中属于同类的药品来替换，如党参来替换人参（均为补气药）、红花替代三七（均为活血药），通常被认为是容易想到的；药理作用具有相似性的药物之间的替换，如生地和枸杞子均能降血糖，如果在降血糖的组合物中发生这两者的替换，通常也会被认为是容易想到的。

如果组合物的组成完全一样，差异仅仅是组成比例的不同，通常要看这种比例上的差异是否会带来实际的技术效果，这种技术效果包括发明的疗效与现有技术完全不同或者比现有技术有显著的提高，通常可以通过提供与现有技术的对比实验数据来加以佐证。比例的差异通常要求发明是现有技术比例范围的优选或者两者完全不存在交叉。若尽管疗效不同，但是发明和现有技术组成相同、在比例上互有交叉，也不可能获得产品专利，因为发明和现有技术根本无法区分开，此时，发明根本不符合新颖性的要求，更谈不上创造性问题。

对于用制备方法表征的化学产品，在我国审查指南中仅对权利要求的新颖性作了规定，但没有进一步特别规定创造性问题。判断其新颖性，应当"针对该产品本身进行，而不是仅仅比较其中的制备方法是否与对比文件公开的方法相同。制备方法不同并不一定导致产品本身不同"。由于我国审查实践中对创造性的判断是在"该发明具备新颖性的条件下才予以考虑"，因而可以确定，制备方法表征的现代中药产品权利要求，即使满足新颖性的要求，如果制备方法和现有技术的差异，可以通过其他对比文件的技术特征所带来的技术启示而轻易地得到，或者仅仅是惯用技术手段的替换，那么，审查员可以推定这些制备方法的不同并不能够带来产品本身的不同。在实践中，制备方法限定组合物时，若要发明具备创造性，要求技术本身与现有技术的差异要大到足以让审查员形成"心证"，相信两种方法最终得到的产品是不同的；或者在现有技术比较明确的情况下，要在说明书中有足够多的药效学数据，特别是针对性的以现有技术为参照的对比实验数据，证明本发明的产品在药效方面与现有技术不同或者是显著地优于现有的产品。

关于对数值限定的组合物，在技术效果已知的情况，实际上代表了我们通常理解的"选择性发明"，是从现有技术中公开的宽范围中，有目的地选出现有技术中未提到的窄范围或个体的发明。在这两种情况下，关键要看选择本身是否使发明取得了预料不到的技术效果，为了证明这种选择不是常规的或者容易想到的，通常要求说明书中要有充分的实验数据来证明这种选择需要创造性的劳动，特别是需要一些对比实验来证明本发明的选择相对于现有技术中的其他数值范围来说，有显著的技术进步。对于后一种情况，数值的选择和现有技术不重叠，或者即使是对现有数值范围的一种选择但是这种选择所带来的价值并没有被现有技术揭示出来，例如申请人可以对数值选择不同的参数种类。

由于中药制剂专利的撰写方式相对比较复杂，因此在其创造性判断上可能糅合了前述的多种方式，实践中既可以组合运用，也可以单点突破，需要根据检索出的对比文件综合判断。

针对现代中药领域的制备方法专利，由于现代中药领域中的常用制备技术基本是已知的，该领域大部分的方法发明专利基本上属于专利审查指南中的"组合发明"，是将各种已知的技术、针对不同的品种和实际生产，特别是工业化大生产的需要进行恰当的选择和组合，构成一项新的技术方案，以解决现有技术客观存在的技术问题。如果被组合的技术方案仅仅是一种现有技术手段的"集合或者并列"，各自以其常规的方式运行，各技术手段之间并无功能或作用上的关联，甚至属于单纯的"拼凑"，不存在新的或更好的技术效果，则这种组合是不具备创造性的、显而易见的组合，证明每个特征是显而易见的就足以证明特征的集合也是没有创造性的。如果被组合的技术方案在功能上相互作用或彼此支持，并取得了新的技术效果，这种效果高于单个技术效果的组合，可认为这种组合是具有创造性的。换言之，单个技术特征的相互作用必须产生协同效果。如果没有这样的协同效果存在，那么就仅仅是特征的集合而已。

因此，对于现代中药领域的制备方法发明来说，如果最初加入制备过程的原料药或者经过制备方法后得到的终产品可以满足非显而易见要求的话，那么整个制备过程可以被认为是具备创造性的。如果配方本身没有创造性，但是通过工艺的改变，例如可以证明现有技术的工艺得到的最终产品必然全部是水溶性成分，而本发明所采用的工艺得到的最终产品则全部是脂溶性成分，两个产品可以截然分开的话，那么整个制备过程是具备创造性的。如果制备方法发明不能证明原料药和终产品在物质基础上是非显而易见的，那么就仅仅是一种产品制备工艺的改进，就要具体分析发明和现有技术在工艺上的区别点以及这些区别点所带来的技术效果，例如，这些技术效果有可能使产品收率大大提高，节约能源，节省生产时间或环境友好，总之技术效果是工艺改进所造成的，并且满足非显而易见的要求，那么也可能满足创造性的审查要求。

针对中药检测和/或分析类的专利，由于中药检测专利通常输出的是"图谱"，实际上保护的是一种药品生产中质量控制的方法，其用于判断产品是否合格，在技术效果上可以准确、快速、全面检测某产品。此类发明的创造性争辩往往会集中在检测条件的选择和组合上，例如色谱柱选择、流动相选择、洗脱梯度的时间—浓度关系等，这些内容往往是决定发明的检测效率、检测的全面性和准确性的关键。与制备方法发明类似，全新产品的检测方法往往是可以满足创造性要求的，而已知产品的检测方法往往要采用和现有技术完全不同的方式，即两种方法采用的技术虽然都已知，但是其采用的原理相差很大，例如现有技术采用 HPLC 检测，而本发明采用气相色谱的检测方式，并且这种替换是有技术效果的，例如，使检测结果更全面、检测效率更高，才可能满足创造性要求。

针对中药的医药用途专利的创造性判断通常存在争议。概括来说，判断时要注意如下内容：首先，很多现代中药领域的医药用途发明实际上是细胞水平、分子水平的机理研究，例如组合物具有激活某酶的效果、具有防止某类细胞凋亡的作用等。但是，机理上的改变往往会存在于多个临床疾病中，并且很多机理研究尚处于实验室阶段，对临床应用常常没有现实的指导意义。故而目前公认的观点是用途发明专利要能够限定到某一个临床上比较公认的疾病的层次，而不能仅仅地停留在细胞水平、分子水平。并且，如果和现有技术的区别仅仅是发现了一些在细胞水平、分子水平的新作用，但是这些作用反映到疾病上和现有技术是相同的或者属于同类的、容易通过现有技术想到的,这种发明是不能满足创造性的要求的,即使发明人也为这些机理的发现付出了巨大的劳动,甚至这类研究性的工作是高学历专业人才才能够完成的,也被认为是受到现有技术的启示而容易想到的。其次,发明对用途的限定和现有技术相比仅仅是采用了不同的术语,但其药理作用通常被认为是一样的或者是基于非常接近的作用模式。例如脑出血和中风,前者是现代医学的概念,后者是中医领域的概念,两者所针对的临床症状类似、具体含义存在交叉。这种术语上的替换所限定的用途权利要求是没有创造性的。最后,用途限定的范围不能非常明确地和现有技术区分开来,使用的人群、使用的方法或者使用的时机难以区分。例如,中风可以分成急性期、恢复期、后遗症期等,如果现有技术给出的是组合物在脑出血或者中风急性期的治疗作用,那么以同样的组合物在中风恢复期和后遗症期的治疗作用作为第二用途的发明,在使用的人群、方法和时间上都非常难与现有技术相区分,是不具备非显而易见性的。

在现代中药发明创造性的判断中,通用方法是基础,本领域特有的判断方法是评价创造性的关键,而基本原则是贯穿于整个判断过程始终的,并且当各种判断方法适用后仍然不能得到比较客观的结论时,应当重视基本原则的指导作用,检验方法适用是否不当,并进行校对。在现代中药领域,创造性判断是制约技术专利化的瓶颈,这使中药复方难以在现有专利制度下得到充分保护,现代中药领域也无法完全照搬化学药领域的审查标准,因此如何在现有专利制度的框架内形成符合现代中药特色的创造性判断标准和判断方法,是本领域实现专利有效保护的关键问题。

6.3.3 实用性

只要中药类专利能够进入产业化生产,该类中药专利即具备实用性。但是一些特殊原料,如存在于中药制剂中的稀有动植物等药材若不能在工业上再现,则会使该专利失去实用性。

6.4 生物制品专利的"三性"探讨

6.4.1 基因或 DNA 片段

请求保护基因的权利要求,其一般采用直接限定碱基序列的方式撰写,对于结构基因,还可能会限定所述基因编码的多肽或蛋白质的氨基酸序列。对于该类基因专利的新颖性审查,只需比较所限定的碱基序列或氨基酸序列是否与现有技术中已经公开的基因结构相同即可。如果两者的碱基序列或氨基酸序列相同,则不具备新颖性,如果存在差异,则具备新颖性。

被确切地表征的基因或 DNA 片段,如果是首次从自然界分离或提取出来的,其氨基酸序列或碱基序列在现有技术中不曾记载的,即使其结构、功能均与自然状态下相同，则该经分离或提纯的基因或 DNA 片段本身仍然具备新颖性，并且其新颖性判断不会受到分离、纯化方法不同的影响。

6.4.2　抗体药物

抗体药物是一种由抗体物质组成的特异性药物，具有靶向性强、特异性高、毒副作用低的特点。自 1986 年首个单克隆抗体（单抗）药物上市以来，尤其是 2000 年以后，抗体药物取得了长足的发展，被越来越广泛地应用于临床。例如，2018 年全球十大畅销药中，单抗药物独占 7 席。

6.4.2.1　新颖性

通常能够证明所述的抗体序列是一种新的序列或者针对一种新抗原的单克隆抗体，其专利新颖性基本上是满足要求的。具体地，如果抗原 A 是新的，那么抗原 A 的单克隆抗体也是新的。但是，如果某已知抗原 A' 的单克隆抗体是已知的，而发明涉及的抗原 A 具有与已知抗原 A' 相同的表位，即推定已知抗原 A' 的单克隆抗体能与发明涉及的抗原 A 结合。在这种情况下，抗原 A 的单克隆抗体的发明不具备新颖性。因此，对于仅用抗原、表位和/或功能限定的单克隆抗体权利要求，在审查新颖性时，如果本领域技术人员无法将其与现有技术的单克隆抗体进行区分，则推定请求保护的用抗原、表位和/或功能限定的单克隆抗体不具备新颖性，除非申请人能够根据申请文件和/或现有技术证明，权利要求请求保护的单克隆抗体与现有技术公开的单克隆抗体的确不同。

根据抗体类药物权利要求的撰写方式不同，下面列出几种常见的权利要求的新颖性判断实践。

（1）通过具体氨基酸序列请求保护的抗体

通过直接限定碱基序列或氨基酸序列的方式，限定所保护的抗体。具体形式如：一种人源化单克隆抗体，其氨基酸序列如 SEQ ID NO：X 所示。这种通过氨基酸序列限定的抗体的新颖性判断，可将现有技术中已知的氨基酸序列与请求保护的抗体序列进行比对，如果两者是一致的，则请求保护的抗体不具备新颖性，如果序列中至少存在一处不相同，则请求保护的抗体具备新颖性。

通过具体氨基酸序列限定保护的抗体，这种限定方式可获得的保护范围较窄，在实践中相对较少的申请在权利要求只限定单一序列，一般还采用"包含""同源性和同一性""变体""杂交"等不同的术语概括权利要求的保护范围。

（2）通过抗原表位限定请求保护的抗体

抗体是机体在抗原刺激下产生的具有保护作用的 Y 型蛋白质，是一类能够与抗原特异性结合的免疫球蛋白，并依赖这种特异性结合发挥其免疫功能。因此，对于通过抗原的结构域或表位来限定抗体的权利要求，诸如"结合 A 蛋白的 B 结构域的抗体"或"结合 A 表位的抗体"，如果该抗原或抗原表位在申请日之前未被公众所获知，即该抗原或抗原表位本身是新的，则相应抗体具备新颖性。

（3）通过结合功能、理化特性、来源、产生方法限定请求保护的抗体

与其他技术领域相比，生物序列权利要求的限定方式多种多样。实践中除直接限定氨基酸序列本身外，一般都结合序列功能、理化特性、起源或来源、产生方法等方式进行限定。如果某已知抗原的单克隆抗体是已知的，即使请求保护的单克隆抗体的抗原与该已知抗原不同，但如果与该已知抗原具有相同的表位，此时审查员一般会推定请求保护的单克隆抗体不具备新颖性，除非申请人能够提供现有技术证据证明两者属于不同的单克隆抗体，否则其新颖性将不被认可。

例如，专利申请 CN201080008525.X 请求保护"抗体，其结合由具有 SEQ ID NO：1~16 所示氨基酸序列的肽组成的表位并且不与活性的、完全加工的神经毒素多肽交叉反应"。审查员认为，对比文件 1 公开了结合来自序列 1 的至少 5 个氨基酸、至多 60 个氨基酸的多肽的抗体，且对比文件 1 序列 1 第 439~448 位氨基酸序列与该申请 SEQ ID NO：1 完全相同，结合来自序列 1 的至少 5 个氨基酸、至多 60 个氨基酸的多肽的抗体包括了结合具有 SEQ ID NO：1 所示氨基酸序列表达的肽组成的表位的抗体。对比文件 1 公开的抗体，其与权利要求 1 所述的抗体，从结构和组成上无法加以区分。基于此，实质审查中审查员推定二者具有相同的结构和/或组成，并基于权利要求 1 不具备新颖性的理由作出了驳回决定。申请人针对驳回决定提出复审请求，复审程序中合议组认为，虽然对比文件 1 中序列 1 第 439~448 位氨基酸序列与该申请 SEQ ID NO：1 所示氨基酸序列完全相同，该片段属于对比文件 1 所述多肽的范围内，即对比文件 1 概括的抗体中包括了 SEQ ID NO：1 所示氨基酸序列组成的肽表位的抗体，但如该申请说明书的记载，未经相应特异性纯化的结合 SEQ ID NO：1 所示氨基酸序列表达的肽表位的多克隆抗体，无法避免与活性的、完全加工的神经毒素多肽发生交叉反应，而权利要求 1 所限定的抗体显然排除了与活性的、完全加工的神经毒素多肽的交叉反应性，故所述抗体的结构和/或组成与对比文件 1 所述的抗体是有区别的。合议组据此认为权利要求 1 相对于对比文件 1 具备新颖性，撤销了驳回决定。

6.4.2.2 创造性

单克隆抗体创造性审查应当从解决的技术问题出发，整体上考虑技术方案相对于现有技术是否非显而易见，是否取得了有益的技术效果。预料不到的技术效果是判断创造性的辅助考虑因素。

例如，在第 92402 号复审决定中，权利要求请求保护一种分离的抗体或其抗原结合部分，其包含 SEQ ID NO：1 的重链可变区和 SEQ ID NO：2 的轻链可变区。

驳回决定中认为，该发明与对比文件的区别在于针对相同表位的单克隆抗体的轻重链可变区的具体氨基酸序列不完全相同。本领域技术人员完全有动机利用该线性表位获得另一能够结合该中和表位的单克隆抗体，并测定其轻重链可变区的氨基酸序列，

这一过程是本领域的常规技术手段，而且，其获得的与对比文件 1 公开的抗体不同的单克隆抗体也未显示出较对比文件 1 中的单克隆抗体预料不到的技术效果。因此所述权利要求不具备创造性。

申请人不同意审查员的观点，提起了复审请求。专利复审委员会认为权利要求 1 所述的抗体与对比文件 1 公开的抗体相比，虽然针对相同的表位，但构成单克隆抗体的轻重链可变区的氨基酸序列特别是 CDR 区的氨基酸序列发生了改变，这种改变使该发明的人抗体 83 - 128 相对于对比文件 1 中公开的抗体 AP33 在结合抗原的能力方面存在一定的差异。根据该申请说明书的记载，该发明的人抗体 83 - 128 相对于对比文件 1 中的抗体 AP33，对于 N415 的突变较不敏感，从而对于 HCV 突变具有更高的抗性。从这个意义上可以认为，该发明的人抗体 83 - 128 取得了预料不到的技术效果，因此，权利要求 1 具备《专利法》第 22 条第 3 款规定的创造性。

抗体在癌症和免疫系统等疾病的诊断及治疗方面发挥重要作用。近年来，抗体产业取得快速发展，涉及抗体的专利申请数量也在快速增长。单克隆抗体是抗体领域创新中最重要、也是最活跃的部分。《专利审查指南 2010》仅仅规定了抗体专利审查的一般性原则，在具体的单克隆抗体创造性判断中，单克隆抗体的结构特征是首要考虑的因素，相对于现有技术，一般采用"三步法"来判断是否显而易见。如果通过"三步法"可以判断出单克隆抗体的结构对本领域技术人员是非显而易见的，则该单克隆抗体专利具备创造性，不应再强调该单克隆抗体是否具有预料不到的技术效果。例如，如果发明提供了一种决定功能和用途的关键结构 CDR 序列与现有技术单克隆抗体的 CDR 序列明显不同，现有技术对得到这种新结构的 CDR 没有明确教导，通常可认可该单克隆抗体专利具备创造性。

《专利审查指南 2010》第二部分第十章第 9.4.2.1（5）节规定，如果抗原是已知的，采用结构特征表征的该抗原的单克隆抗体与已知单克隆抗体在决定功能和用途的关键序列上明显不同，且现有技术没有给出获得上述序列的单克隆抗体的技术启示，且该单克隆抗体能够产生有益的技术效果，则该单克隆抗体的发明具有创造性。如果抗原是已知的，并且很清楚该抗原具有免疫原性（例如由该抗原的多克隆抗体是已知的或者该抗原是大分子多肽就能得知该抗原明显具有免疫原性），那么仅用该抗原限定的单克隆抗体的发明不具有创造性。但是，如果该发明进一步由分泌该抗原的单克隆抗体的杂交瘤限定，并因此使其产生了预料不到的效果，则该单克隆抗体的发明具备创造性，[113] 此种情况主要适用于例如说明书和权利要求书中对单克隆抗体仅使用分泌该单克隆抗体的杂交瘤细胞株表征，而无序列结构表征方式的情形。

以下示例性地给出了涉及抗体的具备创造性和不具备创造性的案例。

【案例 6 - 1】权利要求请求保护一种单克隆抗体，其特征在于，所述抗体特异性识别细胞凋亡相关乙酰胆碱酯酶；并且，所述抗体由保藏号为 CCTCC No：C200413 的小鼠杂交瘤细胞系分泌；所述的抗体为 IgG 型抗体。

乙酰胆碱酯酶是一类物质的总称，有多种存在形式，乙酰胆碱酯酶基因在序列上有所不同，而且在翻译后，还可能存在多种翻译后修饰形式。该申请的实施例中明确地证明，所述的细胞凋亡相关乙酰胆碱酯酶可特异性识别凋亡细胞表达的异构体蛋白AR－AchE，不识别其他种类的乙酰胆碱酯酶。

对比文件1公开了一类针对乙酰胆碱酶的抗体以及相应的多克隆抗体，其能特异性检测/诊断由于细胞凋亡而引起的退行性脑部疾病。权利要求1所限定的技术方案与对比文件1所公开的技术方案相比，提供了一种具体的单克隆抗体，其所解决的技术问题是如何为筛选抗肿瘤药物、判断化疗效果、诊断神经退行性疾病、检测急性器官损害等提供一种具体的只识别细胞凋亡相关乙酰胆碱酯酶，而不与正常细胞的AchE相结合的单克隆抗体。

对比文件1没有给出为了解决以上所述技术问题而制备权利要求1所要求保护的具体单克隆抗体的教导。正如本领域技术人员所知，单克隆抗体的获得存在很大的偶然性。在采用杂交瘤技术制备抗体株时，即使利用相同的抗原免疫动物，取动物脾细胞与骨髓瘤细胞融合，也并非必然能够获得最终的杂交瘤细胞。权利要求1的抗体相对于对比文件1公开的内容来说是非显而易见的。而且，在技术效果方面，即使无证据证明该申请单克隆抗体优于对比文件1公开的抗体，但是该申请说明书记载内容证明权利要求1公开的单克隆抗体具有有益的技术效果，例如特异性识别凋亡细胞的AR－AChE，而不识别SK－N－SH细胞表达的神经突触型的AChE，以及能方便有效地筛选抗肿瘤药物；可帮助医生选择针对患者特别敏感的化疗药物，以提高治疗效果等，这些都属于有益的技术效果。而在权利要求1的技术方案相对于对比文件1公开的技术方案具有突出的实质性特点，且权利要求1的技术方案具有有益的技术效果的情况下，应认定权利要求1具备《专利法》第22条第3款规定的创造性。

【案例6-2】权利要求请求保护的技术方案相对于现有技术中已知的蛋白或抗体：(a) 添加了如组氨酸标签、信号肽序列等的重组蛋白；(b) 要求保护已知蛋白或抗体的人源化抗体（嵌合抗体、CDR移植抗体）、完全人抗体。

对于（a）而言，在重组蛋白的表达构建中，本领域公知为了构建重组蛋白、令重组蛋白分泌到胞外、增强表达、便于纯化或纯化后与蛋白切割分离等目的，常需要将一些氨基酸添加至重组蛋白的N－末端、C－末端或其他合适区域内，例如接头肽、信号肽（转运）、前导肽、谷胱甘肽S－转移酶（GST）、$6 \times His$标签、Flag标签或蛋白水解酶（Xa因子、肠激酶）切割位点等，这些目的序列之外的附加序列通常是不会影响目的序列的功能或活性的。

对于（b）而言，本领域公知鼠抗体人源化就是为了使改造后的抗体与人体内的抗体分子具有极其相似的轮廓，从而逃避人免疫系统的识别，避免诱导人抗鼠抗体（HA-MA）反应。嵌合抗体是将鼠抗体可变区连接到人抗体恒定区上，由于IgG类型的抗体稳定性好、易纯化和保存，因此嵌合抗体通常用IgG型。CDR移植抗体是将鼠抗体的互补决定区（CDR）移植到人抗体的相应部位。此外，可以采用现有技术中公知的抗体库筛选技术（如噬菌体表面展示技术、核糖体展示技术）、转基因小鼠获得已知蛋白的完全人抗体。

6.4.2.3　实用性

单克隆抗体的实用性问题往往出现在抗体筛选方法的实用性判断上。对于通过杂交瘤技术或噬菌体随机文库展示技术筛选获得特定单克隆抗体的方法，由于通过获得特定单克隆抗体的结果具有随机性，不能重复再现，因此，这种特定单克隆抗体的筛选方法通常不具备实用性。

例如，权利要求 1 请求保护一种由杂交瘤细胞分泌的白斑症病毒的中和单克隆抗体，其特征在于，该株杂交瘤细胞的保藏号为……，其分泌的特异性的白斑症病毒的中和单克隆抗体 F（即中和单抗 F）具有……的能力。权利要求 2 请求保护权利要求 1 所述由杂交瘤细胞分泌的白斑症病毒的中和单克隆抗体的制备方法，其制备技术路线是：从以白斑症病毒为抗原开始，采用免疫学方法建立抗白斑症病毒的单克隆抗体库，其特征在于，选择该病毒中和单克隆抗体的检测筛选方法，从该单克隆抗体库中检测筛选出白斑症病毒的中和单抗 F。本领域技术人员知悉，单克隆抗体的筛选是具有随机性的，取决于单克隆抗体库的不同、筛选方式的不同，筛选的结果也将是多种多样的。从属权利要求请求保护的方法涉及建立白斑症病毒的单克隆抗体库、从该单克隆抗体库中筛选出权利要求 1 所述的特定中和单抗 F 的过程，并不能够保证可以重复地获得请求保护的具有特定的中和单抗 F。因此，请求保护的制备方法不具备再现性，从而不具备《专利法》第 22 条第 4 款规定的实用性。

6.4.3　抗体药物偶联物

抗体药物偶联物（antibody – drug conjugate，ADC）是通过一个化学链接将具有生物活性的小分子药物（小分子细胞毒素类化疗药）与抗体相连，抗体作为载体将小分子药物靶向运输到目标细胞中，小分子药物发挥效应，实现了小分子化疗药物精确作用于肿瘤细胞的靶向治疗。首个抗体偶联药物是由辉瑞公司研发的用于治疗急性粒性白血病（AML）的 Mylotarg，于 2000 年被 FDA 批准上市。最近几年，全球掀起了抗体偶联药物的研发热潮，截至 2020 年，除了 Mylotarg 以外，已有 7 个 ADC 药物被 FDA 批准上市，分别是 2011 年获批的由武田/Seattle Genetics 联合开发的用于治疗霍奇金淋巴瘤的 Adcetris、2013 年获批的由罗氏开发的用于治疗乳腺癌的 Kadcyla、2017 年获批的由辉瑞公司研发的用于治疗急性淋巴细胞白血病（ALL）的 Besponsa，以及 2019 年获批的 Polivy、Padcev 和 Enhertu。

6.4.3.1　新颖性

以辉瑞公司 2017 年获批上市的 Besponsa 为例，其结构如图 6 – 4 – 1 所示。

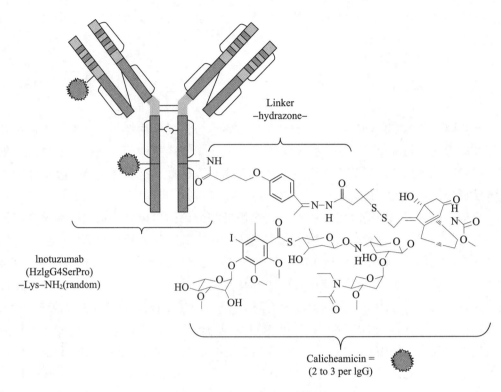

图 6 - 4 - 1 **Besponsa 的结构**

可见，抗体偶联药物主要组成成分包括抗体、连接子和小分子细胞毒类化疗药物。在抗体药物偶联物专利的新颖性判断中，应注意将请求保护的偶联物与现有技术已经公开了的偶联物进行如下方面的比较：①抗体结构；②连接子结构；③小分子细胞毒素类化疗药物结构；④连接位点，包括连接子与抗体的连接位点，以及连接子与小分子细胞毒素类化疗药物的连接位置；⑤药物/抗体比率（DAR）。

如果请求保护的偶联物的上述五个方面的特征均被现有技术中已有的偶联物所公开，则其不具备新颖性。反之，如果请求保护的偶联物的上述五个方面中的至少一个特征与已有偶联物不同，则具备新颖性。例如，CN201580004140.9 的权利要求 1 请求保护式（Ⅰ）化合物，其用于治疗表达 HER2 的人实体瘤，其中所述表达 HER2 的人实体瘤是子宫内膜癌，并对抗 HER2 Ab、n、m、R^1、R^2 作了限定。式（Ⅰ）化合物的结构如图 6 - 4 - 2 所示。

审查员在审查意见中指出：权利要求虽然限定了化合物的用途，然而化合物的用途是由化合物的结构决定的，其对化合物结构没有实质性限定作用。现有技术公开了涉及 DNA 烷基化剂 CC - 1065 的新型类似物以及它们的缀合物，并具体公开了式（Ⅳ）结构的化合物，并在实施例 15 中公开了 ADC 的制备。基于上述信息可见，现有技术公开了一种曲妥珠单抗 - 药物缀合物，其中抗 HER2 Ab 是曲妥珠单抗（即公开了请求保护 ADC 的抗体结构），R¹ 是 $\mathrm{O}_y\mathrm{H}$、R² 是 (结构式)、n 是 1（即公开了请求保护 ADC 的连接子和小分子细胞毒类化疗药物），m 是 2（即公开了请求保护 ADC 的平均 DAR），并且从制备方法可直接地、毫无疑义地确定连接子与抗体的连接位置相同。可见，请求保护的 ADC 与现有技术公开的技术方案相同，两者均属于抗体－药物缀合物领域，解决了相同的技术问题，并具有预期相同的技术效果，因此请求保护的 ADC 不具备新颖性。针对该审查意见，申请人通过将该 ADC 权利要求修改为制药用途权利要求的方式，使新颖性的问题得以克服。

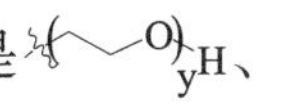

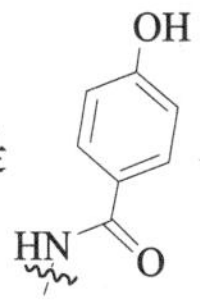

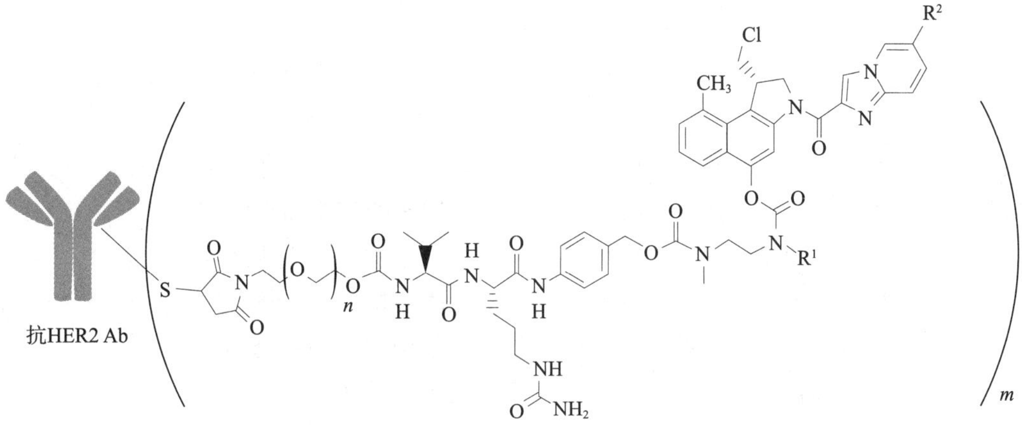

图 6－4－2　CN201580004140.9 请求保护的式（Ⅰ）化合物结构

6.4.3.2　创造性

在相应抗体偶联药物是否具备创造性的判断上，如果与现有技术相比，抗体结构和/或化疗药物不同，一般认为请求保护的抗体偶联药物相对于现有技术是非显而易见的，因而具备创造性，不再要求具有预料不到的技术效果。如果与现有技术相比，区别特征在于连接子结构、连接位点或药物/抗体比率，在多数情况下，这些改变属于本领域技术人员的常规技术手段，此时往往需要证明请求保护的偶联物的上述改变相对于现有技术带来了预料不到的技术效果。

6.4.4　抗体联合用药

联合用药（联合治疗）是指在疾病的治疗过程中，同时或者按照先后顺序独立地使用两种或两种以上的药物。联合用药常常可以产生两种效果，一是使原来的效应增强，即协同作用，二是使原来的效应减弱，即拮抗作用。协同作用又分为相加作用和增强作用，相加作用是指两药合用时的作用等于单独用药时的作用之和，增强作用是指两药合用时的作用大于单用时的作用之和。拮抗作用则分为相减作用和抵消作用：相减作用指两药合用时的作用小于单用时的作用；抵消作用指两药合用时的作用完全消失。

6.4.4.1 新颖性

在涉及抗体联合用药的发明申请中，最常见的情况是申请人为了突出其不同抗体组分的给药方案，将包装插入物限定为指导联合使用不同抗体组分的"使用说明书"。例如权利要求请求保护一种由以下组成的制品：

（a）容器，其包含以下独立包装的制剂：包装（i）具有 B 细胞耗尽活性的抗体的制剂；和包装（ii）含有选自抗 CD80、抗 CD86 和抗 CD4 抗体的免疫调节抗体的制剂；和（b）包装插入物，该包装插入物为……

但是使用说明书及其本身记载的文字信息不构成药品本身的技术特征，与现有技术相比，如果区别仅在于药品使用说明书及其记载信息，则权利要求不具备新颖性。若申请人将药物组分之外的包装插入物，限定为适应于给药途径、给药方案或给药对象等而利用了自然规律的技术手段（如由于联合用药的需要而在特定儿童或特定部位上使用的适于固定的置入管等），则应作为区别于现有技术的技术特征进行考虑。

例如，权利要求请求保护抗表皮生长因子受体的单克隆抗体在制造用于与病毒和喜树碱化合物联合治疗患有肿瘤的受试对象的药物中的用途；其中，所述病毒选自新城疫病毒、麻疹病毒、水泡性口炎病毒、流感病毒、辛德毕斯病毒、小核糖核酸病毒和黏液瘤病毒。上述权利要求涉及的抗体的制药用途，在审查实践中一般认为不具备新颖性，因为"A 抗体在制造用于'与 B 联合'治疗……的药物中的用途"的表述体现的是抗体 A 与 B 联合应用的给药方式，而药物 A 的治疗用途并没有改变，因此不作为区别特征考虑。

再例如，权利要求请求保护一种 CD40 结合分子在制备用于治疗肿瘤的药物组合物中的用途，其中所述治疗还包括施用激活细胞毒性 T 淋巴细胞（CTL）的肽。上述制药用途在审查实践中一般同样被认为不具备新颖性，因为"所述治疗还包括施用激活 CTL 的肽"的表述体现的是 CD40 结合分子与激活 CTL 的肽联合应用的给药方式，对 CD40 结合分子的制药过程本身并没有影响，审查实践中不作为区别特征考虑。

6.4.4.2 创造性

一般情况下，抗体联合用药的发明属于组合发明的范畴。在进行组合发明创造性的判断时通常需要考虑：组合后的各技术特征在功能上是否彼此相互支持、组合的难易程度、现有技术中是否存在组合的启示以及组合后的技术效果等。如果抗体联合用药的发明仅仅是将两种或两种以上的已知治疗性抗体联合在一起使用，各种抗体仍各自发挥其可预见的常规作用，而且总的药效是各种抗体单独使用的效果之和，也就是说，联合使用后的各种抗体之间在功能上无相互作用关系，仅仅是一种简单的叠加，没有产生协同或增强的作用，同时也没有其他预料不到的作用，则这种治疗性抗体的简单联合使用发明不具备创造性。如果联合用药发明中的各种治疗性抗体在功能上彼此支持，并取得了新的预料不到的效果；或者说联合使用后的技术效果比每种抗体所起的治疗效果的总和更优越，则这种联合用药具有突出的实质性特点和显著的进步，发明具备创造性。

6.4.5　含肽的医药配制品

含肽的医药配制品专利申请是生物医药领域中常见的申请形式，所述肽是指具有一定序列组成和结构的、由不同氨基酸构成的序列，既可以是人工合成的，也可以是从自然界中提取的。因此，既包括确定氨基酸数目和具体序列的肽，也包括未确定氨基酸数目和序列的肽，例如蛋白水解物、组织蛋白提取物等。除疫苗外的有关几乎所有具有治疗或预防作用的肽的主题均可归为含肽的医药配制品范畴，例如各种细胞因子、淋巴因子、干扰素、激素等，因此，含肽的医药配制品在生物制品领域中占有相当大的比重。

含肽的医药配制品与现有技术相比，如果区别特征仅在于给药方式，而给药方式对制备药物过程没有限定作用，这种仅仅体现在用药过程中的行为，不能构成制药用途的区别技术特征。例如，权利要求请求保护肌酸在制备治疗心脏和/或呼吸功能不全的药物方面的用途，其特征在于在所述药物中肌酸的剂量为 $1 \sim 4g/$ 日。现有技术公开的肌酸的口服给药在心脏功能不全、血管病、肺功能不全以及肺气肿等疾病的研究结果表明，其能显著增进最大运动量，可以用于治疗肺气肿。由于权利要求中 "$1 \sim 4g/$ 日" 在现有技术中没有公开，但是其描述的是所述药物的日用量，是使用药物治疗疾病过程中的所供选择的数值范围，对制备药物过程没有限定作用，这种仅仅体现在用药过程中行为，不能构成制药用途的技术特征，因此该特征不能将该申请权利要求的技术方案与现有技术中公开的技术方案区分开。权利要求相对于现有技术不具备新颖性。

含肽的医药配制品与现有技术相比，如果区别特征仅在于药物作用机理，但是药物组合物的作用机理是药物组合物本身所固有的特性，新的作用机理的发现和应用并不能改变药物组合物的结构或组成，从而使其变成新的药物组合物，故而权利要求不具备新颖性。

含肽的医药配制品中包含用途特征以及制备方法特征，需要确定用途或制备方法是否隐含了组合物在组成结构上有区别，如果不能体现出这种区别，则请求保护的医药制品不具备新颖性。例如，保护一种可吸入固体药物组合物，该组合物含有治疗多发性硬化症有效量的多肽 B 和药学上可接受的载体。现有技术公开了用于治疗多发性硬化症的含多肽 B 的皮下注射药物。由于请求保护的药用组合物的剂型是可吸入的固体，从请求保护的主题就可以看出，首先其物理性状是固体，其次为了适应"吸入"的给药途径，其药用载体的选择应当符合可吸入固体制剂对于辅料的要求，而现有技术公开的是皮下注射剂，通常应为水溶液，该对比文件的任何部分均没有公开或者隐含公开所述皮下注射剂在使用前为固体注射剂即粉针剂，因此，对比文件1公开的皮下注射剂显然不能直接用作可吸入的固体药物。该申请这种给药途径和药物性状的改变隐含了药用载体这一药物产品技术特征的改变，从而使该申请请求保护的产品与现有技术的产品相区别，其权利要求具备新颖性。

6.4.6 疫苗

疫苗是指用各类病原微生物制作的用于预防接种的生物制品，是将病原微生物（如细菌、立克次氏体、病毒等）及其代谢产物，经过人工减毒、灭活或利用转基因等方法制成的用于预防传染病的自动免疫制剂，其主要由起生物活性作用的生物材料、佐剂、保护剂、稳定剂、防腐剂等组成。

6.4.6.1 新颖性

疫苗作为一种生物制剂，其专利申请以组合物权利要求类型为主，其新颖性的判断可参考组合物新颖性的审查。现有技术中公开的疫苗与请求保护的疫苗进行组分对比，如果其中的活性成分以及各种辅料均落入了请求保护的疫苗的权利要求范围内，则认为请求保护的疫苗被现有技术公开，因而不具备新颖性。其中，在新颖性判断过程中还应注意权利要求中包含的诸如用途、效果等特征是否对权利要求有限定作用，如果不具备限定作用，即使该特征没有被现有技术公开，也不能使请求保护的疫苗组合物具备新颖性。

例如，权利要求请求保护一种可以保护易感人群避免由百日咳杆菌感染引起疾病的疫苗组合物，包括选定相对剂量的可以为易感人群的至少约80%成员提供保护的纯化型来自百日咳杆菌的百日咳类毒素、丝状血凝素、百日咳杆菌黏附素和凝集原制剂。现有技术公开了一种含有5种活性组分的非菌体性百日咳疫苗组合物，其中披露了非菌体性百日咳疫苗的5种具体活性组分，其中含有纯化型来自百日咳杆菌的百日咳类毒素、丝状血凝素、菌毛凝集原2、3（即凝集原制剂）和百日咳杆菌黏附素。通过比对，虽然现有技术中没有公开权利要求中限定的"可以为易感人群的至少约80%成员提供保护"特征，但该效果特征并不能使产品本身在组成上与现有技术相区别。因此，请求保护的疫苗组合物不具备新颖性。

6.4.6.2 创造性

如果请求保护的疫苗与现有技术已知疫苗在组分组成上（一般是辅料）存在差异，则首先需要判断这种差异对本领域技术人员而言是否是显而易见的，如果是显而易见的，则需要结合试验数据证明这种差异带来了专利法意义上的预料不到的技术效果，否则请求保护的疫苗不具备创造性。

以多联疫苗为例，多联疫苗不是简单的单种疫苗的混合，因为在联合免疫时，在绝大多数情况下出现的是免疫抑制现象。因此在制备多联疫苗时必须至少解决如下问题：①多联疫苗的使用是否会影响到各抗原成分的免疫原性；②一个抗原和其他抗原之间是否存在化学不相容性；③各抗原成分之间是否存在免疫反应的相互干扰；④多联疫苗中一个或更多的疫苗株是否会发生抗原竞争；⑤佐剂对不相容抗原的相斥；⑥载体蛋白、稳定剂、佐剂、防腐剂与抗原间的比例是否合适；等等。由于上述原因，当发明涉及的多联疫苗具备新颖性时，在申请人可以提供证据证明该多联疫苗克服了技术问题的情况下，可以认为该多联疫苗是具备创造性的。

例如，请求保护包括白喉类毒素、破伤风类毒素、全细胞百日咳和乙型肝炎表面抗原的四价联合疫苗。说明书记载了针对各抗原物质的实施例和实验数据，以证明该联合疫苗的各抗原的免疫原性和效力不低于各组分疫苗。即使现有技术中分别公开了白喉类毒素、破伤风类毒素、全细胞百日咳、乙型肝炎表面抗原的组分疫苗，即针对上述各抗原组分的疫苗在现有技术中已经存在，但是本领域技术人很清楚地知晓，由于免疫抑制和其他问题的存在，制备多联疫苗必须解决上述诸多技术问题，而如何解决这些问题对于一种涉及全新的抗原组合的疫苗，是难以预测的，因此制备出有效的多联疫苗是非显而易见的，在申请人证明了该技术方案克服了相关技术问题的情况下，该申请的技术方案具备《专利法》第 22 条第 3 款规定的创造性。

6.5　制剂专利的"三性"探讨

6.5.1　新颖性

制剂研发中可以选择将拟申请药品制剂对比上市药品进行改变，例如，①剂型变化，例如从固体口服剂改为贴剂，这在一定程度上取决于安全性和有效性的数据；②采用"新"赋形剂，但也往往会选择在已批准药品中使用过的赋形剂，否则未经过临床试验的全新赋形剂的安全性会无法得以证实；③药效强度变化（如活性成分数量变化）；该制剂的新给药方案（例如上市药品批准为日服两次时，变更为日服一次）；④新的给药途径（例如静脉注射改为鞘内注射）。从而产生不同的制剂产品的技术方案。

制剂专利新颖性的判断主要以单独对比原则，判断技术方案是否实质相同。一项权利要求的技术方案与一篇现有技术公开的技术方案相比，如果二者所属技术领域、所解决的技术问题、要求保护的技术方案和预期效果实质上相同，则该权利要求不具备新颖性。对于完全相同仅是作了简单文字替换；或隐含的可直接地且毫无疑义确定的技术内容可作为相同内容的发明。判断新颖性时需要关注具体（下位）概念与一般

（上位）概念，数值与数值范围，包含性能、参数、用途、制备方法、使用方法等特征限定的产品权利要求等，考虑权利要求中的性能、参数、用途、制备方法、使用方法等特征是否隐含或导致了要求保护的产品具有某种特定结构和/或组成，即要求该结构和/或组成的不同可将其与现有技术区别开。

1. 参数、性能限定产品的新颖性判断

涉案专利 ZL95194443.6 于 2004 年 2 月 18 日授权，2009 年 6 月 10 日被宣告部分无效。授权公告的权利要求 1 为：一种通过非肠道形式给药的药学上稳定的奥沙利铂制剂，由浓度为 1～5mg/ml 及 pH 为 4.5～6 的奥沙利铂水溶液组成，该制剂中的奥沙利铂的含量至少是最初含量的 95% 并且当贮存超过药物有效期之后溶液保持澄清、无色和没有任何沉淀。该权利要求中具体限定了给药方式、参数和性能。对比文件〔Naceur A. Boughattas 等人，Circadian Rhythm in Toxicities and Tissue Uptake of 1，2 - Diammino - cyclohexane（trans - 1）oxalatoplatinum（Ⅱ）in Mice Cancer Research，第 49 期，第 3362 - 3368 页〕公开了一种奥沙利铂水溶液，其由蒸馏水和奥沙利铂粉末混合制得，浓度为 3.4mg/ml，用于对小鼠静脉注射给药。经比对发现，权利要求 1 所要求保护的技术方案与对比文件公开的技术方案均为奥沙利铂的水溶液，而且后者所述的 3.4mg/ml 的浓度也在权利要求 1 中所述的 1～5mg/ml 的浓度范围之内。虽然权利要求 1 中还限定了所述水溶液的 pH 为 4.5～6，以及"该制剂中的奥沙利铂的含量至少是最初含量的 95% 并且贮存超过药物有效期之后溶液保持澄清、无色和没有任何沉淀"，但是，同样结构组成的产品必然具有同样的性能，根据该专利说明书第 2 页第 2 段所记载的"使用一种奥沙利铂的水溶液，它的活性成分的浓度和 pH 是很好的确定在各自的范围之内的并且同时活性成分是不需要任何酸或碱、缓冲液或其他添加剂"以及根据包括实施例在内的说明书的记载所表明的该专利奥沙利铂水溶液就是通过将奥沙利铂与水通过常规制备获得可知，权利要求 1 中的 pH 为所述 1～5mg/ml 浓度的奥沙利铂水溶液本身固有的理化性质，并未隐含所述制剂中还包括其他成分，如酸、碱、缓冲液或其他添加剂，对比文件中的同样组成的产品必然具有相同的 pH；同样，"该制剂中的奥沙利铂的含量至少是最初含量的 95% 并且贮存超过药物有效期之后溶液保持澄清、无色和没有任何沉淀"也没有隐含所述制剂中除奥沙利铂和水外还含有其他成分。因此，这两个特征不能使权利要求 1 的制剂区别于对比文件中公开的水溶液，所以，权利要求 1 不具备新颖性。

根据《专利法》第 22 条第 2 款规定，对于包含性能、参数特征的产品权利要求，应当考虑权利要求中的性能、参数特征是否隐含了要求保护的产品具有某种特定结构和/或组成。如果所属技术领域的技术人员根据该性能、参数无法将要求保护的产品与对比文件产品区分开，则可推定要求保护的产品与对比文件产品相同，因此，该专利的权利要求不具备新颖性。

2. 使用方法限定的产品的新颖性判断

涉案专利 ZL98811964.1 于 2005 年 4 月 27 日授权，于 2007 年 12 月 17 日被王金玲提出无效宣告请求，专利权人伊莱利利公司于 2008 年 2 月 18 日提交了新修改的权利要求，2009 年 12 月 9 日被宣告无效。授权公告的权利要求 1 为：一种制备含有直接用于肠胃外给药的液体药物组合物的密封的小瓶或药筒的方法，包括下列步骤：（a）将人甲状旁腺激素、pH 维持在 3 ~ 7 范围内的缓冲剂和稳定剂相掺混，从而形成溶液，和（b）密封含有所述溶液的小瓶或药筒，从所述小瓶或药筒中抽出有效剂量的甲状旁腺激素供患者使用。无效宣告请求审理过程中，专利权人删除原权利要求 1，提交新的权利要求 1 为：一种呈直接用于胃肠外给药溶液形式的药物组合物，所述组合物包含人甲状旁腺激素、将 pH 维持在 3 ~ 7 范围内的缓冲剂和稳定剂，其中所述稳定剂是多元醇或糖醇并且其中在被患者使用前所述溶液无须经冷冻干燥或重构。经比对发现，证据 2 [公开号为 WO9517207A1 的发明专利申请公开文本及其公开号为 CN1142772A 的中文同族专利的公开文本] 公开了一种甲状旁腺激素的药物组合物，所述组合物包含人甲状旁腺激素、将 pH 维持在 3.5 ~ 6.5 范围内的缓冲剂和赋形剂以及水，所述赋形剂为甘露醇，且甘露醇能够在溶液中发挥使人甲状旁腺激素稳定的作用（参见证据 2 中文译文说明书第 5 页第 3 行至第 6 页倒数第 3 行）；证据 2 的实施例部分也公开了一种具体的 PTH 溶液，其包含人 PTH（1 ~ 84）、甘露醇和柠檬酸盐，溶液的 pH 为 4 或 6（参见证据 2 中文译文说明书第 9 页第 3 ~ 20 行）。合议组认为，证据 2 已经公开了一种液体药物组合物，其有效成分与权利要求 1 完全相同或为权利要求 1 的下位概念，pH 范围在权利要求 1 的范围之内，因此可以认定两者为相同的药物组合物，至于该液体药物组合物在被患者使用前是否需要进行冷冻干燥或重构，只是药物使用者的自由选择，并非产品固有的特征，且未导致药物组合物本身的组成和具体含量的改变，权利要求 1 的技术方案已经被证据 2 公开，两者的技术领域、实际解决的技术问题及技术方案实质上相同，权利要求 1 相对于证据 2 不具备新颖性，不符合《专利法》第 22 条第 2 款的规定。

6.5.2　创造性

根据《专利法》第 22 条第 3 款的规定，与现有技术相比，制剂发明要求具有突出的实质性特点和显著的进步。如果是所属技术领域人员在现有基础上通过逻辑分析、推理或者有限的实验可以得到，则是显而易见。如果权利要求保护的技术方案与最接近现有技术相比存在区别特征，且该区别特征的引入使整个技术方案取得了预料不到的技术效果，则该权利要求具备创造性。

石药集团的专利 ZL02123000.5，授权公告日为 2004 年 9 月 15 日。授权公告时的权利要求 1 为：一种丁苯酞环糊精或环糊精衍生物包合物，其特征在于，含有丁苯酞和环糊精或环糊精衍生物，丁苯酞与环糊精或环糊精衍生物的分子摩尔比为 1：（1 ~

10）。丽珠医药集团股份有限公司以创造性理由于 2017 年 12 月 20 日向专利复审委员会提出无效宣告请求。专利权人针对无效宣告请求于 2018 年 2 月 12 日提交了意见陈述书，同时提交了修改后的权利要求书，其中修改后的权利要求 1 为：一种丁苯酞环糊精衍生物包合物，其特征在于：含有丁苯酞和环糊精衍生物，丁苯酞与环糊精衍生物的分子摩尔比为 1 : (1 ~ 10)；环糊精衍生物包括羟乙基 – β – 环糊精、羟丙基 – β – 环糊精、二羟丙基 – β – 环糊精、羧甲基环糊精、磺烷基环糊精。2018 年 6 月 5 日，专利权人再次提交了意见陈述书和修改后的权利要求书，修改后权利要求 1 为：一种丁苯酞环糊精衍生物包合物，其特征在于：含有丁苯酞和环糊精衍生物，丁苯酞与环糊精衍生物的分子摩尔比为 1 : (1 ~ 10)；环糊精衍生物为羟丙基 – β – 环糊精。专利复审委员会以专利权人于 2018 年 6 月 5 日提交的权利要求书和该专利授权公告文本的其他部分为此次无效宣告请求审查决定的审查文本。

经审理，专利复审委员会采用 2 种不同的最接近的现有技术为起点，进行创造性判断。

（1）以证据 4 为最接近的现有技术。证据 4 ［于澍仁、尤胜权，"芹菜甲素和乙素的抗惊厥作用"，《药学学报》，第 19 卷第 8 期，1984 年，第 566 ~ 570 页，复印件共 5 页］公开了 l – 芹菜甲素、l – 芹菜乙素和 dl – 芹菜甲素，均为淡黄色油状物，不溶于水，有芹菜香味。该专利权利要求 1 与证据 4 的区别在于：权利要求 1 中的丁苯酞由羟丙基 – β – 环糊精包合，二者分子摩尔比为 1 : 1 ~ 10。证据 5 ［Hydroxypropyl – β – cyclodextrin：preparation and characterization；effects on solubility of drugs，Josef Pitha et. al，International Journal of Pharmaceutics，29（1986）73 ~ 82，复印件及其部分中文译文共 18 页］公开了羟丙基 – β – 环糊精的制备和表征以及对药物溶解度的影响，该证据第 3 页第 2 ~ 3 段提及 "羟丙基 – β – 环糊精的水溶液是非常有效的药物增溶剂。表 1 包含了这些实验的结果；测试了具有从无环到四环结构的化合物。羟丙基 – β – 环糊精水溶液（40% ~ 50%）中一些药物的溶解度比其在水中的溶解度提高达三个数量级。使用性激素测试了羟丙基 – β – 环糊精的增溶能力对取代度的依赖性。显然，具有低取代度（<8）的制剂获得了最优的增溶性"；第 7 页第 1 段提及 "即使对小鼠大量长期施用羟丙基 – β – 环糊精也没有可检测的口服毒性"；第 8 页第 1 段提及 "与那些化合物相比，羟丙基 – β – 环糊精具有更低的毒性"。

合议组认为，通常情况下，药物领域中优良助剂的出现仅仅提供了制备优良制剂的可能性。对于羟丙基 – β – 环糊精而言，包合物的形成依赖于羟丙基 – β – 环糊精与被包合物之间的范德华力、疏水作用和氢键，包合的程度取决于被包合物分子的结构、分子量大小和亲脂性等多种因素，因而其只是一种具有应用潜力的优良增溶剂。如上文所述，证据 5 测试了羟丙基 – β – 环糊精对从无环到四环结构化合物的增溶作用，但由表 1 的实验数据可知，其对药物的增溶作用从增加不及 1 倍到增加至 3 个数量级不等，可见羟丙基 – β – 环糊精参试药物的增溶效果参差不齐、差别巨大，没有证据表明其适用于所有的不溶或难溶药物。为了得到增溶的环糊精衍生物的包合物，需要从成千上万种不溶或难溶的药物中进行大量的筛选，也就是说，丁苯酞与羟丙基－β－环糊精进行包合，能否增溶、增溶程度大小均是不可预期的。根据该专利说明书的记载，"经测定在 25℃ 时，丁苯酞羟丙基－β－环糊精包合物在水中的溶解度达 924mg/100ml"，可见丁苯酞不但能被羟丙基－β－环糊精包合，而且包合后其溶解度提高了几十倍，直接为将丁苯酞制备成注入体内的针剂等剂型提供了可能性，而这对于丁苯肽的临床应用是极为重要的突破，足以证明二者的结合取得了预料不到的技术效果。因此，权利要求 1 的技术方案相对于证据 4 和证据 5 的结合具备创造性，符合《专利法》第 22 条第 3 款的规定。

此外，虽然证据 3［丁平田、吴雪梅，"药物制剂的新型辅料 2－羟丙基－β－环糊精"，《国外医药——合成药、生化学药、制剂分册》，1996 年第 17 卷第 2 期，第 107～111 页，复印件共 5 页］、证据 6［US4727064］和证据 7［WO8502767A1］均涉及羟丙基－β－环糊精及其增溶作用，但是，丁苯酞能否被羟丙基－β－环糊精包合，即能否增溶、增溶程度大小均是不可预期的，而该专利的包合物获得了预料不到的技术效果。因此，权利要求 1 相对于证据 4 结合证据 5 和证据 7、证据 4 结合证据 3、证据 4 结合证据 3 和证据 7、证据 4 结合证据 6、证据 4 结合证据 6 和证据 7、证据 4 结合证据 7 具备创造性，符合《专利法》第 22 条第 3 款的规定。

（2）以证据 1 为最接近的现有技术。证据 1［CN1100097A］公开了芹菜甲素作为制备预防和治疗脑缺血引起的疾病的药物中的应用，芹菜甲素可以胶囊剂、注射剂等制剂形式与药用载体组合成组合物用于哺乳动物和人类，dl－芹菜甲素为淡黄色油状物，实施例 11 提供了芹菜甲素软胶囊配方。该专利权利要求 1 与证据 1 中芹菜甲素的区别特征在于：权利要求 1 中的丁苯酞由羟丙基－β－环糊精包合，二者分子摩尔比为 1∶1～10，而证据 1 中为丁苯酞。证据 2［奚念朱、顾学裘主编，《药剂学》第二版，人民卫生出版社，1989 年 5 月，封面页、出版信息页、第 155～157 页，复印件共 5 页］第 155 页第 4 节 β－环糊精包合物部分提及：常见的环糊精包括 α、β、γ 三种，β－环糊精最为常用，β－环糊精包含物在药剂学上具有增加药物溶解度的作用。由此可见，证据 2 仅公开了 β－环糊精，并没有公开羟丙基－β－环糊精，更无法得出羟丙基－β－环糊精包合丁苯酞能够取得预料不到技术效果的启示，没有证据表明二者的结合属于本领域的公知常识，况且，如上文所述，该专利的包合物取得了预料不到的技术效果。因此，权利要求 1 相对于证据 1、证据 2 和本领域的公知常识具备创造性，符合《专利法》第 22 条第 3 款的规定。

另外，权利要求 2 是权利要求 1 的从属权利要求，权利要求 3～7 保护一种丁苯酞环糊精衍生物包合物的制备方法，权利要求 8 保护一种丁苯酞环糊精衍生物包合物的用途，权利要求 3～8 均涉及丁苯酞与羟丙基－β－环糊精的包合物，在权利要求 1 的包合物具备创造性的情况下，其从属权利要求 2、权利要求 3～7 的制备方法和权利要求 8 的用途也具备创造性，符合《专利法》第 22 条第 3 款的规定。

基于以上事实和理由，合议组作出审查决定。在专利权人于 2018 年 6 月 5 日提交的权利要求 1~8 的基础上维持第 02123000.5 号发明专利权有效。

6.5.3 实用性

制剂专利通常符合对实用性的要求，此处不再赘述。

6.6 组合物/复方制剂专利的"三性"探讨

《专利审查指南 2010》第二部分第十章第 3.1 节提出：对于组合物发明，说明书中除了应当记载组合物的组分外，还应当记载各组分的化学和/或物理状态、各组分可选择的范围、各组分的含量范围及其对组合物性能的影响等。对于新的药物化合物或者药物组合物，应当记载其具体医药用途或者药理作用，同时还应当记载其有效量及使用方法。

6.6.1 新颖性

组合物/复方制剂新颖性审查时，通常考虑组分和含量，一般不考虑性质和用途，除非这种限定隐含存在对组合物/复方制剂的组分或含量的限定；需要注意区别开放式和封闭式。《专利审查指南 2010》第二部分第十章第 5.2 节对组合物的新颖性的规定分了两种情形。

对于仅涉及组分时的新颖性判断，一份对比文件公开了由组分（A + B + C）组成的组合物甲，如果：①发明专利申请为组合物乙（组分：A + B），并且权利要求采用封闭式撰写形式，如"由 A + B 组成"，即使该发明与组合物甲所解决的技术问题相同，该权利要求仍有新颖性。②上述发明组合物乙的权利要求采用开放式撰写形式，如"含有 A + B"，且该发明与组合物甲所解决的技术问题相同，则该权利要求无新颖性。③上述发明组合物乙的权利要求采取排除法撰写形式，即指明不含 C，则该权利要求仍有新颖性。

如果涉及组分含量时，其新颖性判断适用审查指南第二部分第十章第 3.2.4 节数值和数值范围的规定，如果要求保护的发明中存在以数值或者连续变化的数值范围限定的技术特征，则存在不同情形：①对比文件公开的数值或者数值范围落在所限定的技术特征的数值范围内，将破坏要求保护的发明的新颖性；对比文件公开的数值范围与所限定的技术特征的数值范围部分重叠或者有一个共同的端点，将破坏要求保护的发明的新颖性。②对比文件公开的数值范围的两个端点将破坏所限定的技术特征为离散数值并且具有该两端点中任一个的发明的新颖性，但不破坏所限定的技术特征为该两端点之间任一数值的发明的新颖性。③所限定的技术特征的数值或者数值范围落在对比文件公开的数值范围内，并且与对比文件公开的数值范围没有共同的端点，则对比文件不破坏要求保护的发明的新颖性。但是如果公开组成范围的端值自动产生具体的组合物，则该端值破坏新颖性。

这种情况对于二元组合物是普遍情形（特别是封闭式组合物）。例如，组成范围为 A40%～70%、B60%～30%的公开破坏 40%A、60%B 和 70%A、30%B 组合物的新颖性。在多于两个组分的组合物的组成范围中，端值通常不产生具体的组合物。例如，A 为 10%～30%，B 为 25%～40%，C 为 40%～60%则不产生任何具体的组合物。但下述情形将会产生具体的组合物：A 为 10%～30%，B 为 25%～40%，C 为 30%～65%，即 30%的 A、40%的 B 和 30%的 C 以及 10%的 A、25%的 B 和 65%的 C 将组成具体的组成，被认为是隐含的公开。判断上述的原则就是如果公开的组成范围的一个组分的边界值对其他组分的范围值自动组成 100%，则其对应的组合物（无论是开放式还是封闭式）是隐含公开的。

下面以中药领域为例，进行组合物/复方制剂专利的新颖性判断。中药配方是关键技术特征，一方面要看古籍方剂中是否公开，另一方面，还需要就公开发行与发展的情况进行具体分析，例如经古方在中医典籍或国内外出版物上公开发表，未记载炮制方法，只是关于药材及重量份的规定，未达到现有技术人员能够实现的程度，或在功效及生产工艺等方面为其赋予了现代技术的内涵，则可以认定现有复方具备新颖性。此外，复方药物常作为医院院内制剂被应用于临床，甚至有的复方被使用了较长时间或在患者中已有了较高的信誉并为公众所知。但实际上这些医院制剂不是正式上市的药品，同时患者也具有特定性、局域性，并且不了解使用的具体药方及配置方法。所以这类复方制剂不能算是在国内外公开使用过，具有新颖性。当然，医疗机构保护自主知识产权的最佳途径是尽快申请专利并获取保护，一旦被他人用反向工程的方法研究出来并大范围的传播，则复方药会因使用公开而丧失新颖性。

6.6.2　创造性

组合物/复方制剂专利通常需要考量药物发明组合后的各组分之间是否在各自的药理作用上相互支持、药物组分组合的难易程度、药物组合物领域的现有技术中是否存在组合的启示以及药物组分组合后是否具有有益的技术效果。

化学药物组合物及联合用药方面的专利创造性审查，强调采用"三步法"判断一项发明专利相对于现有技术是否具有突出的实质性特点。即首先应当在现有技术中确定与该专利所保护的技术方案最接近的技术方案，然后将其与该专利所保护的技术方案进行比较并找出二者之间存在的区别特征，之后再考察这些区别特征是否使该专利所保护的技术方案对所属技术领域普通技术人员来说是非显而易见的，如果结果是否定的，则应认为该专利所要求保护的技术方案不具有突出的实质性特点，从而也不具备创造性。

例如，专利 ZL97108942.6 授权公告的权利要求 1 保护"一种抗 β – 内酰胺酶抗菌素复合物，其特征在于它由舒巴坦与氧哌嗪青霉素或头孢氨噻肟所组成，舒巴坦与氧哌嗪青霉素或头孢氨噻肟以（0.5~2）：（0.5~2）的比例混合制成复方制剂"。北京双鹤药业于 2002 年 12 月 3 日向专利复审委员会提出专利权无效宣告请求。合议组审理认为，根据说明书的记载，该发明权利要求 1 的技术方案是为了解决细菌对氧哌嗪青霉酸和头孢氨噻肟等的耐药问题，并认为细菌产生耐药的机理以细菌产生抗 β – 内酰胺酶为主；针对该技术问题其采用的技术方案是以舒巴坦与氧哌嗪青霉酸或头孢氨噻肟以（0.5~2）：（0.5~2）的比例组成复合物；该技术方案所能达到的技术效果为使抗生素的抗菌活性增强，扩大了抗菌谱，解决了细菌的耐药性问题。证据 1 ［K. Manncke 等，Sulbactam in combination with mezlocillin，piperacillin or cefotaxime：clinical and bacteriological findings in the treatment of serious bacterial infections，International Journal of Antimicrobial Agents，1996 年第 6 期，第 47~54 页，复印件 7 页以及中文译文 7 页］也是为了解决细菌的耐药性问题，在证据 1 中文译文第 1 页序言部分指出"产生 β – 内酰胺酶是细菌对 β – 内酰胺类抗生素耐药的最重要的机制"；证据 1 中公开了用舒巴坦可以与哌拉西林以 0.5：2 或与头孢氨噻肟以 1：2 的比例联合使用的技术方案；并且，该技术方案也能达到提高抗生素的抗菌性，扩大抗菌谱，解决细菌的耐药性的效果。在此情况下，合议组认为，在证据 1 公开的技术方案的基础上，结合其中给出的"本研究中的所有的微生物体均对被琼脂扩散试验证明的由 15μg 舒巴坦和 30μg 抗生素组成的复合制剂敏感"技术启示，本领域普通技术人员无需花费创造性的劳动就可以将舒巴坦与氧哌嗪青霉素或头孢氨噻肟混合制成复合物，从而得到该发明权利要求 1 的技术方案，并获得所述技术效果。因此该专利权利要求 1 相对于证据 1 不具备创造性，不符合《专利法》第 22 条第 3 款的规定。对于被请求人声称的该发明的技术方案具有的其他技术效果，如副作用减少、药效过程等同以及高生物有效性等，由于该发明的说明书中并没有记载，不能说明权利要求 1 具备创造性。该专利最终被宣告全部无效。该案件过程中还涉及专利权人提交的证明商业成功的证据，但由于仅能证明其与案外人就该专利签订了专利实施许可合同，并不能证明其实施该专利并取得了商业上的成功，更不能证明商业上的成功就是由该技术方案本身带来的。故专利权人希望通过辅助判断因素（发明在商业上获得了成功）来主张该专利具备创造性的请求并未得到支持。

专利创造性审查和无效审理案件中，专利权人通常采用补充实验数据的方式进行答辩。但专利审查指南对于补充数据有较为严格的规定。

涉案专利 ZL03821763.5 于 2005 年 7 月 27 日授权，授权公告权利要求 1 为：用于预防或治疗糖尿病、糖尿病综合征、糖代谢紊乱或脂质代谢紊乱的药物组合物，其含有选自吡格列酮或其药理学可接受的盐的胰岛素敏感性增强剂，和作为胰岛素分泌增强剂的磺酰脲。四川海思科制药有限公司和重庆医药工业研究院有限责任公司分别针对专利权人武田药品工业株式会社的该件专利提起无效宣告请求，在口头审理时，专利权人提交了经修改的权利要求书全文替换页，具体修改是删除了授权公告的权利要求 2 中的格列美脲，其他权利要求未作修改。合议组以该修改的权利要求书和授权公告的说明书为基础，经审理后认为：①虽然证据 1 ［石田俊彦等，"經口糖尿病藥—新藥と新しい治療フラン一"，綜合临床，第 43 卷第 11 期，第 2615－2621 页，1994 年，日文，复印件共 7 页，及其中文译文 9 页］未记载权利要求 1 所述组合具有更好的效果，但证据 1 给出了权利要求 1 所述组合可用于治疗糖尿病的启示；②证据 2～8 不能证明本领域存在吡格列酮不能用作人类药物的技术偏见；③证据 4 ［Takeshi Kuzuya 等人，"A pilot clinical trial of a new oral hypoglycemic agent, CS－045, in patents with non－insulin dependent diabetes mellitus"，Diabetes Research and Clinical Practice，第 11 卷，第 147－153 页，1991 年，英文，复印件共 7 页，及其中文译文 8 页］并不能表明曲格列酮与磺酰脲联用对处于任何糖尿病状态的所有糖尿病患者均没有协同作用。正如证据 1 所表明的，针对处于不同糖尿病状态的糖尿病患者个体应尝试不同的治疗方案，这种情况下，曲格列酮与磺酰脲联用对于一些患者能够显示出协同效果，而对于另一些患者不能显示出协同效果，例如证据 4 中文译文第 151 页表 2 表明，曲格列酮＋其他口服降血糖药（OHA）与单独服用曲格列酮的治疗方案在显著改善的比例上存在明显差异，分别为 20.0% 和 11.1%。因此，证据 4 不能证明该专利权利要求 1 的技术方案取得了预料不到的技术效果；④反证 7 ［实验数据，英文，共 3 页，及其中文译文 3 页］就专利权人提交的对比实验数据，请求人对其真实性不予认可，在反证 7 记载的内容中没有显示实验结果由哪一机构或个人作出，专利权人也没有提供任何能够证实反证 7 的真实性的佐证，因此不能以反证 7 来证明该专利权利要求 1 的技术方案取得了预料不到的技术效果。无效决定认为：该专利权利要求 1 的技术方案与证据 1 公开的内容相比，区别仅在于权利要求 1 选择了具体的胰岛素敏感性增强剂，即吡格列酮或其药理学可接受的盐，并将其与磺酰脲联合制备用于预防或治疗糖尿病的药物。由于证据 1 已指出吡格列酮与曲格列酮具有相同的降血糖作用机制，可以用作胰岛素敏感性增强剂，而且证据 1 明确教导了胰岛素抵抗性改善剂与磺脲剂或胰岛素的并用效果更值得期待，在此教导和启示下，选择吡格列酮作为胰岛素敏感性增强剂与磺脲剂联合用于制备预防或治疗糖尿病的药物对于本领域技术人员来说是显而易见的，不具备突出的实质性特点和显著的进步，并且从该专利说明书记载的内容也看不到这种选择相对于证据 1 取得了任何意料不到的技术效果。对于吡格列酮的药理学可接受的盐，本领域技术人员知晓其为吡格列酮在使用时的一种具体形式，与吡格列酮具有相同的药理活性，因此，使用吡格列酮的药理学可接受的盐的技术方案也是显而易见的，不具备突出的实质性特点。最后该专利权利要求 1 以不具备创造性被宣告无效。

对于中药领域而言，由于原材料组成是大多数传统中药复方专利的一项重要的技术特征，因此可以从原材料组成及其制备方法进行评述。中药复方的组成十分复杂，制备方法也很多样（如加热、水浸或蜂蜜、酒、醋、药汁等）。制备中成药的过程中任何的加工处理都极可能使其发生复杂的化学反应，使化学组成发生量变到质变的一系列变化，即使是采用最先进的仪器也无法判断出复方的原始配方与制备工艺。新的制备方法如果采取了不同于现有制备技术的提取、分离、炮制或其他制剂工艺，且具有实质性特点与显著进步，比如，提升了中药复方的性能（疗效的提高、用途的增加、毒副作用的降低、储存期的延长甚至是口感的改良等），或是对中药复方的生产过程的改进（如复方生产成本的降低、能耗的降低、中药复方原材料资源的保护利用、生产复方工艺的简化、复方质量控制再现性的提高等），则该新制备方法具备了创造性，可以获得专利保护。

6.6.3　实用性

只要药物组合物/复方制剂专利申请的说明书能够说明该组合物/复方制剂进入产业化生产，该类专利的实用性即能被认可。

6.6.4　专利撰写的注意事项

在组合物/复方制剂权利要求书的撰写实务中需要注意：①倘若发明的实质或者改进仅在于组分本身，其技术问题的解决仅取决于组分的选择，而组分的含量是本领域技术人员根据现有技术或者通过简单实验就能够确定的，则在独立权利要求中可以允许只限定组分；否则应既限定组分又限定含量。各组分的含量撰写禁用含糊不清的词，例如"大约""左右"等；可以使用功能性限定，如"催化量"等，但慎用"适量"；含量表达不得使用"＞X"；注意写明"量纲单位"；禁用"商品名称"或"商品代号"。②组合物还可以采用非限定型、限定型、用途限定型的撰写方式。当该组合物具有两种或者多种使用功能和应用领域时，可以允许用非限定型权利要求；若在说明书中仅公开了组合物的一种功能或者用途，通常需要写成功能限定型或者用途限定型；但若药物组合物发明的实质在于其中的活性成分，对于是否加用途限定则无强制性规定。③对于以组分和含量为特征的药物组合物，如果以剂型为特征，应当写明剂型如"注射剂""软膏剂"等；若以产品的功能（即辅料）为特征的，应写明该功能，如"一种缓释药物组合物"。④主题名称禁用"配方""技术"等措辞。⑤化学领域，组合物的独立权利要求一般由主题名称和技术特征（共有的和区别的必要技术特征）组成。组合物的从属权利要求除采用组分和/或含量进一步限定外，也允许以用途限定，条件是这种用途限定隐含对组合物的组分或者含量有限定作用。《专利审查指南2010》第二部分第10章第4.2节提出：组合物权利要求一般不分前序部分与特征两部分撰写，但应当用组合物的组分或者组分和含量等组成特征来表征。组合物权利要求分为开放式和封闭式两种表达方式，开放式表示组合物中并不排除权利要求中未指出的组分；封闭式则表示组合物中仅包括所指出的组分而排除所有其他的组分。开放式的措辞由如"含有""包括""包含""基本含有""本质上含有""主要由……组成""主要组成为""基本上由……组成""基本组成为"等，这些都表示该组合物中还可以含有权利要求中所未指出的某些组分，即使其在含量上占较大的比例。封闭式的措辞有如"由……组成""组成为""余量为"等，这些都表示要求保护的组合物由所指出的组分组成，没有别的组分，但可以带有杂质，该杂质只允许以通常的含量存在。

在组合物/复方制剂说明书的撰写实务中需要注意：组合物/复方制剂发明通常是以组分的组合为特征，其基本技术特征包括组分的名称、组分的含量（或配比）以及组分之间的结构和选择关系，说明书中应当对这些基本特征进行清楚的描述，同时说明书中也要求描述产品的制备方法、使用方法和技术效果。①组分的描述。一般不要使用非通用的简称、俗称、缩写、代号或自己编撰的名称。一般情形下，对组合物各组分的概括要根据组合物的性质和用途而定，对于辅料或添加剂的概括往往会采用上位概括，而主料或者活性组分的概括要适度。②组分的含量或配比。可以采用定性或者定量或者二者结合方式写明。定量时注意写明量纲单位，如质量百分数、份数、余量等表示。同时，对于各含量采用"一概""二概"……具体值的概括方式梯度撰写。多组分含量要注意满足：各组分的下限之和小于100%，上限之和大于100%；任一组分的下限加其他组分的上限之和大于等于100%，任一组分的上限加其他组分的下限之和小于等于100%。③明确产品的制备方法，但也需要注意保留技术秘密。④明确产品的技术效果和用途。技术效果需要试验证实，不要使用孤证。⑤如果涉及组分之间的结构关系和选择关系，要注意相互之间的连接关系。例如透皮制剂中，裱褙层、储药层和压敏层之间的相互连接关系。⑥撰写实施例时要注意技术秘密的保留，并不能将影响专利授权的点写入其中。

6.7　制备工艺/方法专利的创造性探讨

制备工艺/方法专利作为生物制药领域专利保护组合的重要主题，其在阻碍竞争对手，延长药物专利保护期方面发挥着重要作用。优选的医药产品制备工艺/方法，能够降低药物生产成本，降低杂质含量，有效提高药物的安全性、有效性，进而提高市场竞争力。

化合物专利申请的充分公开，需要专利说明书中记载化合物的确认、化合物的制备和化合物的用途或效果，因此化合物专利中一般已经公开了至少一种相应化合物的制备方法。随着药物研发的进展，基于低成本且安全环保地制备高质量原料药的需要，会进一步开发出新的制备工艺/方法。如下列举了常见的改进制备工艺/方法的类型，并从专利的角度对不同类型制备工艺/方法专利申请的创造性判断中需要注意的问题进行了探讨。

6.7.1 创造性评价

1. 合成路线改进型

制备工艺/方法的合成路线改进，通常情况是在制备目标化合物时，与已有合成路线相比，选取了不同的起始化合物作为原料，进而开发一条完全不同于已有化合物制备方法的全新制备路线。该类专利申请，由于在制备路线上存在差异，被授予专利权的可能性较大。但是有些情况下，审查员基于化学合成理论的指导作用，也会对这类权利要求的创造性提出质疑，审查员通常选取目标化合物的已有合成路线作为最接近的现有技术，并认为已有公开的结构类似的化合物的制备方法给出了技术启示，或者直接选择一个结构类似的化合物的制备方法作为最接近的现有技术，认为在目标合成化合物不具备创造性的条件下，容易想到选取相应的原料制备得到该目标化合物。

需要注意的是，制备工艺/方法创造性的判断对现有技术的要求与化合物的创造性判断不完全相同。在化合物的创造性判断中，无论是最接近的现有技术的选取，还是作为结合启示的其他文件的使用，均需要考虑该现有技术所属的技术领域。例如在国内的审查实践中，一种用作化学反应催化剂的化合物很少被审查员用来评述一种用作糖尿病治疗的化合物的创造性评价中，即使它们在结构上存在较大的相似性，甚至给出了化合物结构改进的启示。然而在制备工艺/方法的创造性判断中，一般认为在化合物的制备过程中，制备的目标化合物所属的领域并不会阻碍本领域技术人员寻求技术启示的动机，因此审查员结合其他领域的现有技术文献用于对请求保护发明的创造性评价，并不存在技术障碍。

针对该种类型权利要求可能的创造性质疑，申请人可以从化学作为一门实验科学的不可预期性入手，找出请求保护的制备工艺/方法涉及的化合物结构与现有技术中"近似"化合物的区别，并充分分析这些原料结构上的区别对制备工艺/方法的影响，让审查员明了请求保护的制备工艺/方法的特殊性。例如，不同制备方法所采用的原料化合物结构上的取代基因取代位置不同而导致所处的空间、电性环境具有较大差异，会对母核结构的化学反应造成巨大的影响，导致本领域技术人员不会从这样的现有技术中得到技术启示。

2. 合成技术改进型

合成技术改进是指对已有合成路线的具体某一或某几个步骤进行改进，这种改进可以是例如由间歇式反应到连续式反应级数的改变（分步法到"一锅法"）、绿色化学试剂（低毒/无毒试剂、易燃易爆试剂）的使用、特殊反应技术（微波/超声合成、离子液体）的使用等。由于这些合成技术的改进，均属于本领域已知的方法，如果请求保护的合成方法与现有技术的区别仅仅在于上述改进，一般情况下需要具有预料不到的技术效果，其创造性才有可能获得认可。例如，采用"一锅法"的方法与已有的合成方法相比，制备得到产品纯度和收率都得到了大幅的提高，则可以认为"一锅法"

取得了预料不到的技术效果，但如果仅仅在于化学反应的后处理简化，提高了效率，由于这是"一锅法"本身的特点，将其归入"预料不到的技术效果"进而获得创造性认可的难度较大。对于绿色试剂的使用、特殊试剂的使用也是类似的情况。总之，对于该类合成技术改进，证明请求保护的制备工艺/方法取得了预料不到的技术效果对于其创造性能否获得认可至关重要。

3. 工艺条件优化型

工艺条件的优化是对已有制备工艺/方法的条件的进一步摸索和优化，具体例如反应溶剂的替换、反应温度的改变、重结晶溶剂的选取、具体碱的选择、试剂的用法用量等。这些工艺条件改变一般被认为属于本领域技术人员的常规选择，为了体现这种微小发明的价值和创造性，证明这种微小改进取得了预料不到的技术效果的证据是必不可缺少的，具体可以是对比试验的方式。

例如通过对比试验证明，通过反应溶剂的替换，使产物能够结晶析出，解决了现有技术反应完成后所得到的黏稠物不易处理的难题，大大提高了后处理的便利性；通过反应温度的改变，降低了副反应的发生，提高了产品收率和纯度；通过后处理过程中重结晶溶剂的选择，大大提高了析晶效率，得到了更高纯度的产品；通过催化剂的选择，使反应可以在常温常压下顺利完成，装置及反应控制成本降低。上述效果改进的提高如果达到了预料不到的程度，则这些"小发明"均可期被授予专利权，发挥"大作用"。

6.7.2　专利申请撰写的注意事项

化合物制备工艺/方法专利是药物专利保护主题的重要组成部分。随着国家对知识产权保护力度的加大以及创新主体自主保护意识的增强，制备工艺/方法专利越来越受到创新主体的重视，近些年针对制备工艺/方法的侵权纠纷也越来越多。但是与化合物专利不同，制备工艺/方法专利涉及工艺步骤多，工艺参数条件复杂。在具体实践中存在容易被竞争对手规避、侵权认定难的问题。这些不足导致了制备工艺/方法专利保护力度的降低。因此，在制备工艺/方法相关的专利申请撰写时，就需要引起足够的重视。依靠充分合理的申请撰写来规避该类专利面临的不利情况，增强该类主体专利的保护力度。

1. 化合物专利中对制备工艺/方法的公开

如前所述，专利法对化合物产品权利要求的充分公开有具体要求。具体地，应当至少记载化合物的一种制备方法。发明人为了满足化合物充分公开的要求，有时在化合物专利中记载了不止一种制备方法。随着化合物专利的公开，可能对后续制备工艺/方法专利的布局产生不利影响，导致缩短专利整体布局对专利保护期的延长。

2. 注意对重要中间体的专利保护

制备工艺/方法专利由于工艺步骤多，参数条件复杂，在具体实践中存在容易被竞争对手规避，且侵权认定难的问题。如前所述，在合成路线改进型的制备工艺/方法专利申请中，由于改进的合成路线多采用了新的制备原料，在工艺方法中必然相对于已有合成方法产生了新的中间体化合物。中间体化合物相对于制备工艺/方法而言，更容易进行侵权行为判断，并且制备工艺/方法中的核心中间体化合物不易规避，能够为产品提供重要的专利保护。

3. 权利要求保护要突出发明点

制备工艺/方法专利之所以易于被规避、侵权判定难，原因之一在于其权利要求保护的特征多且复杂。因此，在专利申请文件撰写时，对于非必要的技术特征尽量不要撰写到权利要求中，而对于发明的创新点，应当提供充分的证据证明该创新点相对于现有技术取得了何种预料不到的技术效果。

例如，权利要求请求保护一种化合物 A 的制备方法，包含步骤 1~4。现有技术中已经公开了包含该 4 个步骤的化合物 A 的制备方法。该申请请求保护的制备方法相对于现有技术，其发明点在于步骤 3 中所采用的碱由 Na_2CO_3 替换为 Se_2CO_3，试验结果表明，在其他条件保持不变的情况下，这种碱的替换使该步骤的反应时间由 5h 缩短至 1.5h，且收率由原来的 40% 提高到了 80%。此时，在撰写权利要求时，应重点限定步骤 3 中该碱的使用即可，不宜在步骤 1~2、4 中包含过多的工艺参数条件特征，给侵权判定造成困难，容易被竞争对手规避。

6.7.3 专利保护和商业秘密保护的选择

除了专利保护以外，制备工艺/方法还可以通过商业秘密的形式给予保护，表6-7-1为专利保护和商业秘密保护的 SWOT 分析[115]。申请人可以根据制备工艺/方法具体发明点的不同特点以及技术的保密程度，选择不同的保护方式。对于部分通过细微的工艺条件优化获得能够发挥大价值的"微小发明"，条件允许的情况下，采用严格的商业秘密保护也不失为一种好的方式。

表6-7-1　化合物制备方法专利保护和技术秘密保护的 SWOT 分析

优势（Strengths）	劣势（Weaknesses）
● 无需公开技术方案 ● 保护时限不受限制，能够在很长的时间段内维持技术秘密有效 ● 权利获得程序简单，不需要向各国提交申请和授权等程序	● 独占性不强，不能对抗独立开发出同一技术的第三人 ● 权利人需采取相应的保密措施，一旦泄密，权利将不复存在 ● 不启动形式程序的情况下，侵权举证难度大
机会（Opportunities）	风险（Threats）
● 规避了方法公开后他人擅自使用的风险 ● 技术要求相对较低，不要求具有创造性	● 泄密事件 ● 被反向工程破译 ● 他人通过独立研发获知技术信息 ● 他人就同一技术信息申请专利保护

6.8 分析检测方法专利的新颖性和创造性探讨

6.8.1 新颖性

分析检测方法专利，能否获得授权，最重要的是满足专利授权的"三性"判断。分析检测方法是否用到新的仪器，该类方法专利可结合仪器或仪器结构的改进进行申请；与现有技术相比是否属于新的方法，或者在操作步骤、仪器参数等方面不同；杂质化合物是未披露的新结构等；通常均可满足新颖性的要求。

6.8.2 创造性

创造性通常要从解决的技术问题出发，根据取得的技术效果进行评价。在审查过程中，对于没有实验数据或者实验数据不足以支持该技术效果时，审查员往往会对这些技术效果提出质疑。而对于有实验数据并能证明相对于现有技术取得了很好的技术效果，但该效果是本领域技术人员根据公知常识可以预期的，也不足以支持创造性[116]。另外，预料不到的效果由区别技术特征带来，需要说明书的记载和实验数据的有力支撑。

下面结合案例来分析此类专利创造性的评价。

CN201210258342.4 涉及阿维莫泮或其有关物质的高效液相色谱分析方法，其请求保护一种高效液相色谱分析方法，与现有技术的主要区别在于该方法中具体限定采用梯度洗脱方式并限定了具体梯度洗脱的条件。虽然现有技术披露了梯度洗脱，本领域技术人员在现有技术的基础上容易想到采用梯度洗脱的方式，但是现有技术并未给出具体洗脱条件的启示；并且根据说明书记载，在该条件下的分离效果优于其他条件的分离效果，该效果并非本领域技术人员根据公知常识必然能够预料到的，因此该方法专利具备创造性[117]。

CN201310194000.5 涉及基于小分子代谢物质谱分析的快速高灵敏度微生物鉴定方法，请求保护一种鉴定微生物的方法，与对比文件的主要区别在于该方法的具体细节略有不同：待 OD_{600nm} 大于 0.8 后收集待鉴定单克隆微生物菌体；用水或 pH 为 7.2 ~ 7.6 的磷酸缓冲液洗涤所收集菌体；质谱谱图中采集 5 ~ 20 个谱峰用于分析；质量分析器选自下述任意一种或它们的组合及变种：飞行时间、离子阱和四极杆。对比文件披露了①菌株生长到 OD_{600nm} 大于 0.6 后收集，②本领域常用的磷酸缓冲液的 pH 通常为 7.4 左右，③当对所测定的质谱图进行分析时，根据需要采集一定数量的谱峰，例如 5 ~ 20 个谱峰用于分析是本领域的常规技术手段，④飞行时间、离子阱和四极杆以及它们的组合及变种均是质谱分析测试中常用的质量分析器，本领域技术人员可根据所测物质的质荷比范围和分辨率要求等进行常规选择。因此，该方法相对于最接近的对比文件的区别技术特征属于本领域常用技术手段，且该常用技术手段没有使权利要求的技术方案产生预料不到的技术效果，该方法专利不具备创造性[118]。

CN201310036392.2涉及一种鉴别苦皮藤种子药材的方法，请求保护一种鉴别苦皮藤种子药材的方法，该方法的创新点在于，提取溶剂为石油醚；标准参照品为Angulateoid C；苦皮藤种子药材特征提取物中的活性成分特征峰为：C-15吸收峰，其化学位移为$\delta_c 60.0 \sim 66.0$。对比文件未给出优化选择标准参照品、提取溶剂的技术启示与指引方向，该鉴别方法能够解决IGD核磁共振碳谱指纹图谱解析困难的问题，并获得了有益的技术效果，即显著提高了方法的准确性、稳定性、重复性和可行性，因此该方法专利具备创造性[119]。

而对于杂质专利的创造性，适用化合物创造性评价的相关规定，杂质化学结构是与已知结构不接近、新的化合物，具有一定用途和效果，可满足创造性要求；结构上与已知化合物结构近似，则要求预料不到的技术效果。有观点认为，在药物分析领域，能否作为对照品，与物质结构、检测方法和仪器等有关，杂质化合物作为对照品用途相对已知结构的化合物是显而易见的，仅记载对照品用途，创造性难以得到认可，因此，需评价杂质是否具备治疗活性或者毒性等其他性质，其含量控制能否提升药品质量，或者是否降低药品毒副作用；对创造性的评价更多依赖于预料不到的技术效果[120]。

齐鲁制药与四环制药的"桂哌齐特氮氧化物、其制备方法和用途"发明专利无效宣告请求备受行业关注。ZL200910176994.1是四环制药的杂质专利，保护了桂哌齐特氮氧化物、其制备方法、作为标准品或对照品的应用、杀虫剂组合物及应用。齐鲁制药对该杂质专利发起无效宣告请求，无效决定从"本专利实际解决的技术问题是发现了式（Ⅰ）的桂哌齐特氮氧化物并确定了其结构，及其用作标准品或对照品，和作为杀虫活性化合物的用途"出发，从三个方面分析认可了创造性：①现有技术不能获得任何有关桂哌齐特氮氧化物的信息，更无从预期该化合物的用途；②本领域技术人员在不了解某特定杂质的任何相关信息时，无法有效地针对该特定杂质进行检测、分离和鉴定；③现有技术没有就桂哌齐特经氧化后的产物具备杀虫活性给出任何启示[121]。

6.9　医药用途专利的新颖性和创造性探讨

根据我国《专利法》第25条的规定，疾病的诊断和治疗方法不属于专利权保护的客体，不能被授予专利权。将疾病的诊断和治疗方法排除在专利法保护范畴之外的原因主要是出于人道主义的考虑，给予医生在诊断和治疗过程中自由使用各种诊断和治疗方法的权利。为了满足专利法的上述规定，医药用途权利要求的撰写一般采用"化合物在制备××药物中的用途"。这种撰写方式最早出现在瑞士工业产权局，也被称为瑞士型权利要求或瑞士型用途权利要求。

美国现行的专利制度认可医疗方法作为专利保护客体的地位。例如"一种用于在有需要的受试者中治疗膀胱癌的方法，其包括在至少一个诱导期和至少一个维持期对所述受试者使用免疫偶联物，所述免疫偶联物为……"，这种类型的权利要求在美国是可以寻求专利保护的：而在我国，属于专利法规定的不授予专利权保护的客体。

欧洲专利局（EPO）扩大申诉委员会于 2010 年 2 月 19 日作出决定，不再承认瑞士型权利要求的合理性。委员会表示，根据修订后的《欧洲专利公约》第 54 条第（5）款，不排除与用途相关的产品取得专利的可能性，从而为已知药物的第二种或其他特殊医学用途给予了可专利性的保护。

鉴于中国、美国以及欧洲在医药用途专利保护方面要求的不同，在美国和欧洲进行专利申请，或 PCT 申请在进入上述国家/地区时应注意对权利要求进行适应性修改。例如请求保护"化合物在制备治疗膀胱癌的药物中的用途"，在美国和欧洲一般会分别适应性修改为"A method for treating...""A compound for use in treating..."。

6.9.1　新颖性

化学产品用途发明的创造性在专利审查指南中有具体的规定，对于涉及化学产品的医药用途的发明，其新颖性审查考虑的因素有：

（1）新用途与已知用途是否实质上不同。判断医药用途发明是否具备新颖性，对比的是具体适应证是否实质相同。与现有技术机理不同但所治疗疾病相同的制药用途发明不具备新颖性。例如，权利要求请求保护化合物在生产用于通过增加胰岛素细胞的数量来治疗非胰岛素依赖型糖尿病的药物中的用途。现有技术公开了该化合物具有治疗非胰岛素依赖性糖尿病的作用。权利要求与现有技术的区别在于权利要求中进一步限定了治疗非胰岛素依赖型糖尿病的机制，及通过增加胰岛素细胞的数量，但这种治疗机理的限定并不能使该制药用途与现有技术产生区别，因此该权利要求不具备新颖性。

（2）新用途是否被已知用途的作用机制、药理作用所直接揭示。例如，权利要求请求保护化合物 A 在制备治疗糖尿病的药物中的用途。对比文件公开了化合物 A 是一种有效的钠－葡萄糖协同转运蛋白 2 抑制剂，同时提到钠－葡萄糖协同转运蛋白 2（SGLT2）的抑制，抑制了肾脏对葡萄糖的重吸收，使过量的葡萄糖从尿液中排出血糖。对比文件虽然没有直接公开化合物 A 可用作糖尿病治疗，但公开的其对 SGLT2 的作用机理揭示了其可用于糖尿病治疗。因此，权利要求不具备新颖性。

（3）新用途是否属于已知用途的上位概念。如果权利要求请求保护化合物在制备治疗肿瘤的药物中的用途。只要现有技术公开了该化合物用于任何一种具体肿瘤的治疗，即破坏该权利要求的新颖性。

（4）给药对象、给药方式、途径、用量及时间间隔等与使用有关的特征是否对制药过程有限定作用，仅仅体现在用药过程中的区别特征不能使该用途具备新颖性。

例如发明名称为"抗生素的给药方法"的第99812498.2号发明专利,其权利要求保护:潜霉素在制备用于治疗有此需要的患者细菌感染而不产生骨骼肌毒性的药剂中的用途,其中用于所述治疗的剂量是3~75mg/kg的潜霉素,其中重复给予所述的剂量,其中所述的剂量间隔是每隔24小时一次至每48小时一次。专利复审委员会在无效决定中指出,现有技术公开了在每24小时2mg/kg剂量下,潜霉素显示出有效治疗多种革兰氏阳性感染,在每12小时3mg/kg的剂量下注意到偶发的副作用,并公开了潜霉素的抗菌机理,即公开了潜霉素是治疗细菌感染的药物。专利权利要求虽然进一步包括了"不产生骨骼肌毒性"和"其中所述治疗的剂量是3~75mg/kg的潜霉素,其中重复给予所述的剂量,其中所述的剂量间隔是每隔24小时一次至每48小时一次"的限定,但其保护的同样是潜霉素用于治疗细菌感染的制药用途。由于没有证据表明对潜霉素不产生骨骼肌毒性的副作用的进一步认识能使权利要求保护的制药用途区别于现有技术公开的已知制药用途;同时,本领域技术人员公知给药剂量、重复给药和给药间隔特征是医生在治疗过程中针对患者进行选择和确定的信息,属于用药过程的信息,与制药过程无关,例如包含相同药物含量的制剂可以采用不同剂量以不同时间间隔给药,而包含不同药物含量的制剂也可以以相同的剂量给药,给药剂量、重复给药和给药间隔特征对药物本身不产生限定作用,也不能使权利要求的制药用途区别于已知制药用途,所以,权利要求保护的制药用途与现有技术公开的用途实质相同,权利要求不具备新颖性。

需要注意的是,现有技术对一具体适应证技术方案的公开,并不要求一定为充分公开的技术方案。例如,现有技术中公开了某种化合物具有特定药理活性或者治疗用途,无论其是否公开了效果试验,通常都破坏该化合物的相同治疗用途发明的新颖性,除非申请人提交的证据表明该现有技术的描述不正确。即认定现有技术公开了某种应用,只要没有足够的相反证据表明该公开是不正确的,即可用于评述在后请求保护的制药用途的新颖性。

6.9.2 创造性

化学产品用途发明的创造性在专利审查指南中有具体的规定:

(1)对于新产品用途发明,如果该用途不能从结构或者组成相似的已知产品中预见到,可以认可其创造性。即,如果现有技术公开了结构相近化合物的相同用途,本领域技术人员能够合理预期该新产品与该结构相近化合物具有相同的用途和/或效果,则请求保护的新产品用途不具备创造性。

(2)对于已知产品用途发明的创造性,如果该新用途不能从产品本身的结构、组成、分子量、已知的物理化学性质以及该产品的现有用途显而易见地得出或者预见到,而是利用了产品新发现的性质,并且产生了预料不到的技术效果,则可以认可其创造性。

【案例 6 - 3】发明名称为"苯并噻吩衍生物抑制人类骨损失的用途"的第 93117097. 4 号发明专利权利要求保护雷洛昔芬在制备用于治疗或预防人类骨质疏松症的药物中的用途。专利复审委员会认为，现有技术教导了雷洛昔芬能够逆转雌性大鼠出现的骨质疏松症的基础上，将雷洛昔芬用于制备预防和治疗人类骨质疏松症的药物对于本领域技术人员来说是显而易见的。因此，权利要求不具有突出的实质性特点，不具备创造性。

【案例 6 - 4】发明名称为"CCI - 779 作为抗肿瘤剂"的第 01818926. 1 号发明专利申请其权利要求请求保护"3 - 羟基 - 2 - （羟甲基） - 2 - 甲基丙酸的雷帕霉素 42 酯，即 CCI - 779 在制备用于治疗哺乳动物中的难治性肿瘤的药物中的用途，其中所述的难治性肿瘤选自乳腺癌、肺的神经内分泌肿瘤、头和颈癌。"

复审决定中指出：对比文件公开了 CCI - 779 治疗癌症的机理，并指出利用 CCI - 779 治疗乳腺癌、胰腺癌、结肠癌、神经胶质瘤、小细胞肺癌、黑色素瘤等癌症的方案即将进入 Ⅱ 期试验。对于权利要求中涉及难治性乳腺癌的技术方案而言，其与对比文件的区别技术特征在于，该申请权利要求限定的乳腺癌处于难治性阶段。根据该申请说明书记载可知，"难治性肿瘤"是指利用适于该给定肿瘤的标准化学治疗之后患者体内的肿瘤一般仍进展的肿瘤。对比文件公开了 CCI - 779 对乳腺癌有效，其治疗机理为抑制诸如受 p70S6 激酶调控的关键信号传导通路，使 RNA 翻译受到抑制从而导致细胞周期在 G1 期阻滞并由此引发癌细胞死亡。本领域技术人员知道无论乳腺癌发展到何种阶段，作为一种癌细胞其中通常存在上述信号传导通路，上述机理在乳腺癌的不同发展阶段都可能适用。当本领域技术人员遇到给予乳腺癌的一般标准化学治疗手段后该癌症仍继续进展的情况时，即所谓的难治性乳腺癌时，其仍会想到用对比文件所述的 CCI - 779 尝试对该难治性乳腺癌进行治疗并将其用于制备相关治疗药物。因此，从对比文件出发得到权利要求中涉及难治性乳腺癌的技术方案对本领域技术人员而言是显而易见的，该技术方案不具备创造性。

6.10　药品专利审查意见常见问题的答复规则

医药产品的研究开发过程具有较大的不确定性，需要大量系统且合理的实验数据逐步推定每个过程的真实性和有效性，如《专利审查指南 2010》第二部分第十章所述"化学发明能否实施往往难以预测，必须借助于试验结果加以证实才能得到确认"。在专利申请的审查过程中，创造性问题、公开不充分问题、权利要求得不到说明书支持问题等经常出现在审查意见中，其焦点最终往往都落到实验数据上。

6.10.1　创造性

专利创造性与非显而易见性联合评价创造性的"技术效果"，以及单独用于评价创造性的"预料不到的技术效果"均需必要的实验数据来证实。需要注意的是，在用实验数据说明有益效果时，应当给出必要的实验条件和方法；并且，如果说明书中未记载实验数据，又不能从原申请记载的信息中直接、毫无疑义地确定技术效果，则缺乏创造性；而且，在答复审查意见时，审查员对证明说明书中无法得到的技术效果的补交实验数据不予认可。

【案例 6-5】1997 年 6 月，广州威尔曼公司申请了名称为"抗 β-内酰胺酶抗菌素复合物"的发明专利（ZL97108942.6）[122]。该专利获得授权后，2002 年 12 月，北京双鹤药业以该专利不具备新颖性和创造性为由，向专利复审委员会提出了无效宣告请求。专利复审委员会于 2003 年 8 月作出第 8113 号审查决定，认定该专利权利要求相对于对比文件的区别在于，前者是舒巴坦与氧哌嗪青霉素或头孢氨噻肟混合制成复方制剂，后者为注射前将舒巴坦与氧哌嗪青霉素或头孢氨噻肟配制为混合液。在对比文件公开的利用不同药品联合治疗某种疾病可以获得良好疗效的基础上，本领域技术人员容易想到采用常规技术将上述药物混合制成复方制剂，从而获得权利要求的技术，并取得所述技术效果。因此不具有《专利法》第 22 条第 3 款规定的创造性，宣告该专利权全部无效。

专利权人不服无效决定，提起行政诉讼。2006 年 12 月 6 日，北京市第一中级人民法院作出一审判决，维持了第 8113 号无效决定。广州威尔曼公司不服一审判决，向北京市高级人民法院提起上诉。2010 年 4 月，北京市高级人民法院二审判决撤销了一审判决以及专利复审委员会的决定，判令专利复审委员会重新作出无效决定。二审法院认为无效决定中没有就"本领域技术人员容易想到将所述药物混合制成复方制剂"的认定提供相关依据。北京双鹤药业不服二审判决，向最高人民法院申请再审，并提交了证明"将上述药物混合制成复方制剂"属于本领域公知常识的多份证据。最高人民法院裁定提审并于 2011 年 12 月 17 日作出（2011）行提字第 8 号判决，再审判定撤销二审判决，维持专利复审委员会的无效决定及一审判决。最高人民法院认为在对比文件所述临床联合用药公开了足够技术信息的情况下，本领域技术人员能够从中获得相应的技术启示，想到采用复方制剂的形式以便于联合用药，无效决定对创造性的认定并无不当。

6.10.2 公开不充分

判断说明书是否充分公开，是以原说明书和权利要求书记载的内容为准。通常，在确认化合物结构（包括官能团、晶型等）时，实验数据应当记载到能够确认该化合物结构的程度，例如各种定性或者定量数据和谱图等，使要求保护的化合物能被清楚地确认。对于仅用结构和组成不能清楚地描述化学产品时，说明书中应当进一步使用适当的化学、物理参数及制备方法对其进行说明，使要求保护的化合物结构能够被清楚地确认。对于化合物发明，通常需要有制备方法的实施例。在判断医药产品的用途

（即适应证）公开是否充分时，申请文件中应当完整地记载该产品的用途和使用效果，即使是新化合物，也应当记载至少一种用途。在判断医药产品的制备方法是否公开充分时，申请文件中应当记载至少一种制备方法，说明实施所述方法所用的原料物质、工艺步骤和条件、专用设备等，使本领域技术人员能够实施[123]。

【案例 6-6】2018 年，诺华公司预计销售额将高达百亿美元的药物"诺欣妥"（Entresto）的发明专利"含有缬沙坦和 NEP 抑制剂的药物组合物"（ZL201110029600.7）被宣告专利权全部无效，在全球范围内引起极大关注[124]。

在该无效宣告案中，诺华公司主张组成"诺欣妥"的缬沙坦和沙库巴曲这两种已知的降血压药物的组合在降血压方面产生了协同效果，并提交了补充实验数据。国家知识产权局专利复审委员会经过审理后认为，涉案专利的申请文件中对于该协同效果只公开了实验方法和简单的定性结论，缺少必要的定量实验数据，专利权人补充提交的实验数据证明的技术效果并不能从原说明书中得到，从而没有认可该补充实验数据。

6.10.3　权利要求书得不到说明书的支持

关于权利要求书得不到说明书的支持问题，《专利审查指南 2010》规定，权利要求的概括应当不超出说明书公开的范围。在实践中，当组合物或组分配比相关的权利要求包含含量或配比等数值技术特征时，尤其应当考虑说明书记载的实验数据能否支持权利要求的概括范围。因此，建议企业专利管理人员在撰写或审核专利申请文件时，注意对说明书及其对应的权利要求中涉及数值技术特征的审核，避免因撰写实施例数值问题而导致权利要求得不到支持，进而避免在答复审查意见时只能缩小到实施例的数值范围导致权利要求保护范围过小。

【案例 6-7】2006 年 12 月，浙江永宁制药厂向国家知识产权局专利复审委员会请求宣告 ZL 93100008.4 发明专利权全部无效[125]，理由是说明书公开不充分，权利要求不具备新颖性和创造性等。该案经 2008 年 1 月专利复审委员会作出审查决定、2009 年 2 月北京市第一中级人民法院作出行政判决，再经 2009 年 9 月北京市高级人民法院作出行政判决，均认定"涉案专利的说明书中没有给出充分的试验数据证明除聚乙二醇 6000 以外的熔点范围为 20~90℃的氧化烯聚合物或者分子量为 1000~10000 的聚乙二醇同样能够实现该发明目的，因此权利要求的概括包含了专利权人推测的内容，且其效果又难以预先确定和评价，这种概括超出了说明书公开的范围，得不到说明书的支持"。

实践中，有的企业偶尔会遇到由于笔误导致一件专利的实验数据与另一件专利的实验数据雷同的问题，这时审查员通常会指出由于实验数据雷同违反本领域正常试验结果，致使试验结果缺乏真实性和合理性，进而不能作为判断技术效果的依据，因此在技术效果不明确的情况下，无法判断权利要求的创造性，导致不符合《专利法》第 22 条第 3 款的规定。对于此类实质性缺陷，可以通过承认一件专利数据正确另一件专利数据笔误，来争取获得一件专利授权。但是，不排除有的审查员怀疑两件专利数据均不可信的情况。

6.11　药品专利复审需要考虑的因素

专利复审时，在提交的复审请求书中其意见陈述与答复审查意见的规则类似，但是，实质审查阶段审查员经过几次审查意见通知书已经对专利是否符合专利法的要求进行了全面严格的审查，如果专利申请被驳回，说明审查员认为专利申请文件请求保护的技术方案没有可授予专利权的实质内容。当审查员肯定地认为该专利不应被授予专利权时，申请人应当比答复审查意见时更加审慎对待。据统计，从专利申请日到收到驳回通知书通常需要 3～5 年，因此，申请人在几年后收到驳回通知书时有必要重新评定该专利申请的必要性，是否需要提出复审请求，可以从产品成熟度、产品重要性和竞争性、复审成功率几个方面考虑。

6.11.1　产品成熟度

通常情况下，越是重要的专利，在基础研究阶段未获得充分实验数据的情况下应当越早申请，在几年后收到驳回通知书时，产品研发规划或实验结果可能已经发生较大变化，比如临床试验失败或产品已经准备上市，此时专利申请被驳回，是企业应当重新考虑专利目的、专利价值、检验和完善专利布局的时机，产品研究开发的成熟程度无疑应当作为是否提出复审请求的考虑因素之一。

6.11.2　产品重要性和竞争性

除了产品研发的进展程度以外，企业关注度较高的应该是专利关联（保护）产品的重要性程度。重要性可以通过产品未来的竞争性、市场增长性、产品的竞品情况并结合企业自身优势进行多维度判断，而最终将以产品的销售收入占企业总营收的比例来衡量。竞品较多说明竞争激烈，需要借助专利权维护商业竞争的概率较大，则提出复审请求的必要性较大。如果产品与众多竞品存在差别，具有一定的独特性，也建议提出复审请求，用专利权进一步体现和维持产品的竞争性。如果产品不具有独特性，（未来）占企业营收比例较小，则针对该产品的相关专利提出复审请求的必要性不大。

6.11.3　复审成功率

决定是否提出复审请求之前，要对专利申请是否具有授权前景进行更加准确的判断。除了对历次审查意见通知书包括驳回通知书进行认真研读之外，还应当全面研究申请文件和审查员所引用的对比文件的全部内容。针对驳回通知书指出的缺陷，按照本书前面章节介绍的规则和方法陈述意见，预判能否被审查员接受。

　　需要说明的是，根据《专利审查指南 2010》的规定，申请人提出复审请求被受理之后，专利局复审和无效审理部（原专利复审委员会）先将案件转送回原审查部作出驳回决定的原审查员处进行前置审查，原审查员将在 1 个月内对复审理由作出前置审查意见。在实践中，当前置审查意见撤销驳回决定时，专利局复审和无效审理部将按照前置审查意见直接作出撤销驳回决定的复审决定，该案则由原审查部门继续审查；而如果前置审查意见坚持驳回，则专利局复审和无效审理部将进行合议审查。通常情况下，如果复审请求中没有新的争辩角度和与以往答复审查意见通知书不同的争辩理由和证据，原审查员一般会作出坚持驳回的前置审查意见。

　　合议组审查复审案件类似于法院的审理内容，对驳回决定适用法律，驳回决定所依据的事实、理由、证据和程序进行审查，认为复审请求成立的，将作出撤销驳回决定的复审决定。所以，企业在考虑是否提出复审请求时，应当认真、全面分析研究，寻找新的争辩角度和证据，争取陈述与以往答复审查意见通知书不同的理由。

第7章 ≪≪≪≪≪≪≪ 7

医药企业合规管理

7.1 信息管理

7.1.1 信息获取

7.1.1.1 信息获取来源

企业知识产权信息包括但不限于企业内部拥有的专利、商标、著作权、商业秘密等，以及外部的知识产权法律法规/政策措施、知识产权图书/期刊/文献、数据库、国内外行业动态、竞争对手项目及产品资讯等。

不同信息的获取程序差异较大，专利需要通过申请、审查（发明包括初审和实审）和授权；商标需要经过申请和核准注册；著作权在作品完成后即自动享有；商业秘密需要企业进行认定。上述类型的信息在本书前述章节有详细描述。

与知识产权部门工作相关的外部信息主要是药物信息及专利信息，可以从本书第3章第3.3.2专利信息的检索及常用数据库资源提到的网站或商业数据库获取。

7.1.1.2 信息获取流程

知识产权信息在产品立项、掌握研发热点、了解竞争对手、规避侵权/维权、项目合作等方面，具有非常重要的作用，信息的完整性和准确性是企业作出合理决策的前提。因此，在信息获取的过程中，要建立标准的信息获取流程，确保信息的完整性和准确性。

通常，信息获取一般从需求出发。对于知识产权信息的获取，知识产权部门在准确定位信息需求后，可选择相应的网站或数据库等资源，通过科学的检索、分析、筛选、总结等方法，得到初始信息。在得到初始信息后，加入审核修改的环节，可以确保目标信息的完整性和准确性。信息获取的完整流程如图 7 - 1 - 1 所示。

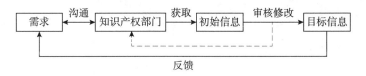

图 7 - 1 - 1　信息获取流程

7.1.2　信息管理

Delphion 咨询机构的调查报告显示，企业内部的信息和知识，仅有 12% 在需要时可以很容易地得到；46% 的信息由于数据格式不兼容，难以做到真正的信息交流；42% 的信息存于员工的大脑中[126]。因此，知识产权部门在信息获取后，应利用适合的软件搭建专业信息数据库，以便内部或其他部门使用。通过知识产权信息的有效管理，做到信息实时可得，实现真正的信息交流和共享，促进企业运营的高效和安全。

对于企业知识产权信息管理，即使是通过 Word、Excel 等文档管理，也需要将这项工作做起来。当然，有较多的商用数据库/软件提供解决方案，如唯德、智慧芽、彼速、红坚果、润桐等；企业可以根据自身的需求合理选择和使用这些数据库，建立完善的知识产权信息化管理系统，为企业的技术创新保驾护航。

如企业有全局的信息数据的管理方案，知识产权部应做好配合，在各个环节增添知识产权信息的内容。以项目的全流程管理设置为例，知识产权部应在合适的节点嵌入知识产权环节，建立项目全流程的知识产权管理。

医药企业项目知识产权全过程管理流程如图 7 - 1 - 2 所示。

在项目的不同阶段，嵌入知识产权信息的环节，利用合适的软件，可将产生的信息（如检索请求、检索报告、技术交底书、专利/商标申请文件、官方文件、外部文件、合同等）全部记载到数据库中。

通常，基于专业信息数据库，知识产权工作可以实现对挖掘、提案、评估、申请、进度、权限、协同、运营等全面的管理。数据库中一般包含录入、检索和管理三个模块；其中，录入模块实现信息的收集和整理，检索模块满足查询和分析的需求，管理模块进行信息管理。专业信息数据库基本模块如图 7 - 1 - 3 所示。

以专利撰写为例，基于某专业信息数据库的信息管理，可以对流程、节点、人员、信息等进行综合管理。从流程开始到结束，文档资料如技术交底书、可专利性分析报告、申请文件初稿/修改稿/定稿在系统中存档；流程中涉及的流程阶段、办理人员、办理时间、办理结果、办理时长、办理意见都清晰明了地显示；其特点是流程清晰，人员明确，工作进度可控，保留完整信息记录并且可追溯。同理，对于商标、著作权、检索及向官方提交的文件，都有相应的流程进行信息管理。数据库中的专利撰写流程和信息管理如图 7 - 1 - 4 所示。

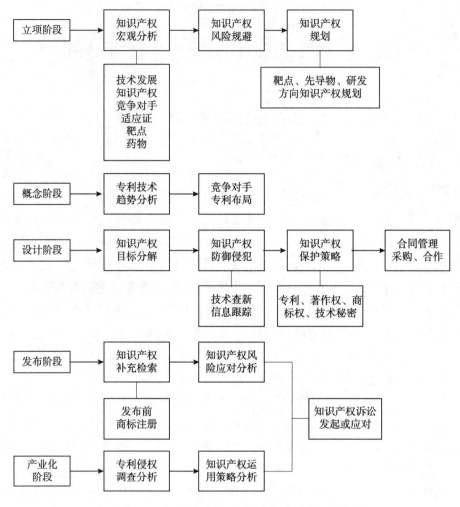

图 7 - 1 - 2　医药企业项目知识产权全过程管理流程

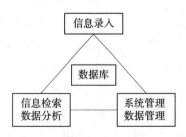

图 7 - 1 - 3　专业信息数据库模块

　　通过数据库的管理规则，实现对任务、期限、费用、文件、信息查询、信息更新等内部管理。同时可无缝对接相关外部管理机构，更精准、快速地抓取数据信息，节约工作用时和人力成本。

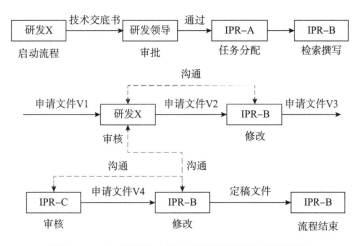

图 7-1-4 数据库中的专利撰写流程和信息管理

7.1.3 信息管控

信息管控指的是利用信息安全的手段，保护企业技术秘密。医药企业信息管控的实现手段是信息技术，从技术角度来讲主导部门是 IT 部门，但从知识产权角度考虑，知识产权部应主导参与全方位、全流程的知识产权信息管控，并建立信息管控的体系，将对信息的产生、交换、传递、应用和销毁等各方面进行管控，与知识产权的管理，进行同步和同等的处理。信息管控的范围还应包括因交换物质而产生的信息，例如在制药行业常见的项目合作中产生的临床数据、实验数据等，应利用协议控制的方式进行管控。

信息管控体系是企业知识产权管理制度的重要组成部分，知识产权部门需要健全企业知识产权管理制度，保障日常知识产权管理有章可循；加强对员工的管理和培训，增强其知识产权法律意识，建立员工的信息保密意识；明确信息管控的范围，划分信息秘密的级别，并可结合数据库的功能，设定不同人员对不同信息的权限；对信息的产生、存档、交换、传递、应用和销毁构建相应的流程，对外信息发布需经评审。

医药企业信息管控体系是一个综合的管理系统，必须与企业其他的内控制度结合，在公司的实际运营流程中无缝衔接执行，方能产生效益。

7.2 合同管理

由于知识产权保护自身的特点，医药企业在科研、生产、技术转让和专利保护等多方面需要涉及知识产权保护的条款。根据《民法典》合同编的要求，结合医药行业的规定，医药企业涉及知识产权合同管理至少存在如下情形。

7.2.1　技术转让合同

根据 2009 年国家食品药品监督管理局颁布的《药品技术转让注册管理规定》，为了促进药物研发的成果转化和生产技术的合理流动。国家食品药品监督管理局允许在满足一定前提的条件下，药物生产技术进行流动。除了技术转让方和受让方均为符合条件的药品生产企业外，药品生产技术的转让分为新药技术转让和药品生产技术转让。转让方和受让方必须签订药品技术转让合同。除了满足监管要求以外，转让方和受让方在技术转让合同中应约定技术中涉及的专利权的条款，交易方式可以是许可也可以随同技术一起转让给受让方。除了专利以外，交易合同中还应对药品生产涉及的专有技术（技术秘密）进行准确的描述，并随同技术合同一起转让给受让方，确保受让方生产出合格的产品。

7.2.2　医药行业兼并/收购合同

根据交易标的性质不同，医药行业的兼并/收购主要分为股权收购和资产收购。其中，在资产收购中，按照被收购技术所在的不同阶段可分为临床技术资产的收购、新药技术资产收购以及生产技术资产的收购。股权收购和资产收购都与知识产权相关。

医药企业持有的关键资产为药品技术。按照不同的阶段，药品技术分为临床技术、新药技术以及生产技术等。对于医药企业来说，药品取得临床批件仅仅意味着药品监管部门对于新药技术在法律上的认可。除其他因素外，药品生产企业还需要向药品监管部门申请药品批准文号，取得药品批准文号以后才能生产新药。

进行资产收购时，收购方一般要对目标公司以及目标资产进行技术调查和法律调查。无论在股权收购或者资产收购过程中，交易双方，尤其是收购方除了关注目标资产的相关许可以外，还应该关注目标技术的知识产权状态。根据不同的交易机构，如果收购方希望通过收购目标公司股权后在境外上市，则一般需要关注目标技术在国外是否获得专利保护、法律状态、是否保护了实际技术（或产品）以及满足不同国家的不同要求。例如，如果一项产品在美国获得了专利保护，调查过程中，需要关注其在审查过程中是否按照要求提交了信息揭露声明（IDS）等文件，以免造成授权后专利被无效。

因此，在医药技术收购合同中，交易双方应在合同中对于目标技术的专利保护进行约定。

7.2.3　药品委托生产合同

根据 2014 年 CFDA 发布的《药品委托生产监督管理规定》的规定，将药品委托生产定义为"药品生产企业（委托方）在因技术改造暂不具备生产条件和能力或者产能不足暂不能保障市场供应的情况下，将其持有的药品批准文号的药品委托其他药品生产企业（受托方）全部生产的行为，不包括部分工序的委托加工行为"。

委托生产的双方除了需要满足药品监管的要求外，在委托生产的合同中，应明确药品生产涉及的专利技术以及满足生产的专有技术内容，通过（专利和专有技术）许可的方式许可受托方进行生产。

2016 年 6 月，《药品上市许可持有人制度试点方案》（Marketing Authorization Holder）正式出台，标志着该方案的正式落地。通常，药品上市许可持有人是指拥有药品技术的药品研发机构、科研人员、药品生产企业等主体，通过提出药品上市许可申请并获得药品上市许可批件，并对药品质量在其整个生命周期内承担主要责任的制度。在该制度下，上市许可持有人和生产许可持有人可以是同一主体，也可以是两个相互独立的主体。根据上市许可持有人制度的要求，上市许可持有人在药物研发、生产、流通、监测与评价等方面的相应义务，具体包括与受托生产企业签订书面合同以及质量协议、销售协议、公开信息以及履行赔偿等。上市许可持有人和受托企业之间应签订书面委托生产合同，关于生产技术的授权包括药品产品专利、药品专有中间体的产品专利、生产方法专利、用途（适应证）专利以及相关的技术秘密（know‐how）等技术细节。

2019 年 8 月 26 日，第十三届全国人民代表大会常务委员会第十二次会议表决通过修订的《中华人民共和国药品管理法》，自 2019 年 12 月 1 日起施行[5]。此次修订的《药品管理法》增加第三章"药品上市许可持有人"，对持有人的条件、权利、义务、责任等作出全面系统的规定。根据《药品管理法》的规定，上市许可持有人除了落实主体责任以外，在知识产权管理方面需要做好保护和专利的许可工作。此外，涉及产品生产的技术秘密类信息也应该列清楚。

2020 年 3 月 2 日，国家药品监督管理局综合司公开征求《药品委托生产质量协议指南（征求意见稿）》《药品委托生产质量协议参考模板（征求意见稿）》意见，适用于持有人和受托方签订委托生产质量协议时参考，要求持有人对药品研制生产、经营使用全过程中药品的安全性、有效性、质量可控性负责。受托方应当严格执行质量协议，有效控制生产过程，确保委托生产药品及其生产符合药品注册和药品生产质量管理规范的要求。同日，国家药品监督管理局综合司公开征求《药品上市许可持有人检查工作程序（征求意见稿）》《药品上市许可持有人检查要点（征求意见稿）》意见，持有人检查包括现场检查和书面检查两种。书面检查适用于质量和安全风险较低的检查任务。现场检查的程序包括检查通知、首次会议、现场检查、末次会议、检查报告、整改、检查结果与处理。

7.3　横纵管理

7.3.1　上级部门管理

知识产权战略是企业战略的延伸，目前国际化已成为中国医药企业的重要战略之一，欧、美、日等成熟医药市场对知识产权的重视程度非常高，我们应积极利用国际化战略，增强企业处理海外知识产权问题时的能力，提升知识产权部门在企业内的地位和影响力。

通过知识产权部门富有成效的工作，也能对企业战略产生积极的影响，使企业决策层愈加重视知识产权工作。由于历史原因，国内制药业曾经对于知识产权重视程度严重不足。随着中国加入人用药品注册技术国际协调会议（ICH），以及国务院及相关部门密集出台各类与知识产权相关的文件，知识产权部应充分利用国内环境变化的有利因素，积极影响和引导企业决策层加大对知识产权的投入。

上级部门管理的核心目标是企业利益最大化，其宗旨是贯彻企业战略。知识产权部门负责人应利用例会汇报与单独汇报的时机，向管理层宣贯知识产权战略为什么可以最大化企业利益，以及如何最大化利益，在高层内部形成长期重视知识产权的氛围。

同时，知识产权部应充分利用好突发事件的影响力和急迫性，在公司最需要知识产权部处理知识产权纠纷或诉讼时，与管理层做好充分沟通，理解管理层的意图，处理好此类事件。突发的知识产权事件既是危，更是机，把握好处理的方法，得到被认可的结果，将换来管理层对日常知识产权工作的支持。

7.3.2 部门间协作管理

制药业需要企业内多部门同时协作、分进合击，才能完成全部的业务流程，因此部门间的协作与管理非常重要。对于知识产权部门而言，其与研发、生产、销售、法务等部门之间的协作非常重要。

研发部门是绝大多数知识产权的原始来源，制药项目在研发立项时，知识产权部门就需要参与，与研发部门一同制定项目的知识产权目标与规划，并安排专职人员成为项目组的一员，使项目在研发阶段的知识产权工作可控。为了激励研发人员参与知识产权工作，可以出台相应的奖励政策，以正向激励为主。

制药项目的研发与生产部门的沟通非常关键，从小试到中试放大的过程中，面临很多的技术和法规层面的挑战；而在生产转移成功后，持续的技术改进也是医药企业保持竞争优势的一种手段。在以上过程中，往往会产生大量的知识产权机会与风险，因此，项目组的知识产权人员也应在研发到生产以及正常生产的全过程中，保持对项目的关注。

在研发和生产时，知识产权人员应对销售时可能面对的知识产权风险做出预警。虽然药物在注册上市前的研发和生产等行为，不侵犯专利权，但这也意味着药物销售时将面临风险。同时，在药物上市前后，还会面临被指控窃取商业秘密的风险。

在日常的法务工作中，知识产权部门应积极配合法务部或合规部完成法务和合规的知识产权工作。知识产权诉讼涉及了大量的技术内容，应由知识产权部门主导。如果法务部门是知识产权部门的上级部门，应做好知识产权诉讼与其他诉讼之间的区别管理工作。

　　知识产权部门还应配合采购部门，对物料供应商进行知识产权管理，应关注其提供的起始物料、中间体及其生产工艺是否存在侵权风险。如果销售的产品需要出口的，还需要注意其出口地、港口转运地的知识产权相关风险。对服务供应商，需要关注其服务的其他医药企业是否具有排他类型协议，以及给企业提供的服务，是否需要签署独家的排他协议。供应商会通过合作获知企业的商业秘密，因此应通过保密协议的形式对其进行约束与管理。

　　由于医药产品在各地的药政法规的不同，我们还需注意某些供应商对不同地区采用不同的供应标准，这有可能导致企业在不同地区遭遇不同的知识产权风险。

　　企业内部的审计部门开展定期审计时，知识产权部还应配合完成相应的知识产权审计工作。

7.3.3　药政法规的知识产权协同

　　制药业是由政府监管，具有高准入门槛的行业，所有药品都必须获得监管部门审批同意，才能合法上市销售。在制药业，知识产权还与药政法规具有协同作用，产生叠加或抵消的效果，从而使知识产权人员必须关注药政法规的动向。例如 2017 年 10 月 8 日，中共中央办公厅和国务院办公厅联合印发了《关于深化审评审批制度改革鼓励药品医疗器械创新的意见》（厅字〔2017〕42 号），在促进药品创新和仿制药发展方面，提出探索建立药品专利链接制度及开展药品专利期限补偿制度试点。知识产权人员也需要时刻关注《中华人民共和国药品管理法》《药品注册管理办法》等相关法律法规的修改及施行。

　　在专利保护以外，医药行业企业还可以依靠政府的行政保护，延长其药品独占保护期。知识产权部门在研究药品的专利期时，一定要注意相关药品的行政保护独占期，避免得到错误的信息。以美国的专利期延长（PTE）制度和欧盟的药品补充保护证书（SPC）制度较为典型。Hatch – Waxman 法案规定了新药申请者可获得专利延长期，补偿其在临床试验和药品审评中所消耗的时间，但最多不超过 5 年，并且延长期限加上药物上市时所剩余的专利期限之和不能超过 14 年。SPC 补充保护的期限不超过 5 年，在基本专利到期后生效，自上市许可（MA）之日起计算，总计专利保护期不超过 15 年。

　　PTE 延长可在 USPTO 官方网站查询，在检索结果的"Image File Wrapper"中查询 PTE 延长的申请和证书。SPC 延长可在 European Patent Register 官方网站中查询，在检索结果的"Legal status"中，可查询在欧洲各个国家的 SPC 延长情况。例如 US7407955，申请日为 2003 年 8 月 12 日，根据申请日 +20 年计算，到期日为 2023 年 8 月 12 日，但 PTE 延长了 629 天，该专利实际到期日为 2025 年 5 月 2 日；其欧洲同族专利 EP1532149 通过 PCT 申请 WO2004018468 进入欧洲，申请日为 2003 年 8 月 18 日，根

据申请日 + 20 年计算，到期日为 2023 年 8 月 18 日，但其在欧洲多国进行了 SPC 申请，例如在丹麦针对某一产品延长至 2026 年 8 月 30 日。

在药品申请上市时，各国的药政部门都会要求做出知识产权的声明。知识产权部应与注册部门充分沟通、配合，主导完成声明的撰写。例如，在中国进行药品注册申请，根据《药品注册管理办法》第 18 条规定，申请人应当对其申请注册的药物或者使用的处方、工艺、用途等，提供申请人或者他人在中国的专利及其权属状态的说明；他人在中国存在专利的，申请人应当提交对他人的专利不构成侵权的声明。2020 年 9 月 11 日国家药监局、国家知识产权局组织起草了《药品专利纠纷早期解决机制实施办法（试行）（征求意见稿）》，其中第 6 条的专利声明，要求化学仿制药申请人提交药品上市许可申请时，应当对照已在中国上市药品专利信息登记平台载明的专利信息，针对被仿制药每一件相关的药品专利作出声明，并提供声明依据。声明分为四类：一类声明：中国上市药品专利信息登记平台中没有被仿制药品相关专利信息；二类声明：中国上市药品专利信息登记平台收录的被仿制药品的相关专利已终止或者被宣告无效；三类声明：中国上市药品专利信息登记平台收录有被仿制药品相关专利，仿制药申请人承诺在专利有效期届满之前所申请的仿制药暂不上市；四类声明：中国上市药品专利信息登记平台收录的被仿制药相关专利权应当被宣告无效，或者其仿制药未落入相关专利权保护范围[10]。在美国进行新药申请（New Drug Application，NDA），申请人（通常也是专利权人）在提出 NDA 申请时应当提交相关的专利信息，申请获得批准后该专利信息将通过橙皮书（Orange Book）公开。在美国进行简略新药申请（Abbreviated New Drug Application，ANDA），须参照橙皮书上登记的专利，向 FDA 递交以下 4 种专利状态的声明之一：①声明 I（Paragraph I），该药品无专利；②声明 II（Paragraph II），该药品有专利，但该专利已经失效；③声明 III（Paragraph III），在相关专利失效前，不要求 FDA 批准该仿制药；④声明 IV（Paragraph IV），与申请的仿制药相关的专利是无效的或者仿制药并不侵权。中国和美国的知识产权声明如表 7 - 3 - 1 ~ 表 7 - 3 - 3 所示。

表 7 - 3 - 1　国产药品注册表中的专利情况说明

专利情况：□有中国专利□化合物专利□工艺专利□处方专利□其他专利
专利号：
专利权人：
专利授权/公开日期：
　　　　□有外国专利□化合物专利□工艺专利□处方专利□其他专利
专利号：
专利权人：
专利授权/公开日期：
专利权属声明：我们声明：本申请对他人专利不构成侵权。

表 7 - 3 - 2　国产药品注册的不侵权声明

关于×专利权属声明

　　X 是 A 公司开发的新化合物，属"境内外均未上市的创新药，含有新的结构明确的、具有药理作用的化合物，且具有临床价值的药品"。根据《国家药监局关于发布化学药品注册分类及申报资料要求的通告（2020 年第 44 号）》属于化学药品 1 类。

　　目前 A 公司已对 X 申请了专利，详见附表。本次注册申请为 X 在国内外的首次申请，其所有专利均为 A 公司（英文名称……）所有，并拥有全球自主知识产权。

　　X 使用的工艺、方法和数据等均由 A 公司试验研究所得。经过详细的专利查询及分析，本申请中化合物、晶型、工艺、用途等在本品注册申请中不涉及任何侵权情况，本申请人对将来不可预见的、任何可能的侵权负全部责任。

　　特此声明。

A 公司
年　月　日

附表：X 专利信息

申请日	发明名称	申请人/专利权人	国家/地区	申请号	法律状态	专利授权/公开日期
……	……	……	……	……	……	……

表 7 - 3 - 3　美国 ANDA 申请时的专利声明

1. 3. 5. 2　PATENT CERTIFICATION

PATENT CERTIFICATION

　　In accordance with the Federal Food, Drug, and Cosmetic Act, as amended September 24, 1984, the Applicant, Company XX makes the following certification and statement with respect to the patents listed in the FDA's Approved Drug Products with Therapeutic Equivalence Evaluations（"Orange Book"）for DRUG - A®, which is approved under NDA… This Abbreviated New Drug Application for…, refers to the listed drug DRUG - A® of Company YY, which is listed in the Electronic Orange Book. The Electronic Orange Book, current through xx xx, xxxx lists the following patents：

Table 1 Patent Data for DRUG - A®　（…）

Patent No.	Patent Expiration	Drug Substance Claim	Drug Product Claim	Patent Use Code

Copies of relevant pages of the current Electronic Orange Book are attached in Module 1. 3. 5. 1.

ParagraphIII Patent Certification
[21 C. F. R. § 314. 94 (a) (12) (i) (A) (3)]

This certification is made in accordance with Section 505 (j) (2) (A) (vii) (III) of Title 1 of the Federal Food, Drug and Cosmetic Act, as amended September 24, 1984, and pursuant to 21 CFR § 314. 94 (a) (12) (i) (A) (3):

Company XX certifies that Company XX is not seeking approval to market the ... for which this application is submitted until after the expiry of U. S. Patent No. ... including any pediatric extension thereof.

Paragraph IV Patent Certification
[21 C. F. R. § 314. 94 (a) (12) (i) (A) (4)]

This certification is made in accordance with Section 505 (j) (2) (A) (vii) (IV) of Title 1 of the Federal Food, Drug and Cosmetic Act, as amended September 24, 1984, and pursuant to 21 CFR § 314. 94 (a) (12) (i) (A) (4).

Company XX certifies that, in its opinion and to the best of its knowledge, U. S. Patent No. ..., U. S. Patent No. ..., and U. S. Patent No. ... are invalid, unenforceable, and/or will not be infringed by the manufacture, use, or sale of ... for which this application is submitted.

Company XX will comply with the notification requirements under 21 C. F. R. § 314. 95 (a) with respect to providing a notice to each owner of the patent or their representatives and to the holder of the approved application for the drug product which is claimed by the patent or a use of which is claimed by the patent and with the requirements under 21 C. F. R. § 314. 95 (c) with respect to the content of the notice.

Statement under Section viii for U. S. Patent No. ······

This certification is made in accordance with Section 505 (i) (2) (A) (viii) and 21 C. F. R. 314. 94 (a) (12) (iii).

Company XX hereby states that Company XX is not seeking approval for any indication covered by the following patent listed in the Orange Book – Approved Drug Products – and the labeling for the product submitted by Applicant does not include any information covered by the following method of use patent U. S. Patent No. ....

Ms/Mr ...

Regulatory Affairs Manager

Company XX

在药品的市场准入过程中，如在中国各省区市进行药品招投标时，知识产权是重要的工具和谈判筹码；对通用名相同的药品一般可分成专利药品、GMP 药品、非 GMP 药品三类（以各地要求为准），其中专利药品通常是在投标时优先确定的一个药品属性。投标人应保证招标人在使用中标（议价成交）药品时，不受第三方提出的侵犯其专利权、商标权或保护期的起诉。知识产权部门应事先与市场准入的负责部门进行沟通，提供必需的资料（专利证明文件如专利证书等，有利于获得加分），以便让药物上市获得最好的条件。

7.3.4 对子公司的管理

子公司是在法律上独立于母公司，并且拥有独立而完整的公司管理组织体系，知识产权也是子公司的重要资产之一。母公司需要一个科学的知识产权管理体系，管理好各子公司的知识产权资产，以最大限度地保障企业的整体利益。

对于子公司的知识产权，可采用集中管理和分散管理的模式。

集中管理是在企业总部设立知识产权管理部门，由高层管理者直接控制，统一制定知识产权战略和策略，各子公司涉及的所有知识产权重大决策权都由企业统一控制。各子公司的知识产权部门负责贯彻和执行总部的知识产权制度，管理日常的知识产权工作。与子公司签订协议明确各子公司的知识产权均归属母公司，母公司可通过授权方式给子公司使用。

子公司可设置负责知识产权事务的人员，该职员既属于子公司行政管理，也属于总公司知识产权部业务管理，考核方面，可由子公司进行日常工作考核，总公司的知识产权部进行年终考核，增加工作效率。

集中管理的优势是，权责明确，命令统一，决策迅速，高效管理等；母公司可通过授权方式让子公司使用知识产权；子公司相对于母公司，知识产权保护能力有限，可降低子公司知识产权应对风险，同时避免子公司在对外合作中可能导致的知识产权流失风险。但其弊端也在于高度的集中化，使知识产权的运营和管理过于僵硬。

分散管理的特点是母公司与子公司以资本作为纽带，子公司享有充分的知识产权管理权限。子公司自行实施相关知识产权活动，知识产权归属子公司。

分散管理有利于调动子公司管理知识产权的积极性，有利于子公司根据技术发展和市场竞争需要，及时调整知识产权战略。但容易导致子公司为了短期目标，忽略企业长远发展目标和整体利益[127]。

7.4 风险管理与防范

知识产权作为知识经济的核心，是企业间竞争的砝码。与知识产权相关的风险可能存在企业生产活动的任何一个阶段。由于知识产权风险发生的可能性、影响程度、企业应对能力都是动态变化的，为了全面、系统、准确地识别知识产权风险，并有层次地对知识产权风险进行评估、跟踪、监督、规避、减少、转移等，最终实现以最小的成本获取最大的安全保障，各企业应当将知识产权风险管理作为知识产权管理的重要内容，根据企业需要建立合适的知识产权风险管理体系，保障企业健康可持续发展。

医药产品直接关系到人们的身体健康甚至生命存亡，各国法律法规对医药产品的上市及其生产工艺、设备等都有特别限定。根据医药开发的特性，针对不同类型的医药企业，其在知识产权管理的内容和特点方面也会各不相同，如何开展医药企业的知识产权风险管理，本节进行了全面的探讨。

一般情况下，风险管理可根据风险种类及重要程度进行分类、分级管理。而对于创造、制造、营销一体化模式的医药企业，由于其涉及了药品的研发、生产、销售的整个流程，故大部分的知识产权风险都可能发生，如果仅采取分类、分级来进行风险管理，易发生遗漏。如果以研发、生产、销售为流程主线，采取对流程中知识产权风险全面预警的全流程风险管理，相较于一般的分类型风险管理，全流程风险管理更系统、更高效，且更易对风险进行识别和预警，达到知识产权风险防控成效；采用其他模式的医药企业可在其涉及的业务范围内参考调整。

7.4.1　知识产权风险的特点

知识产权是一种特殊的财产权，其相关的风险受法律法规的影响，也有其自身特点。

7.4.1.1　时效性

关于时效性，法律法规对不同的知识产权的保护具有不同的期限，例如发明专利保护期为 20 年，实用新型专利保护期为 10 年，外观设计专利保护期为 10 年，注册商标保护期为 10 年。知识产权风险只发生在其存续期间，一旦该知识产权失效，企业面临的该知识产权风险即告解除；但作为知识产权权利人的企业，则存在知识产权丧失的风险。

7.4.1.2　地域性

关于地域性，目前各国/地区对知识产权的保护遵循独立原则，一个国家/地区授予的知识产权保护只在该国家/地区发生法律效力，企业在生产经营活动中可能遇到的知识产权风险存在地是企业需要考虑的；反之，在企业自身进行知识产权地域布局时，则需要考虑未布局地域的权利丧失风险。

7.4.1.3　独占性

知识产权的独占性是指未经知识产权权利人的许可，任何人不得以经营目的实施其知识产权。知识产权作为无形资产，其权利边界是不易被人识别的。因此，在经营过程中，实施的主体一旦对经营涉及的知识产权调查不全面，便极易存在知识产权侵权风险隐患。

7.4.1.4 不确定性

专利申请授权存在不确定性，授权后可能面临无效风险，因此，企业面临的知识产权风险不确定性，给企业规避知识产权风险带来困难。

7.4.1.5 纠纷处理周期长、程序复杂

我国针对不同类型的知识产权授权、无效和发生纠纷的司法救济途径或行政救济途径是在不同的机构进行，而这些程序之间存在关联性，导致纠纷处理的周期非常长，程序也很复杂。

7.4.1.6 风险防范难度大

正是因为知识产权具有上述几个特点，使知识产权风险防范难度大。

7.4.2 全流程风险管理

全流程风险管理是对流程中每一节点发生知识产权事务对应的风险设置处理和决策的时机，通过建立从具体办理人员到最后审批人员的具体操作流程和工作质量要求，有效地防范知识产权风险。企业知识产权风险全流程管理体系一般应当全面地规范和体现各个组成部分，包括"人、事、物、运行机制"，以使其可行性符合要求，最终实现管理目的（见图 7-4-1）。"人"即参与风险管理的人员架构，"事"为风险管理的对象，"物"则是风险管理过程所需的资金等资源，"运行机制"作为制度规范，是保障整个风险管理健康运行的基础。

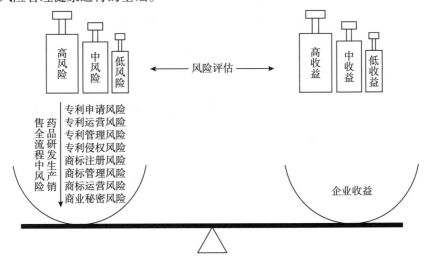

图 7-4-1 全流程风险管理

7.4.2.1　人员架构

企业能否规避和应对知识产权风险的关键，在于参与管理风险人员对风险的分析是否准确到位，决策是否正确，而决策的正确与否受到信息分析全面性和准确性，以及参与知识产权管理人员的知识产权知识和业务水平的影响。因此，在企业知识产权全流程风险管理体系中，参与风险管理的人员架构，应当由企业的最高管理层或具有裁决权力的领导层组成的决策机构，熟悉知识产权业务、执行具体的知识产权管理事务的知识产权工程师组成的知识产权管理部，以及提供技术支持的研发部、提供最新市场信息及市场动态的市场部、给予法律（合规）风险预警的法务部（合规部）等共同组成。不同成员在全流程风险管理的不同阶段提供相应信息、参与风险的评估、提出风险应对策略参考，供决策机构做出决策。

7.4.2.2　风险类型

随着国际社会对知识产权保护的不断强化，知识产权的运用方式也越来越多样化，企业在生产活动中遇见的风险始终处于一种动态变化中，在药品研究开发流程的不同阶段存在不同的风险，在知识产权风险管理中，按照不同的标准对知识产权分类非常重要，目的在于根据不同的知识产权风险维度，进行合理的管理和防范。

根据知识产权类型的不同，可以将风险分为专利风险、商标风险、著作权风险、域名风险、合同风险、商业秘密风险、商号风险、不正当竞争风险、综合性知识产权风险等，以这种方式来区分主要是确定不同的项目负责人，根据流程中各节点风险出现的概率进行计划性防范。

根据对方的不同诉求和解决诉争的方式不同，可以将风险分为许可型风险、诉讼型风险。诉讼型风险是指司法和行政程序中的风险，包括诉讼、仲裁、行政调解、行政管理。两种风险可以互相转化。以这种方式来区分可引起负责人依据证据的注意程度和保管程度不同，采取不同的谈判策略。许可型风险和诉讼型风险又可分为主动型风险和被动型风险。主动型风险是指公司主动找对方谈许可或诉讼，被动型风险是指对方主动来公司谈许可或诉讼，区分的意义在于对结果的期望值不同，证据的准备方式也不同，投入的人力物力也不相同。

根据风险的标的不同，可以将风险分为生产设备风险、原料采购风险、销售药品风险、生产工艺风险。以这种方式区分用于确定项目负责人，评估企业对风险的承受能力、应对能力及后续风险规避策略的制定。

除此之外，还有境内型风险、境外型风险，区分的意义在于风险处理策略不同，项目预算不同。

7.4.2.3　资源配置

由于知识产权风险的紧迫性和重要性，原则上企业应采用资源优先配给，但也需根据自身知识产权风险管理计划，制定可行的方法，为知识产权风险管理分配合适的资源。

（1）人才资源

有条件的企业应当建立一支专业化的知识产权人才队伍，为企业知识产权事务决策的合理性提供保障，为办理具体知识产权事务提供专业服务。企业可通过引进、培训、进修等多种形式培养自己的知识产权人才队伍；不具备条件的企业，可以与专业知识产权服务机构合作，通过服务外包借助服务机构的人才优势，为企业实施知识产权决策服务，从而规避或有效降低知识产权风险。

（2）资金资源

根据企业内部条件和管理需求，对风险管理过程每一阶段所需要的资金进行配置，如知识产权专项经费等。

（3）外部协同资源

很多知识产权风险管理需要引入外部专家顾问或机构的评估建议和意见，也常常需要咨询政府主管部门，企业应综合调配这方面的资源，以利于知识产权的风险管理。

（4）其他资源

企业知识产权管理可引入信息和知识产权管理系统，提高信息沟通和管理的效率，降低综合性知识产权风险。

7.4.2.4　运行机制

知识产权风险管理运行机制是体系各个要件有机结合的基础，企业应该根据自身发展需求，制定知识产权风险管理目的，基于目的建立完善配套制度，规范知识产权风险管理的工作程序，以确保知识产权风险管理在企业内部的统一理解和严格执行。在知识产权风险管理运行机制中，至少应当对决策流程、监控机制进行规范；进一步通过制定风险清单，根据风险的类型及级别，对可能的突发事件准备处置预案；而员工专业水平是整个风险管理体系有效运行的基础，因此还应当对员工教育培训机制进行规范。

（1）决策流程

对于决策流程，企业可以以项目发展流程为基线，标识流程节点，对各个节点的具体办理人员到审批人员的具体操作流程和工作质量要求进行规范，设置风险管理人员架构中每位成员的权责，积极调动各位成员的主观能动性；对可能存在的知识产权风险的节点设置风险评估流程，对风险进行分类、分级管理，形成知识产权风险清单。风险分级管理的目的在于根据企业的风险管理目的及企业的风险承受能力，及人力物力的分配，制定风险应对策略，确保以最低的成本获得最大程度的保护。依据企业具体情况将知识产权风险分为高风险、中风险、低风险；对于高风险事件，一般采取放弃、停止、规避风险，对于中风险事件，可以依据具体情况放弃、停止、规避或通过控制因素减少风险，或借助他力分担风险，对于低风险事件，企业可权衡风险控制成本、代价与收益后，可采取放弃、停止、规避、减少、分担风险。风险规避以企业战略为方针，以一般处理方式作为参考，当收益大于风险控制成本及代价时，根据实际情况和需求选择。对于每个节点的风险还可预先制定风险识别、分析、评价、应对策略（规避、减少、分担）的标准，具体实施时，再根据实际情况进行策略调整，并做好监督检查、沟通记录。

（2）监控机制

监控机制是指定期或不定期地对知识产权运行体系的各个部分运行情况进行评估和检查，不断改进和完善知识产权风险管理和防范体系。

（3）对突发事件的处置预案

对于突发事件的处置预案，医药企业可结合本企业的组织形式、行业特点，根据列出的风险清单，制定一系列的应对处置预案。可针对不同级别、不同类型的具体知识产权突发事件，通过确定响应级别、指挥部门、主承办部门、协办部门及参加人员，以及各部门和参加人员处置权责、流程和措施，以及后续救济措施等，一旦发生知识产权突发事件，可启动处置预案，按照预案设定的级别和要求来组织应对，也可根据实际情况由决策机构根据各部门提供的具体信息对预案进行科学调整，有条不紊地化解危机。

企业活动的各个环节的知识产权风险管理涉及的内容错综复杂，还涉及多类法律条款，要想有效地运行企业制度，不但需要企业建立起规范化的知识产权管理体系，全体员工对企业知识产权管理规范严格执行，最重要的是全体员工要有对知识产权风险进行管理的意识。因此，还应当对员工进行相关内容的培训，并在企业内部加强宣传。

按照研究对象的不同，医药企业可分为中药、生物创新药、生物类似药、小分子创新药、小分子仿制药、医疗器械、保健食品等类型企业，不同类型的医药企业涉及的研发、生产、销售具有不同的流程节点，每类医药企业遇到的风险也有差异，即便是相同的知识产权风险，处理方式也不相同，因此，在医药企业制定全流程风险管理及制定风险策略时，应当综合考虑，契合自身研究领域特点。

7.4.3 各节点风险管理与防范

7.4.3.1 研发

对于创造型医药企业来说，研发活动是获得市场竞争优势的基础环节，药物研发的立项、研发方向的确定、研究成果的保护等都存在知识产权风险。此阶段风险的防范效果影响着后续阶段的知识产权风险发生的类型及概率，甚至可能使研发成果不能投入生产制造的风险，该阶段主要涉及专利风险，如图 7－4－2 所示。除此之外，还应注意，商业秘密风险和合作研发风险等其他风险，也贯穿整个研发的流程。

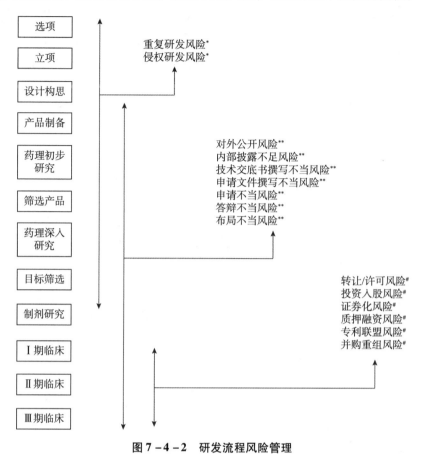

图 7 - 4 - 2　研发流程风险管理

注：＊指因研发结果涉及专利侵权或专利保护，导致研发经费浪费的专利风险。

　　＊＊指与专利申请相关的专利风险。

　　#指与专利运营相关的专利风险。

1. 专利风险

（1）导致研发经费浪费的专利风险

研究开发的成果被在先的已失效专利公开或已有在先专利申请保护将造成重复研发，研发开发的成果已有在先专利或属于在先专利保护范围内，而且该在先专利仍然处于有效状态，不仅构成重复研发，造成企业投入的研发经费浪费，而且企业要使用该研发成果，处于存在被在先专利权人指控专利侵权的风险，属于侵权研发风险。"重复研发风险、侵权研发风险"重要防范手段是对研发阶段中任一节点产生的设计构思或技术成果做出详细的信息调研、检索，包括不限于专利、论文、新闻、行业动态等，确定这些构思或技术是否被已公开专利或专利申请、论文等披露，或被有效专利所包含。

（2）与专利申请相关的专利风险

"对外公开风险"一般是指专利申请披露、新闻发布、文章发表等给项目带来的风险，因此，项目负责人在公开信息前，应当对项目研发进行阶段性总结和预估，及对现有技术发展情况做到心中有数。"内部披露不足风险、技术交底书撰写不当风险"主要是研发人员对专利法律的熟悉程度不足导致，应加强对研发人员进行知识产权相关内容的系统培训及宣传。"申请文件撰写不当风险、申请不当风险、答辩不当风险、布局不当风险"则是因企业知识产权具体事务负责人的业务水平不足导致，可以通过加强企业知识产权工作人员的专业水平或聘请知识产权相关的专家指导，或委托专业的知识产权服务机构完成相关工作来规避此类风险。

（3）专利运营风险

药品研发的后期，特别是临床阶段，还可能发生另一类型的风险——专利运营风险。药品研究发展至该阶段，其成功上市的概率大大增加，因此与其相关的商业活动也可能变得频繁起来，随之相关的专利运营风险也会增加。此阶段的专利运营风险发生概率较大的是转让/许可风险、投资入股风险、证券化风险、质押融资风险、专利联盟风险、并购重组风险。专利技术转让/许可应当遵守的法律法规有《专利法》《民法典》，如存在向国外转让/许可情况，则应当按照《技术进出口管理条例》《技术进出口合同登记管理办法》的规定办理审批手续；对于专利质押融资，质押合同还应当符合国家知识产权局发布的《专利权质押合同登记管理暂行办法》的规定，质押期间的专利权处分应当符合《民法典》的规定，若以专利进行出资投资，则企业需按照《民法典》规定进行资本注册。除了以上专利运营中需要遵循国家的法律法规以避免相应的争议和纠纷外，对于企业来说，应当以专利运营目的为基础，对合作对象、合作事宜、合作方式、合作预期等做全面的尽职调查。

2. 其他风险

（1）商业秘密风险

药品开发的任何一个阶段，都存在商业秘密风险，研发阶段的商业秘密多数涉及技术秘密风险。商业秘密泄露多发于企业人才流失及企业保密措施、保密制度不完善，企业需要采取的防范措施具体可参照第 5 章第 5.1.4 节关于商业秘密管理的内容。

（2）合作研发风险

如果存在合作研发，则应当明确规范知识产权权属问题，以免导致资产流失、合作失败、自树竞争对手等风险。

3. 研发阶段各节点的风险管理

下面以 1 类化学新药研发阶段各节点的风险管理来具体展示全流程风险管理。

（1）选项、立项的风险管理和防范

药品最后在市场是否能够取得商业成功，不仅涉及药品治疗领域、具体适应证的流行病学、药品的作用机理、药品相关的现有技术情况，还与同类竞品情况、已有竞争对手情况、潜在竞争对手情况相关。在立项之初，项目团队应当对此类相关信息进行详细调研，把握研发方向，以降低研发方向错误的风险。项目立项由研发部主导，知识产权部、市场部提供市场相关信息，研发部再根据市场信息锁定领域，由知识产权部对具体领域做详细调研，如现有专利技术信息、已有竞品信息、潜在竞品信息、已有竞争对手信息、潜在竞争对手信息等；最终研发部将这些信息整合，从中选择最适合的项目来立项。关于选项、立项的风险管理如图 7 - 4 - 3 所示，选项、立项阶段风险清单如表 7 - 4 - 1 所示。

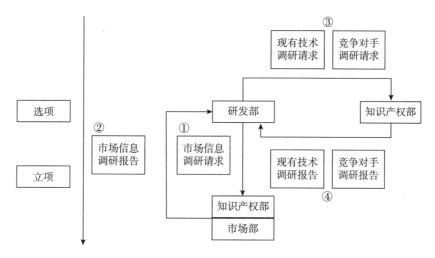

图 7 - 4 - 3　选项、立项的风险管理

表 7 - 4 - 1　选项、立项阶段风险清单

风险类型	发生后果	风险级别	风险防范措施	风险预案
研发方向错误风险	很难找到具有上市前景的药物或上市药物销售收益小	高	对相关领域的信息分门别类地全面收集	调整研发方向、研发策略或调整研发资源分配
商业秘密风险	易使企业处于被动地位	低	对各类文档进行合理保管，加强员工保密意识	处于立项阶段，可以不予处理

（2）从设计构思到筛选目标的风险管理和防范

确定项目方向后，研发部开始设计构思，并将设计构思形成查新请求，由知识产权部负责对设计构思进行查新检索分析，完成查新检索报告，反馈给研发部；检索报告内容应对重复研发、侵权研发的风险进行分析评估，给出结论供研发部参考。研发部根据查新检索报告分析及结论确定风险低的设计构思，进入下一流程环节——制备产品，即将构思产品化；对于该类风险高的设计构思，由研发部选择通过规避设计来规避风险，或者由知识产权部对引起风险的专利进行无效宣告评估，能够通过无效宣告请求避免风险发生的设计构思，由研发部根据需要选择进入构思产品化环节；对于

很难通过无效宣告来避免风险发生的设计构思，如无法规避设计，则一般应当放弃。此阶段因还处于设计构思中，如存在高的重复研发、侵权研发的风险，一般不宜冒险构思产品化，因药品的投资非常大、周期长，如果在最早期没有通过最小的成本规避该类风险，这将埋下非常高的风险隐患。若产品开发进入后期，企业投入将越大，其承受风险的能力越低，最终可能导致无法投入生产或者生产无法销售，或者引发侵权诉讼风险，或者药品相关专利无法授权，最终导致药品没有专利保护，失去市场竞争力，具体如图7-4-4所示。

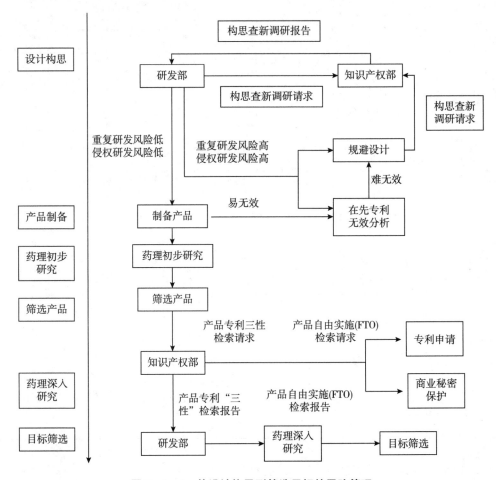

图7-4-4 从设计构思到筛选目标的风险管理

对于小试制备的产品，首先需要进行初步药理学研究来筛选产品，一般为药效学研究，筛选效果好的产品，还需由知识产权部对它们进行专利"三性"检索、FTO检索分析，并将相关报告反馈给研发部。对于具备专利"三性"的产品，可以考虑进行专利申请，当然在专利申请时，需要结合考虑后续研发方向，以及现在研发程度来统筹专利申请的权利要求撰写和专利布局，以避免出现申请不当风险、申请文件撰写不当风险、布局不当风险。

　　研发部将在筛选出的产品中根据检索情况，经进一步筛选后进行深入的药理学研究，如药代、药动、毒理等试验，该类深入的药理学研究需要投入更大的研发成本，通常企业并不会将全部的产品都完成相关实验，而是通过层层实验筛选，最终锁定目标药物。

　　对于目标药物，如活性成分（API），研发部门将对其进行进一步的研究，比如盐、晶型等，根据药物的不同，这类研究也可能在目标筛选时已完成了。对于活性成分的盐、晶型，也由知识产权部完成专利三性研究和 FTO 检索分析，最终确定目标进入下一环节，比如制剂研究。

　　从设计构思到最终确定目标药物是一个非常漫长艰难的过程，往往会反复进行设计、筛选过程，因此，知识产权部应当主导制定跟踪检索制度，根据在研项目的研发难度、计划开发周期等，合理确定跟踪检索周期，每隔一个周期开展一次跟踪检索，检索国内外专利文献和相关专业非专利文献，一旦发现他人已有与在研项目相同的成果产生，就应当终止项目研发或调整项目研发思路和方向，以防止重复研发、侵权研发，规避在先专利。从设计构思到筛选目标的风险清单如表 7 - 4 - 2 所示。

表 7 - 4 - 2　从设计构思到筛选目标的风险清单

风险类型	发生后果	风险级别	风险防范措施	风险预案
重复研发风险 侵权研发风险	产品无法进行生产、销售，或产品无专利保护，失去市场竞争力	高	在设计构思完成后，设置全面查新评估节点	规避、无效、放弃
重复研发风险 侵权研发风险	产品无法进行生产、销售，或产品无专利保护，失去市场竞争力	高	在完成相应药理学研究后，针对潜在目标、确定目标进行全面查新评价	①规避、无效、放弃 ②转让、许可、合作
对外公开风险	预申请专利信息在申请之前公开，使得申请专利信息丧失新颖性	高	①加强内部保密规范和管理 ②设置对外信息公开审批流程	—
内部披露不足风险	企业实际成果可能外流；专利申请获权难；真正技术未得到保护	中	建立有效的激励制度；加强研发人员对专利规则的培训；充分利用知识产权部进行技术挖掘	—
技术交底书撰写不当风险	影响专利申请文件的撰写质量，影响专利授权后的质量	高/中	加强内部技术交底书撰写的培训，完善内部的数据披露制度	完善技术交底书

风险类型	发生后果	风险级别	风险防范措施	风险预案
申请文件撰写不当风险	影响专利申请是否得到授权；授权后文件质量	高/中	加强知识产权管理人员专业水平，设置文件撰写质量监管程序	在首次申请的12个月内，再已首次申请为优先权提交完善文本
申请不当风险	不该申请专利的技术申请了专利；技术流失、成本失控、商务关系破裂	高/中	设置可专利性评审、潜在价值评审、成本评审、进攻性评审、防御性评审、可探测性评审、可替代性评审、可延续性评审、稳定性评审、商务关系评审等制度	—
答辩不当风险	专利授权或专利授权范围受到影响	高/中	加强内部培训、加强内部专利质量控制、加强研发人员与答辩专利代理师的沟通和监督	—
布局不当风险	易形成技术得到保护的假象，给企业整体运营带来风险	高	选择合适时间、地域、技术空间，根据企业发展，进行适当数量的布局	—
商业秘密风险	泄露企业内部技术信息，使企业进展被动，甚至失去竞争力，成本浪费，商务关系破裂；如计划申请专利信息泄露并公开，则专利申请丧失新颖性	高	对各类文档进行合理保管，加强员工保密意识	对已泄密的进行亡羊补牢，防止继续受损失；对未泄密的，加强管理

（3）制剂研究的风险管理和防范

制剂研究是为了寻找适合目标 API 的剂型，及确定制剂中各辅料的用量，这一筛选过程同筛选产品一样，同样设置对研究成果进行专利"三性"检索分析和 FTO 检索分析的节点，对于能够申请专利进行保护的技术，可以考虑申请专利，对于需要商业秘密保护的技术须做好保密措施，申请专利要考虑对外公开风险、内部披露不足风险、技术交底书撰写不当风险、申请不当风险、答辩不当风险以及布局不当风险。制剂研究的风险管理如图 7-4-5 所示。

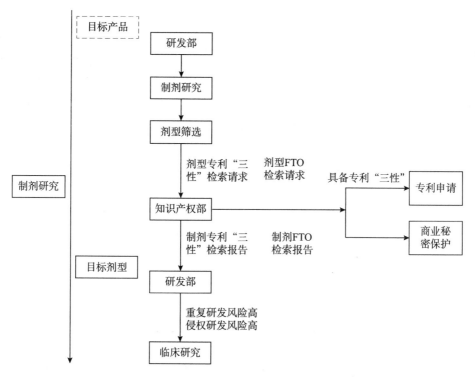

图 7 - 4 - 5　制剂研究的风险管理

（4）临床研究中的风险管理和防范。

当药品研究进入或即将进入临床研究，那么与其相关的商业活动将会逐渐增加，越到临床试验后期，商业活动发生的可能性越大，频繁程度也增加，因此，企业在该阶段需要注意专利运营风险，包括不限于转让、许可、投资入股、证券化、质押融资、专利联盟、并购重组等。临床研究中的风险清单如表 7 - 4 - 3 所示。

表 7 - 4 - 3　临床研究中的风险清单

风险类型	发生后果	风险级别	风险防范措施	风险预案
转让、许可风险	许可/转让对象不当，增加运营成本、面临诉讼风险、也可能转让/许可失败	高	排除有利益冲突的潜在对象、对专利相关业务全面调查、制定转让/许可策略、对许可/转让对象做尽职调查	—
专利并购风险	导致企业巨大决策风险	高	对并购专利的有效期、专利管理、专利地域布局、专利权利要求布局、是否存在侵权诉讼、实际价值、专利技术相关骨干等做全面的尽职调查	—

7.4.3.2 生产

进入生产流程的药物相对研发阶段的知识产权风险类型有较大的转变,对于相同的知识产权风险的应对策略可能完全不相同。企业在该阶段的知识产权风险防范侧重从药物本身慢慢外延,如生产工艺风险、采购风险、商标标识风险等;此阶段根据项目发展的不同需求,如果涉及知识产权运营的,企业也应关注知识产权运营风险防范,如专利运营风险、商标运营风险;在这阶段的风险规避将涉及法务、采购人员参与管理。生产流程的风险管理如图7-4-6所示。

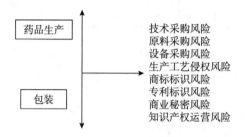

图7-4-6 生产流程的风险管理

生产阶段的采购可能涉及了原辅材料的采购、生产设备采购、技术采购等,要规避采购中的风险,企业应当加强对外事务中的知识产权管理工作,在采购合同中,约定双方的知识产权权利和义务,要求供货方承担企业使用其采购标的的被控侵权的赔偿责任,约定对采购标的改进成果的权利归属,约定对方对合同内容的保密要求。

生产工艺侵权风险涉及企业内部生产和外包生产过程中产生的风险。企业内部生产主要是工艺流程、起始物料、中间体等涉及的专利侵权风险;有一些企业可能涉及委托加工或合作生产开发,在委托加工或合作生产合同中,应当约定双方不得对外泄露技术,约定加工产品改进技术的权利归属和成果分析,约定加工产品侵犯他人专利权应当承担的赔偿责任等来规避相关风险。

生产阶段的商标风险主要是商标标识风险,该风险在此阶段是潜在的风险,如果在商标注册、管理阶段没有规避相关风险,那么这些相关风险则会随着生产阶段的包装标识而暴露。

7.4.3.3 营销

绝大多数研发、生产中提到的风险在销售阶段才会完全暴露出来,销售阶段涉及的风险多数是知识产权诉讼风险、知识产权运营风险等。

知识产权诉讼风险有维权风险和被诉侵权风险。在维权活动开始前期,应做好诉讼策略,制定诉讼目标,同时要注意不超过法律规定的诉讼时效;对维权专利进行稳定性评估,以免专利权不稳定导致诉讼失败的风险;对证据进行全面调查,必要时采取行政措施取证或者申请法院调查取证，并做证据保全；根据实际情况增加共同被告来选择管辖法院；聘请专业律师，可视情况组织两个律师团队，并加强内部法务监督；为了不影响正常的经营，诉讼对象应当选择无合作关系的企业，并做好及时沟通；对于舆论方面，应当积极与媒体沟通，并进行适当的媒体公关活动。如果被诉侵权，同样在接到侵权律师函时，制定周密的应诉策略，减少决策风险。在作出应诉策略前，应当对诉讼风险进行评估，包括评估和解前景、商业风险、诉讼风险、时间压力、诉讼成本、赔偿金等。

知识产权运营风险除了前面所述运营风险外，企业产品对外宣传是产品促销的重要途径，也存在知识产权宣传的风险。对于将专利作为宣传手段的，如对专利管控不当，将会构成假冒专利行为，有受到行政处罚或刑罚的风险。为此，企业对外宣传应当遵守国家《专利法》《广告法》的规定，不得实施《专利法》规定的假冒专利行为；同时，企业应加强各类对外宣传资料的管理，凡是宣传资料中涉及专利的，应当确保在该资料对外使用时所标注的专利是有效专利，并按照国家知识产权局发布的《专利标记和专利号标注方式的规定》要求进行标注，如标注不符合规定，可能构成假冒专利行为。

7.4.4　其他风险

7.4.4.1　商标风险管理

商标是企业重要的知识产权之一，其本质是随产品而生，但又立于项目发展流程之外。企业的商标风险是指企业在商标注册申请、使用、管理和运营等活动中，由于对其管控不当而给企业带来的不利影响。

商标注册申请风险有以下几种情形，①企业设计的商标属于《商标法》规定禁止授予注册商标专用权的范畴，无法取得注册商标专利用权；②企业商标注册申请没有按照国家规定的要求办理，导致商标注册申请被驳回，无法取得注册商标专用权；③企业在申请注册商标前已有他人在同类或类似商品上申请了与之相同或类似的注册商标，无法取得注册商标专用权；④企业在商标注册申请过程中，他人对该申请提出异议，导致商标注册申请被驳回。

对商标注册申请疏于管理，导致注册申请失败；对已有商标疏于管理，导致注册商标专用权权利丧失；对注册商标使用行为不当，违反国家法律、法规或规范性要求；对商标使用缺乏有效的市场监管，导致注册商标被他人侵权或放任他人侵权行为的发生；缺乏有效的商标侵权防御机制，导致侵犯他人注册商标的专用权。

企业商标知名度的高低是衡量企业市场竞争力的重要指标之一。因此做好商标管理工作，有效防范商标在注册、使用、管理、运营等活动中的风险，对企业发展具有重要意义。

7.4.4.2　知识产权管理风险

知识产权管理的核心是资产的管理，资产管理的目的是提高收益率、减少成本支出、化解回避风险；知识产权管理的内容包括档案管理、日常维护、质量管理等。

如果日常对知识产权的档案管理不到位，可能影响商业秘密的保护，使技术流失、影响维权和专利运用，影响价值评估等，对于该类档案管理，可以设置专门机构，聘请专业员工进行日常维护和档案管理，如有必要，利用专业的知识产权管理软件平台进行管理。

知识产权质量会因没有适当的管理机制，导致太多低质量专利积累，最终使知识产权成本过高，而优秀技术得不到保护。因此，在企业内部应当设置质量管理制度，加强内部监督，聘请专业人员进行监督，或将相关事务委托知识产权服务机构进行管理。

7.4.5　风险预警

7.4.5.1　专利申请布局风险防范

对于研发阶段中的专利申请，选择合适的时机才能避免申请不当风险和布局不当风险，如表 7 - 4 - 4 所示。

表 7 - 4 - 4　专利申请布局风险防范

专利类型	申请时机
化合物	临床前研究阶段，一般需筛到备选化合物，但亦可根据该领域竞争情况适当调整
盐	若 API 为盐，可在临床前或临床研究阶段初期择机申请其专利，视其研究程度而定
晶型	临床研究阶段，依晶型重要程度及竞争情况分阶段申请
中间体	工艺开发阶段，化合物专利中未提及，或可与合成工艺专利合并申请，视具体情况而定
合成工艺	重要的合成工艺专利一般在上市前后申请
制剂	视制剂研究程度而论，一般在临床研究阶段后期申请
制剂工艺	一般在上市前后申请
药物组合物	视开发计划而定，如是否会进行药物组合物开发
用途	若发现新的并有开发前景的新用途（化合物专利中未提及），需在临床前申请
其他	其他如分析方法、生物学方法、给药方式等，均可在适当时机申请专利

7.4.5.2　不同医药企业专利申请不当风险防范

（1）中药企业

大部分中药企业对专利获取并不太重视，一方面是由于中药自身特点，如配方、制备方法（炮制、提取）涉及的参数多，不但侵权难以被发现，维权也困难重重，竞争对手容易基于该专利技术研发出类似效果的新配方、新方法，此时，专利信息的公开不但不能有效保护中药生产企业的优势技术，反而使中药企业的竞争力降低，为他人提供了剽窃中药资源的途径。因此，对于中药企业，对外信息公开风险、商业秘密风险是其主要风险。另一方面，在现有科技水平下，中药领域技术反向工程非常困难，一般不适宜采用专利保护。如果在对中药技术做出了充分且较为完善的研究时，能以保护构思的方式将中药技术保护起来，在符合专利"三性"的情况下，可以考虑选择合适时机，进行专利保护。

（2）生物制品企业

尽管由于生物制品比较复杂，生物制品相关的制造工艺难度大，反向工程难度大于小分子化学药，但随着科学技术的快速发展，这种难度具有下降的趋势，反向工程获取制造工艺的可能性在加大，在具备专利"三性"的情况下，生物制品涉及的技术都适当地选择专利和商业秘密结合的方式来保护。在申请专利时，多方面考虑专利布局，实现保护、迷惑、阻碍等目的，以延续技术优势；在专利撰写上，则应尽量加大其他企业规避设计的困难度。

（3）化学药企业

对于小分子化学药，如化合物、化合物制备方法、纯化方法、治疗方法，以及晶型制备方法等，都存在反向工程获得技术的极大可能性。尽量选择专利来保护这类技术。

第8章

〈〈〈〈〈〈〈

医药企业诉讼管理

对于医药企业而言，无论是研究开发创新药还是仿制药，知识产权诉讼都是其发展过程中所无法回避的重要问题。医药行业高风险、高投入、高回报的"三高"特点决定了知识产权对商业利益保护的重要价值。对于原研药企业而言，通过核心知识产权的布局为药品市场利益的独占构筑起防御壁垒，当有仿制药企业企图仿制相应药品时，通过诉讼方式来阻止仿制药企业，延缓"专利悬崖"的到达时间是较为常见的方法和手段。而对于仿制药企业而言，如何能够在尊重原研药知识产权的前提下，尽量避免知识产权诉讼，降低自身诉讼风险，确保仿制药品能够快速甚至首家投放市场，当原研药企业对自己发起侵权指控时，能够从容不迫地有效应对，这是仿制药企业知识产权从业人员应当具备的素质与能力。本章旨在结合医药行业知识产权诉讼的特点，简要介绍医药企业知识产权诉讼的管理与应对策略。

8.1 医药领域知识产权诉讼的特点

医药行业本身具有的特点决定了医药领域的知识产权诉讼具有诸多特性，概况来说，主要有以下几个方面的特点：

（1）专业性强。医药技术领域与生物学、化学、药物制剂、药理学、药物分析、制药工程等学科紧密关联，而相应的技术学科需要有比较深入的专业知识学习、积累和实践，普通从业人员难以通过简单或短时间的学习即可理解相应的技术或发明。因此，在医药领域，选聘企业专利工程师、专利代理师或诉讼代理律师时往往要求其具备医药背景，这样才能保障处理相应事项的人员能够清楚、完整地理解技术方案，确保相应工作的质量。此外，在医药知识产权诉讼过程中，由于医药技术性强的特点，往往需要将相应的技术问题移送技术鉴定机构鉴定，或者聘请技术专家参与或辅助诉讼活动，法院在审理相关案件时，往往还会聘请技术调查官或专家辅助人参加庭审。

（2）关系社会公共利益。药品是一种特殊的商品，它的上市需要经过监管部门的审批，它的销售则往往需要经历招投标等市场准入环节，而且，药品影响着患者的身体健康，与社会公众利益息息相关。相应诉讼的结果往往直接影响着患者用药的可及性。电影《我不是药神》中的药品原型伊马替尼（商品名改为：格列卫）形象地展现了患者用药负担与药品可及性的尖锐社会问题。

（3）涉及经济利益大。因为药品的市场利益往往较大，因此在诉讼过程中涉及的标的额也较高。在国际医药市场上，近年来知识产权诉讼的赔偿金额不断被刷新，例如 BMS/小野制药和默沙东围绕单抗 PD-1 诉讼案中，通过双方的和解协议，默沙东首先要向 BMS/小野制药支付 6.25 亿美元的专利许可费首付款，另外，在 2017 年 1 月 1 日~2023 年 12 月 31 日，默沙东需按 6.5%的比例向 BMS 支付销售分成，在 2024 年 1 月 1 日~2026 年 12 月 31 日期间，需按 2.5%的比例支付销售分成。在 Gilead 与默沙东就抗丙肝药物索非布韦侵权案中，法院曾判决 Gilead 需要向默沙东支付创纪录的 25.4 亿美元专利侵权赔偿。而国内医药企业之间的专利侵权纠纷涉及的诉讼金额也呈现快速提升的趋势，同时，随着中国对知识产权保护力度的加强，中国法院对相应诉讼的判赔金额也不再一味地以法定赔偿为上限，而是在不断出现新的案例中，不断提升侵权赔偿金额。

8.2　常见诉讼种类

8.2.1　侵犯知识产权之诉

本章所述民事侵权诉讼是指以侵犯知识产权为诉由的一类诉讼，权利人或相关利害关系人以知识产权受到侵犯为由，向人民法院提起的诉讼。在医药领域，此类诉讼较为常见，多为原研药企业基于其核心知识产权，尤其是专利权人向仿制药企业发起侵权指控。

8.2.2　不服具体行政行为之诉

行政诉讼也是知识产权从业人员在医药企业需要经常面对的诉讼，是指以作出行政行为的行政机关为被告的一类诉讼。在专利领域，作出行政行为的行政机关主要有各级专利行政管理部门、国家知识产权局以及海关知识产权执法机构等。具体而言，专利行政诉讼主要包括：①以各级专利行政管理部门为被告的专利行政诉讼，例如以国家知识产权局或省、市级知识产权局为被告，如对国家知识产权局作出的有关强制许可的具体行政行为不服，对国家知识产权局作出的有关奖惩行为不服，对国家知识产权局作出的有关专利申请、专利权的具体行政行为不服，对各级专利管理部门作出的侵权行为成立与否、假冒专利处理决定等行为不服；②以国家知识产权局为被告的专利行政诉讼，当对其作出的专利复审、无效决定不服时，可以向北京知识产权法院提起行政诉讼；③以海关知识产权执法机构为被告的专利行政诉讼，如对海关总署不予知识产权海关备案或撤销不服，对海关认定扣留货物侵权成立与否等行政行为不服的。

其中，以国家知识产权局为被告是医药企业最可能遇到的诉讼，在复审案件中，专利申请人为原告，国家知识产权局为被告。在无效案件中，专利权人或请求人为原告，国家知识产权局为被告，无效程序中的另一方当事人将被列为诉讼第三人。

8.2.3 侵犯商业秘密之诉

由于医药行业当前快速发展的特点，医药高端人才频繁引进和科研人员流动性大等特点，导致商业秘密的保护与维权成为医药行业重点关注的内容，由此引发的诉讼亦较为常见。

8.2.4 不正当竞争之诉

不正当竞争之诉是指经营者在经营活动中违反诚信公平等原则的竞争行为而引起的诉讼，例如因虚假宣传、商业贿赂、商业诋毁、擅自使用他人名称或包装装潢等行为，均可能成为不正当竞争的诉由。

8.2.5 专利权属与发明人署名纠纷之诉

专利权属之诉一般是指因专利申请权或专利权的权属存在纠纷而引起的一类诉讼；发明人署名之诉一般是指因发明人或设计人因专利文件中是否应当写明自己是发明人或设计人而引发的纠纷。权属纠纷引发的诉讼经常发生在离职人员与原雇主单位之间、离职人员现单位与原雇主单位之间，争议的客体往往是关于职务发明或技术秘密所申请知识产权的权属。另外，合作研发单位之间也可能会因合作研发成果或技术改进成果相关的知识产权权属而引起涉诉纠纷。而发明人署名权的诉讼纠纷一般发生在发明人与原雇主或现雇主、合作研发单位之间。

专利权是法律所赋予的市场独占权，其设立的目的是希望通过专利权赋予专利权人据此获得经济利益。而发明人作为专利实质贡献的完成人，则拥有在相应专利上署名和获得报酬与奖励的权利。《专利法》第6条和第8条分别规定了职务发明、合作或委托开发所产生的专利权利归属；《专利法》第16条和第17条则分别规定了发明人获得奖励与报酬、在相应专利上署名的权利。因为专利权和发明人署名权的归属会与专利的经济利益分配相关联，因此，权属或发明人署名权纠纷也是专利领域常见的法律纠纷。例如深圳优瑞泰科技有限公司、深圳瑞之谷医疗科技有限公司专利权权属纠纷

（（2017）粤民终 1383 号），张强、重庆衡生药用胶囊有限公司等与四川天圣药业有限公司专利权权属纠纷（（2018）渝民终 424 号），王召印与贝达药业股份有限公司、上海倍而达药业有限公司等发明创造发明人、设计人署名权纠纷（（2016）沪 73 民初 896 号）。

8.2.6　确认不侵权之诉

确认不侵权之诉是知识产权领域近年出现的一种新的诉讼类型，是一种确认之诉，是当事人请求法院对侵权事实是否存在给予裁决的一种诉讼，它并不依附于侵权之诉，而是一种独立之诉，可以基于一定的条件单独向人民法院起诉并请求裁决。目前，对确认不侵权之诉的受理条件是参考《最高人民法院关于审理侵犯专利权纠纷案件应用法律若干问题的解释》（〔2009〕21 号）的第 18 条，根据该解释规定"权利人向他人发出侵犯专利权的警告，被警告人或者利害关系人经书面催告权利人行使诉权，自权利人收到该书面催告之日起 1 个月内或者自书面催告发出之日起 2 个月内，权利人不撤回警告也不提起诉讼，被警告人或者利害关系人向人民法院提起请求确认其行为不侵犯专利权的诉讼的，人民法院应当受理"。即确认不侵权案件的受理需要具备三个条件：第一，权利人发出了侵权警告；第二，相对方向警告方提出了行使诉权的书面催告；第三，权利人在合理期限内未撤回警告，也未提起诉讼。实践中，对于相应行为是否构成侵权警告，确认不侵权之诉的诉讼请求范围尚存在立法不明之处，目前最高人民法院审理的网聚精英（北京）信息技术有限公司与华盖创意（北京）图像技术有限公司再审纠纷案，北京数字天堂信息科技有限责任公司与南京烽火星空通信发展有限公司管辖异议再审纠纷案中对类似案件的法律适用与解释提供了一些指引。

8.3　诉讼的准备与策略

8.3.1　诉讼目标的设立

当对竞争对手相应行为是否构成专利侵权，以及对自己的专利权利稳定性有了合理评估之后，就可以结合自己的需要来设立相应的诉讼目标。一般而言，诉讼的目的并非只有维权到底一条路径可走，因为诉讼往往需要投入较多的人力和物力，有的时候可能还需要面临一些舆论压力，因此，诉讼只是一条维权的途径，但希望通过诉讼达到何种目标建议在发起诉讼之前就做好预设。例如常见的诉讼目标有：

（1）通过诉讼向竞争对手施加压力。诉讼是一种正式的、严肃的纠纷或争议解决途径，其性质与法务函或律师函的书面警告不同，诉讼的发起往往会因为其判决结果的公示性、审理过程的专业性、诉讼费用与诉讼应对的消耗性等原因，导致诉讼参与人不愿意参与或应对诉讼。因此，诉讼的发起往往是冲突升级或矛盾尖锐的体现，对不愿意或不敢于参与诉讼的相对方，会起到非常强的警告或威吓作用。此时往往会促使被告停止侵权行为，或者向原告寻求和解。例如对知识产权意识或应对水平较弱的小型企业，在口头或书面警告仍无法奏效的情况下，通过发起诉讼来升级警告往往能起到阻止侵权的效果。

此类诉讼一般针对小型企业、处于特殊时期（例如 IPO 阶段）的企业或者知识产权策略相对比较谨慎的企业，当通过警告函无法达到警示或者吓退目的时，将警告升级为正式诉讼，竞争对手往往会基于对诉讼结果的预判、费用和资源的消耗、舆论的影响等因素停止侵权行为，这种方式往往可以花费较少的诉讼费用，达到阻止竞争对手继续侵权的目的，此时可以通过与被告签订和解协议等方式来及时终结诉讼，从而减少人力与物力的消耗。

（2）获得法院禁令判决。独占性是专利权的三大特性之一，作为诉讼的发起方，原告诉讼最常见的目的是利用知识产权独占性的特点，来限制竞争对手参与到市场竞争当中，从而确保专利权人能够独享市场利益。此处所指的禁令并非指诉前禁令或诉中禁令，而是指法院通过正式判决，确定侵权行为成立，判决竞争对手停止侵权，从而在专利到期前不得在市场上销售专利药品。与之相比，诉前或诉中禁令具有临时性，法院一般通过裁定的方式发出，而禁令判决则是通过正式判决的方式发出的永久性禁令。

对于医药行业而言，原研药往往面临仿制药的仿制竞争，尤其随着"4+7 集中采购"机制在全国的推广，专利悬崖在中国也将成为常态，原研药曾经在国内的超国民待遇逐渐消失，仿制药的进入将对原研药的市场和销售利润造成极大的挑战。对原研药企业而言，知识产权的布局和保护将尤为重要，合理的专利布局往往可以拖延仿制药的上市时间，进而推迟专利悬崖的出现。因此，原研药企业凭借核心知识产权例如化合物、医药用途、药用盐型/药用晶型或药物组合物等专利来起诉仿制药企业，从而在核心专利到期前阻止仿制药进入市场参与竞争是当前医药知识产权诉讼的最常见的目的。

（3）拖延竞争对手的审批、上市或推广时间。美国在 Hatch－Waxman 法案中规定的专利链接制度就对 FDA 设定了诉讼期间的审批遏止期，在 ANDA 诉讼期间，FDA 虽然可以审评药品的技术资料，但在 30 个月内除非有明确的诉讼结论或者获得原研药的专利许可，否则不得对仿制药发放正式批准，因此，在美国，原研药企业凭借橙皮书专利对仿制药发起专利诉讼的基本目的就是将仿制药拖进 30 个月的诉讼遏止期。中国第四次《专利法》修改第 76 条已正式确立在中国推行专利链接制度，相应制度在国内实施后，通过诉讼拖延仿制药的审批必将成为原研药企业发起诉讼的主要目标之一。此外，除了通过诉讼将仿制药拖入审批的遏止期外，原研药企业也可能将相应诉讼立案或判决、裁决的情况传送给药品审批部门、招标管理部门或者医疗机构，从而使相应部门出于诉讼纠纷的考虑，暂停或暂缓仿制药的审批、市场准入或销售，达到拖延仿制药上市的目的。由于专利链接制度的推行，原研药企业对仿制药企业发起诉讼的时间点前移，即在仿制药申报生产时即可提起诉讼，从而可能在仿制药获批前或刚刚获批时就能获得至少一审裁判或行政裁决结果，从而可以获得阻拦仿制药企业获得生产批件后上市销售的法律依据。

由于医药领域原研药品专利悬崖的出现，专利权人会想尽一切办法来拖延仿制药进入市场。在实践中常见的手段有：向药品审评部门提交投诉信、在招投标过程中向主管部门发声明或举报、在市场销售过程中向医护人员或患者灌输关于产品质量或专利侵权的消极说法等，其中最为常见的就是通过持有的专利权向仿制药公司发起侵权诉讼，并将相应立案的情况向主管部门或社会公众进行宣传，进而达到阻止仿制药参与市场准入的目的，更有甚者，在起诉之前或诉讼过程中向法院申请行为禁令，禁止仿制药进行市场准入或者市场销售。即便最终诉讼结果证明仿制药不构成侵权，但受相应被起诉的信息或者行为禁令的影响，仿制药进入市场的时间都可能被延缓，或者仿制药的市场销售被干扰。然而，需要注意的是，在违背事实的情况下，例如明知对方不构成侵权、明知自己专利权不稳定，或者利用通过编造数据等不正当手段获得的专利权进行起诉等行为，实质上属于不正当的市场竞争行为或专利权滥用，通过上述手段干扰竞争对手也有可能面临对手的反诉。例如，如果在专利侵权诉讼时向法院申请了行为保全，相应专利将来如果被宣告无效，则会导致相应的行为保全被认定为"申请有错误"。《民事诉讼法》第 105 条规定，申请有错误的，申请人应当赔偿被申请人因保全所遭受的损失。《最高人民法院关于审查知识产权纠纷行为保全案件适用法律若干问题的规定》第 16 条规定，下列情形属于"申请有错误"：……（二）行为保全措施因请求保护的知识产权被宣告无效等原因自始不当；……因此，虽然目前法院对行为保全的签发持开放态度，但专利权人应当充分评估作为诉讼请求权基础的专利权利稳定性，审慎考虑是否申请行为保全，避免"偷鸡不成蚀把米"的局面出现。

（4）获得经济赔偿。在普通民事侵权诉讼领域，侵权行为一般会造成当事人的经济损失，获得经济赔偿往往是最普遍的诉讼目的和诉讼请求。然而，在医药领域，诸多原因导致知识产权诉讼存在侵权赔偿额低（多以法定赔偿额判赔）的现象，这相较于医药产品动辄上亿元甚至几十亿元的市场销售来说，显然无法弥补因侵权或仿制药进入后所损失的经济利润，因此医药企业发起侵权诉讼的主要目的往往不是获得经济赔偿，很多时候仅仅作为市场禁入目的的附带诉讼请求。然而，随着法律的不断修订完善、惩罚性赔偿制度的纳入，以及司法判决对损害赔偿计算方法的不断突破与实践，获得经济赔偿的诉讼目的也将不断被纳入权利持有人的考虑范围。

8.3.2　诉讼的准备与应对

8.3.2.1　专利权人的诉讼准备

作为专利权人，通过诉讼来维护自己的市场利益是实现专利价值的重要方法。但是，在发起诉讼之前，需要进行必要的准备，从而能够合理评估诉讼前景，把控诉讼节奏，适时调整诉讼策略。在发起一项专利诉讼之前，一般应当做好以下事项的准备。

（1）侵权事实的发现与认定

侵权事实的存在是赢得专利诉讼的前提，因此，在发起诉讼之前，首先需要发现侵权事实。医药企业知识产权团队需要建立一定的侵权监控机制，从而能够及时发现市场上的侵权行为。医药领域常见的侵权行为发现途径有通过官方申报公示平台（例如 CDE 申报公示平台、临床试验登记平台）、采购平台、展会，或者在市场准入的招投标过程、终端市场上。企业应该建立沟通和反馈机制，确保相应侵权行为被发现时，能够及时报告给知识产权部或法务部，从而能够决定是否采取进一步措施。

当侵权行为的嫌疑被报告给公司知识产权部或法务部时，需要确认反馈的侵权嫌疑是否的确构成专利侵权，即侵权事实的认定。专利侵权的判定是一项比较专业的法律工作，可以由企业内部团队根据侵权判定的基本原则做出初步判断，最好可以在此阶段外聘专业律师进一步确认，从而为后续诉讼维权奠定基础。关于专利侵权的判定方法将在后续章节详细介绍。

（2）专利稳定性分析

当侵权事实被认定存在，或者存在非常大的侵权可能时，就具备了专利诉讼发起的前提条件。然而，在发起诉讼之前，还需要对自己的专利权利稳定性进行分析。专利权是民事侵权诉讼的请求权基础，如果专利权不存在（例如被宣告无效），则意味着维权的目的无法实现。在专利侵权民事诉讼的实践中，当专利权人发起侵权诉讼时，被告往往会向国家知识产权局专利局复审和无效审理部请求宣告相应专利权无效，因此，在发起诉讼时，对自己的专利权进行稳定性分析能够合理预估胜诉前景，从而选择合适的维权途径或诉讼策略。

（3）证据的收集

根据民事诉讼法的基本要求，原告向人民法院起诉或者被告提出反诉，应当附上符合起诉条件的相应的证据材料，业内往往说"打诉讼就是打证据"，由此可见证据对诉讼成败的关键影响。作为专利权人，在诉讼中一般需要提供三类主要证据，包括权利证据、侵权证据和损失证据。

权利证据通常包括：①原告的主体资格证明，例如企业营业执照、自然人的身份证或护照等，如果专利的被许可人作为原告，还需要提供相应的专利实施许可合同，排他许可或普通许可的被许可人可能还需要提供专利权人的授权或专利权人怠于行使诉权的证据；②专利证书、专利登记簿副本与年费缴纳收据等，用于证明专利的权属与法律状态；③专利授权公告文本，例如发明或实用新型专利的权利要求书、说明书、摘要及摘要附图等，外观设计专利的授权公告图片与简要说明等，用于证明专利的保护范围；④实用新型专利权评价报告，用于证明涉案专利的权利稳定性。

侵权证据通常包括通过公证获得的侵权产品、技术鉴定报告、产品宣传手册、销售发票、购销合同、网站介绍页或采购平台的产品展示，以及通过技术鉴定或产品特征分解与专利权利要求技术特征进行侵权比对的对照表等。所述证据的目的均在于证明被控侵权方的产品或方法落入了原告的专利保护范围，被控侵权方当前或曾经发生了侵权行为。

损失证据包括例如第三方数据库提供的产品销售额报告、财务账本、己方或对方的产品报价单、销售合同、专利实施许可合同、财务审计报告等。以上证据的目的在于证明被控侵权方的侵权行为对原告所带来的经济损失，或者被控侵权方所获得的侵权收益，从而为法院计算侵权赔偿额时提供依据。

8.3.2.2　被诉侵权人的诉讼准备

作为被控侵权人，当收到专利权人或者其他利益相关主体发来的警告函、法院送达的起诉状等情况时，也不必着急慌张，同样需要做好合理有序的分析和准备工作，从而能够从容应对侵权指控。与专利权人的准备内容相对应，被控侵权人一般需要完成的诉讼准备包括以下几个方面。

（1）权利状态与诉权的确认

专利是侵权指控的请求权基础，当收到侵权指控后，首先需要尽快确认被控侵权的专利法律状态，判断其属于授权专利，还是申请中的专利。其次，通过查询费用缴纳情况，是否是已经被无效或正处于无效或诉讼阶段等来判断权利的有效性。再次，通过查询专利的权属或许可备案情况来确认侵权指控方的指控权利。

（2）侵权事实的自我确认

作为被控侵权人，专利权人的指控只是单方面的事实认定、推测或者是怀疑，甚至有的仅是一种毫无依据的指控。侵权指控方往往会因存在取证困难或者其他客观原因导致需要对某些技术特征进行推测来确定侵权可能性，而被控侵权人对自己的技术方案是最清楚的，因此，收到相应指控后，被控侵权人首先需要理性自我分析一下侵权事实是否客观存在，只有对自己是否存在侵权事实进行客观判断之后，才能制定合理的应对策略。侵权认定主要是应用专利侵权判定的基本方法，将专利权保护范围与自己的实施方案进行特征比对，确认己方的技术方案是否落入专利保护范围，或者存在等同侵权的可能。

（3）专利稳定性分析

在客观分析侵权事实是否存在之后，被控方可以结合侵权风险的大小，以及诉讼应对策略来进一步考虑是否有必要进行专利稳定性分析。一般而言，除非有非常明显的不侵权抗辩事实，该事实或者理由足以让法官或者控诉方能够明确认定被控方不构成侵权。如果没有充分或明显的抗辩理由，一般应尽快对控诉方的专利权利稳定性或者专利申请的授权前景进行客观、认真的分析，必要时还要及时提出专利无效宣告请求，并将无效宣告请求书提供给受理侵权诉讼的法院，尽量申请中止侵权诉讼的审理，从而避免"两头不利"的局面出现。根据《最高人民法院关于审理专利纠纷案件适用法律问题的若干规定》，对发明专利提出无效宣告请求可以不中止审理，对实用新型和外观设计提出无效宣告请求的除非特殊情况，否则一般应当中止审理，专利无效宣告请求应在诉讼答辩期内提出，且必须由被告作为无效宣告请求人提出。

通过客观分析专利的权利稳定性之后，就可以结合侵权事实的客观情况，以及专利权利的稳定与否，来制定合理的应对策略。一般专利权利不稳定，被控侵权方可以在谈判过程中相对强势，并据此推动专利权人做出有利于己方的和解条件。或者在诉讼进展过程中，能够合理考虑己方产品的技术或市场活动安排，避免因为诉讼给己方造成不必要的损失。

（4）抗辩证据的搜集

无论是诉讼中的不侵权抗辩，还是专利无效宣告请求中的权利应当被无效的理由主张，均需要有客观且强有力的证据来支持。与控诉方搜集侵权证据相对应，被控方需要根据控诉方的侵权指控，针对性地搜集不侵权抗辩或权利无效的证据，尤其是结合侵权判定原则中，己方技术方案与专利权保护范围所限定技术特征不相同、也不等同的证据。上述证据一方面可以通过具体的产品外观、结构、组成等实务物品或书面材料作为载体，另一方面也可以通过委托技术鉴定等方式进行客观证明。技术鉴定报告往往是医药知识产权诉讼中控辩双方最常使用的证据方式，可以通过第三方的客观鉴定结果作为支持己方控诉或抗辩的主张依据。

在应对控诉方的赔偿损失主张时，需要结合相应产品的市场销售数据、财务账本、购销合同或发票等情况，提供利于己方的损害赔偿计算依据。另外，知识产权侵权案件中的举证难一直饱受行业诟病，随着知识产权司法改革的快速推进，法院近年来在知识产权案件中大力推行举证妨碍规则，被控方不再可以通过拒不提供证据等方式来阻碍法院对侵权损害赔偿的计算。根据举证妨碍规则，有证据证明持有证据的举证方无正当理由拒不提供相应证据时，需要承担由此造成的不利诉讼后果。例如，在权利人已经提供侵权人所获利益的初步证据，而与专利侵权行为相关的账簿、资料主要由侵权人掌握的情况下，人民法院可以责令侵权人提供该账簿、资料；侵权人无正当理由拒不提供或者提供虚假的账簿、资料的，人民法院可以根据权利人的主张和提供的证据认定侵权人因侵权所获得的利益[128]。

8.3.3 诉讼管辖地的选择策略

8.3.3.1 知识产权案件的管辖规定

近年来，随着司法体制改革的不断深入，知识产权诉讼的管辖也发生了诸多变化。2014年8月31日，第十二届全国人民代表大会常务委员会第十次会议表决通过了《关于在北京、上海、广州设立知识产权法院的决定》。2019年1月1日，最高人民法院知识产权法庭正式揭牌成立。与此同时，自 2017 年以来，最高人民法院先后批复在江苏等 17 个省（区、市）设立 20 个知识产权法庭（南京、苏州、武汉、成都、杭州、宁波、合肥、福州、济南、青岛、深圳、天津、郑州、长沙、西安、南昌、兰州、长春、乌鲁木齐、海口），相应知识产权法庭是地方中级人民法院的内设机构，不是独立的法院。专门法院和法庭的设立，决定了知识产权诉讼案件管辖的特殊性与复杂性。

（1）普通知识产权民事纠纷的一审诉讼管辖：根据《民事诉讼法》第 28 条规定："因侵权行为提起的诉讼，由侵权行为地或者被告住所地人民法院管辖。"针对专利案件，《最高人民法院关于审理专利纠纷案件适用法律问题的若干规定》第 5 条规定："因侵犯专利权行为提起的诉讼，由侵权行为地或者被告住所地人民法院管辖。"

然而，随着专门知识产权法院、以及 20 个知识产权法庭的设立，专利、植物新品种、集成电路布图设计、技术秘密、计算机软件、涉及驰名商标认定及垄断纠纷的一审案件均将由上述专门法院或法庭审理，部分专门法庭还可以在所在省级区域内跨区域管辖专利民事、行政案件，另外，部分上述专门法院和法庭还承担涉案标的超过部分额度的一审案件（不同法庭起点额度不同，例如南京和苏州涉案标的起点为 300 万元，杭州涉案标的起点为 800 万元）。除上述专门管辖之外，其他类别的普通知识产权民事、刑事、行政一审案件则依旧按照《民事诉讼法》的基本规定，由侵权行为地或者被告住所地的基层人民法院管辖。

（2）专利行政诉讼的一审管辖。对国务院部门作出的具体行政行为不服的，例如国家知识产权局有关专利、商标、集成电路布图设计等知识产权的授权确权的裁定或决定，国家知识产权局作出的有关专利、集成电路布图设计的强制许可决定以及强制许可费或者报酬的裁决等，此类案件将向北京知识产权法院提起上诉。发生在相应专门知识产权法院或法庭区域内的，对国务院部门或者县级以上地方政府所作出的有关著作权、商标、专利、不正当竞争等行政行为提起的一审行政诉讼，则由相应的专门知识产权法院或法庭管辖。

（3）专利民事和行政诉讼二审管辖。2018 年 10 月 26 日，第十三届全国人民代表大会常务委员会第六次会议审议通过了《关于专利等知识产权案件诉讼程序若干问题的决定》，上收了高级人民法院的部分审判职能，将专利等民事和行政案件的二审审理权限集中到最高人民法院知识产权法庭，主要审理全国范围内专利等专业技术性较强的知识产权上诉案件，该决定已于 2019 年 1 月 1 日起施行。根据上述决定，最高人民法院知识产权法庭主要审理的民事二审案件包括发明和实用新型、植物新品种、集成电路布图设计、技术秘密、计算机软件、垄断；以及行政确权授权处罚二审案件，专利、植物新品种、集成电路布图设计；还有专利、植物新品种、集成电路布图设计、技术秘密、计算机软件、垄断行政处罚二审案件。

（4）再审案件的管辖。对最高人民法院知识产权法庭作出的判决、裁定、调解书，当事人申请再审的，应当向最高人民法院递交再审申请书，即最高人民法院知识产权审判庭的审判职能不因知识产权法庭的成立而变化，其仍主要审理全国范围内各类知识产权申请再审、再审案件[129]。

8.3.3.2 诉讼管辖地的选择

通过以上介绍可以看出，目前知识产权案件存在专属管辖或指定管辖的情况，无论是原告还是被告参加诉讼，均需要结合法院的管辖范围，合理选择管辖法院。一般而言，因为原告掌握诉讼发起的主动权，因此在管辖法院的选择方面掌握更多的主动性。然而，被告也可以结合诉讼管辖权的相应规定，对原告选择的诉讼法院提出管辖权异议。管辖权异议的理由主要包括审级异议、管辖地区异议等。

从诉讼策略的角度考虑，无论是发起诉讼的原告还是被动参与诉讼的被告，都希望能在有利于自己的法院审理相应案件。选择诉讼管辖地一般需要考虑的因素包括：①法官经验丰富，专业水平高。由于知识产权案件，尤其专利案件的专业性很强，对法官的素质要求比较高，因此选择专业水平高的法院审理相应案件，能够保障案件获得公平、公正的审理。②以往案例审判标准对己方有利。当前随着各级法院对案例指导的推行，以往案件的审判标准往往会获得当地法院的支持或参考，如果相应法院此前曾有与己方事实相类似的案件，且审判结果对己方有利，选择此类法院审理往往可以提升诉讼成功的预期。③参与诉讼的便利性。因为诉讼的审理往往会存在多个阶段，甚至需要多次参加质证、听证或庭审等诉讼活动，选择自己参加诉讼过程便利的法院审理相应案件，可以免去差旅劳顿与相关费用，同时也便于积极响应法院要求己方参与诉讼的要求。④选择自己的属地法院。选择自己的属地法院管辖，一方面可以方便参加诉讼活动，另一方面在语言、习惯和做事风格方面也更为熟悉，为诉讼参与提供便利。此外，有的当事人会考虑属地法院可能会存在地方保护主义，因此也更喜欢在自己的属地法院参与诉讼，但是，随着法治的推进与审判标准的统一，地方保护主义的风气已逐渐褪去。

8.3.3.3 海外诉讼管辖地的选择

海外诉讼是基于公司对该项目的定位出发，以该项目预期可达到的效果作为主要考虑依据，对项目的研发和诉讼策略、诉讼走向和费用投入的管理；考量的因素包括研发成本的投入、预计获得的市场利润，结合现阶段原研厂家和仿制药厂家的整体情况对诉讼和费用进行管理。在这个管理的过程中，还包括对合作律所、律师工作、诉讼流程中的各环节进行干预和主导；站在企业和项目角度，积极影响诉讼向有利于企业的方向进行，同时，控制每个环节的费用支出。

对于企业申报的不同项目，诉讼策略会有所不同。项目大致可分为首仿项目和非首仿项目：通常首仿项目会比较重要，企业愿意花费的代价相对也较大；对于非首仿项目，可能获得的市场利润比较小，企业不一定会花费太大代价去参与实质性诉讼。

知识产权部门应结合其他部门的信息，如申报进度、生产计划、市场销售信息、所申报项目当前的诉讼情况、制定适合企业的诉讼策略。合适的诉讼策略，比如坚持诉讼、及早和解，在和解中希望达到的目的是什么和企业能接受的条件是什么；如何保持与其他厂家同一水平或者领先于它们；如果坚持诉讼，涉案专利被无效也不一定是好事，能否找到一种平衡原研厂家和仿药厂家的和解方式，这都是需要在诉讼中考虑的问题。

8.3.4　知识产权案件的诉讼时效

诉讼时效是指权利人未在法定期间内行使权利而使权利不再受司法强制保护的法律制度。诉讼时效分为普通诉讼时效期间、特别诉讼时效期间、最长诉讼时效期间。普通诉讼时效期间是指除法律另有规定外，适用于各种民事法律关系的诉讼时效期间，"向人民法院请求保护民事权利的"诉讼时效期间即是普通诉讼时效期间；特别诉讼时效期间是指法律规定的仅适用于某些特殊民事法律关系的诉讼时效期间，"法律另有规定的"诉讼时效期间即属于特别诉讼时效期间，优于普通诉讼时效期间适用[130]。

2020 年 1 月 1 日，《民法典》正式颁布实施，其第 188 条第 1 款规定的普通诉讼时效为 3 年，与之对应，《专利法》第四次修改后规定：侵犯专利权的诉讼时效为 3 年，自专利权人或者利害关系人知道或者应当知道侵权行为以及侵权人之日起计算。发明专利申请公布后至专利权授予前使用该发明未支付适当使用费的，专利权人要求支付使用费的诉讼时效为 2 年，自专利权人知道或者应当知道他人使用其发明之日起计算，但是，专利权人于专利权授予之日前即已知道或者应当知道的，自专利权授予之日起计算。

8.3.5　常见的诉讼请求

诉讼请求是指原告基于法律对侵权责任承担方式的规定，向法院提出的，希望能够获得法院判决支持的请求。诉讼请求是原告诉讼目的的直接体现，因此，诉讼请求的内容需要结合诉讼目的来提出。在医药领域知识产权诉讼中常见的诉讼请求主要包括以下几个方面。

8.3.5.1　停止侵权

停止侵权，即要求被控侵权方停止对专利的继续使用行为，包括对专利保护的产品或方法进行制造、使用、销售、许诺销售、进口等行为。该诉讼请求的目的在于禁止侵权行为的继续发生，这往往也是原告最基础、最直接的诉讼目的。在医药领域，因为仿制药的上市会对原研药的市场和销售价格产生非常大的冲击，因此，作为权利持有者的原研药企业往往最希望达到的诉讼目的就是禁止被控侵权方的产品进入市场参与竞争，如果该诉讼请求能够被支持，将可以阻止仿制药的进入。

8.3.5.2　赔偿损失

赔偿损失，即要求被控侵权方因侵权行为对知识产权持有方所造成的财产损失进行弥补和赔偿，赔偿损失也是承担民事责任适用最广、最普遍的责任方式。一般而言，请求法院判令侵权方赔偿的损失应当是基于侵权行为所造成损失为限，即补偿权利人因侵权行为所造成的损失（例如销售额降低、市场被抢占等）[131]。在补偿损失的基础上，目前商标侵权还可以适用惩罚性赔偿。根据 2019 年 11 月 1 日起施行的《商标法》第 63 条规定，"对恶意侵犯商标专用权情节严重的，可以在权利人因侵权受到的损失、侵权人因侵权获得的利益或者商标许可使用费的 1 倍到 5 倍的范围确定赔偿数额"。但是，《专利法》第四次修改后的第 71 条也确定了惩罚，对故意侵犯专利权的行为，人民法院可以根据侵权行为的情节、规模、损害后果等因素，判处确定数额的 1 倍以上 3 倍以下的赔偿数额。惩罚性赔偿的适用将增加侵权人的侵权成本，加强对知识产权持有者的损失弥补，对侵权行为可以起到更好的震慑作用。

8.3.5.3　赔礼道歉

赔礼道歉，即要求被控侵权方就侵权行为所造成的名誉或商誉损失进行弥补。在知识产权侵权案件中，原告在诉状中除要求被告赔偿自己经济损失外，往往还请求法院判令被告赔礼道歉。作为民事责任形式"赔礼道歉、消除影响"的适用有其特定的要求，一般应当适用于涉及侵犯他人名誉权、商誉权的场合。对于商标侵权案件和专利侵权案件中的此类诉请，法院一般不予支持，因为《商标法》和《专利法》中均没有涉及"赔礼道歉"的责任承担形式，而且专利权是一种财产权，侵犯专利权一般不涉及名誉权或商誉权的问题；对于著作权侵权案件，法院则在认真审查的基础上有可能支持此项诉请，可依据《著作权法》第 47～48 条将"赔礼道歉"规定为侵权著作权的一种责任承担方式[132]。

8.3.6　常见的诉讼策略

诉讼的目的和结果是双方当事人在发起、参与以及推进诉讼过程中所考虑的目标和终点，为了达到追求的目标，必须制定合理的诉讼策略。

8.3.6.1　预诉讼警告策略

如前文所述，在医药领域，对于权利人来说，诉讼的目的往往主要是希望禁止对手进入市场参与竞争。因为诉讼的发起需要准备证据、聘请律师、技术鉴定、准备并参加庭审，同时，随着当前司法程序的信息公开，诉讼的发起还会导致双方的冲突和矛盾曝露在公众的视野下。发起诉讼需要耗费大量时间、费用以及其他成本，除了诉讼之外，在发起诉讼之前还可以考虑通过发送警告函的方式向竞争对手进行沟通。警告函一般由公司法务部或外聘律师完成并发送，警告函的内容往往包含权利人声明对权利的持有情况，对侵权行为的提醒，以及要求停止侵权的警告。作为一种禁止性的声明，警告函不需要花费过多的精力和成本，能够简单、高效地达到警告的目的，尤其是事实比较清楚的情况，当竞争对手收到警告函时，往往会对侵权行为以及权利人维权的态度有所认识，从而停止侵权行为。但是，警告函一般不会也无法主张赔偿损失等。如果还希望获得对方的损害赔偿，则不适用该策略。

8.3.6.2　诉讼参与人与管辖地的选择

所谓诉讼参与人是指参与诉讼中的各方当事人，例如原告、被告和第三人。选择不同的诉讼参与人，将会决定诉讼的管辖地。结合此前对诉讼管辖权的梳理，一般而言，因侵犯专利权行为提起的诉讼，由侵权行为地或者被告住所地人民法院管辖。因此，侵权行为地和被告所在地将决定着诉讼的管辖地。然而，被告所在地一般只有一个，但侵权行为地却可能有多个，例如被控侵权人所生产的药品销售地可能遍布中国各个省市，药品的终端销售（例如药店）也可能遍布全国，根据专利法的规定，药品的生产、销售、许诺销售和进口都可能构成专利侵权，因此，权利人在发起诉讼时需要结合自己对诉讼管辖地的选择，来选择由药品的生产方、销售方、许诺销售方或进口方中的一方或多方成为诉讼中的被告，进而参与到诉讼当中。实践中，一般会选择某地的药品销售商作为被告，将生产商作为共同被告，选择销售商的所在地起诉，进而避开药品生产商的所在地，避免生产商所在地法院可能基于地方保护所带来的不利风险。此外，在选择诉讼参与人时，在不影响自己诉讼目标的情况下，需要尽量避免将自己的合作方，或者诉讼应对实力较强的一方引入作为诉讼参与方。

作为被告而言，一般是被动成为诉讼参与方，诉讼法赋予了当事人管辖权异议的权利，例如认为案件的受理法院不具有法律规定的管辖权（例如对审级或地域管辖有异议），可以向法院提出管辖权异议，比较典型的管辖权异议理由有：一是主张主要办事机构所在地与注册地不一致；二是主张原告虚列被告；三是对《最高人民法院关于适用〈中华人民共和国民事诉讼法〉的解释》第 25 条的适用有异议。近些年的司法实践中，由于提出管辖权异议可以拖延法院审理案件实体内容，管辖权异议往往成为被告拖延诉讼进程的一种手段，呈现滥用的情形[133]。但是，相应手段除非确有必要，否则并不推荐采用，近年来法院对滥用管辖权异议也十分反感，并推出了一些反制和惩罚措施，滥用管辖权异议很可能也会给合议庭的法官留下不好的印象，从而可能对自己的诉讼结果产生消极影响。

8.3.6.3　临时禁令的申请

在知识产权诉讼领域，临时禁令经常伴随诉讼的出现。临时禁令又被称为行为禁令，是指法院责令被申请人停止有关侵犯知识产权行为的措施。根据行为禁令的申请时间，一般分为诉前禁令和诉中禁令。常见的行为禁令包括禁止生产、销售、许诺销售活动，禁止披露或使用相应信息等。例如上海市第一中级人民法院就原告美国礼来公司（Eli Lilly）、礼来（中国）研发有限公司诉被告黄某侵害技术秘密纠纷案作出行为保全裁定，裁定禁止黄某披露、使用或允许他人使用美国礼来公司、礼来（中国）研发有限公司主张作为商业秘密保护的 21 个文件内容。这也是国内首例商业秘密行为禁令。另外，在医药专利侵权纠纷当中，奥氮平案、格列卫案的审理中，法院也都曾经签发了行为禁令，禁止仿制药企业对相应药品进行生产、销售或许诺销售等活动。

行为禁令是法院的预裁决行动，即没有经过对案件事实进行深入调查所采取的临时措施，因此，在申请和适用时都有严格的限制。最高人民法院于 2018 年 11 月 26 颁布的《最高人民法院关于审查知识产权纠纷行为保全案件适用法律若干问题的规定》，已于 2019 年 1 月 1 日起施行，该规定中明确了知识产权纠纷中申请行为保全的条件、审查标准和解除条件。如果权利人希望能够快速制止侵权行为，可以通过向法院申请行为禁令的方式，来阻止侵权行为的继续发生或者损失的继续扩大。然而，因为禁令的实施往往会给被申请方的生产经营造成非常大的影响，法院往往会要求申请人提供相应的财产担保，如果经法院调查查明被申请方不构成侵权，申请方需要赔偿因错误申请行为禁令而给被申请人带来的损失。此外，最高人民法院上述规定的第 16 条也明确规定，因请求保护的知识产权被宣告无效，应当认定属于《民事诉讼法》第 105 条规定的"申请有错误"，申请人应当赔偿被申请人因保全所遭受的损失。因此，在申请行为禁令前需要对自己的知识产权权利稳定性进行充分评估，避免因为权利被无效，导致需要向被申请方赔偿损失的不利局面出现。

8.3.6.4 诉讼抗辩的策略

作为诉讼参与方的被告或者行政诉讼中的第三人而言，其在诉讼活动中往往处于被动局面，因此，选择一个合适的诉讼抗辩策略是被告或第三人在诉讼中需要考虑的关键环节。在专利侵权民事诉讼的实践中，常见的抗辩事由包括诉讼主体资格抗辩、不侵权抗辩、不视为侵权抗辩、合法来源抗辩、先用权抗辩、现有技术/抵触申请抗辩、专利无效抗辩，相应的抗辩事由需要有对应的证据来支持，因此，选择哪种抗辩事由，需要结合证据与诉讼目的来权衡。

8.3.6.5 诉讼程序的把控

所谓诉讼程序的把控，是指双方当事人应当在进入诉讼程序之后，对是否继续推进或参与后续诉讼程序的控制。作为原告，在立案之后，法院作出正式判决之前都有权利撤回起诉。作为被告，也可以在法院作出正式判决之前的任何时机与原告商谈和解，并促使原告撤回起诉。因为诉讼往往不是解决问题的唯一途径，是否将诉讼坚持打到底，应当是双方当事人在诉讼过程中需要考虑和把控的。例如，原告经过证据交换或者庭审调查后发现，被告的确侵权的可能性较小，在诉讼的关键节点，例如证据交换阶段、庭前调解阶段、庭审事实查明阶段等可以选择与对方进行和解，既可以减少后续程序的费用，也可以获得部分诉讼费的退费，同时，被告也很可能会基于原告的和解意向，选择利益退让。与之对应，被告同样可以基于对证据以及事实调查的情况，选择积极和解，从而向原告争取专利许可的机会，或者降低损害赔偿的可能。总之，是否及时终结诉讼，需要结合对诉讼前景的评估以及自己的诉讼目的进行权衡。

8.4　专利侵权判定与抗辩

8.4.1　专利侵权判定的基本原则

无论是专利权人，还是被控侵权人，都必须对专利侵权判定的基本原则能够准确了解，从而能够客观分析竞争对手的产品或方法是否落入专利权保护范围。准确的判断是决定诉讼成功与否的关键，能够合理预测专利诉讼的前景。

根据《专利法》第 11 条规定："发明和实用新型专利权被授予后，除本法另有规定的以外，任何单位或者个人未经专利权人许可，都不得实施其专利，即不得为生产经营目的制造、使用、许诺销售、销售、进口其专利产品，或者使用其专利方法以及使用、许诺销售、销售、进口依照该专利方法直接获得的产品。外观设计专利权被授予后，任何单位或者个人未经专利权人许可，都不得实施其专利，即不得为生产经营目的制造、许诺销售、销售、进口其外观设计专利产品。"即，凡是以生产经营为目的，未经专利权人许可制造、使用、许诺销售、销售、进口其专利产品，或者使用其专利方法以及使用、许诺销售、销售、进口依照该专利方法直接获得的产品均属于侵权行为。简而言之，专利侵权的构成要件一般需要包含以下几点：①侵害的对象是有效的专利，如果实施已经到期时效、被宣告无效或被放弃的专利技术，不构成侵权行为；②必须有侵害行为，即行为人在客观上实施了侵害他人专利权的行为，例如生产、制造、销售、进口或者许诺销售专利产品或方法；③需以生产经营为目的，如果以非生产经营目的的实施，不构成侵权，例如《专利法》第 75 条所列举的不视为侵犯专利权的行为；④行为人实施专利的行为未经专利权人许可，又不属于专利法所规定的不视为侵权的行为。结合国内外立法与司法实践，目前专利侵权判定主要采用以下原则：全面覆盖原则、等同原则、禁止反悔原则、捐献原则。

8.4.1.1　全面覆盖原则

全面覆盖是指如果被控侵权产品包含了专利权利要求中所记载的全部技术特征，则落入专利权的保护范围，构成专利侵权。2001 年 6 月 22 日颁布的《最高人民法院关于审理专利纠纷案件适用法律问题的若干规定》（简称《若干规定》）及 2009 年颁布的《最高人民法院关于审理侵犯专利权纠纷案件应用法律若干问题的解释》（简称《解释》）对全面覆盖原则进行了明确，《若干规定》指出，"专利法第五十六条第一款所称的'发明或者实用新型专利权的保护范围以其权利要求的内容为准，说明书及附图可以用于解释权利要求'，是指专利权的保护范围应当以权利要求书中明确记载的必要技术特征所确定的范围为准"。《解释》第7条规定"人民法院判定被诉侵权技术方案是否落入专利权的保护范围，应当审查权利人主张的权利要求所记载的全部技术特征。被诉侵权技术方案包含与权利要求记载的全部技术特征相同或者等同的技术特征的，人民法院应当认定其落入专利权的保护范围"。

全面覆盖侵权判定又可细分为以下三种情况。

（1）字面侵权

被控侵权产品或方法的文字表述与对应专利权利要求相同时，侵权成立。例如，权利要求保护一种组合物，包含五加皮和当归。被控侵权的产品包含五谷皮和当归，由于五加皮和五谷皮是同一种中药，只是学名不同，因此，该产品属于侵权。

（2）下位概念

被控侵权产品或方法的特征属于权利要求记载特征的下位概念时，侵权成立。例如，权利要求保护一种口崩片，其包含甜味剂。被控侵权的产品为一种口崩片，其包含蔗糖，由于蔗糖是甜味剂的下位概念，因此，该产品构成侵权。

（3）产品特征多于专利权利要求中记载的特征

被控侵权产品或方法的特征不仅包含权利要求记载的全部特征，还包含了其他更多特征，侵权成立。例如，权利要求保护一种奥氮平口崩片，其包含蔗糖。被控侵权的产品为一种奥氮平口崩片，其除了包含蔗糖，还包含果糖。由于被控侵权产品包含了专利权利要求的全部特征，且权利要求为开放式表述，因此该产品构成侵权。

下面通过化合物专利以及组合物专利为例，对全面覆盖原则的适用进一步举例说明。

化合物专利侵权判定原则主要采用解释第7条"全面覆盖原则"的内容。《专利审查指南2010》中第二部分第10章第8.1.1节提出：如果一项申请在一个权利要求中限定多个并列的可选择要素，则构成"马库什"权利要求。基于单一性的要求，这些可选择要素具有相类似的性质，在技术上相互关联，具有相同或相应的特定技术特征，而这种可选择要素被称为马库什要素。在判断一个具体化合物是否落入马库什通式权利要求的保护范围时，如果化合物和马库什通式可能包含的任何一种具体组合相同，就落入保护范围，即通常只要被控侵权的化合物的结构式完全被权利要求中的马库什化学分子式所覆盖，将被控侵权产品与马库什权利要求母核结构进行比对，倘若基本母核不同，通常不应认定为侵权。

化合物专利保护的是一类化合物，要想确定被控侵权产品是否落入专利保护范围，必须明确需要保护的化合物结构。（2017）京73民初190号判决中指出，由于被控侵权产品的化学结构与涉案专利保护的化合物的化学结构完全相同（CAS 登记号为其在 CAS 数据库中具有的唯一数字识别号码），被控侵权产品落入涉案专利权利要求 1 的保护范围[134]。

另外，也可以从（2017）苏 01 民初 529 号中获得一定的化合物侵权比对的借鉴思路[135]。涉案专利号为 ZL200680025545.1、专利名称为"二芳基乙内酰脲化合物"的发明专利，共获得 9 项权利要求。权利要求 1 保护具有下式的化合物：

其中 X 为三氟甲烷，W 为 O，R_1 和 R_2 一起包括 8 个或少于 8 个碳原子且选自烷基，以及与它们相连的碳一起为环烷基，R_3 为甲基氨基甲酰基，R_4 为 F。

权利要求 3 为：权利要求 1 的化合物，其具有下式：

即恩杂鲁胺化合物。

RD162′

庭审中，两原告认为，被控侵权产品的化学结构与涉案专利权利要求 3 描述的化合物 RD162′ 式相同，落入涉案专利权的保护范围。而两被告认为其申报注册的恩杂鲁胺药品，与权利要求 3 描述的化合物 RD162′ 的化学结构式一致，是相同的化合物，但并未落入涉案专利权的保护范围。理由在于，根据权利要求 1 对通式中 R^1 和 R^2 基团定义："一起包括 8 个或少于 8 个碳原子且选自烷基，以及与它们相连的碳一起为环烷基"，即作为烷基的 R_1 和 R_2 不能独立存在，R_1 和 R_2 以及与它们相连的碳原子必须连在一起形成碳原子数小于等于 8 的环状烷基基团，即环烷基。而 RD162′ 在 R_1 和 R_2 对应位置处为两个独立、不共同成环的甲基，该结构式特征并不在权利要求 1 的保护范围之内。

最终法院依据《解释》第 3 条规定，运用说明书及附图、权利要求书中的相关权利要求、专利审查档案，结合查明的事实，认定涉案专利权利要求 1 中关于 R_1 和 R_2 的定义中的"烷基"和"与它们相连的碳一起为环烷基"这两个条件为选择型条件，而非被告所理解的必须同时满足的条件，判决被控侵权产品落入涉案专利权的保护范围。

具体理由包括有：①从涉案专利说明书的表述来看。涉案专利说明书中第［0028］段、第［0029］段均记载，关于"R_1 和 R_2 独立地为甲基，或与它们相连的碳原子一起为 4 至 5 个碳原子的环烷基"，由此可以明确得出 R_1 和 R_2 既可以独立地选择甲基（含有 1 个碳原子的烷基），也可以独立地选择与它们相连的碳原子一起为 4 至 5 个碳原子的环烷基的结论。②从涉案专利权利要求书中的与权利要求 1 相关的从属权利要求来看。涉案专利中与权利要求 1 相关的从属权利要求分别是权利要求 2、3、4，这三个从

属权利要求对 R_1 和 R_2 的选择分别是与它们相连的碳原子一起为 4 个碳原子的环烷基、甲基、与它们相连的碳原子一起为 5 个碳原子的环烷基，由此可以看出"烷基"和"与它们相连的碳一起为环烷基"这两个条件为选择性条件。③从本领域普通技术人员的通常理解来看。烷基中的碳原子连接方式为链状，环烷基中碳原子连接方式为环状，这两种连接方式互相排斥，不可能同时存在。因而法院并未支持被告关于被控侵权产品不落入涉案专利权的保护范围的抗辩理由。结合其他方面的分析发现：①现有证据不能证明被告润众公司实施了为生产经营目的，销售涉案专利化合物恩杂鲁胺的行为；②两被告制造和使用涉案专利化合物是为了恩杂鲁胺药品注册申请获得临床批件的需要；③即发侵权行为的主张没有事实和法律依据，因此，法院判决两被告的被诉侵权行为不构成专利侵权。

涉及组合物专利的判定侵犯专利权的原则主要是全面覆盖原则。例如如果权利要求为"含有 A、B、C 的甲"的组合物发明被授予专利权，按权利要求撰写方式进行不同判断。对于开放式权利要求的组合物，被控侵权产品乙的组分只要全部覆盖了 A、B、C，就构成侵权，即使被控侵权产品乙还包含有组合物甲所不包含的组分 D，且不论增加的组分 D 本身或者组分 D 与其他组分 A、B、C 相结合产生的功能或效果如何，被控侵权仍然成立。而对于封闭式权利要求的组合物，若被控侵权产品乙的组分亦恰好为 A、B、C，侵权指控成立；但倘若被控侵权产品乙中除了组分 A、B、C 外，还包含有组合物甲所不包含的组分 D，则不论增加的组分 D 本身或者组分 D 与其他组分 A、B、C 相结合产生的功能或效果如何，被控侵权均不成立。因而在实务工作中，专利权人从专利侵权规避难度的角度，更加倾向于将组合物权利要求撰写为开放式的形式。

8.4.1.2 等同原则

等同原则是指被控侵权产品或方法中的一项或多项技术特征在字面上与专利权利要求所保护的技术特征不相同，但如果两者实质相同，则应认定被控侵权产品落入专利权的保护范围。若干规定确立了专利侵权判定中的等同原则，该原则的适用克服了专利权利要求在表达上的局限性，弥补了字面侵权的不足，实现了对专利权人的保护。等同侵权遵循"三基本一创造"的判定方法，即指以基本相同的手段，实现基本相同的功能，达到基本相同的效果，且所属技术领域的普通技术人员无须经过创造性劳动就能够想到。在医药化学领域，常见基本相同的手段例如分步法改成一锅法、常规的反应溶剂或反应条件（例如温度、时间）改变、药物组合物成分含量的微调等。

在格林生物科技股份有限公司与杭州友邦香料香精有限公司、杨某某侵害发明专利权纠纷案中（（2014）浙知终字第 17 号），格林生物科技股份有限公司拥有一项工艺发明专利 ZL02150901.8，保护以过碳酸钠制备环氧蒎烷的方法，主要涉及"将蒎烯、过碳酸钠与溶剂混合，搅拌下逐渐加入乙酸酐，摩尔比是蒎烯：过碳酸钠 =1：（1.1 ~ 3），过碳酸钠：乙酸酐 =1：（0.5 ~2），室温至65℃，反应 1 ~24 小时"。格林公司在浙江友邦香料香精有限公司网页产品介绍中发现，其产品龙脑烯醛及檀香 208 使用了该授权专利。经过对比，友邦公司生产工艺中的蒎烯与过碳酸钠摩尔比为 1∶1.011，处于专利保护数值范围之外。但二审法院浙江省高级人民法院认为：上述手段基本相同，虽然两者过碳酸钠与蒎烯的加入量摩尔比存在稍许差异，但并没有实质性改变涉案专利的发明点；功能相同，均通过使用过量的过碳酸钠，达到了使价格较高的蒎烯反应完全的功能；效果相同，两者均采用过碳酸钠作为蒎烯的环氧化试剂，克服原有的过氧乙酸或其他无机过氧化合物的缺陷，实现了反应平衡、操作安全、产率好、产品纯度高和成本低廉的技术效果；本领域普通技术人员无需通过创造性劳动能够联想到在采用"有效氧"含量的过碳酸钠的情况下，可以减少其加入量从而改变其与蒎烯的加入量摩尔比。因此，浙江友邦香料香精有限公司的生产工艺构成等同侵权。

此外，对于医药领域还经常涉及的包含步骤顺序的方法专利的侵权判定问题，可以参考最高人民法院（2008）民申字第 980 号 OBE 公司与康华公司专利侵权案，最高人民法院认为，在方法专利侵权案件中适用等同原则判定侵权时，可以结合专利说明书和附图、审查档案、权利要求记载的整体技术方案以及各个步骤之间的逻辑关系，确定各步骤是否应当按照特定的顺序实施；步骤本身和步骤之间的实施顺序均应对方法专利权的保护范围起到限定作用。

8.4.1.3　禁止反悔原则

禁止反悔原则又称禁反言，《解释》第 6 条对禁止反悔原则作出了规定，是指专利申请人、专利权人在专利授权或者无效宣告程序中，通过对权利要求、说明书的修改或者意见陈述而放弃的技术方案，在侵犯专利权纠纷案件中又主张将其纳入专利权保护范围的，人民法院应不予支持。禁止反悔原则实质上是对等同原则的限制。

在澳诺（中国）制药有限公司与湖北午时药业关于葡萄糖酸钙锌口服液专利侵权案中（最高人民法院（2009）民提字第 20 号），涉案专利 ZL95117811.3 在专利公开文本的独立权利要求中拟保护可溶性钙剂，从属权利要求则限定了可溶性钙剂包括葡萄糖酸钙、氯化钙、乳酸钙、碳酸钙或活性钙。第一次审查意见通知书中指出，"可溶性钙剂"包括多种可溶性含钙物质，保护范围较宽，说明书仅对"葡萄糖酸钙"和"活性钙"提供了配制药物的实施例，本领域技术人员难以预见其他的可溶性钙剂按本发明进行配方是否也能在人体中发挥相同的作用，因此权利要求得不到说明书的支持。申请人根据审查意见对权利要求书进行了缩限式修改，将"可溶性钙剂"修改为"活性钙"。最高人民法院认为，专利申请人在专利授权过程中通过对权利要求、说明书的修改或者意见陈述而放弃的技术方案，在专利侵权纠纷中不能将其纳入专利权的保护范围。因此，涉案专利权的保护范围不应包括"葡萄糖酸钙"技术特征的技术方案，而被诉侵权产品的相应技术特征为葡萄糖酸钙，属于专利权人在专利授权程序中放弃的技术方案，不应当认为其与权利要求 1 中记载的"活性钙"技术特征等同而将其纳入专利权的保护范围，专利权人认为涉案专利中的活性钙包含葡萄糖酸钙的主张因为违反了禁止反悔原则，不能成立。

8.4.1.4 捐献原则

捐献原则最早是由美国联邦巡回上诉法院在 2002 年审理的 Johnson & Johnson Associates 公司与 R. E. Service 公司案中确立的，并在后来被许多国家所引入和借鉴。我国对相关原则的确立主要是根据解释第 5 条，该条规定"对于仅在说明书或者附图中描述而在权利要求中未记载的技术方案，权利人在侵犯专利权纠纷案件中将其纳入专利权保护范围的，人民法院不予支持"。与禁止反悔原则一致，捐献原则同样是对等同原则的限制。

例如，专利权利要求保护一种口服片剂，其限定了填充剂为乳糖、微晶纤维素或甘露醇中的一种。而专利权人在说明书中记载了填充剂可以是乳糖、微晶纤维素、甘露醇、淀粉等。对此，即便淀粉与乳糖、微晶纤维素或甘露醇均属于常规的填充剂，且其效果相当，专利权人后续也不得将其纳入专利权保护的范围，因为以淀粉为填充剂的技术方案并未在权利要求中记载，该技术方案也就相当于捐献给了公众。

在陈某弟与浙江乐雪儿家居用品有限公司、何某华、温某丹侵害发明专利权纠纷案中，专利权人陈某弟拥有专利号为 ZL200610049700.5，发明名称为"布塑热水袋的加工方法"的专利权，陈某弟控诉浙江乐雪儿公司侵犯其专利权，浙江乐雪儿公司认为其加工方法虽与涉案专利权利要求相应步骤的内容相同，但步骤顺序不同，因而未落入保护范围。一审和二审法院均认为乐雪儿公司的工艺与陈某弟涉案专利保护的方法并无实质区别，构成等同侵权。最高人民法院在（2013）民提字第 225 号中推翻了一审和二审判决并认为，涉案专利说明书明确记载了相应步骤可以相互调换，而这一调换后的步骤并未体现在权利要求中，因此调换后的步骤不能纳入涉案专利权的保护范围，乐雪儿公司关于步骤调换后方案应适用捐献原则的主张得到支持。

8.4.2 侵权抗辩的常用理由

侵权抗辩是指被控侵权人为应对专利侵权纠纷的抗辩理由，依据北京市高级人民法院发布的《专利侵权判定指南》和司法实践的经验总结，常见的侵权抗辩理由主要有七种，被控侵权人需要结合案件的客观事实，灵活使用不同的抗辩理由或其组合，从而达到证明己方未构成专利侵权的目的。具体而言，主要包括以下几个方面。

8.4.2.1 现有技术抗辩

现有技术抗辩是指在专利侵权纠纷中被诉侵权人以其实施的技术属于现有技术为由，对抗专利侵权指控的抗辩事由。

根据《专利法》第 62 条规定：在专利侵权纠纷中，被诉侵权人有证据证明其实施的技术或者设计属于现有技术或者现有设计的，不构成侵犯专利权。此外，在《最高人民法院关于审理侵犯专利权纠纷案件应用法律若干问题的解释》第 14 条中指出，被诉落入专利权保护范围的全部技术特征，与一项现有技术方案中的相应技术特征相同或者无实质性差异的，人民法院应当认定被诉侵权人实施的技术属于《专利法》第 62 条规定的现有技术。即被诉侵权人落入专利保护的技术特征与现有技术相同或等同，则现有技术抗辩成立。一旦成立，法院可以径行认定不侵权，节约了诉讼程序（无须经过专利无效程序），缩短了诉讼期限，节约了司法成本。

值得注意的是，现有技术的比对规则与无效抗辩不同，不是将涉案专利与现有技术方案进行直接对比，也不是被诉侵权技术方案与现有技术直接对比，而是被诉落入专利权保护范围的技术特征与现有技术的直接对比。在盐城泽田机械有限公司与盐城市格瑞特机械有限公司侵犯实用新型专利权纠纷再审案中［(2012) 民申字第 18 号］，关于格瑞特公司的现有技术抗辩主张能否成立，双方当事人的争议主要在于：①被诉侵权产品中电磁阀与有杆活塞的连接方式是否被现有技术公开；②被诉侵权产品中电磁阀的具体结构是否被现有技术公开。根据涉案专利权利要求 1，其中限定了电磁阀的连接方式，即"电磁阀的出口直接与有杆活塞的外端相连接"，但并未限定电磁阀的具体结构。电磁阀的具体结构与涉案专利权的保护范围无关，亦与现有技术抗辩能否成立无关。由于被诉侵权产品中的电磁阀与有杆活塞亦采取同样的连接方式，因此，认定现有技术抗辩是否成立的关键，在于确定现有技术中是否公开了与上述连接方式相同或者等同的技术特征，而无需考虑被诉侵权产品中电磁阀的具体结构是否被现有技术公开。最高人民法院认为，尽管现有技术中公开的电磁阀包括三个部分，其具体结构与被诉侵权产品的电磁阀有着明显差异，但是现有技术中确已公开将电磁阀的出口与有杆活塞的外端直接相连接，因此，现有技术抗辩成立。

8.4.2.2　抵触申请抗辩

抵触申请抗辩在法理上来源于现有技术抗辩，根据北京市最高人民法院发布的《专利侵权判定指南 (2017)》第 142 条的规定：抵触申请不属于现有技术，不能作为现有技术抗辩的理由。但是，被诉侵权人主张其实施的是属于抵触申请的专利的，可以参照本指南第 137 条或第 139 条关于现有技术抗辩的规定予以处理。

依据该理论基础，抵触申请抗辩的对比可以参照现有技术抗辩进行处理，但抵触申请抗辩相比现有技术抗辩又有其独特之处。现有技术抗辩的理论基础在于，涉案专利的技术方案相对于现有技术不具有可专利性，可以用新颖性和创造性进行评价，与之对应的现有技术抗辩的认定标准为"相同或者无实质性差异"。抵触申请不属于现有技术，其理论基础仅在于抵触申请可以破坏涉案专利技术方案的新颖性，应采用与"新颖性评价"相对应的认定标准，即"同样的发明/实用新型/外观设计"。故在对比时应采用单独对比原则，将专利申请的各项权利要求分别与抵触申请单独地进行比较，不得将其与抵触申请的组合，或者与一份抵触申请文件中的多项技术方案的组合进行对比。只有在被诉侵权技术方案的各项技术特征均已被抵触申请单独、完整地公开，相对于抵触申请不具备新颖性时，才可以认定抵触申请抗辩成立。可见，抵触申请抗辩比现有技术抗辩要更为严格[136]。

最高人民法院在浙江乐雪儿家居用品有限公司与陈某弟、何某华、温某丹侵犯发明专利权纠纷（（2013）民提字第 225 号）中认可了被诉侵权人主张抵触申请抗辩的权利，乐雪儿公司用于主张现有技术抗辩的 ZL200520015446.8 实用新型专利的申请日虽早于涉案专利申请日，但授权公告日晚于涉案专利申请日，故不构成现有技术，但依法构成抵触申请。由于抵触申请能够破坏对比专利技术方案的新颖性，故在被诉侵权人以实施抵触申请中的技术方案主张其不构成专利侵权时，应该被允许，并可以参照现有技术抗辩的审查判断标准予以评判。抵触申请抗辩的司法政策是参照现有技术抗辩之审查判断标准进行，只要证明被控侵权技术属于抵触申请中的技术方案，抵触申请抗辩即可成立。

8.4.2.3　不侵权抗辩

不侵权抗辩是指以被诉侵权方案未落入专利保护范围为由，对抗专利权人的侵权指控。

根据《最高人民法院关于审理侵犯专利权纠纷案件应用法律若干问题的解释》第7 条的规定：人民法院判定被诉侵权技术方案是否落入专利权的保护范围，应当审查权利人主张的权利要求所记载的全部技术特征。被诉侵权技术方案包含与权利要求记载的全部技术特征相同或者等同的技术特征的，人民法院应当认定其落入专利权的保护范围；被诉侵权技术方案的技术特征与权利要求记载的全部技术特征相比，缺少权利要求记载的一个以上的技术特征，或者有一个以上技术特征不相同也不等同的，人民法院应当认定其没有落入专利权的保护范围。

在张某田与石家庄制药集团欧意药业有限公司、石家庄制药集团华盛制药有限公司、石药集团中奇制药技术（石家庄）有限公司、吉林省玉顺堂药业有限公司侵犯发明专利权纠纷案〔（2009）民提字第 84 号〕中，该案的争议焦点之一在于欧意公司制造左旋氨氯地平的方法是否落入涉案专利权的保护范围。欧意公司提供了现场试验结果与欧意公司提交的备案工艺流程记录、生产记录，证明欧意公司使用 2 - 丁酮和 L -（＋）-酒石酸为原料，能够实现对氨氯地平的拆分，制得左旋氨氯地平。与之相比较，涉案专利权利要求 1 系使用六氘代二甲基亚砜（DMSO - d6）以及 D - 酒石酸为原料，二者使用的原料既不相同也不等同，欧意公司制造左旋氨氯地平的方法没有落入涉案专利权的保护范围。

不侵权抗辩一般是被控侵权人最常用的抗辩理由，该理由需要被控侵权人认真拆解并分析涉案专利所保护的范围，以及自己抗辩不侵权时所能提供的证据。具体可参考专利侵权判定原则的相关内容。

8.4.2.4　合法来源抗辩

合法来源抗辩的法律依据来自《专利法》第 70 条的规定，为生产经营目的使用、许诺销售或者销售不知道是未经专利权人许可而制造并售出的专利侵权产品，能证明该产品合法来源的，不承担赔偿责任。

根据《最高人民法院关于审理侵犯专利权纠纷案件应用法律若干问题的解释（二）》第 25 条第 1 款的进一步规定："为生产经营目的使用、许诺销售或者销售不知道是未经专利权人许可而制造并售出的专利侵权产品，且举证证明该产品合法来源的，对于权利人请求停止上述使用、许诺销售、销售行为的主张，人民法院应予支持，但被诉侵权产品的使用者举证证明其已支付该产品的合理对价的除外。"依照上述规定，合法来源抗辩的适用主体是侵权产品的使用者、许诺销售或者销售者，不适用专利侵权中的制造行为。

合法来源抗辩的使用需满足两个条件：主观上不知道侵权行为存在，客观上具有合法来源。上述两个条件相互独立，必须同时满足，如果被告明知是侵权产品，即使证明合法来源，也不构成合法来源抗辩。

《最高人民法院关于审理侵犯专利权纠纷案件应用法律若干问题的解释（二）》第 25 条第 1 款所称"不知道"，是指实际不知道且不应当知道。"不知道"是一种消极的主张，应由原告举证证明被告知道或应当知道其销售或使用的产品系侵权产品，否则应推定被告不知道且不应当知道其使用的产品属于侵权产品。所称合法来源，是指通过合法的销售渠道、通常的买卖合同等正常商业方式取得产品[137]。对于合法来源，使用者、许诺销售者或者销售者应当提供符合交易习惯的相关证据。

合法来源抗辩的关键在于被诉侵权方证明侵权产品的获得来源合法，在广东雅洁五金有限公司与杨某忠、卢某仙侵害外观设计专利权纠纷案（（2013）民提字第 187 号）中，最高人民法院认为：首先，合法来源抗辩是法律赋予善意的侵权产品使用者、销售者的一种权利，根据"谁主张、谁举证"的一般举证责任分配原则，侵权产品的使用者、销售者在行使合法来源抗辩权时，应负担举证责任，其应该举出合法获取侵权产品的证据，如购货发票或收据，以及付款凭证等。其次，对于这种特殊情况下侵权产品使用者、销售者的举证责任，也应该与存在多个中间销售环节时侵权产品使用者、销售者的举证责任相一致。最后，这样分配举证责任，既可以规范流通环节的市场秩序，也可以防止侵权产品使用者、销售者与他人串通，以提供虚假合法来源证据的方式逃避赔偿责任。因此，侵权产品使用者、销售者与制造者就各自的行为应分别承担责任，不能因查明或认定侵权产品的制造者就当然认为被诉的使用者、销售者合法来源抗辩成立，免除其赔偿责任；也不能因为制造者承担了侵权责任，就免除不符合合法来源抗辩要件的使用者、销售者的赔偿责任。对于合法来源的证据应严格审查，需特别注重对证据的真实性、证明力，与侵权产品的关联性、同一性的审查。

在医药领域的知识产权诉讼中，专利权人往往会从销售商（药店）的角度着手选择利于己方的诉讼管辖地，一般会将侵权产品的销售商、使用者和生产商、制造商列为共同被告。而销售商和使用者只要能够证明其侵权产品来源合法，则仅承担侵权责任，即停止销售或使用侵权产品，而不需要承担赔偿责任。

8.4.2.5 权利用尽抗辩

权利用尽的抗辩是指被诉侵权人主张被控侵权产品系由专利权人或者其被许可人售出的抗辩。

《专利法》第75条第1项规定：专利产品或者依照专利方法直接获得的产品，由专利权人或者经其许可的单位、个人售出后，使用、许诺销售、销售、进口该产品的，不视为侵犯专利权。

权利用尽抗辩适用的对象是已经被专利权人或其被许可人售出的专利产品，只要该专利产品已经被专利权人或其许可人售出，买受人对该售出的专利产品而进行的再次销售、使用、进口行为就不再被视为侵权行为[138]。

专利权用尽原则是对专利权效力的必要限制，目的在于平衡专利权人及社会公众之间的利益关系。根据是否认可专利权人可以自由设置售后条件，可将权利用尽划分为相对用尽和绝对用尽。按照我国《专利法》第75条之规定，并未见"专利权人与买受人另有规定除外"等但书条款，因此，应该认为我国现行的专利权用尽制度一直为绝对用尽制度，专利权人并不能以销售合同或其他途径的公开声明对抗买受人的再次处分行为。至于专利权人与买受人之间的合同约定，应该按照合同及反垄断等法律法规进行具体判断[139]。

8.4.2.6 专利权无效抗辩

专利权无效抗辩是指被诉侵权人提出的原告的专利权无效、其请求权没有法律效力、不应得到支持的抗辩。专利无效宣告程序属于"常规武器"，一旦无效成功，其法律后果是"专利权自始无效"，专利权被宣告无效后，专利权人的侵权诉讼就丧失了请求权基础，从而达到了釜底抽薪的效果[140]。

我国实行侵权诉讼和专利无效的二元分立体制，受理侵权诉讼的法院只能就侵权成立与否进行审查，不能对专利权是否符合法定的授权条件（即专利权的效力）进行审查。专利权的效力由专利局复审和无效审理部（原专利复审委员会）负责审查。如果被诉侵权人在专利侵权诉讼程序中质疑专利权的效力，只能向专利局复审和无效审理部请求宣告专利权无效。

根据《专利法》第45条的规定：自国务院专利行政部门公告授予专利权之日起，任何单位或者个人认为该专利权的授予不符合本法有关规定的，可以请求专利复审委员会宣告该专利权无效。根据《专利法实施细则》第 65 条第 2 款的规定：前款所称无效宣告请求的理由，是指被授予专利的发明创造不符合《专利法》第 2 条、第 20 条第 1 款、第 22 条、第 23 条、第 26 条第 3 款、第 4 款、第 27 条第 2 款、第 33 条或者本细则第 20 条第 2 款、第 43 条第 1 款的规定，或者属于《专利法》第 5 条、第 25 条的规定，或者依照《专利法》第 9 条规定不能取得专利权。在上述无效理由中，最常用的理由为《专利法》第 22 条第 2 款（权利要求缺乏新颖性），第 22 条第 2 款（权利要求缺乏创造性），第 26 条第 3 款（说明书公开不充分）、第 4 款（权利要求得不到说明书的不支持）以及第 33 条（修改超范围）。

在美国礼来公司诉江苏豪森吉西他滨专利侵权案（（2009）民三终字第 6 号民事判决）、上海宣创诉江苏恒瑞阿帕替尼专利侵权案中，均可以看到专利无效宣告策略对侵权诉讼的强有力支持作用。

同时，根据最高人民法院颁布实施的司法解释（二）设计了"先行裁驳、另行起诉"的制度，其第 2 条规定"权利人在专利侵权诉讼中主张的权利要求被专利复审委员会宣告无效的，审理侵犯专利权纠纷案件的人民法院可以裁定驳回权利人基于该无效权利要求的起诉。有证据证明宣告上述权利要求无效的决定被生效的行政判决撤销的，权利人可以另行起诉。专利权人另行起诉的，诉讼时效期间从本条第二款所称行政判决书送达之日起计算"。也就是说，专利复审委员会作出无效宣告决定后，审理专利侵权纠纷案件的法院可以裁定"驳回起诉"，无须等待行政诉讼的最终结果，并通过"另行起诉"给权利人以司法救济途径。该规定只是从程序上裁定驳回起诉，而非实体上判决驳回诉讼请求，如果无效决定被行政裁判终审推翻，权利人仍可另行起诉。

8.4.2.7 不视为侵权

《专利法》第 75 条规定了不视为侵权的五种情形，其中涉及医药领域的情形主要是第 5 项：为提供行政审批所需的信息，制造、使用、进口专利药品或者专利医疗器械的，以及专门为其制造、进口专利药品或者专利医疗器械的行为不视为专利侵权，即我国的 Bolar 例外条款。

Bolar 例外又称 Bolar 豁免，是指在专利法中对药品专利到期前他人未经专利权人的同意而进口、制造、使用专利药品进行试验，以获取药品管理部门所要求的数据等信息的行为视为不侵犯专利权的例外规定。Bolar 例外源于美国联邦巡回上诉法院在 1984 年对 Roche 诉 Bolar 案中的判决，Bolar 公司作为仿制药公司，在专利到期前从国外进口了少量专利药品，进行了稳定性等试验研究，于是 Roche 公司发起了侵权诉讼。虽然该案最终被判定侵权，但是推动美国专利法 Bolar 例外条款的产生。

日本三共株式会社诉北京万生药业有限公司案被称为"中国 Bolar 例外第一案"。日本三共株式会社拥有奥美沙坦酯片的专利权（ZL97126347.7），在其专利权到期前，三共株式会社发现包括北京万生药业有限公司在内的十多家企业都向国家药品监督管理局申请了新药的临床试验申请。于是，三共株式会社向北京市第二中级人民法院起诉北京万生药业有限公司侵犯其专利权。北京市第二中级人民法院审理后认为，虽然北京万生药业有限公司为了进行临床实验和申请生产许可的目的，使用了涉案专利方法制造了涉案药品，但被告北京万生药业有限公司的制造行为是为了满足国家相关部门对药品注册行政审批的需要，并不是直接以销售为目的，不属于专利法规定的为生产经营的目的而实施专利的行为。虽然法院最终判定被告不构成侵权，但其判决理由也曾引起一定的争议，即仿制药向药品行政部门进行申报与审批的目的是否如法院所认定的"不是直接以销售为目的"，但是在中国彼时尚未引入 Bolar 例外制度时，该判决也体现了司法审判公平、合理的价值取向，合理平衡了仿制药与创新药之间的利益，为了明确相应取向与司法适用依据，我国在《专利法》第三次修改中正式引入了 Bolar 例外条款。关于该条款的进一步解读，可参考本章第 8.8.2 节。

8.4.3　关于内部证据与外部证据

专利诉讼是一种比较专业且有特色的诉讼类别，由于专利权的依据是专利授权的文本和对应的权利要求，而发明专利在授权之前还需要经过实质审查，一般申请人需要对原始申请文件进行修改，并陈述专利应当被授权的理由之后，才会获得授权。因此，专利不同阶段的文本、审查意见的陈述其实也都属于法律文件。《专利法》第 64 条第 1 款规定，发明或者实用新型专利权的保护范围以其权利要求的内容为准，说明书及附图可以用于解释权利要求。由此可见，专利文本对专利保护范围的确定具有重要作用。

《最高人民法院关于审理侵犯专利权纠纷案件应用法律若干问题的解释》第 3 条规定："人民法院对于权利要求，可以运用说明书及附图、权利要求书中的相关权利要求、专利审查档案进行解释。说明书对权利要求用语有特别界定的，从其特别界定。以上述方法仍不能明确权利要求含义的，可以结合工具书、教科书等公知文献以及本领域普通技术人员的通常理解进行解释。"上述规定其实是对通过内部证据和外部证据来解释权利要求保护范围进行了明确。所谓内部证据，是指专利文献本身，包括专利说明书及附图、权利要求书、专利审查档案。这些证据是在专利申请过程中形成的，代表发明人最原始和最真实的意思表示，因此应当优先被用于界定专利权的保护范围。由于专利技术往往是最前沿的技术领域，在专利申请时如果没有合适的术语来表达其技术方案，或者有必要用一个现有的词来赋予新的特别含义。根据"发明人是其术语的词典编纂者"的原则，说明书对术语的特别界定，可以获得不同于其普通含义的特别含义，这既是消除各方争议的一个手段，也是对专利保护范围的一个有力限制。只有当内部证据不足以解释权利要求时，才可以把眼光投向外部，寻求外部证据的支持[141]。所谓外部证据，是指工具书、教科书等公知文献以及本领域普通技术人员的通常理解。相对于内部证据，这些证据离专利技术更远，更为间接，只是一种对内部证据的补充，是对内部证据不足以解释权利要求时的弥补，如果内部证据足够清晰界定权利要求的含义，就不允许使用外部证据。

在邱某有与山东鲁班建设集团总公司侵犯专利权纠纷案中，最高人民法院在 (2011) 民申字第 1309 号裁定书中认为，母案申请构成分案申请的特殊的专利审查档案，在确定分案申请授权专利的权利要求保护范围时，超出母案申请公开范围的内容不能作为解释分案申请授权专利的权利要求的依据[142]。

8.5　律师选聘与管理

医药行业的知识产权诉讼具有技术性强、对企业利益影响重大的特点，在发起和应对诉讼时，应当给予足够的重视，并提供充分的内部与外部资源进行支持。医药企业是诉讼的当事人，也是利益的直接相关方，因此，企业自身应当对诉讼准备和应对给予充分重视，随着国内医药行业的快速发展、药品审评政策的改革，以及原研药与仿制药利益冲突的自然属性，医药企业之间的知识产权诉讼必将成为常态，尤其是专利链接制度如果得以推行落实时。下面将具体从企业内部的角度与外聘律师的角度进一步阐释。

8.5.1　内部管理

内部管理是诉讼管理的基础，主要包括以下几个方面。

8.5.1.1　信息反馈机制

不论是诉讼的发起，还是诉讼的应对，企业内部必须有通畅的信息反馈渠道。例如发现侵权行为并向公司法务或其他管理部门反馈的渠道，收到律师函、法务函或法院传票向法务部或管理层反馈的渠道应当建立并且是通畅的。如果渠道不通畅，就可能导致市场上出现侵权行为，权利人却没有发现，或者法院的传票已经通知参与庭审及时间节点，企业管理层或法务部门却没有收到相应信息，结果出现没有人去参加诉讼，或者信息传递到相应部门后已临近开庭，丧失了充分准备诉讼应对的时机。

此外，为了避免法院或其他主管机关重要文件出现误签、遗失、积压等风险，尤其是针对法院的来文文件，应当建立专门的来文管理机制，确保信息反馈的及时性。

8.5.1.2　团队建设与管理

如上所述，医药知识产权诉讼具有较强的专业性，企业内部负责相应事项的人员应当充分考虑其专业水平与处理类似事务的经验，避免处理不当或策略失误导致诉讼失利。一般而言，内部处理知识产权诉讼应当是法务部与知识产权部协作完成，无论是知识产权部还是法务部来主导相应诉讼，主要负责人员或者团队成员最好应具有医药与知识产权的双重背景，从而确保内部对相应工作的处理与应对具有专业性与准确性。

8.5.2　律所管理与律师选聘

值得注意的是，虽然内部团队对知识产权诉讼的管理与应对具有至关重要的作用，但具体的诉讼工作建议还是选聘专业律所和/或专业律师完成。原因在于：一方面，律师对不同客户、案件与庭审活动的见识面可能更广，可以为案件的处理带来思路或策略上的补充；另一方面，律师往往可以有更多的自由时间来处理案件的具体工作，例如外出取证等等；此外，根据《律师法》的规定，律师在诉讼中的权限要大于作为企业代表的员工。

在律所的管理上，对曾经合作过的律所、正在合作的律所和他人推荐等途径接触到的律所，可以把它们的名称、地址、曾代理业务、主要律师时薪、优点、缺点和律所的专长及其他特点制作表格。根据企业申报的不同项目的需要，对律所进行对比和筛选。同时，对涉及选用诉讼发生地的当地律所提出要求，这方面主要涉及费用的要求。

然而，在医药知识产权诉讼领域，律所和/或律师的选聘同样具有非常高的标准与要求，律师水平的高低甚至会直接决定案件的结果。一般建议代理律师也应同时具有医药技术与知识产权法的双重背景，相应律师应当具备类似案件的代理经验，并且在类似诉讼中拥有较好的专业处理表现和行业口碑。此外，可以从诉讼数据库或者国家知识产权局专利局复审和无效审理部的相关网站查询重大案件的代理律师，或者统计相关行业代理律师的案件代理量以及案件结果，从而为选定自己的代理律师提供参考依据。

8.5.3　律师合作与沟通的技巧

一般而言，委托一位经验丰富、负责任的代理律师就意味着案件后续处理的专业性基本能够得到保障。

（1）合理把握"说与不说"。作为委托方的企业需要及时、准确地将自己的委托目的、已掌握的信息、客观事实等及时与代理律师进行沟通，便于其工作能够有的放矢。当然，因为企业内部与诉讼相关的项目也可能存在独特的研发策略、技术秘密、商业秘密等信息，如果相应信息对律师顺利完成诉讼没有影响，一般应避免透露给律师，避免因各种有意或无意的原因导致律师泄密。

（2）合理分工，相互协作。因为不同企业知识产权团队的专业水平不同，在专利挑战或诉讼中委托律师的目的不同，有的只是希望律师在取证或者程序方面提供协助，而以企业知识产权团队的诉讼参与为主。而大部分的企业则是希望律师能够起到更全面、更专业的支持，企业知识产权团队则是协助外部律师达成诉讼目的。对应大部分情况而言，企业知识产权团队的工作职责主要是介绍企业的客观情况、传递决策层对诉讼的目的与策略考虑，协助律师收集证据，而外部律师则主要是结合企业的客观情况以及诉讼目的，提供专业分析意见、提出诉讼策略建议、指引证据收集方向、制定诉讼规划等。

（3）审慎沟通，避免影响律师专业发挥。企业作为发出委托的甲方，一方面应当在以目标为导向的前提下，与律师保持紧密的协作与沟通，确保诉讼达到理想的结果；另一方面，也应尽量尊重和考虑律师的专业意见，企业知识产权人员应尽量避免过多干扰律师的诉讼思路或工作规划，避免律师因忌惮企业知识产权的甲方地位，而不得不在专业或诉讼策略方面屈从于企业，从而影响其专业发挥。如果双方确有不同的工作思路或策略，相应的思路或策略可能会对诉讼结果有关键影响时，企业知识产权人员应结合企业内部情况与律师的专业意见，综合考虑后再决定提出赞成或反对意见，引导并协助律师顺利完成诉讼委托，并达到预定目标。

8.5.4　诉讼费用管理

诉讼费用一般包括律师费、取证相关费用、技术鉴定费用、差旅费、法院诉讼费、复审和无效审理部官费等。律师费的收费模式一般为包干费或风险代理费，包干费一般按照不同的诉讼阶段一次性定额付费，律师或专利代理师的收费标准可以参考律师协会或代理师协会的指导标准。风险代理则是委托方在初始阶段仅支付基本的诉讼成本，如果诉讼达到理想的结果或预设的委托目标后，律师收取相应的代理费，而如果没有达到预设目标，则委托方一般仅支付律师基本的诉讼成本，如果达到预设目标，此类收费金额一般会高于包干费用。目前国内知识产权诉讼的律师支出与国外相比有很大差距，一般不会对企业造成过大的成本负担，虽然资深、有经验的律师收费会相对较高，但建议不要因为律师费的较小差异而牺牲专业考虑，这样很可能会影响己方的诉讼目的的实现。

此外，在侵权民事诉讼中，法院的诉讼费是根据涉案的诉讼金额计算的，作为起诉方，主张的赔偿金额将决定诉讼费用的高低，需要结合案件胜诉预期、客观证据等多方面合理确定诉讼金额。同时，在诉讼进行过程中，撤诉也可以退回一半诉讼费，因此，基于双方和解或者其他原因适时终止诉讼也可以减少诉讼费和律师费的支出。

在涉及海外诉讼的费用管理问题上，首先，在上述律所管理的基础上，针对不同项目，选择性价比较高的律所和其中的律师以及律师助理，海外诉讼律师通常是按时薪收费，因此，把时薪谈到一个可接收的价格显得非常关键。对于一些比较简单或可以预见工作量的事情（如不侵权分析、准备挑战书、代理谈判和解等），可以约定一个"打包价"或"封顶价"；即使预见性不是很高的诉讼，对于诉讼的每个阶段和整个过程也可以约定一个"封顶价"，如果超出约定价则按"封顶价"收取。

其次，海外诉讼过程的费用管理，可以以诉讼流程为轴，控制各环节的费用。要严格把控支出费用较大的几个环节（如证据开示、口证、庭审）。平时的工作中，可以要求律师把一些技术含量不高的工作由时薪较低的助理来完成，如果某项工作会产生较大费用，需要提前通知企业方，并获得同意。

再次，严格审核海外诉讼的费用账单。企业方可以要求律所按照规定的格式出账单以方便企业内部对其审核，企业提供特定的格式模版或要求账单内容包括规定信息，如项目名称、工作日期、工作内容、用时多少；要是涉及额外的第三方费用，需要提供发票等依据；还应审核该第三方支出是否是必要的，如取证资料的托管是否可以不再需要，律师来访或因项目出差等费用是否必须。因为律师是按工作时间收费的，也许没有办法去定量一项工作是花了 1 小时还是 50 分钟；但可以审查工作时间对于工作内容是否存在合理性，如果明显超出正常工作需要的时间，要及时提出问题和沟通。只有让律所意识到企业对于账单内容的严格审核，律所才会对账单内容更加谨慎和重视。

另外，对于一些被告比较多的案子，还可以选择加入被告联盟（Joint Defense Group），通过资源共享来节省诉讼费用。例如，多个被告分摊专利无效检索和分析的费用，在马克曼程序中，哪个被告主要负责哪些关键词的解释，以及对原研方证据在第三方平台的保存费用的分摊。

目前，欧、日、韩等国家/地区的专利诉讼相对比较少，这也是由市场因素所决定，美国专利诉讼在海外专利诉讼中具有实操意义。

作为原研方，起诉、和解以及采用什么样的诉讼策略，通常是以其自身的利益为出发点，根据市场份额、诉讼投入和收益等因素考虑。对于中国医药企业，目前更多是作为被告方出现在美国专利诉讼中，说明现阶段的中国医药企业还不够成熟，尚未具备作为原研方的条件。

8.6 诉讼流程与管理

诉讼流程是指常见知识产权诉讼在前期准备、诉讼进展和获得判决结果的处理过程。无论是发起诉讼还是应对诉讼，都需要对诉讼需要经历的流程有较为全面的了解，从全局角度把控和预判诉讼过程以及结果，从而为合理管控诉讼，达到预期的诉讼结果奠定基础。下面将从原告与被告的角度简要介绍诉讼可能涉及的关键环节与流程。

8.6.1 原告的诉讼准备与主要流程

作为诉讼的发起方，原告需要准备和参与的主要流程包括：

（1）发现侵权行为。侵权行为的发现是诉讼发起的基础，也是原告维护自身知识产权的基本需要。对于拥有自主知识产权的企业，应当建立一定的知识产权侵权发现机制，能够及时发现市场上的知识产权侵权行为，从而尽快启动相应的维权活动。对于医药领域而言，化合物和医药用途专利的侵权非常容易识别，对药物晶型、药物制剂专利的侵权可能需要借助反向工程和技术鉴定等科技手段进行识别，对于工艺专利的侵权，因为相应产品可能存在多种反应路线，而反应路线的应用情况取证又比较困难，往往难以识别侵权行为的存在。

（2）选聘律师，启动侵权证据和受损害证据的搜集工作。当发现侵权行为后，如果企业内部有专业的知识产权工程师，可以启动初步的证据搜集和准备工作，知识产权诉讼的证据主要涉及对方侵权和主张损害赔偿额度的证据，例如侵权产品、网站宣传、产品宣传册等侵权证据，以及销售合同、购销发票等损害赔偿证据。如果没有内部专业人员，则建议尽快委聘专业律师启动相应工作，即便有内部知识产权工程师，也建议在完成初步工作后尽快委聘外部律师，因为外聘律师在时间精力、自由度及取证权限等方面皆优于内部人员，通过内外协作可以确保证据搜集工作更加高效、专业，从而精准地获得能够有效支撑己方诉由的证据。

（3）评估权利稳定性，确立诉讼目的与诉讼策略。当掌握充分的证据之后，原告需要结合自己的诉讼目的，选择相应的诉讼策略。例如在诉讼发起前，首先需要对拟行权的专利权进行权利稳定性评估，并进行侵权技术方案与专利权保护范围的比对，从而对诉讼成功的可能性进行合理的预估。同时，在起诉之前还需要明确对管辖法院、被告、诉由、赔偿额度、保全与临时禁令的选择，诉讼策略的恰当与否有时会直接影响诉讼结果，进而决定自己的诉讼目的能否实现。因此，诉讼目的一般是由企业结合自身的生产经营需要来制定，而诉讼策略一般是基于诉讼目的的考虑，由律师与企业协商确定。

（4）撰写起诉状，提供侵权比对列表，提起诉讼并获受理。当前述证据搜集、策略规划等准备工作就绪后，就可以委聘律师向法院提交诉讼材料进行立案，由法院受理后，正式启动了法院阶段的诉讼程序。在专利侵权诉讼中，原告一般应当结合专利权的保护范围，将侵权产品或方法与涉案专利进行特征比对，从而证明涉案产品或方法落入专利保护范围，进而构成专利侵权。

（5）双方证据交换。法院受理原告的起诉后，应当会向被告送达应诉通知，并将原告的起诉状和证据转寄给被告，告知被告答辩时间，双方应在法庭制定的时间内完成举证和证据交换。根据民事诉讼法的相关规定，在案件受理后，法庭辩论结束前，原告可以增加或变更诉讼请求。同时，在证据方面，根据《民事诉讼法》第 139 条"当事人在法庭上可以提出新的证据"，即如果能够证明属于"新的证据"，则在举证期限届满后仍可以提出。因此，原告在起诉时可以仅列明主要诉由、诉讼请求与关键证据，详细的诉由可以在庭审时进一步阐明，然而，法院也不鼓励对合议庭和被告进行证据突袭，诉由和证据的延迟提供应该把握度，如果过度，可能会导致相应证据不被质证或者不被法院接纳，该策略的使用一般应结合具体情况，由律师提供专业建议。

（6）庭审与获得判决。庭审的准备一般由委聘律师主导，企业内部知识产权团队统筹协作，必要时可以作为公司委托代理人上庭参加诉讼。需要注意的是，作为原告必须按时参加法院的庭审，根据《民事诉讼法》第143条规定："原告经传票传唤，无正当理由拒不到庭的，或者未经法庭许可中途退庭的，可以按撤诉处理。"

（7）上诉与执行。如果对法院的判决结果不服，任何一方当事人均可以向上一级人民法院提起上诉。如果判决生效，则双方将面临判决的执行问题，例如停止侵权是否得以执行、损害赔偿是否已支付等。

8.6.2 被告的诉讼应对与主要流程

与原告发起诉讼的流程相对应，当被告收到法院的传票之后，可能主要经历以下流程：

（1）收到侵权指控与原告提交到法院的证据材料。当收到上述材料之后，企业应当积极应对，不应置之不理，更不可拒绝参加诉讼。根据《民事诉讼法》第144条规定："被告经传票传唤，无正当理由拒不到庭的，或者未经法庭许可中途退庭的，可以缺席判决。"因此，面临侵权指控时，逃避面对并非能够逃避侵权责任的承担。

（2）客观分析原告的侵权指控。收到侵权指控后，被告应冷静应对，客观分析原告的诉讼理由和侵权指控是否成立，同时可以尽快启动原告专利权的权利稳定性分析，做好专利无效宣告的准备。被告首先应当明确原告专利的法律状态、权属状态和权利保护范围，如果涉案专利确实正常有效，且对原告的起诉权利没有异议，则应尽快将自己的产品或方法与原告的专利权保护范围进行特征比对，进而明确自己是否构成字面侵权或等同侵权。对客观是否构成侵权的判断以及原告专利权利稳定性的分析，将会对诉讼策略的选择产生重大影响，因此被告应当谨慎对待，并及时委聘专利律师参与诉讼应对。

（3）委聘律师。如上所述，在客观分析侵权行为是否成立，以及专利权利是否稳定时往往需要专业的评估，因此，在相应工作启动前委聘律师参与诉讼往往能够更为从容、专业地处理后续程序，便于制定合理的诉讼策略。

（4）确定抗辩理由、搜集反证或专利无效证据，提交答辩状或专利无效宣告请求。被告应当结合客观的侵权分析和专利稳定性分析结果来确定抗辩理由，常见的侵权抗辩理由可以参考本章前文的介绍。如果被告准备对原告的专利权提出无效宣告请求，一般可以向法院提出中止审理民事侵权诉讼。根据《最高人民法院关于审理专利纠纷案件适用法律问题的若干规定》第9条规定："人民法院受理的侵犯实用新型、外观设计专利权纠纷案件，被告在答辩期间内请求宣告该项专利权无效的，人民法院应当中止诉讼。"其第11条规定："人民法院受理的侵犯发明专利权纠纷案件或者经专利复审委员会审查维持专利权的侵犯实用新型、外观设计专利权纠纷案件，被告在答辩期间内请求宣告该项专利权无效的，人民法院可以不中止诉讼。"因此，结合相关司法解释，要想法院中止诉讼，必须在答辩期间提出专利无效宣告请求，且应当将无效宣告请求的受理通知书提交给民事侵权诉讼的受理法院，书面申请中止审理。

（5）庭审抗辩或专利无效工作的进行。该阶段被告一般结合此前对自己行为是否构成侵权的客观判定、专利权利稳定性的评估结果等，结合诉讼的具体策略以及抗辩理由，参与法庭审理，阐明不侵权事实的过程。同时，如果被告选择了专利无效策略，并且法院对民事诉讼裁定中止审理，则被告应当全力准备专利无效宣告工作，积极无效原告的专利权，或者能够部分无效涉及侵权的权利要求，达到釜底抽薪的目的。

（6）获取判决、执行与上诉。该阶段由被告结合诉讼结果以及事实和证据情况，客观评估判决结果的可接受性，如果不服或者有新的证据，可以向上一级人民法院提出上诉，如果对终审判决不服，还可以向最高人民法院申请再审。

8.6.3　关于诉讼的和解

在诉讼发起后，双方当事人都可能结合一定的事实与证据情况，根据自己的诉讼目的与诉讼策略，决定是否与对方当事人进行和解，从而终结诉讼。在美国医药领域的专利诉讼中，虽然基于 Hatch – Waxman 法案会产生诸多的专利诉讼，但是有 70% 以上的诉讼均是以和解结案，20% 通过程序性决议解决，其余 10% 以原告或被告胜诉而终结[143]。与之不同的是，目前国内医药领域的知识产权诉讼却往往很少以和解结案，这可能与此前国内医药行业的政策和法律环境有一定关联。例如，在 "4 + 7 集中采购" 之前，对于原研企业来说，即便核心专利被无效，在国外常常出现的 "专利悬崖" 在中国却迟迟不会出现，在没有专利护航的情况下，进口药往往还可以继续享受超国民待遇，没有产品招投标的压力，在不大幅降价的情况下依然可以常年保持较高的市场占有率。在这种情况下，原研药与仿制药企业就专利侵权诉讼或者专利无效纠纷进行和解的动力往往不强。另外，国内知识产权诉讼所需要耗费的律师费用与美国有巨大差异，在美国进行一个专利诉讼，律师费动辄上百万或者几百万美元，这是一般企业甚至包括原研药企业都不是非常愿意承担的成本代价，而在中国的律师费往往还不及美国的 1/10，因此原研药企业在中国没有诉讼费用的负担，往往可以借诉讼对仿制药起到一定的干扰、威吓和拖延的作用。对于国内企业而言，有时候在进行专利诉讼时，也可能没有客观制定诉讼目标和策略，有的往往为了维护公司的声誉而坚持将专利诉讼进行到底，即便诉讼结果已经对公司没有实际影响。

实际上，和解往往是一种能够让双方获益的结果。随着国家集中采购制度的快速推进，原研药企业的超国民待遇荡然无存，仿制药企业面临的竞争空前激烈，如果在专利诉讼中能够基于双方的合理利益进行沟通，在不违背反垄断法的前提下，寻找双方的利益平衡点，以最小的代价实现诉讼结果的双赢，也许会是未来医药领域知识产权诉讼可以考虑的一个解决途径。当前，在国内专利挑战异常激烈的情形下，已经出现了一些具有代表意义的和解案例，例如诺华公司的抗心衰重磅药物 Entresto（LCZ696）在国内的专利被众多国内企业挑战，但已有多家与原研公司达成了和解。

8.6.4 行为保全

由于药品是一种特殊的商品，其研发往往需要投入较多的费用，即便研发申报一种仿制药也可能需要有上千万元的资金投入，其将来上市之后又往往会牵扯较大的经济利益，同时也会因为事关患者身体健康和用药可及性，而影响广泛的社会利益。因此，对于医药领域知识产权诉讼纠纷过程中行为保全的应用，往往影响的利益会比较重大。此外，近年来在医药领域有关商业秘密的纠纷也不断增加，行为保全也在相应诉讼中起到了比较快捷和直接的作用，例如 2014 年 1 月 8 日，诺华（中国）生物医学研究有限公司向上海市第一中级人民法院递交诉请行为保全申请，诉称前员工贺某离职后仍大量访问并复制公司众多保密信息和文档。经审查，上海市第一中级人民法院作出裁定，要求贺某"在本院作出进一步裁判前，不得披露、使用或允许他人使用'商业秘密文件列表'所列的 879 个文件（包括文件名本身）"。

保全通常指财产保全、证据保全和行为保全，关于财产保全与证据保全与普通民事诉讼具有较大的相似性，此处不多赘述。医药领域的证据保全案例可以参考北京知识产权法院（2017）京 73 证保 2 号判决，即山德士（中国）制药有限公司与北京汇康博源医药科技有限公司申请诉前证据保全案的诉讼过程。行为保全与财产保全、证据保全有本质区别，其实质上是对生效裁判的提前强制执行，是申请人权利的提前救济。知识产权纠纷中的行为保全，更多的是"责令禁止被申请人作出一定行为"，即所谓的"禁令"。[144]由于知识产权纠纷案件大多比较疑难、复杂，审理周期较一般民事案件更长。而且，即使权利人能通过诉讼或仲裁挽回一定的经济损失，但市场竞争力和商誉也无法在短时间内得到恢复。因此，在生效法律文书作出前即对争议对方作出禁令，是很多知识产权纠纷中原告在诉讼开始希望实现的目标之一。据不完全统计，2013 ~ 2017 年，全国法院分别受理知识产权诉前停止侵权 157 件和诉中停止侵权案件 75 件，裁定支持率分别为 98.5% 和 64.8%。[145]

由于医药领域的行为保全往往会牵扯较大的经济利益和社会利益，同时也是诉讼中较为常见的一种情况，其适用条件和司法应用的趋势也一直得到行业普遍关注。近年来也有多个医药领域的知识产权纠纷签发了行为保全的裁定，例如北京市第二中级人民法院就诺华公司与正大天晴就"胃肠基质肿瘤的治疗"医药用途专利侵权纠纷案作出了诉中禁令的行为保全裁定。

由于行为保全涉及的利益关系重大，为了明确标准，最高人民法院于 2018 年 11 月 26 日通过了《最高人民法院关于审查知识产权纠纷行为保全案件适用法律若干问题的规定》，其中对申请行为保全的主体、条件要求、担保要求以及司法机关的处理程序等都作了具体的规定，该司法解释对行为保全的适用具有非常强的指导意义。

另外，需要注意的是，虽然行为保全能够起到快速制止竞争对手侵权行为的目的，但行为保全是一把双刃剑，使用这个武器的时候自己也同样会面临相应的法律风险。

如果最终保全申请人的诉讼请求没有获得支持，则意味着该保全申请有错误，根据《专利法》第 66 条规定，申请有错误的，申请人应当赔偿被申请人因停止有关行为所遭受的损失。同时，根据现有案例表明，如果专利权被宣告无效，由此申请的行为保全对被申请人造成了损失，则行为保全的申请人需要承担赔偿责任。例如许某有与江苏拜特进出口贸易有限公司、江苏省淮安市康拜特地毯有限公司与知识产权有关的损害赔偿纠纷案（2008）苏民三终字第 0071 号中，法院查明：许某有以拜特公司等侵犯其"地毯（竹）"外观设计专利权为由申请行为保全，南京市中级人民法院裁定拜特公司等立即停止生产、销售与许某有专利相同或相近似的产品后，国家知识产权局专利复审委员会宣告该专利全部无效，并经北京市高级人民法院终审维持后，江苏省高级人民法院终审判决许某有败诉，拜特公司等提起保全错误损害赔偿之诉。许某有辩称：在提起诉讼时，其专利权曾两次被提起无效宣告申请，最终均被维持有效，其不可能预见败诉。江苏省高级人民法院认为："专利的稳定性具有一定的相对性，一项有效的专利权随时都存在被宣告无效的可能。作为专利权人，许某有对此应当是明知的。法律规定申请人在申请行为保全时应当提供担保，申请人对其申请保全的风险也应当是明知的。许某有关于其申请没有过错因而不应承担相应赔偿责任的主张没有法律依据。"这起案件中，江苏省高级人民法院明确认定申请人提出的无过错抗辩没有法律依据，事实上还是无过错责任。这起案件被载入最高人民法院公报，具有一定的典型性[146]。

因此，行为保全是知识产权诉讼中能够快速起效的一种策略方法，但是也需要考虑其双刃剑的特点，充分评估自己的专利权利稳定性以及诉讼策略之后，再考虑是否向法院申请保全。

8.6.5　赔偿损失的计算

一般来说，知识产权案件损害赔偿的计算方法主要有以下几种：①按照权利人因侵权行为所遭受的实际损失计算，例如因侵权产品的销售导致专利权人专利产品销售量下降的数量为 X_1，每件专利产品的利润为 Y_1，则损失金额 $M = X_1 \times Y_1$；②如果权利人的实际损失难以确定，可以按照侵权人因侵权所获的利益来确定，$M = X_2$（侵权产品销量）$\times Y_2$（侵权产品所获利润）；③当权利人实际遭受的损失和侵权人所获利润均难以确定时，还可以以商标或专利许可使用费的倍数作为确定侵权损赔偿的依据；④如果以上方法均无法确定的，人民法院可以根据侵权行为情节，在法定赔偿额以内酌定作出裁判。以上赔偿计算方法采取顺位方式适用，只有第①种方法无法计算时，才适用第②种，以此类推。此外，根据《最高人民法院关于审理侵犯专利权纠纷案件应用法律若干问题的解释（二）》第 28 条规定，"权利人、侵权人依法约定专利侵权的赔偿数额或者赔偿计算方法，并在专利侵权诉讼中主张依据该约定确定赔偿数额的，人民法院应予支持。"

对于知识产权侵权民事诉讼来说，损害赔偿的计算一直是行业讨论与争议的焦点，如何举证、如何计算都事关赔偿数额的大小。此外，国内司法实践此前由于法律依据、当事人举证等诸多因素限制，损害赔偿多以法定赔偿为依据进行判赔。然而，法定赔偿的额度相对较低，同时，由于惩罚性赔偿制度的缺失，从而导致国内外普遍诟病中国知识产权侵权成本较低。但是，随着近几年立法与司法环境的变化，这些可能都将发生变化，中国正在通过多种途径和手段来提升损害赔偿额度，提升侵权成本。根据中共中央办公厅、国务院办公厅、最高人民法院以及国家知识产权局等相关部门近年来发布的意见或要求，结合多个司法实践案例来看，立法和司法部门已经在落实加大知识产权保护力度，大幅提高侵权成本的具体要求，同时也在进一步建立健全知识产权侵权惩罚性赔偿制度。在赔偿额度方面，根据最高人民法院知识产权法庭副庭长王闯公布的数据，以北京知识产权法院为例，2015 年案件平均判赔额是 35 万元（人民币，下同），2016 年是 76 万元，2017 年是 135 万元，体现为逐步上升。[147]

在立法层面，我国现行的知识产权法律制度中，《商标法》率先规定了惩罚性赔偿，2013 年修正的《商标法》第 63 条第 1 款规定，"对恶意侵犯商标专用权，情节严重的，可以在按照上述方法确定数额的 1 倍以上 3 倍以下确定赔偿数额"，将法定赔偿上限从 100 万元提高到 300 万元。《专利法》第四次修改新增了惩罚性赔偿，对故意侵犯专利权，情节严重的，可以按一般方法确定 1 倍到 5 倍的惩罚性赔偿，此外，还将法定赔偿额从现行的"1 万元以上 100 万元以下"提高到"30 万元以上 500 万元以下"。《著作权法》第三次修改也将对惩罚性赔偿予以规定，拟将法定赔偿上限从现行法律规定的 50 万元提高到 100 万元。

虽然法律与司法环境正在发生着重大变化，但是，对于当事人而言，要想获得理想的损害赔偿，还是需要提供充分的证据以及合理的计算方法，而此前所提到的法院大多适用法定赔偿的原因往往是权利人举证困难或者侵权人不配合举证等原因导致难以适用其他计算方法。目前，司法机关也在积极探索和尝试解决上述难题，例如对于侵权产品的销售账本等原告客观无法获取的证据，法院尝试利用证据规则的适用（例如举证责任分配、举证妨碍等）来解决。北京知识产权法院在美巢与北京秀洁就"墙锢"商标侵权案（2015）京知民初字第 12 号中，适用了证据妨碍的规则，在被告北京秀洁拒绝提供相应证据时，一审法院判决中体现了其由此需承担的不利后果。二审法院虽然对损害赔偿的数额进行了纠正，但积极肯定了一审法院对被告举证妨碍所给予的不利裁判。在损失赔偿计算时，人民法院为确定赔偿数额，在权利人已经尽力举证，而与侵权行为相关的账簿、资料主要由侵权人掌握的情况下，可以责令侵权人提供与侵权行为相关的账簿，如果拒不提供，将承担不利后果，而且也不能在二审或者再审过程中再行提交来挽回此前的不当行为所导致的裁判后果。

对于医药领域的案件来说，损害赔偿的计算方法与其他领域没有差异，主要在于举证类别的特殊性，作为权利人，如何举证自己因侵权所遭受的损失，例如产品销量或销售额上的减少，作为被诉侵权人，如何避免未来立法确定的惩罚性赔偿，或者承担过多的不利赔偿，这也是需要在证据搜集过程中特别考虑的方面。由于国内医药领域损害赔偿的案例较少，最近发生的案例是山德士（中国）制药有限公司与北京汇康博源医药科技有限公司侵害发明专利权纠纷（（2017）京 73 民初 190 号），2018 年 12 月 26 日北京知识产权法院作出了一审判决，其中，原告通过公证取得的侵权人海关出口销售额、最早销售时间、出口销量、利润率计算标准和诉讼合理支出等诸多证据都获得了法院采信支持，被控侵权人也存在妨碍举证或延迟举证的情节，导致相应证据未被法院采信。虽然该案未经二审终审确认，但对于损害赔偿的举证方向以及计算方法可以为今后类似案件提供一些参考。

8.6.6　海外诉讼流程管理

以美国诉讼为例，其诉讼流程的主要节点如下：诉前尽职调查（Pre‐Litigation Diligence）→诉讼文书（Pleadings）→事实证据（Fact Discovery）→马克曼程序（Markman Proceeding）→专家证言（Expert Discovery）→决定性的议案（Dispositive Motions）→开庭前程序（Pretrial）→庭审（Trial）→上诉（Appeal）。

在诉前尽职调查的环节，需要对企业各部门的文件进行管理，对将来可能涉及的人员进行培训，防止将来诉讼的取证中出现不利的资料文件。特别需要注意的是，知识产权部需与注册申请部门相互沟通配合，防止注册申请资料中出现涉及专利方面不当的描述和信息。另外，还需要对即将申报的产品制定专利策略，如申请在美国上市时，对橙皮书登记的专利采取第Ⅳ段声明，即专利无效/不侵权，争取提早上市，还是经过分析后对某专利提出第Ⅲ段声明，等待专利届满。与此同时，还需要准备专利挑战通知信（Notice Letter）等资料文件。这就需要知识产权部门联合注册申请部门、技术部门、律所等在诉讼前期进行各项工作的管理和策略布局。

在诉讼文书的环节中，主要是对起诉书的答复和反诉，答复文件的完成主要由律师完成，企业人员可以提供协助以及技术层面的一些建议。

事实证据即证据开示阶段，该阶段前期取证工作可以由第三方公司和律师一起到企业来完成，也可以合理安排后，请律师和第三方取证公司协助，主要工作由企业人员来完成。因为其中涉及数据文件在中国境内和境外传输的问题，需要考虑我国于 2017 年 6 月 1 日实施的《中华人民共和国网络安全法》；因此，不同的取证方式在程序和费用上都有较大区别。该阶段还包括对公司员工的口证（Depositions），企业在提供涉及项目人员名单时，应当做好思想准备，由谁出席口证比较好，从而提前做相关准备，如了解项目、诉讼背景、抄送诉讼邮件、相关培训等。

在美国的专利诉讼中，通常会有马克曼程序和专家证言这两个程序。马克曼程序又称"权利要求解释听证会"，是指美国地方法院的庭审前听证会，原告指控专利侵权时，法官需要通过考究来自各方的证据，来判断专利权利要求书中相关关键词的合适含义。

专家报告是由专家证人提供的，他们在法律案件中就争议点发表意见，通常由一方和/或另一方在诉讼中提出，以支持该方的主张。报告陈述事实，讨论细节，解释推理，并论证专家的结论和观点，以便解决案件所面临的争端。

在马克曼程序和专家证言的环节中，知识产权部门需要与技术部门一起，对专利的范围和术语有一定的理解，在技术上给律师提供相关的技术资料、信息和建议，协助更好地完成马克曼程序。对于诉讼中选用的专家证人，企业可以要求律师提供备选人员以及他们的背景等资料信息，综合考虑后选择合适的专家证人。

在决定性的议案、开庭前程序和庭审阶段，知识产权部门需要起到统筹和规划的作用，对于一些有利的证据要及早发现，如果太晚发现，有可能不被引入庭审中；另外，还需要与律师沟通抗辩策略，特别是主张不侵权抗辩的情况，知识产权部门应综合技术部门的信息对涉案产品的特征有清晰的认识，从而完善自身的抗辩策略。

8.7 诉讼风险管控

对于医药企业来说，无论是创新还是仿制，均应以管控和预防诉讼风险为首要工作，避免陷入诉讼的被动局面。下面简要介绍医药企业诉讼风险管控的主要方法。

8.7.1 建立 FTO 预警评估机制

FTO（Freedom To Operate）是指实施人在不侵犯他人专利权的前提下对该技术自由地进行使用和开发，并将通过该技术生产的产品投入市场。FTO 预警评估则是指对实施该技术是否可能侵犯他人专利权和违反其他法律法规的规定而进行的调查和研究，主要解决三个问题：能做什么、在哪里能做以及什么时候能做。

通常来说，尽早开展 FTO 评估可以使企业尽早查明想要开发的药品是否存在侵犯他人在先知识产权的可能性。但是医药领域，从药品研发到药品投放市场往往需要一个很漫长的过程，同时专利的公开还需要有一定的时间，这就可能会导致企业在某个阶段完成的 FTO 评估报告未能发现或者涵盖最新公开的法律风险。因此，企业在何时开展 FTO 评估工作也尤为重要。为了降低法律风险，一般需要在以下节点进行多次评估：

1. 立项检索

该阶段的 FTO 其实就是立项调研，对于药品研发而言，在立项时应当将该产品当前的知识产权布局现状进行检索和评估，了解药品的专利基本情况，从专利角度评估项目开发的可行性以及项目的研发方向。

2. 研发过程把控

当确定立项之后，研发部门按照既定方向启动产品研发，但是药物研发属于实验科学，理论设计的方向很可能在项目推进过程中难以实现，此时可能需要修正或改变原定的研发思路，此时就需要重新评估新研发方向的知识产权风险。

3. 产品上市前

如上所述，由于研发过程是动态调整的，同时专利的申请与公开也伴随着企业的研发过程会有新的更新，在产品正式上市销售之前，为了明确侵权风险，还需要再完成一次上市节点的FTO评估，从而全面把握产品上市可能面临的法律风险，提前做好防范与应对措施。同时，知识产权部门对上市风险的识别，也有利于产品商业推广时回避侵权方案（例如医药用途专利），降低被诉风险。

8.7.2 审慎决策合理的专利策略

结合研发项目的专利布局情况，需要认真分析并审慎考虑专利应对策略，不可无视专利布局的存在，如果步入别人的专利防御圈，即便产品项目研发进度很快，抢到首仿，但是如果没有合理规避或管控专利侵权风险，也可能会因专利侵权而无法销售，从而被其他竞争对手超越。因此，在面对项目研发的众多知识产权风险时，需要制定合理的策略，保障项目研发高效、快速和安全地推进。常见的专利应对策略包括以下几种。

8.7.2.1 规避开发

如果项目研发中遇到授权的有效专利障碍，或者评估后认为授权可能性很大时，应当通过充分讨论和制定项目开发的规避策略。例如针对晶型专利，可通过开发新晶型的方式规避原研的专利壁垒；针对制备方法专利，可以通过改变合成路线或反应条件；针对制剂专利，可以通过改变剂型、给药途径、辅料种类或比例等方式进行有效规避。下面主要针对化学药中的马库什权利要求的风险规避以及生物类似药企业对生物药原研专利的规避开发进行进一步叙述。

（1）小分子创新药的专利风险规避

创新药研发需要耗费漫长的周期，投入巨额的研发费用，如果巨大投入的研发项目落入他人的专利保护范围，那么所有的投入都可能化为泡影，因此创新研发过程中的专利风险管控尤为重要，往往需要在不同节点多次进行风险评估，并结合动态预警来监控风险。

新药研发主要有两种策略：一是针对新靶点研发原型药物（prototype drug），即首创类（First – in – Class）药物；二是在首创类药物基础上进行结构优化，研发在药效学、药代动力学或毒理学方面有改进的模仿型（Me – too 和 Me – better）药物[148]。制药企业可以在规避专利的前提下，根据所追踪的国际新上市药物的靶标作用模式及构效关系，综合利用生物电子等排、骨架跃迁、结构简化、基团添加、构象限制、分子杂交、软药、前药、重药（氘代）等方法，结合药物化学经验和计算机辅助药物设计技术，寻找更佳的模仿型药物。因此，原型药物的研发策略强调设计得到新颖的分子骨架，既有效规避专利保护，又可形成具有自主知识产权的新化学实体，适用于研发创新能力强的企业；而模仿型药物的研发策略更倾向于在保留活性必需的基本结构的基础上，通过规避先导化合物专利，形成新的化学结构。

在先能够授权的马库什结构的化合物专利一般都是该领域的基础性专利，即构建一个基本的母核结构而开启一个新的热点研发领域。目前化学药物领域的实际研发中对现有技术进行结构改造较为普遍，后来者们可以通过例如替换基团的结构修饰方法来增强先导化合物与靶分子的相互作用，提高先导化合物对靶分子的亲和力和选择性；或者通过从现有宽泛的保护范围内筛选组合出未被公开且更具成药前景的化合物进行研发。既通过选择性发明的途径进行开发，当然该途径因为开发的化合物落在在先专利的马库什结构保护范围内，存在专利侵权风险。但因为开发的化合物是马库什结构并未公开具体的化合物，如果该选择的化合物取得了专利法意义上的预料不到的技术效果，则该化合物可以申请专利并获得授权。有时候，虽然开发的产品落入他人有效的专利保护范围，但也可以结合产品的研发周期来评价是否需要考虑相应的专利风险。因为药品开发的周期较长，产品上市往往需要 8 ~ 10 年，当通过选择性发明方式开发的化合物成功获批上市时，在先的风险专利可能已经到期或即将到期。

随着中国企业创新药物的能力不断发展，企业更加倾向于对原马库什权利要求的化合物专利进行规避设计，避免落入基础专利的保护范围。虽然 Bolar 例外条款提出为注册报批而研发专利药品的行为不被认定为侵权，例如在安斯泰来制药株式会社与麦迪韦逊医疗公司、连云港润众制药有限公司、正大天晴药业集团股份有限公司侵害发明专利权纠纷案 [（2017）苏 01 民初 529 号] 中法院判决两被告在申请注册恩杂鲁胺药品的过程中实施的被控侵权行为并不构成专利侵权，但是产品研发的最终期望是希望药品进入市场并产生回报收益，所以有效的风险规避将会为后续产品上市提供有力保障，避免出现产品获批上市却因专利侵权而无法销售。这需要在研发立项阶段即做好专利信息收集、分析与决策，通过对拟开发项目的化合物结构进行全面风险排查并构建预警机制，及时关注和预警项目开发的专利风险。

此外，在专利风险的检索分析中，可能会遇到一些尚未确权的疑似侵权专利（例如尚处于公开或实质审查阶段），专利人员应当密切跟踪后续进展，关注专利申请状态的变化和处理结果，必要时提请公众意见或提起无效宣告请求等有效应对措施。当确定研发目标后，需要关注新设计的分子结构是否会落入新公开专利的权利要求范围。

（2）生物类似药企业的专利风险规避

一般原研药企业都会利用先发优势对其药品进行专利保护以阻止后续生物类似药企业从事此产品的研发、生产、销售。由于越来越多的制药企业进入生物药研发领域，作为从事生物类似药研发的企业，专利风险规避成了其项目开发面临的关键问题。

对于已授权的产品序列专利，往往不容易规避，需对其审查过程文件进行详细分析，最后由技术人员和专利人员一起探讨可行的规避方案。

对于已授权的制剂专利，如果授权专利的保护范围限定到具体处方组分，甚至限定了具体的组分含量，往往可以从改进制剂配方组成等角度进行规避，同时需注意其授权的制剂专利是否有分案申请，分案专利的授权保护范围是否扩大了保护范围等。

对于其他已授权的工艺专利或非产品专利，应从授权专利的保护范围出发，由技术人员和专利人员一起探讨规避的可行性，一般通过规避的方式应对此类专利侵权风险。

8.7.2.2　提交无效或公众意见

对于难以进行规避设计，且经评估后认为专利权不稳定或授权前景较小的专利，可以通过提交无效宣告请求对相应专利发起权利有效性的挑战，或者向审查员提交第三方公众意见来阻止风险专利获得授权。

8.7.2.3　等待专利到期

经评估后，认为专利权较稳定，被无效的可能性很小且无法规避的专利，例如化合物专利，一般建议等待专利到期。

8.7.2.4　寻求许可或转让

对于难以规避的专利障碍，侵权方也可以通过向专利权人寻求专利许可或转让的机会来消除专利侵权风险。

8.7.3　建立风险跟踪预警机制

专利风险被识别之后，还需要建立后续的跟踪预警机制，只有把最新的专利风险信息及时反馈给决策层和研发部门，及时调整研发方向，才能发挥预警的效果，有效管控项目研发过程的动态专利风险。例如，一般需要在不同研发阶段对项目开发方向进行风险评估和补充检索，以准确、全面地掌握项目研发的专利风险，提前制定应对策略。

8.8　医药领域特色诉讼与应对

医药领域知识产权诉讼的特殊性一方面是其技术领域的特殊性，另一方面是基于技术的特殊性所带来的法律规定的特殊性，尤其是专利法，专门就医药知识产权问题确立了 Bolar 例外等诸多特殊条款，专利审查指南还专门就医药化学领域的审查设定了特别的章节。此处，笔者主要从诉讼角度说明医药领域所涉及的几项特殊诉讼以及应对方案。

8.8.1　无效程序中马库什化合物权利要求的修改

8.8.1.1　权利要求的功能体现

一方面，专利权是一种私有权，是专利权人对其发明创造在一定期限内依法享有的独占实施权，一般情况下他人只有经专利权人同意才能予以实施，专利权人可以利用这种独占权获得垄断利益。专利私有权的大小以专利权利要求所划定的范围为准。另一方面，权利要求具有对社会公众的公示意义。为了保护社会公众的利益，必须让公众能够对专利保护范围有一个准确的了解。专利权利要求就是通过文字描述的形式向社会公众公开，以便社会公众能够清晰地了解专利权保护范围，从而确保社会公众利益。

8.8.1.2　无效程序中允许专利权人对权利要求修改的必要性

由于申请人对现有技术掌握的局限性，以及专利审查员与本领域技术人员必然存在的偏差，授权的专利难免会存在缺陷。专利权作为一种私有权，如果有缺陷的发明创造获得授权从而使专利权人享有不正当的垄断权，是对公众利益的损害。而如果将授权后的马库什权利要求不允许任何修改，那么专利权人获得的专利权很多情况下势必难以抵挡他人提出的无效请求。因此，为了平衡专利权人和公众利益，我国专利制度除了在专利确权阶段给予了专利申请人修改的机会外，在专利权无效宣告中同样赋予了专利权人一定的修改权。由于专利权无效宣告中修改的对象是一项已经授权的专利权，其修改涉及平衡专利权人与社会公众之间利益的问题，因而对无效宣告请求程序中的修改又有特殊的要求。

8.8.1.3　专利无效中权利要求修改的一般原则

《专利法》第33条规定，申请人可以对其专利申请文件进行修改，但是，对发明和实用新型专利申请文件的修改不得超出原说明书和权利要求书记载的范围，对外观设计专利申请文件的修改不得超出原图片或者照片表示的范围。这是专利法对专利申请文件可能的修改的总原则。

《专利法实施细则》第69条第1款规定，在无效宣告请求的审查过程中，发明或者实用新型专利的专利权人可以修改其权利要求书，但是不得扩大原专利的保护范围。

《专利审查指南2010》第四部分第三章第4.6.2节修改方式中规定，在满足上述修改原则的前提下修改权利要求的具体方式一般限于权利要求的删除、技术方案的删除、权利要求的进一步限定和明显错误的修订。

8.8.1.4　无效程序中马库什权利要求修改的特殊性

马库什权利要求是指在一个权利要求中限定了多个并列的可选择要素的权利要求，

是化学领域常见的权利要求撰写方式。由于对马库什权利要求属性认识的不同，对马库什权利要求的性质主要存在两种观点。一种观点是整体技术方案论，即认为马库什权利要求是一个整体，不可分割。另一种观点认为，马库什权利要求是众多并列技术方案的集合。

针对马库什权利要求的修改，马库什权利要求应作为整体技术方案论的一方认为，由于马库什权利要求作为一个整体技术方案看待，删除式修改方式产生了权利要求中原本并不存在的技术方案，超出了公众对原授权保护范围的合理预期，不属于审查指南规定的修改方式，不能被接受。马库什权利要求属于并列技术方案论的一方认为，由于马库什权利要求是多个并列技术方案的集合，删除马库什要素，相当于删除了马库什权利要求中的一个或多个并列技术方案，也没有扩大原专利的保护范围，因此这种删除式修改符合专利法实施细则的规定，应当被允许。

上述两种不同的观点，直接导致在无效宣告程序中进行马库什要素的删除式修改出现截然不同的结果，而能否进行修改在很多情况下是专利能否被维持有效的关键。由于专利复审委员会、北京知识产权法院、北京市高级人民法院对马库什权利要求属性理解的不同，导致案件审理结果多次震荡。例如北京万生药业有限责任公司与第一三共公司涉及的发明名称为"用于治疗或预防高血压症的药物组合物的制备方法"的发明专利无效行政纠纷再审案（行政判决书（2016）最高法行再 41 号）中，第一三共公司涉案专利的专利权保护如下所示的式（Ⅰ）化合物或其可用作药用的盐或酯。其中，R^4 代表氢原子；或具有 1 至 6 个碳原子的烷基；R^5 代表羧基、式 $COOR^{5a}$ 基团或式 $-CONR^8R^9$ 基团。

(L)

北京万生药业有限责任公司针对该专利提起无效宣告请求。专利权人针对北京万生药业有限责任公司提起的无效宣告请求对权利要求进行了主动修改，删除了权利要求中 R^4"具有 1 至 6 个碳原子的烷基"、R^5 定义下除羧基和式 $COOR^{5a}$ 外的特征。

在无效宣告和一审程序中，专利复审委员会和北京市第一中级人民法院认为，第一三共公司对该马库什权利要求中马库什要素的删除并不直接等同于并列技术方案的删除，这种删除式修改不属于可被接受的修改。

北京万生药业有限责任公司不服一审判决，向北京市高级人民法院提起上诉。北京市高级人民法院认为，马库什权利要求涉及化合物时，这些化合物之间是并列选择关系，每个化合物是一个独立的技术方案，该权利要求所概括的是多个技术方案的集合，各要素间都可以相互替代而达到相同的效果。马库什权利要求属于并列技术方案的特殊类型，而且这种删除缩小了专利权的保护范围，并未损害公众利益，即应当允许专利权人删除相关的选择项。

针对专利复审委员会提起的再审请求，最高人民法院就该案争议的两个焦点进行了阐述：①关于以马库什方式撰写的化合物权利要求属于概括的技术方案还是众多化合物的集合的问题。马库什权利要求具有极强的概括能力，一旦获得授权，专利权保护范围将涵盖所有具有相同结构、性能或作用的化合物，专利权人权益将得到最大化实现。而从本质而言，专利权是对某项权利的垄断，专利权人所享有的权利范围越大，社会公众所受的限制也就越多，因此，从公平角度出发，对马库什权利要求的解释应当从严。马库什权利要求不管包含多少变量和组合，都应该视为一种概括性的组合方案。选择一个变量应该生成一种具有相同效果药物，即选择不同的分子式生成不同的药物，但是这些药物的药效不应该有太大差异，相互应当可以替代，而且可以预期所要达到的效果是相同的，这才符合当初创设马库什权利要求的目的。因此，马库什权利要求应当被视为马库什要素的集合，而不是众多化合物的集合，马库什要素只有在特定情况下才会表现为单个化合物，但通常而言，马库什要素应当被理解为具有共同性能和作用的一类化合物。②关于在无效宣告请求审查阶段，权利人可以采取什么方式修改马库什权利要求的问题。鉴于化学发明创造的特殊性，同时考虑到在马库什权利要求撰写之初，专利申请人为了获得最大的权利保护范围就有机会将所有结构方式尽可能写入一项权利要求，因此在无效阶段对马库什权利要求进行修改必须给予严格限制，允许对马库什权利要求进行修改的原则应当是不能因为修改而产生新性能和作用的一类或单个化合物，但是同时也要充分考量个案因素。如果允许专利申请人或专利权人删除任一变量的任一选项，即使该删除使得权利要求保护范围缩小，不会损伤社会公众的权益，但是由于是否因此会产生新的权利保护范围存在不确定性，不但无法给予社会公众稳定的预期，也不利于维护专利确权制度稳定，因此二审法院相关认定明显不妥。

最高人民法院最终的一锤定音，给在无效宣告阶段该如何对马库什权利要求进行修改给出了重要的指导。

8.8.2 Bolar 例外

Bolar 例外是一项专门适用于药品和医疗器械相关领域的专利侵权豁免原则，该原则最早在美国 1984 年颁布的 Hatch – Waxman 法案中确立，因源于美国 *Roche V. S Bolar* 公司药品专利侵权案而得名。Bolar 公司为了赶在 Roche 公司药物盐酸氟西泮专利到期之时推出其仿制产品，在该产品专利到期之前，通过对专利药品进行研发和试验来收集审批所需要的数据。随后，Roche 公司对 Bolar 公司的研发行为提起了侵权指控，美国纽约东区地方法院认为，专利保护期届满前禁止对该专利药品进行试验相当于延长了专利保护期，因此判定 Bolar 公司的试验行为不构成专利侵权。Roche 公司提起上诉，美国上诉法院认为，专利保护期限届满前禁止仿制药的试验研究确实变相延长了专利保护期，但是，现行法律并没有此行为不构成专利侵权的规定，而对药品进行生物等效性试验是有商业目的的，不属于专利法中的不视为侵权的试验性使用，因此判定 Bolar 公司侵权。该案判决结果在医药行业引起巨大反响，在仿制药厂商的游说下，1984 年 9 月 24 日，美国国会通过了药品价格竞争与专利期补偿法案，即 Hatch – Waxman 法案，其规定："……如果单纯是为了完成和递交联邦法律所要求的制造、使用和销售药品、兽用药与生物制品所需的合理相关信息而进行的相关行为，不构成侵权"。该法案的实施有力促进了美国仿制药产业的发展，同时通过专利期延长制度较好地平衡了原研药与仿制药之间的利益。随后，类似的制度被日本、加拿大等国家引入。

在 2008 年中国《专利法》第三次修改之前，中国并没有引入 Bolar 例外制度。2006 年日本第一三共公司诉北京万生药业有限责任公司的奥美沙坦酯片案被称为"中国 Bolar 例外第一案"，北京市第二中级人民法院最终以被告北京万生药业的试验和申报行为是"不以销售为目的"判定不构成侵权。虽然该案判决理由值得商榷，但体现了在缺乏立法依据的情况下，司法审判的价值取向[149]。由此，在第三次《专利法》修改时正式引入了 Bolar 例外原则，在第 69 条第（5）项规定"有下列情形之一的，不视为侵犯专利权：……（五）为提供行政审批所需的信息，制造、使用、进口专利药品或者专利医疗器械的，以及专门为其制造、进口专利药品或者专利医疗器械的。"

在安斯泰来制药株式会社、麦迪韦逊医疗公司等与四川科伦药物研究院有限公司侵害发明专利权纠纷案［（2016）川 01 民初 1240 号］中，成都市中级人民法院作为一审法院适用了《专利法》第 69 条的规定，认为根据现有证据，四川科伦药物研究院有限公司制造、使用涉案专利产品的行为，源于为获得临床批件的需要向国家药品行政管理机关提供药品行政审批信息，故不构成专利侵权。

8.8.3　方法专利

方法专利是医药领域常见的一种专利类型，也是比较经典的外围专利。由于方法专利存在侵权可视性差、取证困难等缺点，导致维权价值相对较低。但是，作为新产品的方法专利，则存在比较大的不同。根据《专利法》第 61 条规定："专利侵权纠纷涉及新产品制造方法的发明专利的，制造同样产品的单位或者个人应当提供其产品制造方法不同于专利方法的证明。"从举证责任分配的角度来说，上述规定与普通诉讼中"谁主张，谁举证"的举证原则不同，该条属于典型的举证责任倒置。即如果工艺专利制得的是一种新产品，则被控侵权人不太可能在较短的时间就开发出获得相同产品的另一种方法。因此，举证责任倒置体现了一种推定：如果专利方法制得的是一种新产品，而被控侵权人的产品与专利方法所获得的产品相同，就推定被控侵权人使用了专利方法，除非被控侵权人提出相反的证据予以证明其方法与专利不同。

关于"新产品"的判断标准可以参见《最高人民法院关于审理侵犯专利权纠纷案件应用法律若干问题的解释》第 17 条规定，"产品或者制造产品的技术方案在专利申请日以前为国内外公众所知的，人民法院应当认定该产品不属于专利法第六十一条第一款规定的新产品"。

作为新产品方法专利的权利人，如果作为原告，需要向法院证明按专利方法生产的产品属于"新产品"，被告侵权产品与原告"新产品"属于相同产品。在完成上述举证义务之后，此时举证责任即可转移到被控侵权人一边，由其证明其获得新产品的方法与专利不同。在阿文－蒂斯药物股份有限公司诉江苏恒瑞医药股份有限公司的多西他赛专利侵权案〔（2006）沪高民三（知）终字第 112 号〕中，阿文－蒂斯公司主张根据其两项发明专利制造的"多西紫杉醇（泰索帝）注射剂"药品为新产品，一审法院认为阿文－蒂斯公司获得的两项专利是新产品制造方法专利，制造同类产品的恒瑞公司未能举证证明其制造"艾素（注射用多西他赛）"产品的方法不同于阿文－蒂斯公司的两项专利的方法，恒瑞公司应当承担侵犯阿文－蒂斯公司两项专利权的民事责任。但恒瑞公司上诉到二审法院后，法院审理认为阿文－蒂斯公司的侵权指控不能成立，因为恒瑞公司已经通过提交技术鉴定报告的方式证明其制造多西他赛产品方法的技术方案没有落入相应专利保护范围。而对于保护制备多西他赛三水合物的方法专利，阿文－蒂斯公司并未举证证明恒瑞公司制造了多西他赛三水合物，即其未能证明恒瑞公司的产品与专利工艺所获得的产品属于相同产品，故应承担不利的诉讼后果。另外，在石药集团与张某田专利侵权再审案〔（2009）民提字第 84 号〕中，最高人民法院通过案例明确，涉及新产品制造方法专利的侵权纠纷案件中，方法专利权的保护范围只能延及依照该专利方法直接获得的产品，而不包括对原始产品做进一步处理后获得的后续产品。

8.8.4 等同侵权

等同侵权原则在现实的司法适用当中争议较大，而医药领域相关专利中又常常面临类似的问题。例如药物制剂专利的组成及含量配比，方法专利的反应原料、试剂条件等参数限定，在医药研发过程中，经常需要面对类似专利，当不构成字面侵权的情况下，是否会被认定为等同侵权？

等同侵权的理论判定标准可以概况为"三基本＋一创造"，即与权利要求所保护的技术特征相比，以基本相同的手段，实现基本相同的功能，达到基本相同的效果，并且所属领域的普通技术人员无需经过创造性劳动就能够想到。上述四个判断条件，只要有一个不符合就不构成等同侵权。所谓等同，是指被控侵权产品的技术特征与权利要求对应技术特征之间的等同，而不是整体技术方案的等同。在医药领域，制剂辅料、反应原料或者反应试剂等常用技术要素的简单替换、方法步骤顺序的简单变化都有被认定为等同侵权的风险。

对于保护数值范围限定的权利要求，根据北京市高级人民法院发布的《专利侵权判定指南》的指引，对于包含数值范围的专利技术方案，如果被诉侵权技术方案所使用的数值与权利要求所记载的相应数值不同的，不应被认定构成等同。但是专利权人能够证明被诉侵权技术方案所使用的数值，在技术效果上与权利要求记载的数值无实质性差异的，应对认定构成等同。

在成都优他制药有限责任公司诉江苏万高药业有限公司、四川科伦医药贸易有限公司侵犯专利权纠纷案中，成都优他制药有限责任公司是名称为"藏药独一味软胶囊制剂及其制备方法"、专利号为 ZL200410031071.4 的发明专利的专利权人。成都优他制药有限责任公司认为江苏万高药业有限公司使用其专利方法制造、销售凯高牌"独一味软胶囊"，科伦公司销售了该产品，应当承担侵权责任和赔偿责任。涉案专利权利要求 1 限定的技术方案中包含的提取方法表征内容的保护范围可归纳为："A. 一种独一味的软胶囊制剂，原料组成为：独一味提取物 20～30 重量份，植物油 25～36 重量份，助悬剂 1～5 重量份；B. 其中的独一味提取物是由下述方法提取得到的：B1. 取独一味药材，粉碎成最粗粉；B2. 加水煎煮二次，第一次加 10～30 倍量的水，煎煮 1～2 小时，第二次加 10～20 倍量水，煎煮 0.5～1.5 小时；B3. 合并药液，滤过，滤液浓缩成稠膏；B4. 减压干燥，粉碎成细粉，过 200 目筛，备用。"一审和二审法院均认定江苏万高药业有限公司的生产工艺与专利技术构成等同，判决侵权成立。而最高人民法院在最高人民法院（2010）民提字第 158 号民事判决书中则认为：从药监局调取的申报资料，以及江苏万高药业有限公司自行提供的生产工艺中均只有"研成细粉备用"的技术特征，没有"过 200 目筛"的技术特征，虽然成都优他制药有限责任公司认为江苏万高药业有限公司实际使用的方法是过 200 目筛，但并没有提供相应的证据予以证明，应认为被诉侵权产品缺少涉案专利权利要求 1 记载的"过 200 目筛"的技术特征，根据全面覆盖原则，侵权不成立。在现有证据中没有证明江苏万高药业有限公司工艺步骤中包含了"过 200 目筛"，根据《最高人民法院关于民事诉讼证据规则的若干规定》第 75 条的规定，简单推定"研成细粉"与"粉碎成细粉，过 200 目筛"等同，显然不妥。同时，结合专利权人在专利说明书中强调了"最佳提取条件的确定"，例如煎煮 2 次与煎煮 3 次相比，可以降低生产成本，所以选择煎煮 2 次；在"实验例 5 浸膏粉细度的确定"时则强调，将独一味提取物粉碎成过 200 目筛的细粉，制成的软胶囊内容物混悬体系最稳定。进而认定"煎煮 2 次"与"煎煮 3 次"、"粉碎成细粉，过 200 目筛"与"研成细粉"均不构成等同特征。

8.8.5 前药或中间体

前药的研发也是国内外医药领域的关注重点，例如已经上市的重磅前药替诺福韦前药 TAF、索非布韦前药。但由于前药设计以及发挥作用的机制都是基于母体药物，前药在体外虽然没有落入专利保护范围，但在人体内转化为活性物质后就会落入他人授权专利保护范围内，而且该类专利还是物质类的化合物专利，因此，前药开发是否构成专利侵权一直也是行业内比较关注的话题[150]。

目前，国内尚没有此类案例发生。但是吉利德与默沙东围绕重磅抗丙肝药物索非布韦所进行的专利诉讼中，默沙东就是联合 IONIS 以及收购的 Idenix 公司采用索非布韦单磷酸代谢物和三磷酸代谢物专利 US7105499 和 US8481712 要求吉利德以销售额 10%支付许可费，此案在美国也是经历了跌宕起伏的诉讼过程，可以为此类项目的专利布局、专利诉讼提供一定的参考。

由于中国《专利法》第 11 条规定："任何人未经专利权人许可，都不得为生产经营目的制造、使用、许诺销售、销售、进口其专利产品，或者使用其专利方法以及使用、许诺销售、销售、进口依照该专利方法直接获得的专利产品。"因此，以生产经营为目的是行为构成侵犯专利权的必要条件。换言之，不以生产经营为目的实施专利的行为，不构成侵犯专利权。如上所述，前药在体外实际并未落入母体药物的专利保护范围，但在患者体内才转化成专利保护的母体药物。而患者的目的并非是以生产经营为目的，在国内不能被认定构成侵权，但是提供前药的医药企业是否构成帮助侵权或间接侵权？我国现有《专利法》没有对间接侵权作出明确规定，根据《侵权责任法》第 9 条规定，教唆、帮助他人实施侵权行为的，应当与行为人承担连带责任。《最高人民法院关于审理侵犯专利权纠纷案件应用法律若干问题的解释（二）》第 21 条规定，明知有关产品系专门用于实施专利的材料、设备、零部件、中间物等，未经专利权人许可，为生产经营目的将该产品提供给他人实施了侵犯专利权的行为，权利人主张提供者的行为属于侵权责任法第九条规定的帮助他人实施侵权行为的，人民法院应予支持。明知有关产品、方法被授予专利权，未经专利权人许可，为生产经营目的积极诱导他人实施了侵犯专利权的行为，权利人主张该诱导者的行为属于侵权责任法第九条规定的教唆他人实施侵权行为的，人民法院应予支持。上述法条与司法解释为间接侵权或帮助侵权提供了法律依据。但是，从法理和此前司法实践的角度来看，间接侵权或帮助侵权往往应以直接侵权的存在为前提，但是前药在患者体内转化为侵权的化合物因不属于以生产经营为目的，故不能被认定为侵权，因此直接侵权并不存在，那是否提供前药的医药企业就必然不构成侵权？结合最新的司法实践，这个问题似乎有了答案。在西电捷通诉索尼案的 [（2015）京知民初字第 1194 号] 判决中，北京知识产权法院认为："一般而言，间接侵权行为应以直接侵权行为的存在为前提。但是，这并不意味着专利权人应该证明有另一主体实际实施了直接侵权行为，而仅需证明被控侵权产品的用户按照产品的预设方式使用产品将全面覆盖专利权的技术特征即可，至于该用户是否要承担侵权责任，与间接侵权行为的成立无关。"基于该案的实践，间接侵权可以不依赖直接侵权而单独认定，因此，如果前药在人体内转化成侵权的母体药物，前药的开发企业很可能会面临构成侵权的风险。

同样，基于上述司法解释（二），关于医药中间体的侵权认定标准其实也已明确，如果某一中间体被证明是专门用于制造专利保护的产品时，则中间体的提供商将构成专利侵权。与此相关的案例可以参考诺瓦提斯（诺华）诉重庆新原兴药业有限公司伊马替尼专利侵权案，一审法院基于新原兴药业有限公司未能举证证明其生产的中间体除了用于制备伊马替尼和甲磺酸伊马替尼外，还具有其他用途，进而认定相应中间体是生产专利保护产品的"专用品"，同时因为新原兴药业有限公司在其网站上也明确说明相应中间体是制备伊马替尼和甲磺酸伊马替尼的中间体，进而认定新原兴药业有限公司构成间接侵权。然而，二审法院的观点与一审不同，鉴于新原兴药业有限公司提交了新证据证明了相应中间体还有其他用途，从而否定了"专用品"的范畴，但是二审法院认为新原兴药业有限公司在网站上介绍了相应中间体可以用作制备伊马替尼和甲磺酸伊马替尼，而且在二审时才提供了相应中间体并非制备专利产品的"专用品"，进而认为在此之前新原兴药业有限公司并未意识到相应中间体的其他用途，而是完全将其用于制备伊马替尼，因此二审法院认为新原兴药业有限公司提供相应中间体的行为是为了诱导直接侵权行为的发生，从而构成间接侵权。具体诉讼历程与判决理由可以参考重庆市第一中级人民法院（2008）渝一中民初字第 133 号民事判决书和重庆市高级人民法院（2008）渝高法民终字第 230 号民事判决书。

8.8.6　封闭式权利要求与许诺销售

除了上述几类较为特殊的诉讼之外，医药领域还常常面临封闭式权利要求的侵权风险判断，以及许诺销售的认定问题。

关于封闭式权利要求特征的侵权风险判断，主要可以依据司法解释（二）第 7 条"被诉侵权技术方案在包含封闭式组合物权利要求全部技术特征的基础上增加其他技术特征的，人民法院应当认定被诉侵权技术方案未落入专利权的保护范围，但该增加的技术特征属于不可避免的常规数量杂质的除外。前款所称封闭式组合物权利要求，一般不包括中药组合物权利要求"。因此，当专利权利要求采取封闭式撰写方式，例如采取"由……组成"方式限定的药物组合物权利要求，如果在包含权利要求全部技术特征的基础上，又增加了新的辅料组分，则不被认定为专利侵权。对于中药组合物权利要求的解释方法，原则上不适用第一款的规定，而应当审查被诉侵权产品增加的技术特征对于技术问题的解决是否产生实质性影响。该类诉讼可以参考山西振东泰盛制药有限公司与胡小泉侵犯发明专利权纠纷案［（2012）民提字第 10 号］，该案涉案专利"注射用三磷酸腺苷二钠氯化镁冻干粉针剂及其生产方法"（ZL200410024515.1）权利要求 2 记载了"一种注射用三磷酸腺苷二钠氯化镁冻干粉针剂，其特征是：由三磷酸腺苷二钠与氯化镁组成，二者的重量比为 100 毫克比 32 毫克"，最高人民法院认为上述权利要求属于封闭式权利要求，为了维护社会公众对专利权利要求保护范围的信赖，在专利侵权诉讼程序中确定专利权的保护范围时，对于封闭式权利要求，一般应当解释为不含有该权利要求所述以外的结构组成部分或者方法步骤。

关于许诺销售，随着 NMPA 对审评制度的改革，创新药与仿制药在中国的审评速度得到快速提升，加快了创新药与仿制药的批准进程，进而出现了部分仿制药在原研化合物专利到期之前就获批上市的局面，虽然部分原研药企业提出了反对意见，但从国家机构的职能设计角度来看，在专利到期之前药品监管部门审批通过仿制药注册也并无过错，因为专利侵权与否，获得批件之后仿制药是否上市，原研药企业是否有专利，并通过专利发起维权应当是原研药与仿制药之间的问题，与药品监管部门对药品在安全性和有效性方面的专业审评并无关联，NMPA 作为药品监管部门也无法判断相关专利权利是否稳定，或者是否存在侵权行为，这些问题应当由双方交由司法机关处理。如果将来专利链接制度在中国得以实施，也许相应的链接或关联机制可在一定程度上解决上述矛盾，但依然不会改变侵权问题由司法途径确认的基本原则。伴随上述问题的是，仿制药在原研药专利到期之前，尤其是化合物专利到期前获得生产批件，如果在招标信息网上进行了挂网，在明确声明专利到期前不做销售的情况下，是否构成专利法意义上的许诺销售？这一问题也成为原研药企业与仿制药企业争议的焦点，对于原研药企业来说，挂网即是做好销售准备，随时存在侵权可能，希望仿制药企业在专利到期之时才能提交挂网申请。对于仿制药企业来说，一方面，挂网需要经过资料提交、资质审核、公示等环节，如果在专利到期之日起启动挂网，必然导致专利到期之时仍无法第一时间销售仿制药，这将出现变相延长专利保护期的不合理局面出现。另一方面，挂网只是对外展示仿制药公司的相应产品已经符合准入要求，在条件具备时（例如风险专利到期之时）才会进行销售。此外，仿制药挂网与传统意义上的招投标概念并不完全相同，即便仿制药完成了挂网，在某些情况下，还需要经过二次议价，并与采购单位重新签订采购合同才算真正完成前期的销售准备过程。关于类似的问题，最高人民法院在 2003 年提出的《关于审理专利侵权纠纷案件若干问题的规定（会议讨论稿 2003.10.27－29）》中曾经表达过观点："在专利期限届满前，他人虽然作出将要销售专利产品的意思表示，但明确表示在专利权期限届满后才能获得该产品的，不属于专利法第十一条和第六十三条规定的许诺销售行为。"上述观点在原专利局条法司司长尹新天编著的《中国专利法详解》中也表示支持，其认为根据 TRIPS 规定，美国1996 年 1 月 1 日生效的专利法第 271 条第（a）款中"offer to sell"是指在专利保护期限届满之前将会发生销售行为，会议讨论稿中的意见其实也是对许诺销售行为范围的一种限制[151]。但是，可惜的是，上述条款在司法解释最终公布时并没有列入，因此相应问题的答案仍需要未来的司法解释或司法判决来明确。

8.9 诉讼信息检索与案例分析工具

对于行业从业人员来说，关注并了解行业曾经的经典指导案例，以及最新的审查、审判标准是保持专业知识先进性的需要。因此，医药企业知识产权部人员往往需要结合众多途径来检索和跟踪相应的案例。下面主要介绍一些常用的、较为权威的行业信息检索来源。

1. 中国裁判文书网

中国裁判文书网（网址：http：//www. wenshu. court. gov. cn）是由最高人民法院依照《最高人民法院关于人民法院在互联网公布裁判文书的规定》，在互联网上建立的集权威、规范、便捷于一体的全国法院规范、统一的裁判文书专业网站，也是全国四级法院裁判文书统一发布的技术平台。自 2014 年 1 月 1 日起，除法律规定的特殊情形外，各法院发生法律效力的判决书、裁定书、决定书一般均应在互联网公布。因此，对于2014 年后已判决的案件，可通过中国裁判文书网免费查询到。目前，绝大部分最新判决的知识产权类案件都可以通过该网站检索获得。

2. 无讼

无讼（网址：https：//www. itslaw. com/bj）是一家具备法律与互联网双重背景的公司，其希望基于专业法律服务的基因，借助互联网和先进信息技术，自 2014 年 8 月成立以来，其先后推出了多款领先法律行业的热门互联网产品，其中较为常用的无讼案例已收录超过 5900 万份裁判文书，可以通过关键词等信息进行简单检索，也可以通过当事人、律师、法官、法院或标题等进行高级检索，并按照文书类型、无讼特色、争议焦点、年份、关键词、案由、地域、法院层级、审理程序、文书性质等进行筛选。该数据库一般也能较为及时地更新行业最新判决。

3. 北大法宝

北大法宝（网址：http：//www. pkulaw. cn）是由北京大学法制信息中心与北大英华科技有限公司联合推出的智能型法律信息一站式检索平台，是律师和法学院较为常用的一个商业网站。北大法宝包括"司法案例""法律法规""律所实务""法学期刊""专题参考""英文译本""刑事法宝"和"法宝视频"八大检索系统，全面涵盖法律信息的各种类型。而且北大法宝独创了法规条文和相关案例等信息之间的"法宝联想"功能，能直接印证法规案例中引用的法律法规和司法解释及其条款，还可链接与本法规或某一法条相关的所有法律、法规、司法解释、条文释义、法学期刊、案例和裁判文书。

4. 美国联邦巡回上诉法院

美国联邦巡回上诉法院（the United States Court of Appeals for the Federal Circuit, CAFC，网址：http：//www. cafc. uscourts. gov/opinions – orders），CAFC 于 1982 年成立，属于美国联邦法院系统，是 13 个巡回上诉法院之一。CAFC 最为人熟悉的职能是作为对侵权诉讼、专利确权的专属上诉法院。它受理来自美国专利商标局（USPTO）的关于专利审查案件、美国联邦地区法院（DCT）专利侵权案件和来自美国国际贸易委员会（ITC）的"337 调查"案件的上诉，每年大约有 1/3 的案件涉及专利，其中 CAFC

关于专利案件的许多重要判决在美国专利制度的发展中起到了极其重要的作用,该网站也会将其最新的、具有重大影响的案例在网站上免费公开。

5. 欧洲专利局上诉委员会案例

欧洲专利局上诉委员会(Boards of Appeal,BOA,网址:http://www.epo.org/law - practice/case - law - appeals/recent.html),是欧洲专利局程序中的第一个也是最后一个司法程序,其决定是独立的并且仅受 EPC 约束。上诉委员会主要审理不服欧洲专利局针对欧洲专利申请和欧洲专利所做决定而提出的上诉。上诉委员会将其最新做出的专利判例在网上免费公开,甚至会定期汇编判例集(Case Law of the Boards of Appeal)供公众学习了解,目前已经发行到第 9 版。

6. LexMachina

Lex Machina(网址:https://law.lexmachina.com/)是美国一家知识产权诉讼研究的商业公司,通过智能法务服务平台为公司和律师事务所提供法律分析服务,主要包括诉讼分析、监管分析、交易分析。其中诉讼分析是基于法院文件的分析,帮助律师更好地围绕诉讼进行规划和制定战略,主要提供关于动机、案件结果、法官、时机、对手及相关问题的见解,分析涵盖的领域有反垄断、破产、商业、著作权、就业、专利、产品责任、证券、商标和商业秘密等;监管分析则帮助律师跟踪监管发展的过程,预测法案通过的可能性、监管合规的风险等;交易分析则帮助律师通过合同和文件分析更好地管理交易,比如分析行业同行的披露情况,根据披露主题的频率确定市场趋势,以及了解最新的先例和条款。该数据库可以检索美国联邦地方法院、州法院、行政案件、实体案件的诉讼相关信息以及过程文档,但无法检索到上诉法院的相关信息。

7. Darts - IP

Darts - IP(网址:https://app.darts - ip.com/darts - web/login.jsf)于 2006 年成立,目前拥有来自全球 3896 个不同法院的案件,其数据库特色是包含全球众多国家相关的知识产权案件,主要领域包括商标、专利、域名、著作权、外观设计、不正当竞争等。该商业数据库可以方便地查询同一产品或者同一专利在全球的诉讼或专利挑战情况,进而为其他国家提供参考。

第 9 章

医药企业IPO上市过程中的知识产权

上市公司是指其股票在证券交易所上市交易的股份有限公司[152]。能够发行股票的企业是发行人的一种，因此上市公司又被称为"发行人"。股票发行是指符合条件的发行人按照法定程序向投资人出售股份、募集资金的过程[153]。我国的股票发行主要采取公开发行并上市的方式。根据发行主体的不同，股票发行分为首次公开发行和上市公司增资发行。

首次公开发行简称"首发"（Inititial Public Offerings，IPO）是拟上市公司首次在证券市场公开发行股票募集资金并上市的行为。通过首次公开发行，发行人不仅募集到所需资金，而且完成了股份有限公司的设立或转制，成为上市公司[154]。我国最初设立沪、深证券交易所时，只有为大中型企业服务的主板市场，2003 年提出设立多层次资本市场，2004 年增设中小板，2009 年增设创业板，2012 年成立全国中小企业股份转让系统（以下简称"新三板"）。2018 年 11 月，习近平主席在首届中国国际进口博览会开幕式上宣布设立科创板。

9.1 医药企业 IPO 可选板块

医药企业 IPO 除上述几个境内板块之外，也可选择境外上市。需要特别说明的是，2018 年 4 月底，香港联合证券交易所（以下简称"联交所"）发布新修订的《新兴及创新产业公司上市制度》，允许未有收益或未盈利的生物医药企业在香港主板上市，允许未通过主板财务资格测试的生物科技企业带"B"上市（即证券代码后加挂字母 B，如歌礼制药－B），为国内生物医药初创型企业 IPO 设立了一条重要通道。此后，一批国内未盈利的生物医药类企业相继赴港上市。截至 2019 年 12 月，已在联交所主板上市的未盈利生物医药企业已有 12 家，分别是歌礼制药－B、百济神州－B、华领医药－B、信达生物－B、君实生物－B、基石药业－B、康希诺生物－B、迈博药业－B、复宏汉霖－B、亚盛医药－B、东曜药业－B、中国抗体－B。这些企业的共同特点是：①均为注册在中国内地的生物医药企业，平均设立年限不到 10 年；②未有产品上市销售或已上市药品的销售未达到规模，不能覆盖研发成本等支出，为净亏损状态；③公司的价值体现在研发产品管线，对未来药品的销售，投资者有着较高的预期和估值；④研发的产品均有较高的知识产权和技术壁垒，药品未来上市具备一定期限的市场独占期。

生物医药企业在沪深主板、中小板、创业板、新三板、科创板或香港主板上市，知识产权均作为重要的上市条件。本章以主板上市要求为主，探讨医药企业 IPO 上市过程中的知识产权实务，对中小板、创业板、新三板具有借鉴意义，尤其对于与生物医药领域密切相关的 2020 年 3 月 20 日我国中国证券监督管理委员会（以下简称"证监会"）发布并试行的《科创属性评价指引（试行）》中与知识产权有关的要求，本章将进行具体分析。

根据《首次公开发行股票并上市管理办法》[155] 的规定，凡拟在境内首次公开发行股票的股份有限公司在 IPO 申请前，应当按照中国证监会的规定聘请辅导机构，按照规定的辅导程序进行辅导。同时，保荐人及其保荐代表人应当遵循勤勉尽责、诚实守信的原则，认真履行审慎核查和辅导义务，并对其所出具的发行保荐书的真实性、准确性、完整性负责。

辅导机构也称中介机构，包括保荐机构、律师事务所、会计师事务所和资产评估机构（如有需要）。企业 IPO 上市过程依次包括聘请中介机构、开始尽职调查、改制与设立、辅导及备案、申请文件制作与准备、保荐机构内核、企业申报、证监会受理、预先披露、问询及审核（反馈会、见面会、初审会、发审会、会后事项）、路演询价及定价、股票发行与上市。

9.2 公司上市的重要条件

在企业 IPO 上市过程中，需要获得两个重要的批文：一是需要向证监会提出首次公开发行申请，获得证监会的批文；二是发行完毕后向交易所提出股票上市的申请，获得交易所的批文。其中，在申请第一个批文时，应当符合 2018 年 6 月 6 日中国证监会发布施行的《首次公开发行股票并上市管理办法》的规定，其中涉及知识产权的主要条款有：[155]

第十条，……发行人的主要资产不存在重大权属纠纷。

第二十八条，发行人不存在重大偿债风险，不存在影响持续经营的担保、诉讼以及仲裁等重大或有事项。

第三十条，发行人不得有下列影响持续盈利能力的情形：……（五）发行人在用的商标、专利、专有技术以及特许经营权等重要资产或技术的取得或者使用存在重大不利变化的风险。

第四十二条，发行人应当在招股说明书中披露已达到发行监管对公司独立性的基本要求。

关于独立性，2016 年 1 月 1 日实施的《公开发行证券的公司信息披露内容与格式准则第 1 号》第 51 条规定，发行人应披露已达到发行监管对"资产、人员、财务、机构、业务"五个方面的独立性要求，俗称发行人"五独立"。

可见，知识产权作为重要资产和可能发生纠纷的主要领域，在 IPO 上市过程中对于判断"公司独立性"和"持续盈利能力"方面具有重要作用。

9.2.1　公司独立性

独立性是指发行人应当在上述五个方面独立于控股股东、实际控制人及其控制的其他企业。从规范的难度来看，"五独立"中相对容易规范的是"人员、财务和机构"，经过中介机构的一般性辅导基本都能达到要求，而资产独立和业务独立则具有一定的专业性和复杂性。

《公开发行证券的公司信息披露内容与格式准则第 1 号》第 51 条对独立性的基本要求进行了详尽具体的阐述。其中，资产完整（即资产独立性）是指：生产型企业具备与生产经营有关的主要生产系统、辅助生产系统和配套设施，合法拥有与生产经营有关的主要土地、厂房、机器设备以及商标、专利、非专利技术的所有权或者使用权，具有独立的原料采购和产品销售系统；非生产型企业具备与经营有关的业务体系及主要相关资产。[156]

上市公司通常包括上市主体公司及其成员公司，通常表现为一个集团公司附带多个下属公司，也称"上市体系"。如果控股股东或者实际控制人未将与企业主营业务相关的知识产权投入上市体系内，则不可避免地会产生关联交易，证监会要求资产完整，实际上是从根本上杜绝关联交易的发生。

9.2.2　持续盈利能力

对于持续盈利能力，证监会及保荐机构通常从"资产完整性"和"核心竞争力"两个方面进行审查。核心竞争力是指能够使企业的一项或多项业务达到所属领域内一流水平的技能和知识的集合。核心竞争力是具有持续盈利能力的重要条件，是企业具有高成长性的体现，同时也是投资人判断企业是否具有投资价值的重要因素。对企业核心竞争力的审查包括企业所处行业的发展前景、企业的行业地位以及企业的技术竞争力，而保障技术竞争力的要件是"企业的技术创新能力"和"完善的知识产权保护制度"，二者缺一不可。

9.2.3　科创板的知识产权要求

2018 年 11 月，习近平主席提出设立科创板，2019 年 3 月 1 日证监会正式发布了

"设立科创板并试点注册制"的主要制度规则，随后上海证券交易所连续发布了实施"设立科创板并试点注册制"相关业务规则和配套指引，2019 年 6 月 13 日正式开板时申报企业已达到 123 家，从这些企业的分布来看，主要集中在新一代信息技术、生物医药和高端装备产业。

2020 年 3 月 20 日，证监会发布并试行了《科创属性评价指引（试行）》（以下简称《科创板指引》），明确了科创属性评价指标体系采用"常规指标 + 例外条款"的结构，包括 3 项常规指标和 5 项例外条款（即"3 + 5"）。申请上市的企业如果同时满足 3 项常规指标，即可认为具有科创属性；如果不同时满足 3 项常规指标，但满足 5 项例外条款中的任意一项，也可认为具有科创属性。

《科创板指引》规定的 3 项常规指标分别为：①最近三年研发投入占营业收入比例 5% 以上，或最近三年研发投入金额累计在 6000 万元以上；②形成主营业务收入的发明专利 5 项以上；③最近三年营业收入复合增长率达到 20%，或最近一年营业收入金额达到 3 亿元。

《科创板指引》规定的 5 项例外条款分别为：①发行人拥有的核心技术经国家主管部门认定具有国际领先、引领作用或者对于国家战略具有重大意义；②发行人作为主要参与单位或者发行人的核心技术人员作为主要参与人员，获得国家科技进步奖、国家自然科学奖、国家技术发明奖，并将相关技术运用于公司主营业务；③发行人独立或者牵头承担与主营业务和核心技术相关的"国家重大科技专项"项目；④发行人依靠核心技术形成的主要产品（服务），属于国家鼓励、支持和推动的关键设备、关键产品、关键零部件、关键材料等，并实现了进口替代；⑤形成核心技术和主营业务收入的发明专利（含国防专利）合计 50 项以上。

可见，《科创板指引》规定的 3 项常规指标分别是"研发投入金额或研发投入占营业收入比例""发明专利"和"营业收入或营业收入复合增长率"。发明专利数量作为 3 项常规指标之一，可见发明专利对于科创属性的判断具有决定性作用。仅从知识产权角度考虑，如果企业不满足"研发投入金额或研发投入占营业收入比例"和"营业收入或营业收入复合增长率"的要求，也可以只通过《科创板指引》规定的 5 项例外条款中的第（5）项"形成核心技术和主营业务的发明专利（含国防专利）合计 50 项以上"来体现科创属性，实现科创板上市。

值得注意的是，第一，"3 + 5"规定的发明专利数量为授权发明专利，处于申请阶段的发明专利、实用新型和外观设计专利均不符合要求。第二，除了发明专利应当授权以外，还规定了发明专利与形成主营业务收入的对应性，即发明专利能够形成核心技术或主营业务收入。对于第一点，《科创板指引》并没有规定必须是中国授权专利，同时，分案申请或者基于同一优先权基础的不同国家的同族专利应按一件专利计算还是按多件专利计算，有待证监会进一步解释。对于第二点，如何判断形成核心技术或主营业务收入与发明专利相对应，有待实践中进一步明确。例如，专利保护的化合物结构与形成核心技术或主营业务收入的化合物结构不一致是否符合《科创板指引》的要求；中药保护的处方或工艺与形成主营业务收入药品的国家药品标准不一致是否符合《科创板指引》的要求。但是，发明专利不仅是企业实现科创板上市的必要条件，而且为意欲在科创板上市的企业提供了一条捷径，凸显出发明专利对科创板上市的决定性作用。

9.2.4　未盈利生物医药企业 IPO

处于创新研发阶段的生物医药企业，资金需求大，但又无产品上市，多处于非营利状态。盈利门槛是 IPO 无法越过的问题，随着香港联交所、科创板新政的实施，未盈利的生物医药企业有了上市可能。

香港联交所于 2018 年 4 月修订主板上市规则，新增第 18A 章《生物科技公司》，允许未有收入、未有利润的生物科技公司提交上市申请；上海证券交易所于 2019 年 3 月出台《上海证券交易所科创板股票上市规则》，也直接向未盈利生物医药企业开放。从主体、市值、经营期限、产品要求、业务运营稳定性、外部投资、营运资金等方面，可以比较上海证券交易所及香港联交所规则中对尚未实现盈利生物医药企业所需具备的上市条件，具体如表 9 - 2 - 1 所示。

表 9 - 2 - 1　上交所和联交所上市条件对比

对比事项	科创板	香港联交所主板
主体	科创企业	生物科技公司
市值	预计市值不低于人民币 40 亿元	上市时的市值至少达 15 亿港元
经营期限	持续经营 3 年以上	上市前至少 12 个月内一直从事核心产品的研发
产品要求	至少有 1 项核心产品获准开展 Ⅱ 期临床试验	至少有一项核心产品已通过概念阶段
稳定性	两年内主营业务和董事、高级管理人员及核心技术人员均未发生重大不利变化；近两年实际控制人没有发生变更	在上市前已由大致相同的管理层经营现有的业务至少 2 个会计年度
外部投资	要求保荐机构相关子公司进行跟投，参与发行人首次公开发行战略配售	在建议上市日期的至少 6 个月前已获至少 1 名资深投资者提供相当数额的第三方投资（不只是象征式投资），且至进行首次公开招股时仍未撤回投资
营运资金等	未作明确规定	申请人应有充足的营运资金，足可应付首次公开发行后 12 个月内所需资本要求的至少 125%

科创板的上市规则在适用的行业范围上更加广泛，但是对生物医药企业的市值、核心产品要求或经营期限等方面均要高于香港联交所的主板上市规则。香港联交所、上海科创板均为生物医药企业的融资提供了新的渠道，生物医药企业可以根据自身发展特点，在香港联交所和上海科创板之间进行选择，争取更好的资本市场发展机遇。

【案例 9-1】江苏康宁杰瑞生物制药有限公司

概况：2019 年 7 月 15 日中国领先临床阶段生物制药公司——江苏康宁杰瑞生物制药有限公司（简称"康宁杰瑞"）向香港联交所提交港股上市申请，是第 17 家向香港联交所递交 IPO 申请书的生物科技企业。康宁杰瑞在双特异性及蛋白质工程方面拥有全面整合的专有生物制剂平台，申请 IPO 时拥有 20 余个有关肿瘤学及免疫学的生物制剂项目，申请专利 100 余件。研发进度最快的药品 PD-L1 抑制剂 KN035 处于Ⅲ期临床阶段。

据报道，康宁杰瑞 2017 财政年度、2018 财政年度及 2019 年第一财政季度康宁杰瑞的收入分别为 142.8 万元、-905 万元及 -474.3 万元，净利润分别为 -6482.6 万元、-2.03 亿元及 -3312.1 万元，在产品上市之前，康宁杰瑞无法实现盈利。此次 IPO 募资的主要用途之一是核心产品 KN046、KN026、KN019 的研发及商业化，包括多种适应证临床试验以及后续招聘商业化人员及搭建销售渠道。

【案例 9-2】信达生物制药（苏州）有限公司

概况：信达生物制药（苏州）有限公司是一家专注于研发单克隆抗体新药的生物制药公司，2018 年 10 月 31 日在香港联交所主板挂牌上市。上市时信达生物制药（苏州）有限公司已建立起一条包括 17 个新药品种的产品链，覆盖肿瘤、眼底病、自身免疫性疾病、心血管病等四大疾病领域。其四大核心产品新型 PD-1 抗体信迪利单抗 IBI-308 与 3 个生物类似药（IBI-301、IBI-303、IBI-305）已进入中国临床研发后期阶段。

据报道，信达生物制药（苏州）有限公司在 2016 年、2017 年分别亏损 5.44 亿元、7.16 亿元；2018 年上半年，再度亏损 5760 万元。信达生物制药（苏州）有限公司在此次 IPO 中募集约 33 亿港元，其中 65% 拟用于公司四大核心产品，25% 拟用于拨资正在进行及计划中的候选药物的临床试验、注册备案准备事宜及潜在的商业化推出（销售及市场推广），10% 拟用作营运资金及一般公司用途。

启示：企业有产品处于研发过程中且拥有知识产权，即使没有产品上市，没有盈利，也可以申请 IPO 上市。

9.2.5 企业 IPO 被否原因统计

2018 年全年共有 185 家企业上会（主板），其中 111 家企业成功过会，比 2017 年下降约 20%；59 家企业被否，被否率超过 31%；被否的 59 家企业中，上海证券交易所主板有 27 家，深圳证券交易所中小板 6 家，深圳证券交易所创业板 26 家[157]。

从 2018 年全年 IPO 被否企业的反馈意见来看，证监会发审委主要关注的前十大问题分别为毛利率（63 问）、关联关系（36 问）、关联交易（29 问）、技术及核心竞争力（22 问）、应收账款（20 问）、股权转让问题（19 问）、内控制度（19 问）、客户关系（19 问）、合法合规（19 问）、存货库存（18 问）。其中，"技术及核心竞争力"被问询 22 次，其重点关注的几个方面为[158]：①发行人是否具有核心技术，核心技术是否具有知识产权；②发行人是否存在侵犯他人知识产权的情况；③核心技术是否具有完整性和独立性；④技术研发人员配置、薪酬情况等与核心技术研发需求的匹配程度；⑤主要竞争对手是否拥有相同的技术，核心技术是否存在被其他技术替代、淘汰的风险。

综上，知识产权作为企业资产的重要组成部分，知识产权管理作为企业核心竞争力的重要审查事项，二者结合能够反映企业的核心竞争力。所以，二者在证监会、保荐机构审核要求中处于非常重要的地位，在投资者选择判断是否投资时也起着非常重要的作用。

9.3　上市筹备与尽职调查

9.3.1　上市筹备工作组的构成

IPO 是一项系统工程，需要企业选择合适的中介机构与企业内部员工通力合作完成上市全部过程。总体来说，保荐机构负责全局工作，律师事务所负责法律方面工作，会计师事务所负责财务审计工作，资产评估机构负责上市过程中的资产评估工作。因为 IPO 工作在具体实施过程中涉及的公司业务比较全面，需要各个部门协调配合，所以企业内部通常会成立 IPO 工作组，由工作组负责与上述中介机构沟通，并协调企业内部落实执行。由于证监会对发行人有"资产、人员、财务、机构、业务"五个方面的独立性要求，IPO 工作组成员至少应当包括这五个方面的负责人。

知识产权是企业资产的重要组成部分，且对"财务独立"和"业务独立"能够产生影响，知识产权工作虽然与技术和法律相关，不同企业知识产权管理部门的隶属管理关系也不尽相同，但不可否认的是，知识产权具有较强的专业性，所以 IPO 工作组通常需要知识产权管理人员参与构成。

另外，为了降低因企业员工高调宣传招惹竞争对手或专利流氓在 IPO 申报审核过程中发起知识产权诉讼的可能性，企业领导层通常希望 IPO 工作组都是"靠谱"的员工，而知识产权管理部门掌握着企业的技术信息和法律信息，是认为的"靠谱"部门，这也是知识产权管理人员作为 IPO 工作组成员的原因之一。

9.3.2 尽职调查中的知识产权工作

9.3.2.1 尽职调查概述

尽职调查发生在投资、收购、IPO 等众多商业活动中。IPO 尽职调查，是指中介机构对首次公开发行证券的企业（发行人）法律情况、财务情况、经营情况等进行全面调查，在充分了解和厘清发行人（含其成员企业）的详细情况之后，判断公司经营状况、面临的风险以及存在的问题，进而根据证监会对上市公司的审核要求帮助企业进行改正，努力使企业符合股票发行监管的要求，顺利上市。因此，IPO 尽职调查是中介机构为发行人符合《中华人民共和国证券法》等法律法规及中国证监会规定的发行条件核验和查找充分理由的过程，也是确保发行人的申请文件和公开发行募集文件真实、准确、完整的过程[159]。尽职调查工作贯穿 IPO 上市过程的始终，但主要工作集中在初步尽职调查之后且改制重组之前，并且，中介机构在审查企业提供的文件资料后，从中选取审查对象还需到企业内部进行现场审查。

开展 IPO 尽职调查的中介机构根据相关行业的规定和主管机关的要求独立进行尽职调查。各中介机构中，保荐机构是尽职调查工作的主要责任人，除需独立尽职调查外，还需复核其他中介机构专业意见的具体内容。[154]企业的 IPO 上市筹备工作组则需要与多方中介机构对接，根据不同中介机构的要求提供不同的资料。需要注意的是，为了使中介机构全面清楚地了解企业情况，企业应当对中介机构所列尽职调查清单的所有问题予以答复，有附件文件的积极提供，没有相应文件的应当具体说明理由，以便于中介机构准备符合证监会真实性、准确性、完整性要求的申请材料。

需要说明的是，不同商业目的的商业活动，其尽职调查内容也有所不同，对知识产权的调查要求也大不相同。IPO 尽职调查是满足企业 IPO 要求的调查，跟主要以知识产权或专有技术作为标的物的投资、收购、出资等活动的尽职调查相比，IPO 尽职调查对知识产权的要求相对较低。

9.3.2.2 初步尽职调查涉及的知识产权工作

企业与中介机构洽谈具有初步合作意向后，通常会委托中介机构对其进行初步的尽职调查。初步尽职调查是在尽量短的时间内，对企业的整体的财务状况和经营规范性进行摸底，判断是否存在重大障碍和重大风险，帮助企业判断上市可行性，进而初步确定报告期、上市主体、上市板块等方向性战略事项。

初步尽职调查不同于中介机构正式进场后冗长详尽的正式尽职调查。初步尽调时中介机构抓大放小，尽职调查清单所列的均为对上市可行性判断产生重大影响的事项。通常包括公司基本情况、业务及经营情况、资产及负债情况、财务情况、人员情况、缴税情况、诉讼仲裁及行政处罚情况。其中，资产包括商标、专利、专有技术（商业秘密）等知识产权类无形资产。

初步尽职调查过程中，所需的知识产权资料并不多，通常只需提供公司正在使用的且法律状态为有效的知识产权（商标、专利、著作权、域名）列表及法律状态证明文件，知识产权列表中除申请号、申请日、权利人等必要信息外，还需备注权利到期日期。告知中介机构上市体系内各成员企业的知识产权整体概况。

9.3.2.3　详细尽职调查涉及的知识产权工作

（1）详细尽职调查的主要内容

中介机构在短时间内通过初步尽职调查为企业作出可以上市的初步方案之后，为后续改制、辅导、准备申请文件等需要，还需对拟上市体系内各成员企业进行详细的尽职调查。详细尽职调查与初步尽职调查的间隔时间通常较短，也可能初步尽职调查之后马上开始详细尽职调查。

详细尽职调查内容涉及影响发行条件或对投资者作出是否投资决策的所有信息，包括上市体系内各成员企业的历史沿革、业务和市场发展状况、技术研发情况、同业竞争与关联交易、董事监事高级管理人员基本信息、组织结构与内部控制、财务会计及管理情况、业务发展战略及募集资金使用情况、存在风险等重要事项。《保荐人尽职调查工作准则》对尽职调查内容作了一般性规定，保荐机构将根据企业所处行业、业务类型的不同，有针对性地调整、补充、完善尽职调查内容[160]。

（2）应当提供的知识产权资料

由于资产完整性、重大诉讼和持续盈利能力方面的要求，详细尽职调查涉及的知识产权资料比较全面，主要包括知识产权信息汇总材料、证书、法律状态变更证明材料、存续有效证明材料、许可使用证明材料、诉讼及进展证明材料、质押融资证明材料及其他影响独立性、持续盈利能力及未来持续经营的或有事项的证明材料。需要企业提供的知识产权资料及中介机构常用的核查方式如表 9 - 2 - 2 所示。

表 9 - 2 - 2　详细尽职调查涉及需要企业提供的知识产权资料及中介机构核查方式

序号	尽调事项	需要提供的知识产权资料	中介机构核查方式
1	资产完整性	公司拥有的全部专利（发明、实用新型和外观设计）汇总表；当前法律状态证明文件（专利申请受理通知书、初步审查通知书、实质审查通知书或授予专利权通知书；驳回通知书；专利复审申请受理通知书；无效宣告申请受理通知书；口头审理通知书等）；已授权专利证书；著录事项变更手续合格通知书；有效专利的缴费凭证；专利登记簿副本	核验文件并在国家知识产权局网站查询核验

序号	尽调事项	需要提供的知识产权资料	中介机构核查方式
2		公司持有的全部商标汇总表；商标注册证书；当前法律状态证明文件（变更核准证明；续展证明；商标转让申请受理通知书；转让证明；商标无效宣告答辩通知书；提交使用证据通知书等）；商标使用证据材料	核验文件并在国家知识产权局网站查询核验
3		公司拥有或使用的域名汇总表；注册途径说明文件，域名有效期；域名使用情况说明文件；与域名注册服务机构签订的、正在履行的协议及最近一期运行费用的支付凭证	核验文件并在有关域名注册服务机构网站查询核验，并到企业现场进行核查
4	资产完整性	公司拥有或使用的著作权汇总表；著作权登记证书	核验文件并在中国版权保护中心网站查询核验
5		专有技术不为公众所知且采取适当保密举措的证明材料	核验文件并到企业现场进行核查
6		公司与第三方订立的有关专利（包括专利申请权）、商标、专有技术、域名的转让协议（公司作为转让方）、许可协议（公司作为许可方）及有关的备案证明文件，并提供转让费用或许可费用收入凭据	核验文件并向律师、会计师、评估师、公司员工了解判断是否为关联方；查阅账本，核查交易方是否为关联方，是否存在异常交易
7		公司作为受让方或被许可人使用的知识产权，除上述资料外，还需提供转让协议或许可协议，并提供转让费用或许可使用费支付凭据以及关于定价公允的说明性文件	
8		如发起人通过知识产权作价出资，需提供作价评估报告并关于价格公允的说明性文件	
9	其他影响未来持续经营及或有事项	公司拥有或使用的专利、商标、域名、著作权等知识产权如有质押、担保或其他权利负担，应提供相关担保协议、主债权合同以及相关登记备案文件	核验文件并通过国家知识产权局网站等互联网途径查询核验
10		以往已解决的、现存或潜在的（例如对方律师函等）知识产权纠纷	核验文件并通过中国裁判文书网等互联网途径查询核验

续表

序号	尽调事项	需要提供的知识产权资料	中介机构核查方式
11	其他影响未来持续经营及或有事项	公司发布的知识产权相关制度（尤其是关于职务发明认定、奖励报酬、权利归属的约定）；知识产权如果是在委托开发过程中产生的，应提供委托开发合同	核验文件并对照国家法律法规进行核查
12		近三年签署的或尚在有效期内的技术转让合同、技术许可合同、技术合作开发、委托开发合同；如涉外则提供技术进出口合同以及注册、许可批准及登记证明文件	核验文件并通过互联网途径查询核验

上述资料虽然都与知识产权工作有关，但是有的企业专利、商标、著作权与域名由不同部门负责管理。例如，专利由知识产权部门管理，商标由行政部门管理，著作权由品牌部门管理，域名由信息部门管理，知识产权的分散管理导致所需资料跨属不同的部门留存，致使 IPO 工作组跨部门沟通收集这些资料往往需要较长时间，这也是企业知识产权管理人员通常作为 IPO 工作组成员的原因之一。从收集资料角度考虑，对于拟上市企业，建议知识产权管理部门在日常工作中尽可能留存相关资料，并在获知肯定的初步尽职调查结果后尽早开始组织准备提供这些资料。对于采取知识产权集中管理的拟上市的集团企业，建议知识产权管理部门加大知识产权文件管理范畴，提前将尽职调查所需资料收集留存在本部门。

（3）审方关注的知识产权及类别

知识产权作为企业资产的重要组成部分，在尽职调查时不可或缺。中介机构及证监会（以下统称"审方"）关注的知识产权主要分为两类，一类是保护企业及产品本身的知识产权，例如，企业字号以及产品商品名的注册商标专用权，保护医药产品、其制备方法或用途（适应证）的专利权，这类知识产权与企业经营和产品销售直接相关，因此在资产独立性、持续经营和持续盈利能力的评判上具有决定性作用；另一类是知识产权保护的技术方案，与某一药品品种的关联性不大，或为普适性技术，例如，提高中药材提取率的设备和方法等，这类知识产权有利于审方作出具有持续盈利能力的正向结论。这也是企业在知识产权布局时通常需要考虑的两个方面。

【案例 9-3】吉林省西点药业科技发展股份有限公司

概况：2016 年 5 月，证监会股票发行审核委员会（以下简称"发审委"）公布吉林省西点药业科技发展股份有限公司 IPO 申请被否，发审委员提出了质疑，其中第一条内容如下：

请发行人代表针对发行人主要产品利培酮口腔崩解片（商品名为"可同"）的专利

技术使用事宜进一步说明：（1）"一种利培酮口腔崩解片及其制备方法"专利技术及其相关的商标、商品名由"万全系"企业独家、无偿授权使用的原因及合理性；（2）"万全系"企业无偿授权发行人独家使用相关专利，但均一直未与发行人签订合法有效的专利许可使用协议的原因，专利权人是否有权单方面撤销专利授权使用书，发行人在用的关于"可同"产品的专利的使用是否存在重大不利变化的风险；（3）发行人主要产品口腔崩解片的持续合法生产、销售及其专利技术的权属是否存在争议或潜在的纠纷，其持续经营是否存在重大不确定性；（4）2006年3月取得"可同"的新药证书和生产批准文号开始形成销售后直至2012年10月之前，公司对万德玛的销售价格低于其他经销商，是否事实上构成授权许可使用他方商标以及专有技术（专利）支付的对价（使用费）。若事实上构成商标以及专有技术（专利）使用费，相关会计处理是否符合企业会计准则的规定；（5）发行人根据技术转让合同书与"万全系"企业取得"利培酮口腔崩解片"新药证书并由发行人单方取得生产批准文号是否真实、有效，前述新药证书及生产批准文号及其技术的所有权和生产权归属，是否符合相关法律法规和规范性文件的规定；（6）发行人拥有的利培酮口腔崩解片（可同）药品批准文号的企业情况，利培酮口腔崩解片专有技术（专利）是否为发行人独家使用；（7）前述相关事项的信息和风险是否充分、准确披露。

启示：申请IPO的企业如果不拥有占其收入比重较大的产品的专利权和商品名称的商标权，可能为公司的持续经营带来很大风险，如果发生纠纷，可能存在重大不利变化，这些直接影响持续经营和盈利能力的风险足以支撑证监会作出不予通过的决定，建议拟IPO企业务必重视这类知识产权。

9.4 建议关注的知识产权重要事项

9.4.1 权属明晰是公司独立性的必要条件

根据《首次公开发行股票并上市管理办法》及《公开发行证券的公司信息披露内容与格式准则》的要求，尽职调查主要涉及企业经营发展的三方面内容：关键法律问题的调查、关键经营与财务问题的调查和环保问题的调查。[143,144]其中关键法律问题的调查包括主体资格、主要资产、知识产权、诉讼与仲裁、劳动关系调查等内容。其中主要资产中的无形资产调查以及知识产权调查的基本要求就是知识产权的真实性和独立性，要求权利真实有效，权属明确清晰。

对于企业独立自主研发产生的职务发明创造或者职务作品（原始取得），其知识产权归属通常比较明确属于企业，但对于委托开发产生的知识产权，中介机构通常会对照委托开发合同中关于知识产权权属约定条款以审核当前权利方与合同约定是否一致，进而判断是否存在潜在诉讼风险。

如果企业使用的知识产权为许可获得，那么审方将首先关注许可使用的持续性，如果许可期限届满后许可方不再许可使用，根据知识产权与产品的关联程度及产品销售额占比进一步判断对企业独立性、持续经营及盈利能力产生的影响；其次，审方将审查许可方式，如为普通许可，则意味着许可方同时有权许可他人使用，可能导致市场上出现相同品牌或竞争产品，进而作为判断影响企业经营及持续盈利能力的考虑因素；最后，审方还将重点核查许可方与拟上市公司是否具有关联关系，进而作为判断是否存在关联交易、许可使用价格是否公允等合法合规的考虑因素。

中介机构及证监会对知识产权独立性的要求主要集中在知识产权权利人是否在上市体系之内，或者股东是否将知识产权投入上市体系之内。要求知识产权权利人只要在上市体系内即可，即知识产权权利人应当是上市体系内的任何一个公司。例如，X 集团公司作为上市主体，下设 A 子公司和 B 子公司均纳入上市体系之内。A 公司拥有注册商标专用权，B 公司在其生产的产品上使用 A 公司的该注册商标。审方不强行要求 B 公司同时拥有商标专用权和商标使用权，也就是说 B 公司可以通过许可的方式从体系内 A 公司获得商标使用权。但是，如果 A 公司是上市体系之外并且是 X 的关联公司，则需要考虑关联交易的价格公允问题。

关联公司是指具有关联关系的公司，关联关系是指某公司控股股东、实际控制人、董事、监事、高级管理人员与其直接或者间接控制的企业之间的关系，以及可能导致公司利益转移的其他关系。

企业在 IPO 上市前融资时，投资者也同样会考虑上述情况，此内容将在本书其他章节予以介绍。

【案例 9 - 4】山东信得科技股份有限公司

概况：2009 年 7 月，山东信得科技股份有限公司（简称"山东信得"）与其实际控制人潍坊市信得生物科技有限公司（简称"潍坊信得"）签署了《商标许可使用协议》，约定山东信得许可潍坊信得在中国境内制造、销售、分销产品时无偿使用山东信得拥有的第 4294377 号商标，许可期限为 1 年，自协议签署之日起计算。使用期限届满后，若潍坊信得继续使用山东信得商标，需要向山东信得支付相应的许可使用费，具体事宜届时另行协商确定。山东信得将自己拥有的商标许可给实际控制人所控制的潍坊信得无偿使用，关联交易定价不公允，损害了申请人的合法权益。发审委认为，上述情形与《首次公开发行股票并上市管理办法》第 19 条的规定不符。

启示：上市体系内的企业与其关联企业进行交易时应当价格公允并依法纳税，无偿使用通常会被认为定价不公允。

9.4.2　规范管理是核心竞争力的必要表现

《公开发行证券的公司信息披露内容与格式准则第 1 号》第 5 条将发行人（拟

IPO 企业）分为生产型企业和非生产型企业[156]，医药企业同样适用于这种分类。在判断拟 IPO 企业是否具有持续盈利能力和核心竞争力时，既有技术又有生产的综合型企业毫无疑问比单纯的生产型企业更容易符合审方的要求，更容易给广大投资人较好的投资预期。对于拟在科创板上市的技术型企业，知识产权更是核心竞争力和持续盈利能力的重要体现，这类企业的知识产权独立性和真实性更是审方重点关注的事项。因此，越是技术型的企业，知识产权的重要性越高，对企业知识产权及其知识产权管理的审查权重越大。而且，无论是在审查企业是否具有持续盈利能力和核心竞争力时，还是在判断潜在法律纠纷时，完善的知识产权管理均有利于审方作出正面的评判结果。

所以，企业在日常经营中密切关注知识产权法律状态及使用情况的同时，应当建立合适合理的知识产权保护制度（或制度体系），以进一步确保公司持续享有合法合规的知识产权所有权或使用权。

企业在 IPO 上市前融资时，投资者也同样会考虑上述情况，此内容将在本书其他章节予以介绍。

【案例 9-5】上海晶丰明源半导体股份有限公司

概况：2017 年，上海晶丰明源半导体股份有限公司（简称"晶丰明源"）申请主板上市，2018 年 7 月上会被否。据媒体报道，被否原因与公司利润率不达标和销售收入问题有关。2019 年 4 月 2 日上海证券交易所受理了晶丰明源的科创板上市申请，经三轮问询回复，本应于 2019 年 7 月 23 日接受上市委员会审议。但是在当日，科创板上市委员会发布了 2019 年第 16 次审议会议公告的补充公告，因晶丰明源在审议会议公告发布后出现诉讼事项，取消审议晶丰明源发行上市申请。具体诉讼事项为：2019 年 7 月 19 日杭州市中级人民法院立案受理了矽力杰半导体技术（杭州）有限公司（简称"矽力杰"）起诉晶丰明源发明专利侵权的诉讼请求。

虽然早在 2019 年 1 月 2 日矽力杰起诉之前晶丰明源就对涉案专利提起无效宣告请求，并且涉案专利在 2019 年 7 月 24 日被宣告无效，但是晶丰明源还是没有避免因涉诉而被取消上市的不利后果。

启示：专利侵权诉讼对科技类公司影响较大，若专利侵权成立，晶丰明源存在影响持续经营及盈利能力的重大风险。

9.4.3 诉讼披露及处理

9.4.3.1 预先披露要求及内容

（1）披露地点

根据《中华人民共和国证券法》的公开原则[159]，发行人应当按照证监会规定的程序、内容和格式编制信息披露文件，进行企业相关信息的披露。根据《首次公开发行股票并上市管理办法》第 46 条的规定"申请文件受理后、发行审核委员会审核前，发行人应当将招股说明书（申报稿）在中国证监会网站（www. csrc. gov. cn）预先披露[155]。发行人可以将招股说明书（申报稿）刊登于其企业网站，但披露内容应当完全一致，且不得早于在中国证监会网站的披露时间"。因此，披露地点共有两处，一是证监会网站，二是企业网站。

（2）披露内容

IPO 信息披露内容包括：①招股说明书及其附录和备查文件；②招股说明书摘要；③发行公告；④上市公告书。在这些文件中所披露的信息应当及时、真实、准确、完整。《公开发行证券的公司信息披露内容与格式准则第 1 号》对招股说明书和招股说明书摘要的内容进行了规定，其中第 9 条、第 27～28 条、第 97 条、第 126～128 条和第142～143 条分别规定了"风险因素"和"重大事项提示"的披露要求，要求发行人的重大诉讼及董事、监事、高级管理人员和核心技术人员的刑事诉讼应当予以披露[156]。《保荐人尽职调查工作准则》[160]第 58 条、第 70 条和第 72 条也要求披露发行人及其控股股东或实际控制人、控股子公司、发行人高管人员和核心技术人员是否存在涉及重大诉讼仲裁事项，以及发行人高管人员和核心技术人员是否存在涉及刑事诉讼的情况，并要求评价其对发行人经营是否产生重大影响。

【案例 9 - 6】深圳市凯立德科技股份有限公司

概况：2012 年 6 月，深圳市凯立德科技股份有限公司（简称"凯立德"）在中国证监会网站披露招股书（申报稿），拟在创业板发行 3057 万股，募资 4 亿元。2012 年8 月，证监会依然未宣布凯立德的上会信息，原因是凯立德遭遇巨额索赔，并涉嫌财务数据存在问题，致使证监会中止审查。

在凯立德的招股说明书中，诉讼清单长达 8 页，近 5 年参与的法律诉讼案件达 12起，大多数诉讼起因于同行业公司的电子地图著作权问题。在 2009～2011 年报告期内，有 6 起已决诉讼或撤诉案件、1 起未决诉讼，2007～2008 年另有 5 起已决诉讼或撤诉案件，在这些诉讼案中，凯立德输多赢少。

启示：保障企业持续经营的核心知识产权的权属或效力一旦遭到不确定性的质疑将导致企业上市进程受阻。

（3）未决诉讼的财务披露

未决诉讼是指企业涉及尚未判决的诉讼案件、原告提出有赔偿要求的待决事项。如果企业胜诉，将不负有任何责任，一旦企业败诉，则负有支付原告提出的赔偿要求的责任。《中华人民共和国会计法》第 19 条规定"单位提供的担保、未决诉讼等或有事项，应当按照国家统一的会计制度的规定，在财务会计报告中予以说明"。[161]未决诉讼可能体现为"或有负债"也可能体现为"预计负债"。

对于败诉概率较小的或有负债，企业无需做会计处理，应当在附注中披露或有负债预计产生的财务影响，以及获得补偿的可能性；无法预计的，应当说明原因。对于败诉概率较大，债务发生可能性概率较大的或有负债，应确认为预计负债。

9.4.3.2　主要诉讼风险及应对措施

（1）法律状态变化风险

在中国沪深主板或创业板上市需要改制成为股份有限公司之后连续2个或3个会计年度符合证监会关于企业经营成长性的要求[155]，这个期间被称为考察企业的"业绩期"。因此，企业从IPO尽职调查开始到向证监会提交申请材料，至少要历经2～3年业绩期。在尽职调查开始时提供的知识产权法律状态，在提交申请材料时可能会有变化。除专利权到期外，应当避免因工作疏忽导致专利被视为撤回或因未及时缴费而失效，进而避免披露信息与实际不符而违反真实性规定。同样，注册商标专用权期限截止日期在业绩期之内的，应当注意按照商标法的要求及时进行续展。涉及核心专利到期的，应当充分解释该专利到期可能对企业产生的影响，并且披露企业对于专利保护到期所采取的应对措施。

【案例9-7】江苏恒久光电科技股份有限公司

概况：2010年1月，江苏恒久光电科技股份有限公司（简称"江苏恒久"）首发由创业板发审委2010年第一次会议过会，同年3月成功发行。因媒体质疑专利失效，当年6月，发审委召开会议对事后事项进行了审核，否决了江苏恒久上会申请，理由是：公司招股说明书和申报文件中披露的5项专利及2项正在申请的专利的法律状态与事实不符；目前全部产品均使用被终止的4项外观设计专利，50%的产品使用被终止的1项实用新型专利，总体上看，5项专利被终止对公司存在不利影响。

启示：对企业生产经营有较大影响的商标、专利等重要资产的法律状态与事实不符会被证监会及竞争对手重点关注，企业知识产权管理部门应当及时关注更新知识产权的法律状态，中介机构应当到国家知识产权主管机关对重要知识产权的法律状态及权属情况进行核查。

（2）诉讼风险

依据《首次公开发行股票并上市管理办法》第28条的规定"发行人不存在重大偿债风险，不存在影响持续经营的担保、诉讼以及仲裁等重大或有事项"以及第30条的规定"发行人不得有下列影响持续盈利能力的情形：……（五）发行人在用的商标、专利、专有技术以及特许经营权等重要资产或技术的取得或者使用存在重大不利变化的风险"，企业IPO过程中如果发生可能影响持续经营或者持续盈利能力的知识产权诉讼，将使企业IPO受阻。[155]

需要注意的是，企业 IPO 时期的诉讼与通常发生的诉讼有所不同，正常的诉讼按照常规知识产权规则应对即可，例如，在专利侵权诉讼中，向原告专利权提起无效宣告或对原告其他产品提起诉讼，对于商标侵权诉讼，则可以选择常用的抗辩方式进行抗辩或在其他方面提起反诉来尝试与原告抗衡，但是 IPO 是企业的特殊时期，对方此时发起诉讼的目的就是"添堵"或者"要钱"，而 IPO 企业在审核期间忙于向证监会陈述反馈，或向公众发出声明予以解释，即使利用知识产权规则或采取刑事诉讼予以应对，在短时间内对原告几乎起不到抗衡作用。因此 IPO 企业在申请审核期间一旦被诉就比较被动，容易导致上市延迟。

涉及知识产权的诉讼主要分为权属纠纷、侵权纠纷、合同纠纷和行政纠纷四类。归属权纠纷涉及知识产权权利人的确权，导致知识产权权属的不确定性；侵权纠纷是因侵犯知识产权而发生的争议，如果 IPO 企业是原告，可能涉及涉案知识产权被提出无效宣告，导致权利处于不稳定状态，如果 IPO 企业是被告，则可能面临知识产权使用权的丧失和侵权赔偿；合同纠纷是指知识产权在转让、许可使用等合同履行过程中发生的争议，可能涉及权利归属或权利使用的不确定性；行政纠纷是指当事人对知识产权行政管理机关作出的决定不服而引起的争议，其涉及权属及使用权问题的概率较小，且此类诉讼是否发生往往依赖于企业是否发起诉讼。

无论发生哪种诉讼，都会给企业 IPO 过程带来不利影响，当涉案知识产权是企业的核心知识产权时，可能直接导致 IPO 被否。此处所称的核心知识产权是指企业长期经营所依赖的知识产权，例如，企业字号的注册商标、企业长期使用且具有一定影响力的产品注册商标、前文所述的保护产品本身并且产品销售额占比较大的专利权或商标权或著作权等。核心知识产权一旦发生诉讼纠纷并且在 IPO 申请及过会期间未结案，一定会被证监会认为属于影响企业持续经营或持续盈利能力。

（3）诉讼风险识别及应对

1）提前解决纠纷

对于已经发生的知识产权纠纷，企业应当做好纠纷解决计划，倒排时间表，尽可能在向证监会提交申报材料之前解决，没能及时解决的应当如实披露，并充分说明纠纷对企业经营产生的影响以及后续妥善处理纠纷的积极态度，但建议不必披露胜诉或败诉等案情分析，更不要出现败诉可能性较小等妄断推测，以免影响过会评审或导致启动事后事项审核程序使 IPO 受阻。

2）排查风险，做好预案

积极应对提前解决已经发生的知识产权纠纷，但是潜在的知识产权风险往往无法预料，建议企业知识产权管理部门提前排查潜在的知识产权风险，并做好预案。建议重点从权属纠纷、侵权纠纷和合同纠纷三个方面进行排查。具体见表 9 - 2 - 3。

表9－2－3　知识产权纠纷排查及应对措施

纠纷类型/来源		可能的知识产权风险点	应对措施
权属纠纷	在职员工	专利发明人以非职务发明为由，提出专利权属纠纷诉讼	建立职务发明管理制度并公示培训；加强人力资源管理，提高核心技术人员的稳定性
	招聘过程	招聘过程中透露企业 IPO 计划，并展示企业形象相关内容的标识或作品，被抢注后提出侵权诉讼	向无关人员谨慎透露企业 IPO 计划及企业标识、作品及具体的技术/产品规划
侵权纠纷	离职员工	带走原企业技术或未注册商标，建立新公司或在新雇企业申请专利或注册商标后，提出侵权诉讼	加强离职环节的知识产权管理；分层次签署竞业限制协议，规定相关知识产权归属和纠纷责任
	竞争对手	生产销售具有竞品的产品，是否存在潜在侵犯专利权或商标权的风险	针对重点产品开展知识产权检索分析，排查侵权风险，对诉讼风险较高的专利、商标适时提起无效宣告；对屡次收到律师函的潜在纠纷及时谈判和解或提前获得许可（许可期限覆盖上市时间点）
	企业宣传	Windows 系统、Office 软件、Adobe 软件、网站、微信图片、产品宣传册使用的字体等，是否存在侵权风险	
合同纠纷	合作伙伴	上下游企业或有竞争关系的企业，是否存在潜在合同及经营纠纷风险	重点关注合作不愉快的上下游企业或有多个竞争产品的企业所签订的合同；提前谈判和解

在经过风险排查确定风险之后，建议企业知识产权管理部门会同法务部门根据应对风险发生对公司经营产生影响的大小对风险进行分级。对于可能给公司带来重大负面影响、影响持续经营及持续盈利能力的不利诉讼建议提前谈判和解，对于在公司可控范围内，难以对持续经营及持续盈利能力产生影响的诉讼，建议建立快速应对机制，以便届时遇到诉讼后在最短的时间内做出应对。具体诉讼管理及应对策略详见本书诉讼管理部分。

【案例9－8】成都康弘药业集团股份有限公司

概况：2014 年 12 月 23 日，媒体收到来自常州欧法玛制药技术有限公司（简称"欧法玛公司"）的实名举报材料，称拟上市公司成都康弘药业集团股份有限公司（简称"康弘药业"）专利技术系通过欺骗手段获得，并涉嫌专利侵权，具体举报内容为：2012 年初，康弘药业以采购"全自动多功能高速渗透泵激光打孔机"为由，要求欧法玛公司提供具体技术方案、服务内容、执行团队、设备详细参数等产品细节，并邀请欧法玛公司技术人员向康弘药业详解了技术内容；但此后，康弘药业所谓的采购杳无音讯。欧法玛公司称，康弘药业在了解了欧法玛公司的产品技术后，擅自应用在其"盐酸文拉法辛缓释片"产品中并获利，同时康弘药业仿造该专利申请了另一项实用新型专利"一种渗透泵药片激光打孔机"，但康弘药业的招股说明书却未提及该专利"。

启示：康弘药业虽已于 2015 年 6 月 26 日上市，但此次举报行为致使 IPO 延迟了半年之久。建议企业提前排查侵权风险，并对可能发生的诉讼制定预案，以便在风险发生之后及时应对解决。

3）恶意诉讼的应对

2019 年 6 月，上海市高级人民法院发布了《上海市高级人民法院关于服务保障设立科创板并试点注册制的若干意见》，其中第 12 条规定"……审慎处理涉发行上市审核阶段的科创企业的知识产权纠纷，加强与上海证券交易所的沟通协调，有效防范恶意知识产权诉讼干扰科创板顺利运行"。

拟 IPO 企业如果遭到恶意诉讼，对方捏造侵权事实，甚至以威胁或要挟手段强行索要财物的，企业可以通过刑事诉讼进行应对。例如，《中华人民共和国刑法》第 221 条规定的"损害商业信誉罪"、第 307 条规定的"虚假诉讼罪"、第 274 条还规定的"敲诈勒索罪"，以捏造的事实提起民事诉讼，严重侵害他人合法权益的，捏造并散布虚伪事实，损害他人的商业信誉、商品声誉，给他人造成重大损失的，处 2 年或 3 年以下有期徒刑或拘役。[162]

9.4.4　融资及改制中的知识产权价值

9.4.4.1　帮助企业获得上市前私募融资

为了达到上市所要求的财务相关标准以及企业并购重组需要资金注入，拟 IPO 企业在上市之前通常需要进行私募股权融资。广义上的私募股权投资涵盖了 IPO 之前所有的股权融资行为，既包括企业种子期的风险投资、萌发时期的杠杆收购、上市前融资（Pre–IPO），也包括上市公司进行的非公开定向发行[163]。本节仅讨论 Pre–IPO，即企业在融资后一段时间内筹划上市。

私募股权基金的关注重点无非是管理团队和项目计划，即人和事，与证监会对上市公司的要求类似，具有竞争力的企业（项目）必然包含"有竞争优势的技术"和"知识产权保护"。因此，拥有专利技术和有影响力的商标品牌，将帮助企业更容易引入私募股权，助力 IPO 上市。

9.4.4.2　作为非货币财产出资

引入私募股权投资的模式主要有增资扩股、股权转让以及二者的结合 3 种形式。

同时，根据《首次公开发行股票并上市管理办法》第 8 条的规定"发行人应当是依法设立且合法存续的股份有限公司"，企业 IPO 上市之前应当完成股份制改造。根据《中华人民共和国公司法》的规定，股东可以用货币出资，也可以用法律法规没有排除在外的实物、知识产权、土地使用权等可以用货币估价并依法转让的非货币财产作价出资。[152,155] 因此，无论是引入投资，还是公司改制，均可以知识产权作为非货币财产作价出资。

《公司法》也规定，如果用非货币财产作为出资，应当评估作价，核实财产，不得高估或者低估作价。实践中，可以聘请具有证券期货业务的资产评估机构进行评估。由于知识产权的无形性特点，可以采用目前比较公认的收益法进行评估，即通过企业往年收益情况，根据企业提供的未来年度的预测盈利对预期收益进行测算评估，选取适当的收益额、折现率和收益期等主要参数，计算得到具体评估数值。

另外，公司增资或出资还应符合公司章程关于股东会、董事会的决议要求，在依法评估并办理知识产权转移手续之后，还应依法履行工商变更手续。

【案例 9-9】宁波戴维医疗企业股份有限公司

概况：2010 年 7 月，宁波戴维医疗企业股份有限公司（简称"宁波戴维"）召开临时股东会议，决定公司变更为股份有限公司。TJ 会计师事务所对宁波戴维截至 2010 年 6 月 30 日的资产状况进行了审计，审计报告显示公司总资产为 20421.35 万元，负债合计为 11585.83 万元，母公司净资产为 8835.52 万元。QX 资产评估公司对宁波戴维截至 2010 年 6 月 30 日的资产进行了评估，评估报告显示公司资产总计为 27370.79 万元，负债总额为 11585.83 万元，净资产为 15784.96 万元。

公司资产增值的主要原因为"无形资产——其他无形资产"评估价值较大，其中商标评估值为 3500 万元，专利技术评估值为 1800 万元。

评估认为，公司在行业中存在一定的先进性，高于同行业平均盈利能力，由于企业的技术较为先进，且企业品牌在行业的认可度较好，采用目前普遍使用的收益法对商标和专利技术对预期收益的贡献进行测算，得到上述评估值。

启示：知识产权可以作为非货币财产作价出资或投资，但应依法履行评估程序。评估过程要充分说明估值的合理性，可以采用普遍使用的收益法对知识产权对预期收益的贡献进行测算。

9.4.5 与中介及投资方的沟通建议

9.4.5.1 坦诚沟通

由于我国实行保荐机构（即券商）及其保荐代表人负责发行人证券发行上市的推荐和辅导的上市保荐制度，所以企业 IPO 上市聘请中介机构的目的是帮助企业完成 IPO

过程并上市，中介机构的作用是帮助企业达到证监会对上市公司的有关要求。虽然保荐机构及保荐代表人对申报材料的真实性、准确性和完整性负连带责任，但是如果上市申报材料存在虚假或重大遗漏而导致上市失败或者延迟，最终受损的是企业。另外，如果企业内部对不符合要求的行为遮遮掩掩，不及时解决，则可能埋下隐患，一旦在评审上会时被知情人士举报，可能导致企业 IPO 受阻。因此，建议拟上市企业与中介机构坦诚沟通，尽早发现问题，以利于尽快解决问题。

9.4.5.2　注意保密

企业在确定聘请中介机构之后，将分别与证券公司（保荐机构）、律师事务所、会计师事务所、资产评估机构（如有需要）适时签订包括保密条款的合同。由于中介机构在辅导过程中还受到行业法规及规则的约束，企业如能上市，中介机构才能拿到合同尾款，有的企业还会给予中介机构一定额度的奖金，因此，中介机构与企业属于利益共同体，发生纠纷的可能性较小，合同中的保密条款通常能够满足保密约束的要求。当然，也可以要求中介机构参与尽职调查的全部人员单独签订一份保密承诺书，突出约定违反保密义务的违约责任。

但企业上市前的 Pre - IPO 过程中与私募股权投资方的洽谈则不同，私募股权投资方为独立的第三方，如果尽职调查后决定投资，则属于利益共同体，而如果尽职调查后决定不投资，则投资方在获得企业尽职调查资料后结束合作，所以在 Pre - IPO 过程中，企业所提供的商业秘密文件的保密性显得尤为重要，建议企业与投资方签订合同后，与参与尽职调查工作的全部人员另行签订约定保密协议，尤其应当对违反保密义务的违约责任予以约定，并约定纠纷解决措施。实践中，仅向投资方提供带有水印的纸质文件也是避免企业商业秘密信息传播的有益措施。

关于保密，除了关注外部人员泄密或举报外，建议企业严格选择上市筹备工作组的人选，并限制尽职调查资料的管理和阅读传播范围，以免上市时遭在职员工举报。同时，由于 IPO 上市过程通常会持续 2～3 年甚至更长时间，期间内如被离职员工获知商业秘密，则更容易发生举报的情况，尽管举报未必能够阻止上市，但也会给企业带来处置成本，甚至可能导致 IPO 审核中止。

【案例 9 - 10】神州优车股份有限公司

概况：2016 年 4 月 12 日，神州专车运营主体神州优车股份有限公司（简称"神州优车"）宣布申请挂牌新三板，并公开披露公开转让说明书及北京汉坤律师事务所出具的法律意见书等文件。2016 年 5 月 17 日，北京君本律师事务所宣布实名举报神州优车商业模式违法，不具备出租运营资质，持续经营能力存在严重法律障碍。实名举报内容还指出神州优车不具备增值电信业务经营许可证且涉嫌违反外商投资相关法律法规等问题。

神州优车迅速给出官方回应，举报内容存在大量事实错误，将坚决维护自身合法权益。2016 年 5 月 19 日，神州优车向公司运营所在地天津市滨海新区公安局保税分局报案，称举报人涉嫌损害商业信誉，案件已受理。经一番波折后，2016 年 7 月 11 日神州优车与全国中小企业股份转让系统挂牌。

启示：此案虽然只是虚惊一场，但也延误了神州优车的挂牌进程。建议拟 IPO 企业在确定选择该中介机构提供服务之后再允许该机构进场开始尽职调查，以免该机构获得企业商业秘密资料后，企业没有选择该机构承做而产生矛盾，进而恶意阻碍上市进程。

9.5 研发费用资本化及实践探讨

知识产权可以作为研发费用资本化的办法，研发投入是作为费用支出从利润中扣除，还是计入无形资产进行递延，将影响企业的利润额。也可以说，研发费用是否资本化能够起到调节企业利润的作用。所以，研发费用资本化对财务审计来说比较敏感，证监会也对研发费用资本化的部分会重点关注和审核。

为了规范无形资产的确认、计量和信息披露，《企业会计准则第 6 号——无形资产》第 7~9 条规定了企业内部研究开发项目的支出，应当区分研究阶段支出与开发阶段支出，研究阶段的支出应当计入当期损益，开发阶段的支出满足一定条件的，才能确认为无形资产[164]。同时规定了研究和开发的定义范畴。研究是指为获取并理解新的科学或技术知识而进行的独创性的有计划调查。开发是指在进行商业性生产或使用前，将研究成果或其他知识应用于某项计划或设计，以生产出新的或具有实质性改进的材料、装置、产品等。

9.5.1 会计准则对研发支出资本化的要求

《企业会计准则第 6 号——无形资产》第 9 条规定了企业内部研究开发项目开发阶段的支出，同时满足下列条件的，才能确认为无形资产[164]。

（1）完成该无形资产以使其能够使用或出售在技术上具有可行性。

无形资产的定义是企业拥有或者控制的没有实物形态的可辨认的非货币性资产。完成该无形资产以使其能够使用或出售，应当理解为无形资产的完成情况能够达到使用或出售的程度，有价值的专有技术、商业秘密、专利申请权、专利权均能够使用或出售，因此不要求获得相应的知识产权证书，但是专利如果授权则可在一定程度上佐证该无形资产具有技术上的可行性。

（2）具有完成该无形资产并使用或出售的意图。

企业应当明确表示这些能够使用或出售的无形资产能够完成被开发成产品，并表明拥有这些无形资产的目的，具有使用或出售的可能性。

（3）无形资产产生经济利益的方式。

研发支出资本化作为无形资产确认，其基本要求是让审核人员相信该无形资产未来能够产生经济利益。无形资产出售或转让、将该无形资产开发成产品，都是无形资产产生经济利益的方式，企业需要证明的是市场上对该无形资产或无形资产开发成的产品有需求。然而，是否存在市场需求往往难以证明，而说明在企业内部使用比较容易，因此，无形资产在企业内部使用的，应当证明其有用性，可以通过说明该无形资产开发成产品之后对企业带来的价值。

（4）有足够的技术、财务资源和其他资源支持，以完成该无形资产的开发，并有能力使用或出售该无形资产。

企业需要证明可以取得无形资产开发所需的技术、财务和人力资源，以及获得这些资源的计划。如果自有资金不足，应当证明外部存在资金支持的可能性（如银行贷款）。

（5）归属于该无形资产开发阶段的支出能够可靠地计量。

企业对研究开发的支出应当单独核算，如果同时从事多项研究开发活动，所发生的支出应当按照合理的标准在各项研究开发活动之间进行分配；无法合理分配的，建议计入当期损益，不计入开发活动成本。

【案例 9 - 11】上海同济同捷科技股份有限公司

概况：2009 年 9 月 22 日证监会公布上海同济同捷科技有限公司（简称"同济同捷"）IPO 审定结果为未通过。理由为：①持续盈利能力不稳定；②成长性不足；③收益性支出资本化会计处理不当；④募投方向的经营模式发生变化；⑤报告期内实际控制人及管理层发生重大变化。其中，收益性支出资本化会计处理不当具体为：

招股说明书显示 2008 年度将项目与研究费用约 110725 万元予以资本化，使该年利润水平呈现增长性。但实际公司尚不具有实施该项目的充分条件，且其所提供的作为该项目研究费用资本化理由的合作合同尚未生效，所述协议履行具有重大不确定性，应予以费用化处理。发审委认为，如果将该研究费用作费用化处理，将使 2008 年度净利润同比上年下滑 46%，无法满足创业板发行条件的财务指标要求，故审定未通过。

启示：如果申请 IPO 的企业将研发费用资本化处理，将会受到证监会的重点关注和审核，建议谨慎处理。

9.5.2　近期知识产权信息披露政策要求及影响

企业研发支出的费用，按照会计准则的规定，符合资本化条件的可以资本化计入资产类科目（无形资产）；符合费用化条件的，应当计入研发费用。在实践中，是否符合资本化条件主要依靠企业自行确定，外部审计机构对是否符合资本化条件、是否形成资产的认定存在较大难度。由此可能产生两个方面的问题：一是企业通过研发费用是否资本化的调节，来实现调节公司业绩的效果；二是企业实际研发支出形成了无形资产，却因未资本化计入无形资产，使相关的知识产权等成为账外资产。

近期各主管部门发文及主要内容如下：

（1）2018 年 5 月 11 日深圳证券交易所发布的《深圳证券交易所行业信息披露指引第 12 号——上市公司从事软件与信息技术服务业务》，要求上市公司存在研发投入资本化情形的，应披露研发资本化的金额、相关项目的基本情况、实施进度；研发投入资本化的依据及相关内控制度的内容和执行情况。[165]

（2）2018 年 11 月 5 日，财政部、国家知识产权局联合发布的《知识产权相关会计信息披露规定》，要求补充披露失效及未作为无形资产确认的知识产权的相关会计信息披露。[166]

（3）2019 年 4 月 30 日财政部印发《财政部关于修订印发 2019 年度一般企业财务报表格式的通知》，要求在利润表中单独列报研发费用[167]。

从 2018~2019 年政府各主管部门频繁发文可以看出，各部门对研发费用管理趋于严格，尤其对上市公司提高研发支出尤其是知识产权相关费用披露的透明度提出了更多要求[168]。这些新规定对于真实投入搞研发的企业来讲是好事，对提高公司形象大有好处；而对于弄虚作假，通过会计手段搞研发做利润的假科技型企业来讲，尽管企业研发费用很高但没有实际产出的现象将很快暴露。

9.5.3　实践建议

由于研发支出资本化过程存在研究和开发阶段难以划分、无形资产及其开发成品的市场需求难以证明、实际研发支出费用难以划分等困难因素，建议拟 IPO 企业谨慎处理研发支出资本化，在没有明确证据的情况下，建议将研发支出进行费用化处理。

如果尝试将研发支出资本化处理，建议：

（1）在财务报告中详细披露报告期内各研发项目/产品的研发支出明细。

（2）控制研发支出资本化占当期研发支出的比重（最好不超过 20%，科创板可放宽到不超过 50%）。

（3）新药研发进入Ⅲ期临床阶段通常可以作为资本化时点（科创板可以放宽到Ⅱ期临床阶段）。

（4）对照会计准则逐条说明研发支出资本化是符合要求的。

（5）就研发支出资本化问题作为风险因素予以披露。

仅通过财务调整来拼凑利润增长率的做法很难得到认可。当前证监会对研发支出资本化基本采取"锦上添花"式审核，即将资本化部分还原再看是否还符合成长性指标要求。

【案例 9-12】深圳微芯生物科技股份有限公司

概况：深圳微芯生物科技股份有限公司（简称"微芯生物"）成立于 2001 年 3 月，

主要研发和生产小分子创新药。微芯生物是科创板第 28 家上市公司，也是首批过会、首批提交注册的企业，2019 年 3 月 27 日上市申请文件便获得受理，但直到 2019 年 7 月 17 日才获得证监会的同意。曲折之由，主要系微芯生物大量研发投入资本化的会计处理受到了重点关注，受到三轮问询。

据微芯生物招股书显示，2016～2018 年微芯生物研发费用分别为 5166 万元、6853 万元和 8248 万元，占营收的比例均超 50%。其中，资本化处理的金额分别为 2264 万元、3331 万元、4038 万元，资本化比例逐年上升，在 2018 年达到 48.96%。

启示：此次证监会同意微芯生物 IPO 上市，首次同意研发费用资本化比例如此高的企业上市，为未来其他相同情况企业登陆科创板提供了有价值的参考。

【案例 9 - 13】厦门三五互联科技股份有限公司

概况：厦门三五互联科技股份有限公司《招股说明书》第三节关于"风险因素"的披露内容中，第 11 项风险披露了"开发费用资本化导致的风险"，具体内容为：

"本公司为一家通过 SaaS 模式，依靠自主研发的应用软件系统，向中国中小企业客户提供一揽子软件应用及服务的专业提供商。本公司已推出的产品在市场上拥有良好的口碑，试销中的产品也已获得客户良好的反馈。从 2007 年 1 月 1 日本公司开始实行新企业会计准则，内部研究开发项目开发阶段的支出，在满足一定条件的情况下予以资本化，确认为无形资产。如将来该开发费用资本化产生的无形资产预期不能为企业带来经济利益，该无形资产将报废并予以转销，其账面价值转作账面损益，届时将会相应减少公司未来的净利润。因此本公司存在由于开发费用资本化而导致的财务风险。"

启示：对于资本化部分还原后仍然符合要求的企业，在招股说明书中将研发支出资本化问题作为财务风险提示内容予以坦诚披露比被动提问更有利于审核通过。

第 10 章 ‹‹‹‹‹‹‹

医药企业综合管理

10.1 人力资源管理

10.1.1 主管部门及基本职能

10.1.1.1 建立有效的规章制度

根据有关劳动法规、政策及公司章程的规定，人力资源部负责公司人力资源管理工作。人力资源部门负责企业编制、岗位职责、人员需求计划、招聘、入职、录用/转岗/晋升、离职/转岗、培训管理、福利待遇、考勤与休假、奖励与惩罚、人事档案等基本人事管理，并负责员工入职、录用/转岗/晋升、离职/转岗的知识产权管理，并对企业知识产权培训拟定规划、对知识产权实施情况进行监督。

知识产权业务部门应该根据法律、法规以及公司规章制度，配合人力资源部门开展并执行知识产权相关人力资源管理事项。知识产权相关人力资源管理事项，主要涉及知识产权部门编制、知识产权岗位职能说明、商业秘密管理（保密和竞业限制）、知识产权有关奖励与惩罚等。如针对发明人设立奖励制度，针对每一项发明，专利申请的不同阶段设置相应的奖励；针对知识产权管理人，按照专利申请量、授权率来设定奖励。

10.1.1.2 建立完善的培训体系

针对全体员工的不同岗位实施分类培训。对于企业全体员工，应注重加强本企业知识产权管理规范的培训，让全体员工了解掌握本企业的知识产权方针、政策和各项知识产权管理规范的培训，明确自己岗位的知识产权职责；对于企业的知识产权管理人员，应当注重知识产权法律法规和实务技能的培训，不断提高其对知识产权事务的处理能力和综合管理能力；对于企业的技术人员，应当注重专利知识、技术秘密保护知识和专利文献检索、分析、运用技能的培训，以通过持续的员工知识产权教育培训，确保本企业知识产权管理规范得到有效执行，保障企业的知识产权风险防范体系有效运行。

除前面提到的激励制度和教育培训体系外，企业在引进技术人才时，还应当加强对引进技术人才的调查，避免侵犯他人商业秘密。

10.1.2　员工管理

知识产权部应配合人力资源部完成入职人员及离职人员的知识产权审查工作。

10.1.2.1　员工招聘及入职管理

对于招聘岗位，直线经理及知识产权部应提前告知人力资源部所涉岗位相应的知识产权风险程度及内容。人力资源部门在招聘结束后，形成《应聘人员登记表》《信息真实性承诺书》《面试评分表》《应聘人员背景调查表》。

入职员工要求填写《入职信息登记表》《个人履历》《入职知识产权背景调查表（前雇主已披露的项目/产品信息、前雇主专利/论文清单）》，并签署《信息真实性承诺书》《劳动合同》，或还包括《岗位说明书》《保密协议》《竞业限制协议》《知识产权归属协议》，然后一并提交人力资源部。其中，《劳动合同》可以为纸质合同或电子合同，分为固定期限合同或无固定期限合同，且《劳动合同》中可列出保密条款、竞业限制条款、知识产权成果归属条款，亦可以单独签署相应协议。

对于入职人员的知识产权相关背景调查，由人力资源部门和知识产权相关部门共同深入开展，其操作注意以下四个方面：

（1）人力资源部门是开展背景调查的组织者和领导者，开展背景调查需要经被调查人本人书面签字同意，其中，关于知识产权部分的背景调查由知识产权部门主导。

（2）背景调查的员工层级，通常是对可能涉及公司核心商业秘密的岗位等进行背景调查，比如高层管理、财税、IT、销售、核心骨干、情报分析、高级助理或秘书；对于一些特殊的员工，例如法务人员、财税人员、核心骨干，无论职位高低，都需要进行全面严谨的调查；并且，需要对被调查人员的相关信息进行保密处理。

（3）背景调查的内容，主要包括员工受教育阶段及从业阶段的职能，所涉及的商业利益、商业秘密、专利技术信息、竞业限制协议，同时也要充分尊重其前雇主的商业秘密；被调查的员工需要填写《入职知识产权背景调查表》并签署《入职声明书》，人力资源部门填写《入职谈话记录单》并由被谈话人员签字确认。

（4）对于海外引进的入职员工，需要对其原所在国有关法律风险的评估（如美国《经济间谍法案》《商业秘密盗窃澄清法》及《外国经济间谍惩罚加重法》等），以及所受合同约束的审查和评估（如雇佣合同、保密及竞业限制等），并要求其披露所签订的雇佣合同、保密及竞业限制协议或其他重要协议的主要内容、效力及风险纠纷，并告知其重大遗漏或虚假陈述将承担法律责任。

10.1.2.2 员工离职及离职管理

离职员工要求填写《离职知识产权背景调查表》（重点包括参与项目/产品的清单、商业秘密清单、专利/论文清单）、《离职信息登记表》（重点包括新雇主及岗位信息）并签字，然后签署《竞业限制协议》和《解除劳动协议》，其中关于竞业限制的主要条款内容可参见商业秘密管理一节。人力资源部门及直线经理、人力资源、IT、法务/知识产权等部门监督并审批离职交接，同时人力资源部执行离职谈话（包含遵守保密及竞业限制义务的承诺）并要求离职人员签字。

对于离职人员知识产权相关的背景调查，由人力资源部门和知识产权部门共同深入开展，其操作注意以下三个方面：

（1）工作调查的内容，包括因职务需要所持有或保管的商业秘密、专利信息、客户名单、图表报告等，以及相应的载体；其中，工作调查的原则，确保商业秘密和其他权益不受个人离职影响。

（2）审核《离职知识产权背景调查表》（参与项目/产品的清单、商业秘密清单、专利/论文清单），并要求离职人员签字确认。

（3）离职员工信息登记及跟踪，包括离职后专利申请等技术信息披露情况，即对离职人员应至少观察其离职1年内的专利申请情况，避免存在职务发明被其他第三方申请了专利。

10.1.2.3 员工在职管理

在职员工是指服务于企业的全职员工、兼职员工、外派员工，以雇佣关系成立作为界定基础。首先，知识产权部门应配合人力资源部门和其他职能部门，对全员进行知识产权的相关培训与教育，提高全员的知识产权意识、强化企业知识产权保护力度，进而推动知识产权工作的顺利开展。对在职员工的管理，需要注意以下六个方面：

（1）针对技术成果和知识产权成果激励，人力资源部门和法务/知识产权部相互配合执行知识产权激励制度，并对奖酬执行情况进行核实、记录和留证，并形成《知识产权奖励登记表》。

（2）针对技术成果和知识产权成果，对技术秘密、发明权、设计权以及具有突出实质性贡献的人员的界定需要严格参照相关法律法规。

（3）针对技术成果和知识产权成果，法务/知识产权部需要及时登载发明成果、发明人/设计人、在职/离职信息，形成《技术成果登记表》《发明人信息登记表》等。

（4）针对职务类技术成果和知识产权成果转移，法务/知识产权部需要及时推动诸如专利、著作权相关知识产权成果的交付，并签署《知识产权转移协议》。

（5）针对保密岗位及其职能，人力资源部及法务/知识产权部根据员工接触保密信息的可能性确定是否属于保密岗位，尽可能控制接触保密信息人员的数量，并细化其职能。

（6）针对调岗或转岗员工，人力资源部及法务/知识产权部需要对其先前岗位职能、知识产权情况进行记录；如果涉及关联主体间调岗的，需要重新签署知识产权相关协议。

10.2　财务综合管理

知识产权是企业最重要的无形资产之一，对于医药企业而言，知识产权的资产属性尤为重要和突出。现阶段大部分国内医药企业的知识产权应用还处于以技术属性和法律属性方面为主，本节财务综合管理主要从知识产权的资产属性出发，阐述医药企业知识产权的财务综合管理。

10.2.1　知识产权评估

无形资产要发挥其资产属性，需要对其进行资产评估。有形资产或金融资产的评估有通用的方法和模式，也容易被财会人员接受，而知识产权的评估由于其涉及技术的专业性，通常需要和财会人员深入的沟通，方能得到各方面都认可的评估报告。

知识产权的评估主要有成本法、收益法和市场法。

10.2.1.1　成本法

成本法指的是知识产权的评估价根据投资的实际成本计价。成本法的会计处理较简单，但由于知识产权的成本投入一般都远低于其市场公允价值，因此不能反映知识产权的实际价值。

10.2.1.2　收益法

收益法指的是通过预测未来知识产权的收益，根据资产回报率，反推目前的净现值计算其评估价。收益法的会计处理较为复杂，其中涉及多个不确定的参数和人为主观因素，一般在证券市场使用较多。

10.2.1.3　市场法

市场法指的是同比市场同类型交易，根据同类型交易的定价，确定评估价。市场法的难点在于寻找合适的同比交易标的，同时确定合适的折价率，其中涉及多个不确定参数和人的主观因素。

以上三种方法均有不同的适用场景，一般而言，如果希望评估价低，可以采用成本法；如果希望评估价高，同时有可比的交易，可以采用市场法，否则应采用收益法。

评估还需要选用合适的、有资质的评估机构，而医药知识产权由于其行业的专业性，还可以选用被业内公认的行业咨询机构，辅助进行评估。

在完成评估之后，知识产权便可适用于各类无形资产应用。

10.2.2　公司出资

《中华人民共和国公司法》第 27 条规定，公司股东可以用货币出资，也可以用实物、知识产权、土地使用权等可以用货币估价并可以依法转让的非货币财产作价出资；但是，法律、行政法规规定不得作为出资的财产除外。对作为出资的非货币财产应当评估作价，核实财产，不得高估或者低估作价。法律、行政法规对评估作价有规定的，从其规定。

在实际运营中，两类公司经常以知识产权出资。

一是初创型新药企业，往往是技术带头人拥有特定的技术，但是缺乏资金，先利用专业技术或专利等知识产权出资，再对外融资，吸引财务投资。

二是合资公司（Joint Venture，JV），JV 的双方一方以现金出资，另一方以知识产权出资，共同运营 JV。

以上两者的区别在于前者的财务投资人往往不参与运营，企业的实际控制人仍然是创始人团队；而后者则实际参与 JV 的运营，实际控制人往往是现金出资方。

知识产权出资实现了知识产权的资本化，让企业可以更为合理高效地运用知识产权的资产属性。

10.2.3　质押

以往一般是以土地、厂房等资产质押贷款，近年来，知识产权质押，特别是专利质押在国内逐渐兴起，成为高新技术企业融资的新手段。专利质押一般是企业利用授权专利质押给银行等金融机构，换取贷款资金用于企业发展。这既要企业拥有高价值的专利，同时也需要银行从业人员能够慧眼识珠，与企业达成共赢。

以东莞市为例，2016 年东莞市被国家知识产权局认定为国家知识产权质押融资示范城市。2015 年、2016 年和 2017 年，东莞市专利质押融资金额分别为 17.73 亿元、12.69 亿元和 64.93 亿元，其中广东东阳光药业有限公司以 18 件发明专利获得了 32.23 亿元的专利质押融资金额，创下了广东省单笔专利权质押融资额的新高。作为医药创新的代表企业，广东东阳光药业有限公司的专利质押融资为其他创新型企业起到了良好的示范作用。

专利质押需要注意的两个要点是：

（1）项目的高价值：专利本身的价值源于专利所承载的项目，因此只有项目拥有良好的市场前景，专利本身才具有较大的价值。在选取质押专利时，要特别注意项目本身的因素。

（2）与银行良好的沟通：银行不可能对制药业有深刻的了解和认识，向银行出具和解释项目和专利评估报告时，不应使用专业词汇，而应采用通俗易懂的语言予以说明。良好的沟通可以减少不必要的麻烦，增加质押成功的机率。

10.2.4 优化财报

知识产权作为无形资产，在财务报表中的优化一般指的是将其费用化还是资本化。费用化则损益表中的费用项升高，企业利润将会下降；反之，资本化则损益表中的费用项不变，有利于做大企业利润。实际情况中，应根据企业的需求和会计准则的要求，进行费用化或资本化的选择。

以 2019 年 8 月 12 日在科创板上市的深圳微芯生物为例，其招股说明书中的财务数据显示，2016～2018 年，微芯生物实现年营业收入分别为 8536.44 万元、11050.34 万元及 14768.9 万元，对应实现的归属母公司所有者的净利润约 524.43 万元、2407.39 万元以及 3116.48 万元，业绩年年攀升。同期，微芯生物的研发费用分别为 5166 万元、6853 万元和 8248 万元，占营收的比例均超 50%。其中，作资本化处理的金额分别为 2264 万元、3331 万元、4038 万元，资本化比例逐年上升，在 2018 年达到 48.96%。也就是说，假如微芯生物的研发费用未做资本化处理，其每年的净利润将全部为负，不能满足科创板上市的条件，将无法实现 IPO。

因利润较多、合理避税或其他原因，企业将其研发支出和知识产权费用化处理，也是常见的财务处理手段。A 股上市的恒瑞医药，其 2019 年第三季度的财报显示，公司所有的研发支出均作为费用化处理。

知识产权在财务报表优化的另一类应用，则是通过购买第三方专利等知识产权，将货币资产转化为无形资产，一方面源于企业有降低现金流的需求，另一方面提升无形资产占比，可通过费用化或资本化灵活调整企业财报。同时，购买的专利还有进一步升值的空间，更有利于企业未来的发展运营。

10.2.5 知识产权证券化

知识产权证券化属于资产支持证券（Asset - Backed Security，ABS）的形式之一，是金融机构利用企业特定资产设计成可流通证券的一种创新融资工具[169]。知识产权证券化可赋予知识产权流动性，使其成为可在金融市场上出售和流通的证券。知识产权证券化是一种表外融资，不计入发起人（原始权益人）的资产负债表。

知识产权证券化作为资产证券化技术的纵深发展，为促进高新技术转化，推动科技进步提供了有力的金融支持手段，已成为国外发展高新技术企业的重要融资方式[170]。同时，通过特殊目的机构（SPV），可以有效地进行风险隔离，降低投资者风险，进而降低融资成本。与质押融资等融资方式相比，证券化的融资规模更大，更有利于专利权人获得充足的资金[169]。

各地都在积极推行知识产权证券化的工作。广东省既是知识产权强省，也是国家政策的先行者。2019 年 2 月，中共中央、国务院发布《粤港澳大湾区发展规划纲要》，明确提出大湾区要"开展知识产权证券化试点"。2019 年 8 月 18 日，中共中央、国务院发布《关于支持深圳建设中国特色社会主义先行示范区的意见》（以下简称《意见》），意见明确指出深圳要"探索知识产权证券化，规范有序建设知识产权和科技成果产权交易中心"。2019 年 9 月 11 日，我国的知识产权证券化探索再获突破，广州市黄埔区、广州开发区知识产权证券化产品"兴业圆融——广州开发区专利许可资产支持计划"发行。与我国此前的知识产权证券化实践不同的是，该产品完全以民营中小科技企业专利权许可费作为基础资产。

笔者认为，国内知识产权证券化需要关注以下几个问题：

（1）市场监管：目前国内证券市场还处于逐步规范中，几乎每年都发生内幕交易、财务做假等事件。知识产权和证券两者的结合更易产生监管的真空地带，使投资者利益受损。

（2）不稳定性：知识产权本身固有的不稳定性，以专利而言，专利权无效可能性不可能排除。至于商业秘密等知识产权，其评估的公允性更是无法确保。其不稳定性相比其他资产的证券化带来更多的风险。

（3）价值锚定：知识产权证券化中的可预期现金收入流量，以及资产现金流的价值评估都非常难确定，任何一种方法、模型、方案都难以被广泛认可。

专利权证券化的案例目前集中于生物医药专利，原因也较为近似，专利药品的潜在需求量与人口数、发病率息息相关，因此可以合理估计其未来收益，从而予以证券化[164]。虽然知识产权证券化前路漫漫，但是笔者相信，综合知识产权、证券和生物医药三个行业的特性来看，未来知识产权证券化在医药领域必将大放异彩。

参考文献

［1］吴汉东. 知识产权法价值的中国语境解读［J］. 中国法学, 2013, 4: 15 – 26.

［2］黄璐, 余浩, 张长春, 等. 药品研发过程中的知识产权制度及运用［J］. 中国新药杂志, 2019, 28 (1): 10 – 16.

［3］宋华琳. 药品行政法专论［M］. 北京: 清华大学出版社, 2015.

［4］中共中央办公厅 国务院办公厅印发《关于深化审评审批制度改革鼓励药品医疗器械创新的意见》［EB/OL］. (2017 – 10 – 08) ［2020 – 04 – 21］. http: //www. xinhuanet. com/2017 – 10/ 08/c_1121770637. htm.

［5］中华人民共和国药品管理法［EB/OL］. (2019 – 08 – 26) ［2019 – 11 – 20］. http: //www. so-hu. com/a/336852969_762408.

［6］国家市场监督管理总局. 国家市场监督管理总局令第 27 号《药品注册管理办法》［EB/OL］. (2020 – 03 – 20) ［2020 – 04 – 21］. http: //gkml. samr. gov. cn/nsjg/fgs/202003/t20200330 _ 313670. html.

［7］药品生产监督管理办法［EB/OL］. (2020 – 03 – 20) ［2020 – 04 – 21］. http: //gkml. samr. gov. cn/nsjg/fgs/202003/t20200330_313672. html.

［8］国家药监局关于发布《药品上市后变更管理办法 (试行)》的公告 (2021 年 第 8 号)［EB/ OL］. (2021 – 01 – 13) ［2021 – 01 – 13］. https: //www. nmpa. gov. cn/xxgk/ggtg/qtggtg/ 20210113142301136. html.

［9］林淘曦, 余娜, 黄璐. 美国首仿药制度及专利挑战策略研究［J］. 中国新药杂志, 2016, 25 (19): 2168 – 2173.

［10］国家药监局综合司 国家知识产权局办公室公开征求《药品专利纠纷早期解决机制实施办法 (试行) (征求意见稿)》意见［EB/OL］. (2020 – 09 – 11) ［2020 – 11 – 23］. https: //www. nmpa. gov. cn/xxgk/ggtg/qtggtg/20200911175627186. html.

［11］中国人大网. 中华人民共和国专利法［EB/OL］. (2020 – 11 – 19) ［2020 – 11 – 23］. http: // www. npc. gov. cn/npc/c30834/202011/82354d98e70947c09dbc5e4eeb78bdf3. shtml.

［12］申团结, 黄泰康. 我国医药企业对专利悬崖期的药品仿制策略初探［J］. 中国新药杂志, 2014, 23 (2): 134 – 136.

［13］最高人民法院网. 最高人民法院关于审查知识产权纠纷行为保全案件适用法律若干问题的规定 ［EB/OL］. (2018 – 12 – 12) ［2020 – 01 – 25］. http: //www. court. gov. cn/fabu – xiangqing – 135341. html.

［14］吴鹤松, 黄璐. 原研药创新悖论的影响因素分析［J］. 中国新药杂志, 2019, 28 (10): 1160 – 1163.

［15］中华人民共和国人类遗传资源管理条例［EB/OL］. (2019 – 06 – 10) ［2020 – 02 – 09］.

http：//www. gov. cn/zhengce/content/2019 – 06/10/content_5398829. htm.

[16] 牛贺明. 一文读懂美国生物类似药申请中的“专利舞蹈”［EB/OL］. （2018 – 05 – 24）［2020 – 02 – 09］. http：//www. menet. com. cn/info/201805/201805240935543554_137503. shtml.

[17] 中华人民共和国教育部. 教育部、国家知识产权局、科技部关于提升高等学校专利质量 促进转化运用的若干意见［EB/OL］. （2020 – 02 – 19）［2020 – 10 – 25］. http：//www. moe. gov. cn/src-site/A16/s7062/202002/t20200221_ 422861. html.

[18] 周大成. 企业专利布局实践探讨［J］. 中国发明与专利，2017，1：17.

[19] 李小娟，王双龙，梁丽，等. 基于专利价值分析体系的专利分级分类管理方法［J］. 高科技与产业化，2014，222：93.

[20] 中华人民共和国专利法实施细则（2010 修订）［EB/OL］. （2011 – 12 – 12）［2019 – 08 – 15］. http：//www. scio. gov. cn/xwfbh/xwbfbh/wqfbh/2014/20140121/xgzc30256/Document/1360468/1360468_1. htm.

[21] 专利权质押登记办法［EB/OL］. （2010 – 10 – 13）［2019 – 08 – 15］. http：//www. cnipr. com/zy/flfg/zl_6522/gnflfg/201708/t20170823_220238. html.

[22] 李建蓉. 专利文献与信息［M］. 北京：知识产权出版社，2002.

[23] 杨铁军. 专利分析实务手册［M］. 北京：知识产权出版社，2012.

[24] 黄璐，李威，耿海明. 干眼症药物专利信息分析［J］. 食品与药品，2011，13（5）：198 – 200.

[25] 马天旗. 专利布局［M］. 北京：知识产权出版社，2016.

[26] 杨铁军，曾志华. 专利信息利用技能［M］. 北京：知识产权出版社，2011.

[27] 黄璐，赵蓉. 医药专利文献信息的获取与分析应用［J］. 中国药师，2011，14（6）：874 – 875.

[28] 曹欣，胡健飞，孟鲁洋. 企业专利信息的利用及其检索［J］. 农业图书情报学刊，2005，17（7）：120 – 122.

[29] 马天旗. 专利分析：方法、图表解读与情报挖掘［M］. 北京：知识产权出版社，2015.

[30] 刘小平，刘向阳. 基于 Innography 平台的青蒿素类药物专利情报分析［J］. 现代情报，2016，36（2）：157 – 166.

[31] 钱丽娜，张长春，黄璐. 吉利德公司抗病毒药物及其专利分析［J］. 中国新药杂志，2015，24（18）：2041 – 2051.

[32] 葛小培. 专利地图的研究及其在生物医药领域中的应用［D］. 苏州：苏州大学，2010.

[33] 吴志军，袁淑杰，于文佩，等. β – 内酰胺类抗生素药物专利分析［J］. 中国医药导报，2009，9：140 – 141.

[34] 徐迪帆，黄璐，盛锡军，等. ALK 抵制剂克唑替尼的专利分析［J］. 中国新药杂志，2017，26（5）：484 – 488.

[35] 娄永美. 基于专利分析的技术发展趋势研究［D］. 北京：北京工业大学，2011.

[36] 孙传良，孙立冰. 基于 incopat 的中国药科大学专利分析［J］. 中国药科大学学报，2019，50（3）：374 – 378.

[37] 钱丽娜. 乙酰辅酶 A 羧化酶抑制剂药物及其全球专利信息分析［J］. 中国药学杂志，2017，52（1）：79 – 84.

[38] 彭翠莲，卢少楠. 抗精神病药利培酮的专利布局分析［J］. 科学技术创新，2018，（20）：9 – 10.

[39] 沈正泽，古锐，曾宪泉，等. 基于数据挖掘的中药专利复方治疗幽门螺杆菌相关性胃病的用药

规律分析 ［J］. 中国中西医结合消化杂志，2016，24（8）：608 – 611.

［40］徐兴祥. 专利侵权判定研究 ［D］. 北京：中国政法大学，2011.

［41］宋博文. 降血脂药物专利竞争态势分析 ［D］. 太原：山西医科大学，2017.

［42］余致力. 基于专利信息分析的紫杉醇技术生命周期 ［J］. 医学信息学杂志，2010，31（11）：46 – 49.

［43］CHEN R. Design patent map visualization display ［J］. Expert Systems with Applications，2009，36（10）：12362 – 12374.

［44］黄璐，刘哲，许勇. 新型免疫调节药来那度胺的专利技术分析 ［J］. 中国新药杂志，2016，25（21）：2430 – 2435.

［45］卞志家，严华，朱宁，等. 立普妥专利保护状况分析 ［J］. 乐山师范学院学报，2012，27（12）：97 – 100.

［46］曹湘博. 面向生物医药企业技术创新的专利信息服务模式研究 ［D］. 长春：吉林大学，2011.

［47］陆毅，余浩，黄璐. PARP 抑制剂奥拉帕尼的专利分析 ［J］. 中国新药杂志，2019，28（11）：1281 – 1286.

［48］郭文娟，黄璐，史录文. MRI 造影用钆对比剂及其专利信息分析 ［J］. 中国新药杂志，2019，28（10）：1153 – 1159.

［49］仿制药立项中有关专利方面的一些思考 ［EB/OL］.（2017 – 01 – 13）［2020 – 02 – 15］. https：//www. sohu. com/a/124282191_484279.

［50］薛亚萍，汪东峨，林淘曦. 仿制药开发中的晶型专利规避策略 ［J］. 中国新药杂志，2020，29（7）：731 – 737.

［51］洪怡，曹艳，卢山，黄璐. 药物制剂新技术与产品开发 ［M］. 武汉：华中科技大学出版社，2020.

［52］马天旗. 专利挖掘 ［M］. 北京：知识产权出版社，2016.

［53］黄璐，钱丽娜，张晓瑜，等. 医药领域的专利保护与专利布局策略 ［J］. 中国新药杂志，2017，26（2）：139 – 144.

［54］韩镭，刘桂明. 浅析药品专利链接制度带来的机遇和挑战 ［J］. 中国发明与专利，2019，16（3）：17 – 23.

［55］刘思齐，杨悦. 立普妥的专利保护策略研究 ［J］. 中国新药杂志，2014，23（9）：989 – 993.

［56］吴顺华，何伍. 从帕罗西汀甲磺酸盐看新药研发的专利战略 ［J］. 中国药学杂志，2004，39（12）：881 – 883.

［57］由索非布韦的专利之战看化合物药物的专利布局 ［EB/OL］.（2017 – 12 – 07）［2020 – 04 – 15］. http：//www. sohu. com/a/209143718_689827.

［58］一类新药多纳非尼脱颖而出，有望成为肝癌一线治疗最新选择 ［EB/OL］.（2020 – 01 – 01）［2020 – 01 – 02］. https：//mp. weixin. qq. com/s? src = 11&timestamp = 1578051039&ver = 2074&signature = – DJhSeFlbGJID2A0G – HvE – XRfpbXoPXUxtqcXreb5BcftYCzqNd3dsXDQ ∗ 1KX3ACAXkzUUj48HUhiehNJYJRDocNDh1LjZUpNfa4pGP4b ∗ g ∗ eYIUBT8ej – zLCslzv2Qf&new = 1.

［59］叶旋，张旻，王庆利. 新药研发中改盐案例分析 ［J］. 中国新药杂志，2019，29（19）：2332 – 2335.

［60］最高人民法院. 沃尼尔·朗伯有限责任公司与中华人民共和国国家知识产权局专利复审委员会等发明专利权无效行政纠纷案（（2014）行提字第 8 号）［EB/OL］.［2020 – 04 – 15］. http：//www. pkulaw. cn/.

［61］第 12206 号专利无效审查决定 – 结晶单水合物、其制备方法及其在制备药物组合中的用途

〔EB/OL〕. （2012 - 07 - 10） 〔2020 - 01 - 01〕. http：//blog. sina. com. cn/s/blog _ 4858e15501016239. html.

［62］窦夏睿. 现代中药领域专利创造性问题研究［D］. 北京：北京大学，2015.

［63］周颖. 入世对中药行业的影响及对策——访中国工程院院士肖培根［N］. 中国中医药报，2001 - 11 - 09.

［64］国家知识产权局. 专利审查指南 2010［M］. 北京：知识产权出版社，2010.

［65］杨芳. 传统中药复方专利保护制度研究［D］. 北京：北京外国语大学，2014

［66］以岭药业. 重大进展！连花清瘟胶囊对新型冠状病毒具有抗病毒抗炎作用［EB/OL］. （2020 - 03 - 23） 〔2020 - 04 - 16〕. http：//www. yiling. cn/news/gsyw/20200323/9201. html.

［67］黄璐，古双喜. 用于 COVID - 19 潜在治疗的小分子药物及专利研究［J］. 中国医药工业杂志，2020，51（4）：467 - 475.

［68］白光清. 医药高价值专利培育实务［M］. 北京：知识产权出版社，2017.

［69］窦夏睿. 专利布局的魅力：看一个植物园品种何以纵横半个世纪［J］. 中国知识产权，2016，110：93.

［70］薛亚萍，谭玉梅，毛洪芬，等. 医药领域海外专利布局策略［J］. 中国新药杂志，2018，27（23）：2735 - 2744.

［71］谭玉梅，林淘曦，薛亚萍. 如何保护制药领域方法技术以决胜竞争［J］. 中国新药杂志，2019，28（15）：1803 - 1808.

［72］关于印发《医药工业发展规划指南》的通知［EB/OL］. （2016 - 11 - 07） 〔2019 - 07 - 09〕. http：//www. miit. gov. cn/n1146295/n1652858/n1652930/n3757016/c5343499/content. html.

［73］常悦，王桂清. 从《中国药品专利》看我的制剂研究［J］. 中国新药杂志，2005，14（10）：1125 - 1126.

［74］平其能. 技术创新：药物制剂发展的强大动力［J］. 药学进展，2019，43（3）：161 - 163.

［75］王浩. 改良型制剂：不平坦的创新之路［J］. 药学进展，2018，42（12）：881 - 883.

［76］郑希元，张英. 中美两国药用辅料创造性评判的差异分析［J］. 中国新药杂志，2018，27（22）：2593 - 2597.

［77］本土制药企业对美国西药制剂出口概况［EB/OL］. （2018 - 8 - 24） 〔2019 - 07 - 09〕. http：//news. pharmnet. com. cn/news/2018/08/24/505708. html.

［78］孙海龙，姚建军. 组合物发明专利侵权的判定［J］. 中国发明与专利，2008，1：56 - 58.

［79］张溪，周英，康旭亮，等. 阿莫西林组合药物专利分析与预警［J］. 中国医药导报，2012，9（17）：189 - 190.

［80］马文霞，何炜，李新芝，等. "预料不到的技术效果"在创造性判断中的考量［J］. 中国发明与专利，2013，2：72 - 81.

［81］张玉琥. 仿制药有关物质研究的特点及研究思路［J］. 中国执业药师，2009，6（8）：31 - 34.

［82］吴斌，苗彦妮，彭晓琦，等. 医药创新技术标准中的专利保护战略［J］. 中国新药杂志，2018，27（5）：494 - 497.

［83］"肝素钠封管注射液的质量检测方法"发明专利侵权案［EB/OL］. （2019 - 04 - 06） 〔2019 - 06 - 10〕. http：//paper. dzwww. com/sdfzb/data/20190426/html/2/content_8. html.

［84］为什么医药用途发明专利很特殊？［EB/OL］. （2017 - 12 - 11） 〔2019 - 06 - 10〕. http：//www.

iprdaily. cn/news_18044. html.

[85] 熊阿珍，孟光兴，等. 药物重定位候选药物筛选路径［J］. 中国医药工业杂志，2020，51（2）：170－175.

[86] 王优飞，胡允银，张蒙娟，等. 医药产品商标的负效用及矫正［J］. 科技与法律，2018，2：64－69.

[87] 药品说明书和标签管理规定［EB/OL］.（2006－03－15）［2019－08－15］. http：//www. gov. cn/gongbao/content/2007/content_554188. htm.

[88] 国家药品监督管理局. 关于《药品说明书和标签管理规定》有关问题解释的通知（国食药监注〔2007〕49号）［EB/OL］.（2007－01－24）［2019－08－15］. http：//www. nmpa. gov. cn/WS04/CL2196/323585. html.

[89] 中华人民共和国商标法（2019年修正）［EB/OL］.（2019－06－25）［2020－04－04］. http：//www. sipo. gov. cn/zcfg/zcfgflfg/flfgsb/fl_sb/1140931. htm.

[90] 于岚. 关于药品商标的审查［J］. 中华商标，1992，2：23－24.

[91] 张锐. 商标实务指南［M］. 北京：法律出版社，2015.

[92] 国家食品药品监督管理局令（24号）《药品说明书和标签管理规定》［EB/OL］.（2006－03－16）［2020－04－05］. http：//www. gov. cn/ziliao/flfg/2006－03/16/content_228465. htm.

[93] 国家食品药品监督管理局. 关于进一步规范药品名称管理的通知（国食药监注〔2006〕99号）［EB/OL］.（2006－03－15）［2020－04－05］. http：//samr. sfda. gov. cn/WS01/CL0172/10513. html.

[94] 国家药监局药审中心关于发布《化学药品注册受理审查指南（试行）》的通告（2020年第10号）［EB/OL］.（2020－07－02）［2021－01－15］. http：//www. cde. org. cn/news. do？method＝viewInfoCommon&id＝cf49ee232197abb1.

[95] 国家工商行政管理局商标局关于《对在国内销售药品使用注册商标问题的函》的答复（商标函〔1995〕11号）［EB/OL］.（2010－12－30）［2020－04－05］. https：//shangbiao. lawtime. cn/sblawxgfg/2010123053022. html.

[96] 杜颖. 通用名称的商标权问题研究［J］. 法学家，2007，3：75－81，89.

[97] 李顺德. 中成药商标的"行政淡化"现象［J］. 中华商标，1996，4：11－13.

[98] 郑州颈复康医疗器械有限公司与承德颈复康药业集团有限公司擅自使用知名商品特有名称、擅自使用他人企业名称纠纷上诉案（（2010）冀民三终字第61号）.

[99] 沈世娟. 药品商业标识注册问题研究［J］. 知识产权，2015，12：72－78.

[100] 国家药监局关于发布药品委托生产质量协议指南（2020年版）的公告（2020年第107号）［EB/OL］.（2020－10－09）［2021－01－15］. https：//www. nmpa. gov. cn/xxgk/ggtg/qtggtg/20201009174033199. html.

[101] 国家中医药管理局. 中华人民共和国中医药法［EB/OL］.（2016－12－26）［2020－04－05］. http：//fjs. satcm. gov. cn/zhengcewenjian/2018－03－24/2249. html.

[102] 中宇恒泰地理标志综合服务平台. 发挥品牌效应做强枸杞产业发展［EB/OL］.（2014－02－18）［2019－07－22］. http：//www. chinafw. org/Brand/information/927. html.

[103] 金安琪，池秀莲，杨光，等. 道地药材的保护模式探究——以地理标志产品保护模式为例［J］. 中国中药杂志，2019，44（3）：619－623.

[104] 丁文严. 药品说明书著作权问题的成因及解决路径［J］. 法律适用，2012，6：86－91.

[105] 苏州二叶制药有限公司与湘北威尔曼制药有限公司著作权侵权纠纷上诉案（（2010）长中民三终字第 0437 号）.

[106] 陕西金方药业有限公司与济南三友利生物技术有限公司侵犯专利权、著作权、不正当竞争纠纷上诉案（（2001）鲁民三终字第 3 号）.

[107] 于晓白，李嵘. 药品说明书作品性问题探究 [J]. 人民司法，2015，1：70 – 75.

[108] 陈兵，杨云霞. 药品说明书适用著作权法保护问题探析 [J]. 中国新药杂志，2014，23（12）：1359 – 1366.

[109] 中华商标编辑部. 2017 年世界知识产权组织域名抢注案件创新高 [J]. 中华商标，2018，3：8.

[110] 最高人民法院. 最高人民法院关于审理涉及计算机网络域名民事纠纷案件适用法律若干问题的解释（法释〔2001〕24 号）[EB/OL].（2010 – 04 – 14）[2020 – 04 – 05]. http：//zscq. court. gov. cn/sfjs/201004/t20100414_4091. html.

[111] 中华人民共和国工业和信息化部令第 43 号《互联网域名管理办法》[EB/OL].（2017 – 08 – 24）[2020 – 04 – 05]. http：//www. gov. cn/gongbao/content/2017/content_5241917. htm.

[112] 中华人民共和国专利法释义：第 22 条 [EB/OL].（2011 – 07 – 07）[2020 – 03 – 22]. http：//www. chinalawedu. com/new/21603a21608a2011/201177wangyo164731. shtml.

[113] 国家知识产权局关于修改《专利审查指南》的公告（第 391 号）[EB/OL].（2020 – 12 – 14）[2021 – 01 – 15]. https：//www. cnipa. gov. cn/art/2020/12/14/art_ 74_ 155606. html.

[114] 白光清. 药物晶型专利保护 [M]. 北京：知识产权出版社，2016.

[115] 许轶，张娴，李婧，等. 化合物制备方法知识产权侵权案例解析与战略启示 [J]. 中国发明与专利，2016，2：69 – 75.

[116] 黎作佳，肖锡峰. 分析化学领域中实验数据对专利申请创造性判断的影响 [J]. 化学分析计量，2018，27（6）：116 – 120.

[117] 复审请求审查决定（第 109636 号）[EB/OL].[2020 – 04 – 05]. http：//reexam – app. cnipa. gov. cn/reexam_ out2020 New/searchcloc/searchfs. jsp.

[118] 复审请求审查决定（第 101353 号）[EB/OL].[2020 – 04 – 05]. http：//reexam – app. cnipa. gov. cn/reexam_ out2020 New/searchcloc/searchfs. jsp.

[119] 复审请求审查决定（第 83065 号）[EB/OL].[2020 – 04 – 05]. http：//reexam – app. cnipa. gov. cn/reexam_ out2020 New/searchcloc/searchfs. jsp.

[120] 梁宝龙. 从审查角度浅议药物标准申请的专利性 [J]. 中国发明与专利，2017，10：107 – 112.

[121] 无效宣告请求审查决定（第 32428 号）[EB/OL].[2020 – 04 – 05]. http：//reexam – app. cnipa. gov. cn/reexam_ out2020 New/searchcloc/searchfs. jsp.

[122] 人民网. 威尔曼抗生素专利权被宣告无效 [EB/OL].（2016 – 08 – 15）[2020 – 02 – 07]. http：//ip. people. com. cn/GB/n1/2016/0815/c136655 – 28636231. html.

[123] 马旭，王国臻，张清奎. 医药发明专利申请流程及实务操作 [J]. 中国新药杂志，2012，21（3）：234 – 239.

[124] 刘敏. 从诺华"诺欣妥"专利无效案解析申请日后补交实验数据相关法律问题 [EB/OL].（2018 – 05 – 31）[2020 – 02 – 07]. http：//www. iprdaily. cn/news_19077. html.

[125] 浙江永宁药业与五天药品专利权无效行政纠纷再审胜诉 [EB/OL].（2013 – 03 – 13）[2020 –

02 – 07］. http：//www. beshininglaw. com/html/2013/dianxinganli_0313/212. html.

［126］侯圣和. 国外企业知识产权管理研究：实践、经验及启示［J］. 财会通讯，2012，1：127 – 132.

［127］肖延高，范晓波，万小丽，等. 知识产权管理：理论与实践［M］. 北京：科学出版社，2016.

［128］陈志兴. 专利侵权诉讼中的举证妨碍规则［J］. 中国知识产权，2017，121.

［129］最高法相关负责人就《关于知识产权法庭若干问题的规定》答记者问［EB/OL］.（2018 –
12 – 29）［2019 – 10 – 20］. http：//www. xinhuanet. com/legal/2018 – 12/29/c_1210027438. htm.

［130］民法总则施行后，知识产权侵权案件的诉讼时效期间适用两年还是三年？［EB/OL］.（2018 –
12 – 23）［2019 – 10 – 20］. http：//www. zhichanli. com/article/7671. html.

［131］冯晓青. 浅析专利侵权诉讼中损失赔偿额的确定［J］. 知识产权，1997，4：32 – 34，23.

［132］在知识产权侵权案件中，适用赔礼道歉吗？［EB/OL］.（2015 – 06 – 12）［2019 – 11 – 03］.
http：//www. iprdaily. cn/article1_8977_20150612. html.

［133］北京知识产权法院通报管辖权异议二审案件情况［EB/OL］.（2018 – 07 – 26）［2019 – 11 –
03］. http：//bjgy. chinacourt. gov. cn/article/detail/2018/07/id/3404048. shtml.

［134］山德士（中国）制药有限公司与北京汇康博源医药科技有限公司侵害发明专利权纠纷一审民
事判决书［EB/OL］.（2018 – 07 – 04）［2019 – 10 – 20］. http：//wenshu. court. gov. cn/website/
wenshu/181107ANFZ0BXSK4/index. html？docId = 9a552c2a96574994bf83aa7f002b30e6.

［135］安斯泰来制药株式会社与麦迪韦逊医疗公司、连云港润众制药有限公司、正大天晴药业集团
股份有限公司侵害发明专利权纠纷一审民事裁定书［EB/OL］.（2018 – 07 – 28）［2019 – 10 –
20］. http：//wenshu. court. gov. cn/website/wenshu/181107ANFZ0BXSK4/index. html？docId =
3b88e1e60 d6442df88e6a90d014e8532.

［136］专利侵权抗辩之“抵触申请”［EB/OL］.（2019 – 03 – 24）［2019 – 11 – 22］. http：//www.
iprdaily. cn/article_21264. html.

［137］专利侵权之合法来源有效抗辩［EB/OL］.（2019 – 06 – 11）［2019 – 11 – 22］. http：//www.
iprdaily. cn/article_21921. html.

［138］于海东. 专利侵权诉讼中权利用尽抗辩及其司法适用［J］. 中国发明与专利，2017，9：112 – 115.

［139］专利权利用尽再认识——美国最高法院 Lexmark 墨盒案引发的思考［EB/OL］.（2017 – 06 –
06）［2019 – 11 – 30］. http：//www. iprdaily. cn/article_16464. html.

［140］杨铁军. 企业专利工作实务手册［M］. 北京：知识产权出版社，2013.

［141］刘永沛.《最高人民法院关于审理侵犯专利权纠纷案件应用法律若干问题的解释》解读［J］.
今日财富（中国知识产权），2020，2：70 – 72.

［142］最高人民法院. 最高人民法院知识产权案件年度报告（2011）［N］. 人民法院报，2012 – 04 – 20
（2）.

［143］Lex Machina 2018 美国专利诉讼报告［EB/OL］.（2019 – 03 – 20）［2019 – 11 – 30］. https：//
worldip. cn/index. php？m = content&c = index&a = show&catid = 66&id = 257.

［144］最高人民法院. 完善行为保全制度有效保护知识产权最高人民法院知产庭负责人就审查知识
产权纠纷行为保全案件适用法律相关问题答记者问［EB/OL］.（2018 – 12 – 13）［2019 – 11 –
30］. http：//www. court. gov. cn/zixun – xiangqing – 135621. html.

［145］最高法：拟出台规定明确知识产权诉前行为保全效力期限［EB/OL］.（2018 – 11 – 27）［2019 –
11 – 30］. https：//news. sina. com. cn/c/2018 – 11 – 27/doc – ihpevhcm0306525. shtml.

［146］蒋强谈禁令（十）——保全错误损害赔偿之诉（终篇）［EB/OL］. (2017 – 03 – 21)［2019 – 11 – 30］. http：//news. zhichanli. cn/article/3643. html.

［147］最高法院知识产权法庭：按照法律规定进一步提高赔偿力度［EB/OL］. (2017 – 03 – 21)［2019 – 11 – 30］. https：//baijiahao. baidu. com/s? id = 1621195894289519127&wfr = spider&for = pc.

［148］盛春泉，李剑. 药物结构优化：设计策略和经验规则［M］. 北京：化学工业出版社，2017.

［149］三共株式会社等诉诉北京万生药业有限责任公司侵犯专利权纠纷案一审民事判决书（2006）二中民初字第 04134 号［EB/OL］. (2006 – 12 – 20)［2019 – 12 – 01］. http：//www. 110. com/panli/panli_111776. html.

［150］涉及前药、代谢物、中间体的"药物侵权"问题［EB/OL］. (2018 – 03 – 30)［2019 – 12 – 01］. https：//med. sina. com/article_detail_103_2_43575. html.

［151］尹新天. 中国专利法详解［M］. 北京：知识产权出版社，2011.

［152］国家市场监督管理总局. 中华人民共和国公司法（2018 修正）［EB/OL］. (2019 – 07 – 19)［2020 – 04 – 21］. http：//gkml. samr. gov. cn/nsjg/xyjgs/201907/t20190719_304991. html.

［153］股票发行市场的概念是什么？特点是什么［EB/OL］. (2019 – 07 – 26)［2019 – 08 – 07］. http：//www. southmoney. com/gupiao/cpbd/201907/3481598. html.

［154］邱丽，殷磊刚. 公司上市操作实务与图解［M］. 北京：法律出版社，2017.

［155］中国证券监督管理委员会. 关于修改《首次公开发行股票并上市管理办法》的决定［EB/OL］. (2018 – 06 – 06)［2020 – 04 – 21］. http：//www. csrc. gov. cn/pub/zjhpublic/zjh/201806/t20180607_339320. htm.

［156］中国证券监督管理委员会. 公开发行证券的公司信息披露内容与格式准则第 1 号——招股说明书（2015 年修订）［EB/OL］. (2016 – 01 – 01)［2020 – 04 – 21］. http：//www. csrc. gov. cn/pub/zjhpublic/G00306201/201512/P020151231644520317946. pdf.

［157］2018 年 59 家 IPO 企业被否原因汇总［EB/OL］. (2018 – 12 – 28)［2019 – 08 – 07］. http：//www. sohu. com/a/285163028_99940846.

［158］2018 年 IPO 申报企业被否案例全集及反馈意见分析［EB/OL］. (2019 – 01 – 26)［2019 – 08 – 07］. http：//www. 360doc. com/content/19/0126/11/48421311_811379605. shtml.

［159］中华人民共和国证券法（2013 修正）［EB/OL］. (2013 – 06 – 02)［2019 – 08 – 07］. http：//www. npc. gov. cn/wxzl/gongbao/2013 – 10/22/content_1810987. htm.

［160］关于发布《保荐人尽职调查工作准则》的通知（证监发行字［2006］15 号）［EB/OL］. (2006 – 05 – 30)［2020 – 04 – 21］. http：//www. csrc. gov. cn/pub/newsite/fxjgb/baxyjg/bjflfg/200703/t20070326_69532. html.

［161］中华人民共和国会计法（2017 年）［EB/OL］. (2017 – 11 – 05)［2020 – 04 – 21］. https：//casc. org. cn/2018/0108/178835. shtml.

［162］中华人民共和国刑法（2017 修正）［EB/OL］. (2019 – 03 – 05)［2020 – 04 – 21］. https：//www. lawtime. cn/faguizt/23. html.

［163］谷志威. 公司 IPO 上市操作指引［M］. 北京：法律出版社，2015.

［164］企业会计准则第 6 号——无形资产（2006）［EB/OL］. (2018 – 08 – 15)［2020 – 04 – 21］. https：//www. casc. org. cn/2018/0815/124952. shtml.

［165］关于发布《深圳证券交易所行业信息披露指引第 12 号——上市公司从事软件与信息技术服务

业务》的通知（深证上〔2018〕203 号）〔EB/OL〕．（2018 – 05 – 11）〔2020 – 04 – 21〕．ht-tp：//www. szse. cn/lawrules/rule/listed/stock/t20180511_565095. html.

[166] 财政部、国家知识产权局关于印发《知识产权相关会计信息披露规定》的通知（财会〔2018〕30 号）〔EB/OL〕．（2018 – 11 – 15）〔2020 – 04 – 21〕．http：//www. sipo. gov. cn/gztz/1133629. htm.

[167] 财政部会计准则委员会. 关于修订印发 2019 年度一般企业财务报表格式的通知（财会〔2019〕6 号）〔EB/OL〕．（2019 – 04 – 30）〔2020 – 04 – 21〕．https：//casc. org. cn/2019/0517/189624. shtml.

[168] 知识产权、研发费用信息披露透明度提升〔EB/OL〕．（2018 – 11 – 13）〔2019 – 8 – 7〕．https：//bbs. esnai. com/thread – 5363372 – 1 – 1. html.

[169]《广东知识产权证券化蓝皮书》相关成果对外发布〔EB/OL〕．（2020 – 04 – 20）〔2020 – 05 – 02〕．http：//www. cqn. com. cn/zj/content/2020 – 04/20/content_8537829. htm.

[170] 杨亚西. 知识产权证券化：知识产权融资的有效途径〔J〕．上海金融，2006，10：32 – 34.

后 记

产品研发，专利先行。在所有的技术领域内，生物医药行业对知识产权的依存度是最高的，国内外生物医药企业对医药知识产权的管理是贯穿于整个产品研究开发及上市的全生命周期的。保护知识产权就是保护创新，知识产权制度有助于生物医药企业获得知识产权保护，行使知识产权权利。知识产权，特别是专利保护对于创新型医药企业显得尤为重要。

本书共分 10 章，结合我国最新医药知识产权的法律和政策，全面、系统地介绍了医药企业在知识产权管理中的理论和实践，可作为中国医药企业知识产权管理实践的参考书。本书编写组汇聚了国内医药知识产权领域，特别是化学药、中药和生物制品企业中从事知识产权管理与实务的一线工作者。大家都抱有一样的情怀、共同的目标，就是分享中国医药企业知识产权管理的实务、经验和教训，本书是集体智慧的结晶。在此过程中，作为本书编者之一、全书统稿人以及编写组的协调人，我深知团队各位成员为此书的内容编写和反复修改倾注了大量的心血，牺牲了业余时间以及节假日休息的时间。有幸的是，经过不断的碰撞和沟通，大家的医药知识产权理论与实务能力得到了进一步提高，友谊也得到了进一步升华。

本书能够最终成稿并在 2021 年 3 月顺利出版，要特别感谢美国莱纳律师事务所（何勇律师）和北京辰权知识产权代理有限公司（李小朋、佟林松）给予的经费支持，同时要感谢知识产权出版社王玉茂编辑对本书内容的认真把关。

在此，本书编写组谨向各位领导、专家和知识产权同行表示衷心的感谢，感谢大家对本书的持续关注和关心。本书是编写组第一次集体创作，囿于水平有限，我们深知本书还有进一步改进和提升的空间，因此，书中内容有不全面或者有遗漏之处在所难免，恳请读者们批评指正，我们将虚心接受任何读者对本书提出的有益意见或建议，争取在几年后再版时进一步完善和更新。

黄璐

2021 年 2 月